HEIDEGGER/ WITTGENSTEIN

J. A. GIANNOTTI

Heidegger/ Wittgenstein

Confrontos

Companhia Das Letras

Copyright © 2020 by José Arthur Giannotti

Grafia atualizada segundo o Acordo Ortográfico da Língua Portuguesa de 1990, que entrou em vigor no Brasil em 2009.

Capa
Ale Kalko

Fotos de capa
Ludwig Wittgenstein: Moritz Nähr/ Alamy/ Fotoarena
Martin Heidegger: Bettmann/ Getty Images

Preparação
Heloisa Jahn

Revisão
Angela das Neves
Ana Maria Barbosa

Índice remissivo
Luciano Marchiori

Dados Internacionais de Catalogação na Publicação (CIP)
(Câmara Brasileira do Livro, SP, Brasil)

Giannotti, José Arthur
    Heidegger/ Wittgenstein: Confrontos / José Arthur Giannotti.
— 1ª ed. — São Paulo : Companhia das Letras, 2020.

ISBN 978-85-359-3312-3

    1. Filosofia alemã 2. Filosofia austríaca 3. Heidegger, Martin,
1889-1976 — Crítica e interpretação 4. Metafísica 5. Wittgenstein,
Ludwig, 1889-1951 — Crítica e interpretação I. Título.

19-32056   CDD-193

Índices para catálogo sistemático:
1. Filósofos alemães : Crítica e interpretação   193
2. Filósofos austríacos : Crítica e interpretação   193

Cibele Maria Dias – Bibliotecária – CRB-8/9427

[2020]
Todos os direitos desta edição reservados à
EDITORA SCHWARCZ S.A.
Rua Bandeira Paulista, 702, cj. 32
04532-002 — São Paulo — SP
Telefone: (11) 3707-3500
www.companhiadasletras.com.br
www.blogdacompanhia.com.br
facebook.com/companhiadasletras
instagram.com/companhiadasletras
twitter.com/cialetras

Sumário

Apresentação 7

1. Sentido e Ser 21
2. Do compreender ao discurso 84
3. Um caminho intermediário 135
4. A caminho do seer 184
5. A linguagem apropriadora 247
6. Passando pelo *Tractatus* 286
7. Lógica das vivências 320
8. A indeterminação lógica do outro 384

Alinhavando questões 437

Índice remissivo 465

Apresentação

Se este volume complementa *Lições de filosofia primeira*, não é por isso que não pode ser lido por si mesmo. Tentarei mostrar que ambos, Heidegger e Wittgenstein, retomam questões metafísicas que indagam o sentido daquilo que é de maneira muito especial, questionando a tradicional ideia de que o ente seja ou tenha um fundamento. Depois que Aristóteles, em particular desdobrando investigações de Platão, no conjunto de livros que passou a se chamar *Organon*, demarcou as formas do pensar, em particular a teoria das categorias, da proposição e da demonstração — o silogismo —, os filósofos quase sempre tomaram essa nova disciplina, a lógica formal, como porta de entrada para suas investigações. Sendo ou não considerada ciência, a lógica formal se transformou numa disciplina, a primeira que qualquer estudante de filosofia deveria dominar. Kant a considerou teoria acabada, tendo recebido apenas alguns retoques depois de sua formulação grega. Esse panorama desmoronou a partir do século XIX, em especial depois dos trabalhos de Gottlob Frege que, embora matematizando a lógica, abriram caminhos que mostraram que ela também possui sua história. Isso nos permitiu abordar os problemas atinentes à tautologia e à contradição de outra maneira, muito longe do jogo entre valores de verdade. Por exemplo, se lemos em Heráclito: "Um, Todo", não se trata de um pensar embrionário, mas de abordar o ser e o *lógos* entremeando-se com os deuses. Igualmente nos permite perceber que a contradição hegeliana, que necessita levar seus termos ao limite para poder superar-se, reencontra o movimento do pecado e da salvação, tal como foi descrito por São Paulo.

É bem verdade que desde o início da filosofia grega as bases desse paradigma foram quebradas pelos sofistas, pelos céticos, pelos estoicos e, em particular, a partir do final do século XIX, pelo pragmatismo americano e por filósofos que o cercam, a exemplo de Willard van Quine, Richard Rorty e Donald Davidson. No que Martin Heidegger e o segundo Ludwig Wittgenstein se distanciam de filósofos dessa tradição na sistemática crítica ao *lógos*? Numa completa subversão do tradicional relacionamento da linguagem ou fala com a realidade e o mundo. A linguagem — cujos intentos são os mais variáveis — faz parte do mundo, mas de um modo muito peculiar; assim, para que ela possa ser dita por alguém, os interlocutores devem manter laços muito especiais, participando desse mundo, estando nele jogados e com ele jogando. A definição clássica do ser humano como animal racional simplesmente encobre a dificuldade, pois, no fundo, diz que somos um animal falante segundo regras a priori ou não, separando, assim, de um lado o animal humano, de outro o mundo. Tudo se concentra, portanto, nas tentativas de reconfigurar esse ser do homem. Heidegger o concebe, basicamente a partir de seu primeiro grande livro, *Ser e Tempo*, como um ente que cuida praticamente, no sentido mais amplo desse cuidar, de seu ser. Wittgenstein, depois da falência do *Tractatus* — sua tentativa de reformular a tradicional ideia de representação, considerando a sentença e o fato como espelhando-se um no outro num espaço lógico —, passa a considerar os pedaços do dizer e a própria fala como um jogo cujos resultados sempre são indefinidos antes da partida. O jogador é um ator que atua tendo como pressuposto o fato de outros humanos já terem aprendido a jogar o jogo em questão. Ele e os outros não possuem em conjunto uma base comum fixa, pois o outro sempre pode dissimular. A questão do ser surpreende Wittgenstein quando se vê obrigado a pensar o falante diante de uma distância insuperável em relação ao outro, cada um passando, assim, por um processo de interiorização/ exteriorização, e com a noção de alma se transformando numa categoria gramatical cuja força unificante/ desunificante provém apenas da gramática da língua.

Martin Heidegger foi particularmente influenciado pela fenomenologia de Edmund Husserl, de quem chegou a ser assistente, mas tratando de associar outros elementos à crítica fenomenológica da lógica. De um lado, refletindo sobre as diversas maneiras de entender os valores de verdade das proposições, examinando em particular Aristóteles e os lógicos de seu tempo; de outro, querendo entender a historicidade do Ocidente, no diálogo com Wilhelm Dilthey e outros historiadores. Se a lógica nasce estudando a diversidade das categorias daquilo que é pensado e dito, ela própria prepara a questão sobre a unidade desse dito, vale dizer, a questão do ser. Como alinhavar numa unidade os vários sentidos do próprio ser? Lógica e metafísica se entremeiam, sendo sintomático que Hegel descreva as articulações do desdobramento do Espírito Absoluto na sua *Ciência da lógica*. Para Heidegger, esse desdobramento é o próprio tempo dando-se aos humanos.

Desde Platão e Aristóteles sabemos que a pergunta pelo ser caminha, de um lado, na direção da multiplicidade do que é dito, de outro, na direção da unidade de seu fundamento: no caso de Aristóteles, a diversidade das categorias e das formas de pensar se contrapondo à unidade do pensamento divino e primeiro motor. Esta última preocupação se casa, no jovem Heidegger, com sua vocação religiosa. Filho de sacristão, preparava-se para ser sacerdote, mas uma doença interrompe essa carreira. Não à toa sofreu profunda influência de Lutero. Heidegger continuou sendo muito religioso, mesmo quando, depois de aderir a uma espécie de politeísmo, se entregou de corpo e alma à tarefa de esclarecer o nazismo e mostrar a supremacia político-jurídica do *Führer*.

Ao vincular o questionamento do ser a um ente que se ocupa de seu próprio ser, que cuida dele e do mundo em que se encontra, Heidegger substitui a velha definição do homem como animal racional pela de um ente ligando-se ao ser que lhe é doado. A tarefa da alma, de se pôr à cata ou de se lançar na produção de universais, de inteligíveis, é substituída pela mera *descrição* de um ser-aí que, situado, *compreende* a formação de entes sendo marcados por seus modos de ser, e nesse "compreender" se joga e se vê jogado no mundo. O martelar do martelo, por exemplo, volta-se sobre si mesmo, consequentemente determinando-se como ente martelante no contexto de coisas e ações ligadas à carpintaria e assim por diante. A essência essenciando-se, algo sendo como algo, substitui, no pensar filosófico, o inteligível, o conceito. As estruturações científicas se colam a essa rede tácita. Se nesse vir a ser de algo como algo puderem se inserir indicações meramente formais de um a outro, essas indicações estão situadas no cuidar anterior a toda formulação linguística combinatória. Se no caminhar da reflexão heideggeriana as questões lógicas se convertem em questões gramaticais, como veremos logo mais, importa que no fundo da linguagem resida a doação do ser-tempo acontecendo — segundo o último Heidegger — vinculando terra e céu, os homens e o divino.

O caminhar de Wittgenstein é totalmente diferente. Nasce em Viena, numa família rica e refinada. Interessado por lógica, procura Frege, que o aconselha a estudar com Bertrand Russell. O jovem dândi, depois de seguir o curso de Russell em Cambridge, lhe entrega um texto resumindo suas observações e diz que retomaria os estudos de engenharia aeronáutica se suas reflexões não fossem de valor. Nasce assim uma grande amizade e uma troca de informações que tem seu primeiro fruto com a escrita do *Tractatus*. O livro foi terminado nas trincheiras austríacas, durante a Primeira Guerra Mundial, e só foi publicado graças a um prefácio de Russell — que desagradou o autor porque se considerou incompreendido pelo amigo. Mesmo não tendo estudado os textos de Wittgenstein, Heidegger não deixa de apontar o fosso que os separa. No seminário de Thor, depois de ressaltar que para os modernos o ente na sua totalidade — *ta onta* — se tornou uma palavra vazia, ao contrário do que acontecia para os gregos, toma Wittgenstein como exemplo. Este entende o real como aquilo que é o caso, *Wirklich ist, was der Fall ist*, vale dizer, o real é "aquilo que cai sob uma determinação, o fixável, o determinável". E comenta: "Frase propriamente fantasmagórica".[1] Discordância inevitável, pois enquanto Heidegger quer pensar o real fora do jogo representação/ representado, no movimento prático do entendimento do ser-aí cuidar de seu ser, e por conseguinte muito longe da dualidade entre discurso e vida, o Wittgenstein do *Tractatus* insiste nesse jogo ao entender a frase como espelho da articulação do caso dito por ela. Por exemplo, Heidegger vê na proposição "A rosa é vermelha" a expressão da rosidade mostrando-se vermelha entre as possibilidades de uma rosa vir a ser colorida. Em contrapartida, o *Tractatus* antes de tudo insiste em que, sendo que a proposição e o fato têm a mesma forma lógica, um espelhando o outro, ao dizer "A rosa é vermelha" estamos simplesmente dizen-

---

1. Seminário de Thor, 2 set. 1969; *Questions IV*, Collection Tel. Paris: Gallimard, 1990, p. 416.

do "que a rosa é vermelha", havendo necessidade de critérios que distingam a rosa de outras flores e o vermelho de outras cores. Esses critérios necessitam então que "rosa" e "vermelho" sejam palavras que nomeiem conjuntos de objetos simples num espaço único do dizer e do ser, o espaço lógico. Na base dessa teoria figurativa da linguagem, Wittgenstein trata de dissolver os problemas filosóficos clássicos. Já que imagina tê-los resolvido nas suas bases, volta à Áustria para dedicar-se a questões práticas. Somente quase dez anos depois se convence da dificuldade de suas posições e retoma seus estudos filosóficos. A partir de então, e sobretudo no fim da vida, elabora uma nova concepção de linguagem, que não só passa a entender como um emaranhado de jogos configurando a objetualidade dos objetos, como considera cada sujeito um ator de teatro que, estando em princípio sempre entre outros, diz frases que discrepam de uma descrição possível de seus estados mentais. O caso da regra não é apenas a marca que ela deixa na matéria, como nos ensinou Platão, mas depende de como ela constitui representações alinhavando semelhanças de família, de modo que a ideia tanto apresenta algo, como a própria mudança de seus aspectos ligados ao seu estar num contexto mundano. E assim subverte inteiramente o velho sentido do representar.

Lembremos que já Aristóteles[2] indicava que as múltiplas coisas são espelhadas por estados mentais, que assim funcionam como seus signos (*semeia*), valendo para todos nós. Não é porque coisas passam a ter o mesmo nome — surgem daí as dificuldades da homonímia — que devam ter a mesma essência. Mas essa aglutinação na alma dos sinais transformando-se em signos de uma língua se assenta, como explicita o *De anima*, na produção de universais que se entrelaçam num *lógos*. Heidegger e Wittgen-

2. *De interpretatione*, 16a.

stein, cada um a seu modo, com diferenças ao longo do percurso das respectivas investigações, darão interpretações muito diversas para esse caráter, sobretudo simbólico e concêntrico, dos estados mentais. Caberá à própria linguagem, corretamente questionada, mostrar como ela mesma se regula, evitando que desande em fórmulas vazias ou estapafúrdias. No entanto, depois de muito navegar, ambos entenderão a linguagem no reverso da concepção tradicional. Não se trata de um procedimento, seja puramente mental, seja prático comportamental, que *junta* elementos relativamente simples, apenas sinais, para que possam se converter em signos (ou símbolos). Os filósofos deram as mais diversas explicações para essa junção, *symplokê*, como disseram Platão e Aristóteles. Grande parte dos filósofos contemporâneos que tratam da linguagem, a exemplo de D. Davidson ou R. Rorty e outros expoentes do *"linguistic turn"*, explora essa tradição: a linguagem se compõe e se torna inteligível a partir da combinação de elementos (relativamente) simples, o falar e sua inteligibilidade se tornam uma questão de aprender a decifrar esse mecanismo. Heidegger escava um plano mais profundo, onde ocorrem conjunções pré-verbais. Como veremos, já na sua primeira tentativa, em *Ser e Tempo*, a significância depende do exercício de certos objetos de uso que o homem, como ente que cuida de seu ser, compreende *silenciosamente* antes de lhes dar forma linguística. Se quisermos retornar ao universo de Aristóteles diremos que o homem, mais que ser um animal dotado de razão, há de constituir-se no plano do cuidado, da prudência (*phronesis*). O que lhe resta do processo de racionalização, conforme *Ser e Tempo*, está ligado às possibilitações do ser-aí. As determinações existenciais do *Dasein* são possibilidades de *algo* vindo a *ser* o que há de ser no seu horizonte. Não se trata, pois, de possibilidades inscritas numa estrutura, no sentido contemporâneo — cruzamento de relações de um conjunto *dado* —, mas de simples procedimentos possíveis de um ente curando livremente de seu ser. Procedimentos que só podem ser ditos, pois, colando-se a essa cura, fora de toda reflexão sobre si mesmo que escape ao campo desses existenciais. Assim, o homem há de tornar-se capaz de abraçar as vigas históricas desse mundo, o campo das decisões epocais que, nas próprias ações humanas, se mostram indo além delas. Veremos que essa posição será revirada a partir de meados dos anos 1930.

Wittgenstein, por sua vez, se no *Tractatus* leva ao limite essa ideia da *symplokê*, pois é ela que estrutura a proposição e o fato tendo por pressuposto um certo espaço lógico, logo se vê em dificuldade para explicar a natureza dos objetos simples, o estoque de tais combinações. Mais tarde ele abandona esse ponto de vista, pensa a linguagem como sendo regulada por regras de um jogo que lida com objetos segundo suas mudanças de aspecto, conferindo-lhes assim conteúdos objetualizados. À alma só cabe unificar pelas diferenças, isto é, estritamente do ponto de vista formal. Tais jogos, em que as expressões se tornam bipolares, verdadeiras ou falsas, assentam-se em situações que, diante dessas bipolaridades *in fieri*, só podem ser ditas, quando ditas, por proposições monopolares. Uma imagem desenhada pelo próprio Wittgenstein ilustra esse processo: ao girar, uma bola demarca dois polos imóveis em vista dos quais seus outros pontos passam a mover-se circularmente; mas os polos não são determinados de antemão. Se o exercício de cada linguagem pressupõe uma espécie de *Welbild*, essa imagem de mundo funciona como mitologia explicativa dos fenômenos mundanos sem, por isso, surgir antes da linguagem propriamente dita. Note-se que no tradicional jogo entre os valores de verdade, o verdadeiro e o falso, se infiltram práticas que marcam o destino das falas.

Wittgenstein encontra fronteiras no próprio exercício da linguagem, fronteiras que pedem para ser ultrapassadas por um falar além, *überreden*, sem que esse falar gestual tenha um campo hermenêutico preestabelecido: pertence ao seu funcionamento. *Über*-rede que pode ser exemplificada pelos gestos significantes dos missionários quando tratam de evangelizar "selvagens", ou quando tratamos de comprar objetos desejados num país onde se fala uma língua por nós ignorada. Seja como for, os dois filósofos pensam apenas a linguagem, sem pressupor a relação representativa sujeito/ objeto. Além disso, ambos emprestarão papel muito especial ao silêncio.

Compreende-se por que inicio estes estudos focalizando a primeira crítica heideggeriana da proposição e da lógica tradicional, mostrando a importância de certas determinações do ser do homem enquanto pressupostos da linguagem: determinações de um ente que vem a ser no mundo antes de falar. Tentarei, em seguida, resumir como esse mundo silencioso hermenêutico se articula em *Ser e Tempo*. O capítulo terceiro serve de mediação entre *Ser e Tempo* e as obras posteriores, mostrando como a lógica é engolida pela essência da linguagem, o que possibilita falar do ser por si mesmo: o vetor do ente que cura de seu ser jogando-se no mundo volta-se como ser que, vindo a ser, dá-se como tempo esquadrinhando o próprio acontecer (*Ereignis*). A linguagem pode, então, mostrar todo o seu poder criador na medida em que segura e cuida desse esquadrinhamento.

O capítulo sexto volta ao início de nossa caminhada: examina como o *Tractatus*, ao apresentar sua teoria afigurativa da proposição, retoma tacitamente as páginas iniciais do *De interpretatione*, de Aristóteles. O texto de Wittgenstein aparece como tentativa genial de retomar a constituição da linguagem a partir da elaboração de sinais em signos, mas já num espaço lógico previsto no mundo e, por isso mesmo, na linguagem. Procedimentos psicológicos serão eliminados mediante uma projeção direta da estruturação das frases para os estados de coisa (ou vice-versa), de sorte que o papel dos atos psicológicos será reduzido a quase nada diante do poder sintetizador atribuído ao eu transcendental. Nos capítulos seguintes, porém, focalizarei sobretudo os últimos trabalhos do autor em busca de diferenças gramaticais, em particular as que regulam os verbos psicológicos. Como todas as outras determinações gramaticais, estas demarcam seus objetos. Esses verbos, contudo, mostram peculiar desequilíbrio quando conjugados na primeira e na terceira pessoa. Se eu disser "Sei que chove" estou simplesmente dizendo que "Chove", mas se João disser "Chove" sempre haverá a possibilidade de ele estar me enganando. A partir desse paradoxo descoberto por G. E. Moore, Wittgenstein pode distinguir a gramática de "estar seguro" (*sicher sein*) da de "estar certo" (*gewissen sein*). Essa diferença não é radical, mas permite apontar na linguagem um movimento de interiorização/exteriorização que questiona o papel tradicional da alma na transformação de sinais em signos. Esta se despoja de qualquer conteúdo e se resume a uma regulação gramatical.

Além de estudar o jogo do verdadeiro e do falso, a reflexão sobre o *lógos* deve ainda incorporar considerações sobre o engano. Não esqueçamos, porém, a linha de todo o pensamento de Wittgenstein, que, como ele próprio nota, resume-se numa frase que o conde de Kent diz ao *Rei Lear*: *I'll teach you differences.*[3] Nessa direção, pelo menos, a filosofia tem muito a nos ensinar como viver. Em particular refletindo sobre o sentido dos jogos de linguagem que apresentam coisas vinculadas aos modos de seus usos, assim demarcando critérios do dizer correto e incorreto — e um jogo de linguagem comporta sempre diversas palavras ligadas pelo contexto de seu emprego. Obviamente não espero que o leitor entenda desde já o peso dessas primeiras indicações do modo pelo qual fica suspenso o ideal clássico de razão, em particular a diferença entre ser e devir. Minhas considerações servem apenas

---

3. Shakespeare, *King Lear*, ato i, cena iv.

para alertá-lo de que enfrentará formas inéditas do filosofar, embora apontem para uma constante: o filosofar é uma maneira diferenciada de pensar o "ver". No que me concerne, reconheço que minhas preocupações atuais encontram suas sementes no livro *Trabalho e reflexão*, no qual usei esquemas operatórios para entender a teoria do valor da mercadoria em Marx, mas desaparece aqui o papel constituinte da própria reflexão. Enfim, tenho a impressão de ter atravessado os limites do universo inaugurado por Descartes e solidificado por Kant, em que o eu é o princípio de toda determinação.

Nota-se um desequilíbrio nos espaços dedicados a Heidegger e a Wittgenstein. A despeito de este livro ter pretensões didáticas, todo ele está armado para defender a tese da crise da razão. Para isso precisei pontuar os passos decisivos do percurso de Heidegger. No caso de Wittgenstein, essa crise se configura basicamente nos últimos escritos sobre as gramáticas dos verbos psicológicos. Daí o encurtamento da narração. Além do mais, sobre Wittgenstein já tenho outros livros publicados.

São essas duas linhas de investigação que pretendo descrever; embora díspares entre si, terminam concluindo que os problemas de filosofia são alinhavados pelas gramáticas das línguas naturais. Em outros termos, espero estudar o velório da lógica formal como reguladora das questões lógico-metafísicas. A bibliografia é enorme e só pode ser atravessada de viés. Devo notar, entretanto, que desde 1990 conheço o primeiro livro de Stephen Mulhall,[4] cujas questões são muito próximas das minhas, sendo outros os seus adversários.

---

4. *On Being in the World: Wittgenstein and Heidegger on Seeing Aspects*. Londres: Routledge.

Estas reflexões não seriam possíveis sem as indicações, os estímulos e críticas de amigos que me cercam. Do lado de Heidegger, preciso começar agradecendo a Ernildo Stein, que desde 1972 me aconselha a estudar esse filósofo, tanto verbalmente quanto enviando-me seus livros. Foi difícil pular o fosso que me distanciava de um nazista. Enviei-lhe as primeiras páginas escritas a respeito, que o deixaram assustado. João Carlos Brum Torres, velho companheiro mas leitor de Sartre, também as recebeu e me alertou com seu silêncio tácito. Elas foram lidas ainda por Róbson Ramos dos Reis, que fez algumas observações preciosas que me levaram a ler seu *Aspectos da modalidade*,[5] que me foi de muito proveito para exprimir com mais rigor conceitos de *Ser e Tempo*. Espero que este meu texto o reconcilie com a ideia de *Ereignis*. Do lado de Wittgenstein a lista é bem mais ampla, pois comecei a lê--lo sob a orientação de Gilles-Gaston Granger, um de meus primeiros professores de filosofia, cuja família me adotou. Jules Vuillemin desde 1957 me ensinou a ler Husserl. Victor Goldschmidt completa a tríade de meus professores franceses. Do lado brasileiro devo comentar minha sorte de ter conhecido Luiz Henrique Lopes dos Santos nos primeiros dois meses de 1970 em que lecionei na usp — antes de ser compulsoriamente aposentado. Assim se iniciou um diálogo e uma amizade que ainda perduram. Wittgenstein tem sido um dos focos de nossas conversas. Agradeço a Lutti Mira, o primeiro a rever o texto por inteiro. Devo ainda agradecer os comentários que Luciano Codato me fez durante a redação de alguns capítulos e, particularmente, a Márcio Sattin, que revirou o texto corrigindo frases, traduções e citações, com o entusiasmo e a minúcia que lhe são características. A Heloisa Jahn, amiga muito querida, deixo um beijo carinhoso por ter se estafa-

5. Rio de Janeiro: Via Verita, 2014.

do ao preparar o texto para a edição. No final, meus especiais agradecimentos vão para Mário Wanderlei Soares do Nascimento, que há décadas acompanha meu cotidiano, abrindo espaços de tempo em que posso trabalhar tranquilamente.

São Paulo, outubro de 2019
USP/Cebrap

1. Sentido e Ser

I

Uma proposição enunciativa é uma expressão verdadeira ou falsa, seu sentido se afigurando antes de que se esteja certo de que diz a verdade. Que relações mantém essa verdade, ligada ao funcionamento estrutural dos valores de verdade, e a verdade apresentada por outros modos do dizer? Como as palavras se ligam? Como se separam? Desde a Antiguidade se sabe que existem outras expressões que nos apresentam verdades inquestionáveis fora desse jogo bipolar. Aristóteles lembra que a mera apreensão do simples sempre se dá como verdadeira, *on alêthes*, porque resulta tão só da des-coberta, *a-lêtheia*, do desvelamento dele mesmo.[1] Traduzimos essa palavra seguindo a questionável interpretação heideggeriana. Também num trecho do *De anima* Aristóteles indica que o verdadeiro já se encontra na apreensão dos sensíveis

1. *Metafísica*, Theta, 10.

próprios, como a cor para a vista, o som para o ouvido: "A sensação dos sensíveis próprios é sempre verdadeira... enquanto o pensamento pode também o ser, o que não deixa nenhuma possibilidade para o erro".[2] Apreender o simples é, por assim dizer, apenas tomar, agarrar uma determinação. Como funciona, porém, essa verdade originária enquanto *a-lêthes* — retirar do esquecimento, conforme diria o grego? Em consequência, como se exerce esse de-terminar?

Heidegger e o último Wittgenstein estabelecem um vínculo muito íntimo e especial entre condições de sentido e verdade. Embora caminhem em direções opostas, ambos acabam entrelaçando esses problemas de maneira totalmente inusitada. Espero poder marcar essas diferenças e apontar alguns de seus efeitos no campo da reflexão filosófica. E é de esperar que, revolucionando a ideia de *lógos*, por conseguinte, de razão, serão obrigados a repensar o sentido comum da linguagem, assim como da própria natureza humana tradicionalmente definida como o ser vivo que possui *lógos*.

Filiando-se ao movimento fenomenológico iniciado por Edmund Husserl, Heidegger também pretende chegar às próprias coisas. A palavra "coisa", aqui, tem o sentido muito próximo de quando aparece na expressão: "Que coisa você está fazendo?", no entanto ganha novos aspectos conforme o uso que cada um de nós faz da questão. No § 7 do II capítulo de *Ser e Tempo*, "O método fenomenológico da investigação", ele reafirma sua fidelidade ao projeto de chegar às próprias coisas, indo além, contudo, daquela polaridade que opera numa consciência que se fecha, entre ato e conteúdo — *noesis/ noema* —, na medida em que a "coisa" fica incrustada no ser-aí, no modo do ente homem ser no mundo. Claro, a intencionalidade vem marcada pelo questionamento do ser.

2. *De anima*, 427b 11 ss.

Ainda estudante, Heidegger ficara fascinado com *Da múltipla significação do ente em Aristóteles*, livro do mestre de Husserl, Franz Brentano. É conhecida a distinção aristotélica das quatro maneiras de dizer o ser enquanto tal: por si ou por acidente, em potência ou em ato, enquanto verdadeiro e, por fim, segundo os esquemas das categorias. Que traço de união liga essas maneiras de dizer apontadas por Aristóteles? De saída se distinguem dois caminhos que essas perguntas nos obrigam a percorrer. O primeiro é aquele da *unidade*: os diferentes sentidos do ser podem estar ligados a um princípio único? O segundo é o da *separação*, já acentuado por Platão: existe outro ser além do sensível? Lembremos que Aristóteles acreditava na divindade do céu visível, ou seja, admitia o ser sensível, o divino visível e o divino invisível, isto é, o primeiro motor. A metafísica, de uma maneira ou de outra, ora pretendia ser geral, ora se afunilava em teologia. Basta lembrar que Heidegger pensa o ser como tempo para reconhecer a amplitude de sua tarefa, de absorver no Ser essa *unidade* e essa *separação*. Muito mais tarde, só depois de invocar o próprio Ser como *Ereignis* — acontecimento apropriativo do homem mortal diante dos deuses imortais e participando da luta entre a terra e o céu —, é que sua ontologia integrará os deuses sem cesura alguma.

Voltemos, porém, ao nosso ponto de partida, a questão do próprio sentido, perguntando se as categorias estão ligadas por sinonímia ou homonímia. A pergunta obviamente é grega. A publicação dos cursos sobre Aristóteles, ministrados de 1921 a 1923,[3] permite-nos encaminhar a resposta. Mais que simplesmente ficar fascinado pela problemática do ser, Heidegger projeta um retorno a Aristóteles para desconstruí-lo à sua maneira, ou seja, desenraizar suas motivações mais íntimas. Num de seus primeiros cur-

---

3. Cf. *Heidegger Gesamtausgabe* (doravante GA) 21 e 61; cf. também Günter Figal, *Introdução a Martin Heidegger*, cap. 3 (Rio de Janeiro: Via Verita, 2016).

sos, aquele sobre teologia, elabora o conceito de *Dasein*, ser-aí, dando continuidade a suas reflexões sobre a vida. Um passo decisivo, porém, é a crítica à noção aristotélica de *phronesis* (prudência). Se esta se liga à *sophia* (sabedoria), para Aristóteles existe um hiato entre as duas, que Heidegger tenta superar. A *phronesis* indica que a vida se tece nos próprios atos de lidar com entes e coisas, mas que esses atos podem ser diversos desde que conjuminados em função da vida boa. Em Aristóteles o saber prático é determinado apenas negativamente, ligando-se ao possível e não ao efetivo. A *sophia* vai além da *phronesis*, pois o que nesta está apenas sugerido e incompleto, naquela se explicita completamente e se expõe na sua constância.[4] Desde o início, Heidegger entende por *Dasein* um termo ontológico com conotações práticas. Não é, porém, uma palavra que indique como o ser-próprio é intuído ou *devém produtor*, e sim um roteiro de como a vida do ser humano se mostra sendo aí, cuidando, usando das coisas e de si mesmo no ser mais próprio, num tempo determinado e, portando, desde logo se abrindo para uma clareira, *Lichtung*, que constitui o próprio Ser. "Facticidade" designa esse nosso ser-aí próprio e sua verdade, que o mostra e que o vela marcando sua diferença com outro, o que faz desse ser-aí próprio abertura para o mundo que recebe o ser: "O caráter distintivo ôntico do *Dasein* consiste em que ele é ontológico".[5] Os múltiplos sentidos de "ser" passam, então, a ser analisados a partir das determinações, os existenciais, de um ser especialíssimo, o homem como ente que cuida de seu ser e, assim, vem ao mundo. Sendo esse cuidar temporal, a pergunta pelos vários sentidos do ser, a homonímia dessa palavra "ser", torna-se influenciável pelas diferenças epocais da-

---

4. GA 62, p. 385; e também Günter Figal, *Introdução a Martin Heidegger*, pp. 54 ss.
5. *Sein und Zeit* (doravante *SuZ*), § 4, p. 19.

das a esse cuidar. Desse modo o ser-aí tem uma "pré-compreensão" do ser, "pré-compreensão" "atuante", pois sempre estamos nos movendo no plano tradicional da *phronesis*, mas um plano ampliado de maneira a tomar todo o ser.

Além do mais, se o jovem Heidegger se interessa pelo projeto husserliano de instalar, antes da combinatória dos juízos, uma gramática pura regulando os sentidos das palavras, essa gramática evidentemente há de apresentar o próprio ser para o *Dasein*, incluindo o mundo no qual o homem se projeta como ente que cuida de seu ser. Nessa pesca do ser, diferenciando-se de qualquer ente, não é de estranhar que Heidegger se entusiasme pela noção de "intuição intelectual" desenvolvida na *VI Investigação* husserliana. Essa intuição apreende, no fluxo dos fatos reais, traços ideais, o que reduz o poder constituinte de qualquer sujeito transcendental e abala o mito da existência de um intelecto puro, isolado da sensibilidade e de sua prática. Mas, igualmente, altera a estrutura do sensível. Em vez de partir do enquadramento do ser nas categorias, Heidegger insiste no significado do ser se entificando, no movimento de ele vir a ser verdadeiro, desvelando-se como temporalização. Aprofunda, assim, a diferença ontológica, na medida em que o ser, não sendo predicado real, como já ensinara Kant, é mais que posição porquanto tem o negativo em si mesmo e, mediante suas possibilitações, articula o mundo.

Essa noção de verdade como desvelamento lhe é sugerida pela palavra grega *alêtheia*, entendendo o "a" como negativo mas, em princípio, marcando a diferença entre ente e ser, diferença no mesmo, que impede toda entificação do ser, em termos brutos, que o ser seja posto como uma coisa, ainda que seja criadora do universo. Essa diferença ontológica, como será denominada mais tarde, ao juntar o mesmo e o outro há de estar ligada ao desocultamento do ser no ente. No entanto, se o desvelamento não se resume a um ato, exercendo-se sobre uma emergência contínua — não é assim que os gregos entendiam a *physis*? —, o próprio desvelar necessita do velar para continuar sendo. Essa fusão que separa será um dos temas constantes da reflexão heideggeriana e uma das chaves de seus pensamentos do último período, momento em que beira a dialética hegeliana para dela se afastar radicalmente. Seremos obrigados a percorrer um longo caminho para dar sentido e tentar responder a essa junção inerente ao exercício da verdade.

No final da década de 1920, época da publicação de *Ser e Tempo*, Heidegger é visto como participando do movimento fenomenológico fundado por Husserl, mas igualmente muito influenciado por Dilthey, que o leva a se adentrar no conceito de historicidade. Embora Husserl no primeiro momento acredite que Heidegger está apenas elucidando a fenomenologia do ser humano, logo percebe as diferenças radicais entre os dois caminhos, como mostram os curiosos comentários anotados à margem do seu exemplar desse livro de Heidegger.

Tradicionalmente o ser, entendido como supremo e fundante, seria eterno, contrapondo-se assim à temporalidade das criaturas. Essa dualidade, aliás, está associada ao conceito de tempo como medida, limitação de tudo o que vem a ser criado. Não seria possível compreender o tempo exclusivamente a partir da experiência que dele temos? No entanto, qual experiência? Embora Heidegger tenha sido o editor das *Lições para uma fenomenologia da consciência íntima do tempo*, publicadas por Husserl em 1928; embora reconheça os avanços desse texto em relação à psicologia e à teoria do conhecimento de sua época, interessa-lhe, sobretudo, pensar o próprio ser humano como exercício da verdade; além do mais, porque vem a ser aí abrindo-se para o mundo, não há como desvinculá-lo da própria temporalidade. Françoise Dastur descreve admiravelmente os caminhos dessa aventura. Lembra-nos que a concepção primária da temporalidade como vir a ser originário é descoberta por Heidegger na primeira Carta de São Paulo aos Tessalonicenses: a *espera* da vinda do Cristo, da *parousia*, não é aquela de um acontecimento futuro, mas o despertar iminente dessa vinda acompanhada no cotidiano. "Manter uma relação com a *parousia* significa estar desperto no presente, e não uma espera de um acontecimento que ainda não adveio. A questão do 'quando?' se transforma na questão 'como viver?', a saber, 'como viver?' sob o modo do despertar?".[6] No entanto, como veremos, Heidegger vai além, pois, em vez do aparecimento de uma *ousia*, conforme queriam os gregos, no "como viver", cabe tanto o cuidado com seu ser quanto a inexorabilidade da morte sem data prevista. Para os gregos a *ousia* não é a residência *presente* que determina como os entes são? A partir daí logo se reconhece, pois, que o tempo há de participar na maneira como o ser se exerce e se liga ao ente. Além disso, desde que o sujeito venha a ser substituído por um ente homem que cuida de seu ser, pelo *Dasein* o mundo não é exterior ao ser do homem fechado numa consciência, mas sua própria abertura. Passo importante mas complicado, pois, se coloca em xeque a problemática da vida, em moda desde os fins do século xix, se desmoraliza o biologismo da época e até mesmo de nossos tempos, é toda a oposição e junção entre a vida da mente e a vida do corpo que necessita ser repensada. Esse abandono da "filosofia da vida" configura, porém, apenas o primeiro passo de um longo caminho que há de aprofundar a relação do homem com o ser, em que o "determinante" vem a constituir o próprio ser marcando-se como temporalização, em vez da simples substância como presença.

---

6. Françoise Dastur, *Heidegger et la question du temps*. Paris: PUF, 2005, p. 20.

II

No entanto, o jovem Heidegger não se nutre apenas de metafísica. Frustrado pela doença que o impede de seguir a carreira religiosa, mergulha nos estudos de matemática e física. Sua proximidade com Husserl não permitiria que passasse ao largo dos trabalhos de Frege, este tendo escrito uma resenha muito dura contra *Filosofia da aritmética*, primeiro livro de seu mestre. Nunca se interessa, porém, pela lógica matemática — a logística, como a denomina —, primeiro, porque desconfia da ideia de função aplicada às proposições; segundo, porque a substituição de signos por variáveis transforma tudo o que é dito em entes quaisquer, chegando, pois, ao limite da alienação metafísica;[7] por fim, como ainda veremos, porque a ciência não pensa genuinamente, embora calcule. Por isso ele se preocupa com o sentido de ser do simbolizado, estudando aqueles autores que, na bipolaridade da proposição, enxergam uma *valorização* na oposição entre o valor verdadeiro e o valor falso. Não é à toa que, nas Lições de Inverno de 1925-6, foca sua argumentação contra R. H. Lotze, um dos mais conhecidos pensadores dessa corrente valorativa.

Esse curso, ministrado em Marburgo, foi publicado no volume 21 das *Obras completas* (*Gesamtausgabe*), com o nome: *Lógica — A pergunta pela verdade*. Comentaremos algumas de suas passagens, infelizmente sem estender-nos, acentuando a ginástica a que Heidegger submete os novos conceitos fenomenológicos ao criticar Husserl, embora sempre pretendendo continuar fiel ao universo da fenomenologia. Também marcaremos sua preocupação em isolar a riqueza do pensamento aristotélico em vista das formulações tradicionais dessa "ciência". Costuma-se procurar o

---

7. Cf. Heidegger, *Unterwegs zur Sprache*. Stuttgart: Günther Neske, 1960, p. 116; *Die Frage nach der Ding*. Tübingen: Max Niemeyer, 1962, p. 122.

sentido de "ser" na cópula "é" da proposição predicativa. No entanto, se verdade é desvelamento, para Heidegger importa, antes de examinar como os sinais se transformam em símbolos, isto é, como funcionam os sentidos das palavras, deter-se nos modos de as coisas — no seu sentido mais amplo — se darem, ganhando suas verdades. Todo o peso recai sobre a lógica da verdade, ou melhor, a questão da verdade engole as questões da lógica formal. Naturalmente o predicar entifica a coisa nomeada pelo sujeito, sendo que a metafísica se move nessas águas. Essa entificação do ser já se liga ao papel central do ver na apreensão das formas entendidas como ideias: ver, no seu sentido muito amplo, basicamente no significado de "apreender algo nele mesmo". Não era esse, para os gregos, a partir de Platão, o modo mais alto da experiência do ente em geral? Husserl, em contrapartida, embora insista na intencionalidade da consciência, na diferença entre ato e conteúdo das vivências, não chega a ultrapassar seu núcleo meramente quididativo — do *que* dito —, sem indagar pelo ser dos processos da consciência no sentido de sua existência. No entanto, convém não perder de vista a "concreção das vivências", não deixar de ir além de seus conteúdos substanciais e perguntar "pelo ser dos processos no sentido de sua existência".[8] Cabe notar que a diferença entre ser real e ser ideal provém dessa diferença ontológica fundamental posta pela filosofia grega a partir de Platão, considerando os modos de constituição e abordagem do ente. "Em particular, o permanente nos objetos sensíveis é o que é apreendido pela razão, pelo *nous*; isto é, as ideias ou a ideia é o *noéton*, enquanto o real múltiplo e mutável se torna acessível na sensibilidade — isto é, na *aisthêsis*; por isso o real se chama o *aisthêton*. Também aqui novamente o ser ideal e o ser real se carac-

---

8. Günter Figal, *Fenomenologia da liberdade*. Rio de Janeiro: Forense Universitária, 2005, pp. 31 ss.

terizam a partir do modo determinado de acesso (*aus der bestimmten Zugangart dazu*), não a partir do ser e de seu modo próprio de ser".[9]

Observe-se que privilegiar a via de acesso à coisa demanda que se explique o papel da alma aí desempenhado. A crítica husserliana do psicologismo, ao situar a idealidade das formas lógicas no jogo da consciência transcendental tensionada pela dualidade entre ato e conteúdo visado, a *noesis* pendendo para o *noema*, ainda continua se apoiando na mesma tensão entre os atos da consciência e seus processos determinantes, evitando o puro questionar do ser presente no próprio visado. Para se desviar desse caminho, Heidegger necessita jogar com o diferenciar e o ser o mesmo. Como explicitará numa conferência pronunciada em 1957,[10] o mesmo (*das Selbe*, traduzindo *to auto*) não quer dizer o igual (*das Gleiche*), mas algo que vem a ser si mesmo na medida em que é dito repetidamente por alguém, o *Dasein*, cuidando de seu ser. Para Husserl, a análise fenomenológica da consciência, para que não se desvie e se torne uma ciência empírica, requer a *epochê*, a suspensão de toda forma de juízo sobre os fatos do mundo e da própria consciência. Os comentadores se perguntam se o ser-aí — na medida em que, embora jogado no mundo, se volta sobre si mesmo ao ser tomado pela angústia — mantém e até mesmo aprofunda a *epochê* husserliana. Não nos cabe deslindar essa dificuldade, mas apenas apontar como o predomínio da questão da verdade sobre aquela do sentido se liga ao movimento do *Dasein* ser no mundo, alterando assim a tradicional oposição entre sujeito e objeto. A verdade se desvela para o homem como *Dasein* curando de seu ser.

Deixemos de lado as várias respostas indiretas que Husserl dá às objeções de Heidegger ao longo do cauteloso diálogo que

---

9. *Logik*, GA 21, p. 57.
10. *Identität und Differenz*. Stuttgart: Günther Neske, 1957, p. 21.

mantiveram; lembremos apenas da importância que a noção de mundo da vida assume em *Crise das ciências europeias*, redigido pelo primeiro em 1936-7. Husserl, entretanto, nunca descartou completamente uma intuição de essência na apreensão das ideias — o que requer uma relação sujeito-objeto subjacente —, e em consequência sua investigação sempre se mantém no plano dos sentidos até que essa intuição compareça. Embora admita a especificidade de uma lógica da verdade, não é por isso que ele a liga de imediato ao questionamento do ser, pois a verdade pode apenas ser visada. Já nas primeiras páginas de seu exemplar de *Ser e Tempo*, Husserl percebe que Heidegger acaba atribuindo um caráter antropológico às classificações fenomenológicas constitutivas de todas as regiões do ente e assim por diante, o que obscurece suas análises.[11]

Em contrapartida, desde logo Heidegger indaga pelo ser do *lógos*, o que o leva a mergulhar na problemática da verdade em se dando. Tem o cuidado de nos prevenir contra três teses incorretas que dominam a lógica tradicional: "1) O lugar da verdade é a proposição (*Satz*). 2) A verdade é a concordância do pensamento com o ente. 3) Ambos os enunciados têm Aristóteles como fundador".[12] Cabe descartar esses preconceitos, examinando com cuidado a relação entre verdade e valores de verdade, tão comum à lógica de seu tempo; e aprofundá-la, ligando esses valores ao ser verdadeiro e ao ser falso. Para tanto é necessário passar pela crítica de Husserl e, por fim, voltar a ler o próprio Aristóteles.

Esses valores estão presentes num determinado tipo de discurso, aquele que enuncia (*aussagende*), em que os enunciados se ligam à alternância dos valores de verdade e não propriamente à verdade, como reza a tradição. É em função de poder ser verda-

---

11. Husserl, *Notes sur Heidegger*. Paris: Éditions de Minuit, 1994, p. 13.
12. *Logik*, GA 21, pp. 128-9.

deiro ou falso que o enunciado se define, de maneira que verdade e poder ser verdadeiro ou falso são fenômenos diferentes. Isso fica claro, argumenta Heidegger, quando se leem as linhas 17a 1 e seguintes do tratado *De interpretatione*, entendidas, porém, de um jeito muito peculiar: "Todo discurso indica ou se refere a algo (significa, em geral, algo) — já o discurso que se deixa ver mostrando (*aufweisend sehen lassend*) é somente aquele em que se dá o ser verdadeiro ou o ser falso (*Wahrsein oder Falschsein*)", tradução que o próprio Heidegger reconhece não corresponder exatamente ao entendimento que os gregos tinham dessas linhas. Mas o texto revela o nervo do sentido que possuíam do ser verdadeiro, *alêtheuein*, aquele processo de des-cobrir, retirar o encobrimento de algo: "Entendida corretamente e em sentido estrito, a expressão que em grego significa ser verdadeiro, *alêtheuein*, literalmente é a mesma que significa des-cobrir, no sentido de desvelar, tirar o recobrimento/ recolhimento de algo".[13] Toda verdade, todo desocultar, traz, do ponto de vista do ente, um ocultar expresso como sua negatividade. Mais que a oposição entre verdadeiro e falso, importa o desvendamento da verdade que se dá onde também opera um ocultamento. A esse conceito de ser verdadeiro, por sua vez, contrapõe-se a "*pseudesthai*", que então não significa apenas falsidade, mas igualmente enganar (*täuschen*), enganar alguém, colocar algo diferente diante do que o outro pretende ver.[14]

É a partir desse novo conceito de verdade como desvelamento, a ser repassado várias vezes ao longo de nosso percurso, que o jogo entre os valores de verdade e a própria verdade como concordância podem ser entendidos. Heidegger, como já indicamos,

13. *Logik*, GA 21, p. 131.
14. Ibid., pp. 131-2.

se inspira no vocábulo *"alêtheia"* considerando o "a" como negativo. Embora mais tarde fique claro que essa etimologia é incorreta, a ele importa o que ainda não está dito na língua grega mas que, se for dito, não a confrontaria. Essa junção do positivo e do negativo está muito próxima do movimento do conceito hegeliano sem, todavia, comportar qualquer movimento de superação (*Aufhebung*). Hegel não entende a forma "S é P" como o abraço de um predicado a uma substância, mas como junção e disjunção de uma igualdade entre S e P que acaba destruindo a unidade de S, levando-a a seu fundo. A natureza do juízo e da proposição em geral, que inclui em si a diferença entre o sujeito e o predicado, se destrói na proposição especulativa, determinando seu sentido em nível espiritual superior. Esses dois polos se chocam e se contrapõem, até integrarem-se numa superação.[15]

Veremos como o último Heidegger conservará do manto predicativo apenas a tautologia, "que, por isso mesmo, sem nada dizer da presença, serve para sugerir o inaparente que, assim, nos conduz ao que meramente advém: é preciso reconhecer, com efeito, que a tautologia é o único modo de pensar o que a dialética apenas pode velar".[16] Ao dizer, por exemplo, *"Die Sprache spricht"* (A linguagem fala), não damos nenhum sentido determinado a essa expressão, apenas indicamos que a linguagem efetiva seu ser e se entifica exercendo sua essência.

Esse é um resultado a ser obtido depois de longo caminho. Por enquanto ainda estamos lidando com as primeiras tentativas de Heidegger de "destruir" a verdade da proposição enquanto vinculada ao juízo e à concordância, para que nela possa emergir

---

15. Cf. Hegel, *Phänomenologie des Geistes*. Hamburgo: Felix Meiner, p. 51; tradução francesa: *La Phénomenologie de l'esprit*, ɪ, Paris: Aubier, p. 54.
16. Seminário de Zährigen, *Questions IV*, Collection Tel. Paris: Gallimard, 1990, p. 339.

a *alêtheia*, o desvelamento ocultador. Um dos primeiros passos é conferir sentido muito especial ao próprio predicar, isto é, ao pré--dizer. É o que logo se percebe com a tradução muito peculiar da palavra grega *"hyparchein"* por "o que de antemão está presente (*das im vorhinein Vorhandensein*)". O texto de Aristóteles estaria salientando o que subsiste como fundamento de algo, e portanto é a partir desse subsistir presente que todo o resto emerge. Ideia que germinava no inconsciente grego e romano, pois já Boécio, lembra Heidegger, encontrava nesse *hyparchein* um "*in-esse*, estar dentro, pertencente à essência do próprio discurso".[17]

Ao contrário da tradição, Heidegger já sustenta, nesse curso de 1923, que o próprio Aristóteles entende a *síntese*, que marca a proposição como verdadeira ou falsa, não como juízo, mas como velar e desvelar, como provam passagens da *Metafísica* e do *De interpretatione*. Tento apresentar sua tradução do primeiro texto: "Assim, o mostrar falante do ente como não-ser ou o não-ente como ser é velamento, mas o mostrar do ente como ser e o do não-ente como não-ser é desvelamento".[18] Tudo depende, pois, de sua tradução de *alêtheia* por desvelamento, interpretando "a" como partícula negativa.

Num texto bem posterior,[19] Heidegger examinará a inversão por que passa o sentido desse algo que vem a ser predicado quando ele se configura como o próprio homem. Para os gregos o predicado diz aquilo pelo qual a coisa (sujeito) é enunciada e passa a ser dita como *hypokeimenon, subjectum*, base do predicado dizendo

17. *Logik*, GA 21, p. 132.
18. "*Denn das redende Sehenlassen des Seienden als Nichtsein oder das Nicht-seienden als Sein ist Verdeckung, das Sehenlassen aber des Seienden als Sein und des Nichtseienden als Nichtsein ist Endeckung*", GA 21, p. 163; e *Metafísica*, IV, 7, 1011b 26.
19. *Logik als die Frage nach dem Wesen der Sprache*, GA 38, pp. 141 ss.

algo. Essas diferenças entre predicado e sujeito foram assumidas pelos gramáticos gregos, influenciando toda a filosofia ocidental. Os gregos entendiam "ser" como a "presentificação constante" (*beständige Anwesenheit*) diante de um sujeito. Para Aristóteles, aquilo que persiste numa coisa, a despeito dos movimentos por que passa, é a *ousia*,[20] mas o enunciado indica apenas algo, a primeira explicitação é apenas ontológica, a segunda, lógica. Na Idade Média, o sentido ontológico abrange aquela coisa que *em si mesma vai estar à mão* (*an sich vorhandensein Ding*), por conseguinte já absorvendo o significado de *objectum,* algo que se tem em face. Como tal é o representado, o sistematicamente apresentado. Sabemos que, influenciado por Suárez e por todo aquele movimento da libertação do homem dos vínculos que o ligavam à natureza, Descartes fará do sujeito o objeto fundamental da investigação metafísica.

III

Voltemos, porém, à estrutura da proposição. Heidegger entende sua bipolaridade como inclusiva, isto é, com o sim e o não estando intimamente imbricados, mas tendendo a ir além do mero domínio da simples mostração. Quem diz, numa sala de aula, "A rosa é vermelha" está querendo dizer que a rosa é vermelha, sendo essa fala *verdadeira ou falsa*, sem que ali esteja pressuposta uma rosa efetiva. Contudo, se pedir a seu vizinho de mesa: "Por favor, me passe o saleiro", espera que o saleiro possa estar à mesa. A frase é proferida numa circunstância cuja bipolaridade depende de toda uma conjuntura prática maleável, muito diferente daque-

---

20. A *essência*: os romanos traduziram essa palavra por sub-stância, carregando o sentido grego como se indicasse um apoio.

la que envolve a resposta à pergunta que indaga se a porta está aberta. Trata-se, pois, de uma bipolaridade que não se liga meramente a uma *apophansis*, mas à elaboração de um contexto, de uma situação. Esta não tem sentido no plano dos valores de verdade, mas já se liga a um ocultamento, à ausência do saleiro, por exemplo, numa situação particular do ambiente em volta. Desse ponto de vista o discurso, apofântico ou não, está sempre mantendo um vínculo com o desvelamento ocultante. No entanto, se o que vem a ser dado não é propriamente um *ob-jectum* e o acolhedor não é propriamente um *sub-jectum*, então se tem uma abertura de *alguém dis-posto* a se abrir para ele, enquanto ente *sendo*. O próprio *Dasein* não significa uma existência que se opõe a uma rede de possibilidades, mas consiste ele mesmo em possibilidades vindo a ser, essencializando (*wesend*) algumas de suas possibilidades, reservando outras, ou se abrindo para se negar, quando o falar, por exemplo, se torna "no mais das vezes" simples falatório, conversa gentil.

Solicitar o favor de passar o saleiro durante o jantar, embora não exista ali saleiro algum, não equivale a proferir, nas mesmas condições, a frase "A rosa é vermelha". A diversidade dessas condições já nos leva a considerar a necessidade de abandonar o pressuposto de que o *lógos*, como discurso, seja inicialmente composto de proposições cujas formas predicativas fazem reconhecer um ente que poderia estar presente, sem mencionar as condições de seus proferimentos. A fenomenologia não pode então se reduzir à descrição do que é dado como real. O *lógos* deve exprimir igualmente o que está *possibilitando-se*, sem determinar o que vem a ser, do mesmo modo como digo que a batalha naval que vai acontecer amanhã pode ou não acontecer. O *lógos* retém possibilitações. Heidegger encontra esse conceito de retenção da possibilidade no ensaio de Kierkegaard sobre a angústia e fará dele um dos alicerces da nova fenomenologia.

Deixa, pois, de privilegiar aquela proposição unicamente determinada pela possibilidade de ela ser verdadeira e/ou falsa. Importa-lhe desde logo a situação existencial, comportamental, situada, que permite que algo venha ao encontro do ser-aí compreensivo e possa ser repetida. Note-se que, no fundo de qualquer percepção, evitando situar nela todo juízo segundo a fórmula "S é P", Heidegger aponta um vir ao encontro do ser-aí na trama de suas determinações existenciais. Esse comportamento, como estamos vendo, é a verdade. Também Wittgenstein, como examinaremos, terminará afirmando que cada frase, e até mesmo cada palavra, terá seu sentido determinado conforme participe de diferentes jogos de linguagem ou mesmo funcione entre jogos. Para ambos, as estruturas lógicas se possibilitam e se repetem de várias maneiras sob a égide do ser ou desenhando uma ontologia, de modo que o estudo da lógica, ou da linguagem como tal, não deve privilegiar um tipo muito particular de proposição — a meramente veritativa. Lembremos que o sentido de "A rosa é vermelha" pode ser aproximadamente configurado por uma pergunta e uma resposta: "É a rosa vermelha?" "Sim", ou "Depende", e assim por diante.

O estudo do *lógos* pede, pois, mais que uma ciência cujos contornos ontológicos já estariam quase sempre estabelecidos. O próprio conceito de ciência passa por uma profunda revisão ao longo da reflexão de Heidegger. O que ele entende por ciência? Obviamente o conceito se altera conforme vai se transformando sua própria visão da filosofia, aproximando-a de um pensamento evocativo do ser. No início ele emprestava à ciência filosófica o papel de se opor àqueles discursos elaborados pelos filósofos da vida que pretendiam dar conta do caráter inteiriço e globalizante da própria existência. A ciência, assim, se opunha diretamente ao método meramente hermenêutico, embora ele próprio já sublinhasse a necessidade de uma pré-compreensão do ente. Quando escreve *Ser e Tempo*, entende por ciência o *lógos* crítico que desvela o ser dissimulado e oculto, embora sempre presente nos entes com os quais lidamos no cotidiano. Em 1929, porém, distancia-se ainda mais da ideia husserliana da "filosofia como ciência do rigor", insistindo na peculiaridade da filosofia, que não é nem visão do mundo nem ciência propriamente dita, pois se situa além de cada uma dessas disciplinas.[21] No final, como veremos, o discurso filosófico se aproxima do poema (*Dichtung*), um jogo de palavras evocativo do ser, sem contudo se confundir com a poesia.

Husserl, em contrapartida, nunca se afasta de um determinado modelo de ciência: esta sempre há de se ocupar da pura legalidade de cada região do ser — e isso termina marcando seu conceito de filosofia. Já em 1925 Heidegger anota: "A questão primordial para Husserl não é de maneira alguma aquela do caráter de ser da consciência; antes de tudo ele é guiado pela reflexão, pela interrogação: como a consciência pode, em geral, tornar-se objeto possível de uma ciência absoluta?".[22] Se Husserl permanece fiel ao projeto cartesiano de situar todos os conhecimentos na árvore da ciência, Heidegger, ao pretender chegar às próprias coisas, ao cerne dos assuntos, espera desvendar seus modos de ser, conferindo novas dimensões à questão do sentido do ser em geral. Essa nova junção entre lógica e ciência, muito diferente daquela tradicional desenhada pela *logike episteme* helenista, demarca o universo onde se movem suas investigações sobre a linguagem desde os primeiros passos de suas reflexões.

Em resumo, na medida em que ele aprofunda a distância entre filosofia e ciência, os problemas levantados pela lógica se convertem na questão do dizer o que se apresenta nas expressões e, como presença, a questão de dizer o ser. Qual é o papel da lin-

---

21. Cf. Françoise Dastur, *Heidegger*. Paris: Vrin, 2007, p. 60.
22. *Prolegomena zur Geschichte des Zeitbegriff*, GA 20, p. 165.

guagem na própria guarda do ser? Para chegar, contudo, ao nervo dessa problemática, deveremos percorrer um longo caminho, voltar ao começo e examinar pormenores do diálogo de Heidegger com Husserl. Haveria outros caminhos. Em particular, se pretendêssemos acentuar as questões históricas, deveríamos passar por Dilthey, mas permanecendo no âmbito da fenomenologia podemos tão só ressaltar a crítica heideggeriana ao polo forma/conteúdo da filosofia tradicional.

IV

Retomemos o conceito escolar de predicação. Ao afirmar "A rosa é vermelha", a qualidade vermelha atribuída ao ente rosa já desvenda seu ser vermelho, e assim abre o caminho para um discurso enunciativo que foge da predicação. Sob esse aspecto, Wittgenstein será igualmente radical: em lugar de descobrir no predicar uma diferença ontológica, aquela entre ente e ser, ele simplesmente rejeitará a leitura predicativa da proposição apofântica: esta será apenas uma regra a ser seguida ou não, possibilitando um jogo de linguagem. O primeiro foca o conteúdo do dito aparecendo e se ocultando, o segundo, o jogo de seus acertos e enganos. Mas para isso Wittgenstein precisa se afastar do *Tractatus*, que faz do mundo a totalidade dos fatos, tese de que Heidegger tinha horror. Contrário ao conceito escolar de predicação, Heidegger a considera um modo objetivante de o predicado abraçar um sujeito, nela sublinhando o desvelar de algo que vem à luz por seu próprio ser. A verdade está ligada a um comportamento do ser do homem que, estando no mundo, tanto se apreende a si mesmo como apreende os entes mediante seus respectivos seres. Desse modo, o ente marca sua diferença graças à sua mesmidade; esta não sendo uma identidade, mas o mesmo na diferença. No próprio discurso predicativo aponta assim para uma dimensão desveladora do ser: o ente dito apofanticamente só o é na medida em que alude a seu ser.

Note-se como Heidegger está distante das interpretações correntes do conceito de predicação em Aristóteles: entendida geralmente como uma *symplokê*, não é por isso que não pode ser unicamente analítica. É o que acontece quando atribuo a algo sua essência. Quando dizemos de Sócrates que ele é homem, a atribuição é meramente essencial, dizemos o que ele é, sem nada acrescentar.[23] Não para Heidegger, porquanto a verdade da proposição é um desvelamento, uma indicação de como a essência se essencia.

Em sua *Dissertação* de 1914, Heidegger ainda criticava o psicologismo a partir da teoria do juízo. A lógica era entendida como física do pensamento que, ao se exercer mediante atos de consciência, reconhece um conteúdo pensado muito diferente dos objetos apreendidos pela percepção ou pela imaginação. O objeto lógico é capturado, na sua essência,[24] como um existente, mas valorado. Aceita assim as análises de Lotze, que já encontra no "*es ist*", um "*es gibt*", isto é, um valor. Mais tarde essa expressão será esvaziada de toda conotação valorativa para sublinhar o ato de doação do próprio ser.

Cabe lembrar que Husserl introduz, antes da lógica do juízo e da contradição, uma lógica do sentido: a gramática capaz de distinguir expressões com sentido daquelas que formam tanto um contrassenso, *Widersinn* ("quadrado redondo", um substantivo adjetivado) como um nãossenso, *Unsinn* ("reis mas parecido e"). A essa estruturação, Husserl acrescenta ainda uma lógica da dedução e outra da verdade, esta última examinando o preenchimento dos juízos encadeados ou não. A redução fenomenológica bloqueia a

---

23. Pierre Aubenque, *Le Problème de l'être chez Aristote*. Paris: PUF, 2013, pp. 171 ss.
24. *Frühe Schriften*, GA 1, p. 161; cf. Françoise Dastur, *Heidegger*, cap. I.

prática que se debruça sobre o mundo e a conduz para o interior da própria consciência, a fim de encontrar as leis puras vividas que regem a intencionalidade dessa consciência, que não deixa de ser também do mundo na medida em que este permanece entre parênteses. A redução suspende nos juízos seus conteúdos postos como mundanos, de sorte que, sem afetá-los, coloca entre parênteses seu *quomodo* posto. Para apreender o lado puro da atividade consciente concreta, Husserl não dispensa o princípio da evidência.[25] A variação dos conteúdos leva a própria consciência a intuir suas leis puras e a priori e, assim, a desvendar o mundo eidético. Mas esse ver originário não está admitindo como padrão algo como o *intellectus archetypus* ou a *intuitus originarius* que Kant, na *Crítica da razão pura* (B 72), situava como o padrão do próprio intelecto? No fundo, questiona Heidegger,[26] toda essa concepção do pensar está ligada, em última instância, à crença de que Deus cria o mundo nele projetando suas ideias perfeitas.

Não nos cabe discutir aqui quanto Heidegger se afasta da redução transcendental. Se a verdade é antes de tudo desvelamento, de um lado o que ela mostra possui um conteúdo factual; de outro, é possível que a intuição desse conteúdo se converta numa intuição de essência, como o próprio Husserl já reconhecia. Importa-nos apenas reter que "[...] a redução fenomenológica, na medida em que reconduz o olhar do ente para o ser, não é ainda o elemento único, nem mesmo central do método fenomenológico. Tal recondução do olhar, do ente para o ser, exige igualmente um direcionamento positivo do olhar para o próprio ser".[27] O ser-

---

25. Cf. Husserl, *Ideen zu einer reinen Phänomenologie und phänomenologischen Philosophie*, § 46.

26. *Logik*, GA 21, pp. 114 ss.

27. *Die Grundprobleme der Phänomenologie*, GA 24, p. 29; *Les Problèmes fondamentaux de la phénoménologie*. Trad. fr. Jean-François Courtine. Paris: Gallimard, 1985, p. 40.

-aí se apresenta, assim, como ponto de partida cujo exame é prioritário, pois só assim é possível esboçar uma ontologia fundamental, visto que desde logo já se está no domínio do ser. Ao retirar a constituição do sentido do império do juízo — isto é, de um *pre-dicare* —, a manifestação da forma pura só pode se dar para um ente que compreenda essa forma no movimento de seu próprio ser; ele mesmo vem a ser aí. É nesse aí projetante, vale dizer, no mundo, que o sentido deve ser encontrado. O juízo perde sua função constituinte, e em consequência o próprio falar passa a ter como pressuposto uma atividade, uma possibilitação, inscrita no falante na medida em que ele, sendo um ente que se ocupa com seu próprio ser, que cuida dele, vem a ser um *sein* que é um *da* se apresentando como mundo. A oposição entre ato e conteúdo, *noesis* e *noema*, radical para Husserl, passa a ser ligada à circularidade hermenêutica. Heidegger não procura reconduzir o sentido a uma consciência doadora, mas à complementação (*Vollzug*) de uma experiência vivida como o lugar primeiro de seu aparecer: "A fenomenologia, tal como [Heidegger] a reelabora, nem recobre nem transcende, pois, a vivência. Pretende, ao contrário, perfazer seu movimento de auto-suficiência, de tal modo que a realidade, ainda pensada por Husserl como transcendente, deixa de ser remetida a uma doação de um sentido ideal para agora se circunscrever numa imanência factual. Não se reporta a um estado de coisa (*Sachverhalt*) que teria a missão de objetivá-lo mediante intuições categoriais, mas se abre como um verdadeiro 'solo' de experiência que se enraíza na vida mais cotidiana".[28]

Estamos insistindo desde o início que a pergunta pelo sentido não precede a pergunta pelo ser, porquanto o sentido é desde logo o sentido da vida onde o ser está se dando. Para escapar do

---

28. Servanne Jollivet, *Heidegger: Sens et histoire (1912-1927)*. Paris: PUF, 2009, p. 40.

psicologismo, a forma lógica da proposição será paulatinamente desmontada para que seu próprio sentido mostre um existente possível abrindo-se para uma verdade coletiva. Esse existente, esse *ens*, é algo *unificado* que se mantém claro a despeito das nuvens que o circundam. O sentido da proposição se mostra como valendo objetivamente numa unidade muito peculiar. O jovem Heidegger escreve, retomando um conceito de Emil Lask: "Ele [o ente] tem, mediante o uno, uma certa com-juntação com o objeto.[29] E mais tarde, na *Lógica* (de 1925-6): "Nesse significar (*Bedeuten*), o *Dasein* se esclarece a respeito de seu mundo: o próprio esclarecimento é a descoberta da respectiva conjuntação (*Bewandtnis*) na qual o ente como ente se apresenta".[30] Essa palavra, *Bewandtnis*, nos perseguirá por uns tempos. O ente julgado se com-junta numa unidade pela qual seu ser se evidencia, mas vindo a ser *objeto de uso*, não um valor, como pensa Lask. O simples enunciado sobre algo é perpassado por um movimento em que o sujeito ente se apresenta por meio de seu ser essencializando-se no predicado, e assim se apresenta como ente. Discurso e ser-aí conservam certo paralelismo na essencialização do ser.

Günter Figal dá uma interpretação mais ampla de *Bewandtnis*, pois o ente em uso estaria ligado a todo o seu contexto em geral como dado,[31] mas lembremos que o contexto é originariamente constituído pelo próprio uso, com a exposição do ser de cada objeto situando-o numa determinada região. No exemplo da marcenaria e do martelo, é o martelar o prego na tábua e assim por diante que traz à tona o ser do martelo como objeto martelante. Se a ação se dá à luz do dia ou iluminada por lâmpadas elétricas, isso deveria ser esmiuçado conforme o uso de tais obje-

---

29. "*Es hat durch das Unum eine gewisse Bewandnis mit dem Gegenstand*", GA 1, p. 224.
30. *Logik*, GA 21, p. 150.
31. *Introdução a Martin Heidegger*, pp. 61 ss.

tos. A problemática do ser está presente desde o início; em vez da valorização de um *saber* prático diante da teoria, a análise do *Dasein* apresenta um ser no mundo que há de voltar-se sobre si mesmo, mostrando como o ser aí se dá no mundo.

Parece-me que Heidegger, embora muito distante da concepção kantiana do juízo como representação de um objeto,[32] dela ainda conserva pelo menos traços de um esquema de um movimento autorreferente. Se julgarmos, por exemplo, "Este caminho é pedregoso", a nominação do caminho é conjuntada àquela de pedregoso, de modo que o caminho se apresenta como *sendo* pedregoso, por conseguinte demandando o esforço de ser superado. A determinação, mais que dar concretude a uma ideia, reforça o esforço de cuidar. Para escapar da representação, na com-juntação o caminho, que pelo caminhar chega ao pedregoso, volta como sujeito do juízo sublinhando o ser desse ente para se dar como algo a ser trabalhado em conjunto. Veremos logo abaixo que essa com-juntação, desde os primeiros escritos, se escapa do conteúdo significativo do juízo, articula-se como apresentação ante-predicativa do conteúdo significativo do nomeado pelo sujeito da sentença. Já no seu primeiro trabalho sobre o juízo, Heidegger,[33] dando continuidade ao combate antipsicologista de Husserl, propõe, na linha de Lask, que o juízo "*a* é a causa de *b*", em lugar de ser dividido no sujeito "*a*" e no predicado "é *a* causa de *b*", estaria submetido à seguinte forma gramatical: "*a* e *b*" acrescida de "causalidade", princípio de efetividade. Do mesmo modo, "a = b" será reduzido a "*a* e *b*" mais o "*valor* da igualdade". Em suma, uma forma se junta a uma junção do sujeito. Mas que forma?

---

32. Cf. Kant, *Kritik der reinen Vernunft* (doravante *KrV*), A 68, B 93.
33. Cf. Françoise Dastur, "L'Étude des théories du jugement chez le jeune Heidegger", *Revue de Métaphysique et de Morale*, v. 101, n. 3, Paris: Presses Universitaires de France, 1996, pp. 303-16.

Pouco a pouco aquele valor que se imiscuía no juízo vai se tornando problemático. Por certo Heidegger não poderia, como pretende a lógica matemática, substituir a simples predicação por uma relação de funções proposicionais saturadas por seus valores de verdade sem que a própria verdade fosse invocada. Qualquer relação entre as partes da proposição que a ligue a um valor de verdade deve dizer o que a coisa é. O valor não envolve um ente como se fosse seu envelope. Ao se reportar em geral aos elementos de uma classe, o conceito matemático de função empresta a esses elementos certa substancialidade indiferenciada: são entes para si ligados por uma propriedade.[34] E sabemos que a relação meramente funcional deixa aberto o campo das variáveis gerando paradoxos. Se eu disser "O martelo é pesado", se o predicado aparece como valoração, logo ele perde esse sentido quando o peso passa a ser possibilidade da própria entificação do martelo. Similarmente, na sentença "Pedro é mortal", o nome "Pedro" indica algo que se distingue de tantos outros por sua mortalidade. Mas a mortalidade não é para Pedro uma determinação que o conjunta com todos os entes simplesmente mortais do mesmo modo que outras propriedades dos seres vivos em geral. Pedro *é* mortal, assim como é capaz de rir ou de se coçar? Além do mais, Pedro existe no mesmo sentido do que as pedras? Mas se nossas perguntas se mantiverem exclusivamente no nível da significação, nunca chegaremos a distinguir modos de ser de Pedro e, em particular, o ente que se determina ocupando-se de seu próprio ser. Desde Platão, sabemos que o *lógos* mantém sua unidade porque se refere a algo (*tinos*). Se a partir de Aristóteles esse algo é um composto juntando ou separando (*synthesis* ou *diairesis*), não há como evitar a pergunta quanto ao que são esses componentes. A

---

34. Cf. *Einfürung in der Metaphysik*. Tübingen: Max Niemeyer, 1957, p. 148.

questão do ser não precisa, pois, ser prioritariamente colocada para que a diversidade dos predicados e das categorias possa ser esboçada? Por isso, antes de construir sistemas formais refinados, importa voltar a questionar o próprio sentido do *lógos* e o modo de ser que esse *lógos* mostra na sua verdade. Não é esse o ponto nevrálgico onde a investigação *lógica* deve começar?

V

Como se juntam, entretanto, ser e sentido? Já que o primeiro Heidegger de certo modo aprofunda as investigações husserlianas, somos forçados a retomá-las. Já vimos que para Husserl uma expressão é composta segundo leis gramaticais capazes de separar construções verbais significantes daquelas meramente sem significação. Ele aceita, por exemplo, a composição "quadrado redondo", visto que um adjetivo se junta regularmente a um substantivo, e rejeita o composto "bom para quando", que desobedece às regras da boa "gramática universal". Em princípio as leis gramaticais estão acima do princípio da não-contradição. Em suma, antes de qualquer relação de antecedente e consequente e da bivalência do verdadeiro e do falso cabe examinar as regras que rejeitam os nãossensos e aceitam os sentidos bem-compostos, inclusive os contrassensos, isto é, aquelas palavras bem formadas do ponto de vista estritamente gramatical, mas cujos conteúdos não se juntam. Esses contrassensos aparecem então como limites da significabilidade. Mais tarde, ao publicar, em 1929, *Lógica formal e lógica transcendental*, Husserl explicitará esses três níveis de formalização. São eles, como já vimos, a gramática geral determinando as unidades significativas (cada unidade agora sendo explicitamente entendida junto ao funcionamento do juízo); a lógica da consequência determinando as deduções possíveis entre as proposições, segundo o princípio da contradição; e a lógica da verdade determinando as condições transcendentais, segundo as quais a verdade das proposições pode ser intuída categorialmente. A tarefa é determinar a especificidade dessa concepção de sentido.

Desde logo a gramática universal repõe a questão da ontologia: o que *são* os sentidos, a que tipo de entidades se referem? Um discípulo de Brentano, Alexius Meinong, tratara de distinguir a ontologia da teoria do objeto qualquer. Como se sabe, a metafísica como tal se ocupa de tudo o que existe, mas o universo de tudo o que existe, existiu ou existirá é muito menor do que aquele que inclui todos os objetos que podem ser pensados. Uma teoria dos objetos em geral, portanto, deverá integrar objetos ideais que subsistem (*bestehen*) sem existir (*existirend*) propriamente. Daí a possibilidade de aceitar entidades do tipo "montanha de ouro", que não existe concretamente, assim como entidades contraditórias do tipo "círculo quadrado", que, embora não possa existir, ainda contém, de um ponto de vista ideal, alguma forma de posição, isto é, de objetivação. No entanto, nem tudo o que é *significado, referido*, costuma ser entendido como um objeto.

Este é um ponto que herdamos dos gregos, em particular dos estoicos. Mas já Aristóteles, nas célebres linhas em que trata da inteligência divina,[35] depois de ter distinguido, de um lado, percepção e intelecto; de outro, o percebido e o inteligível — aqueles sendo na alma e estes no real —, considera que o pensamento divino só pode ser pensamento do pensamento. Esse conhecimento divino é radicalmente diferente, portanto, da ciência, da sensação, da opinião e do próprio pensamento discursivo, pois cada um desses atos de conhecer tem como objeto algo diferente dele mesmo. O pensamento divino não é, portanto, um objeto como os outros.[36]

---

35. *Metafísica*, Lambda, 1074b 35.
36. Cf. Jean-François Courtine, "L'Objet de la logique", em *Phénoménologie et Logique* (Paris: Presses de l'École Normale Supérieure, 1996).

Os pensadores helenistas, ao transformar o *Organon* aristotélico, instrumento do pensar, numa ciência referida a objetos peculiares, foram obrigados a questionar o sentido de ser dos objetos lógicos e assim passaram a distinguir o que *subsiste*, a exemplo do algo, daquilo que *existe*, como os objetos reais em geral.

Husserl separa, principalmente na *VI Investigação lógica*, os *atos intencionais* — aqueles que se reportam diretamente a um objeto, conferindo-lhe um sentido, como a percepção de algo — daqueles que se detêm na identificação do visado, os dados que cumprem esse sentido — estes sendo propriamente *atos expressivos*. Vejo a mesa, mas para dizer que a percebo de fato necessito concentrar minha percepção nos vários perfis da mesa conforme *posso* variar os aspectos se apresentando nas alterações de meu campo visual. É o próprio conceito de percepção que se altera, pois percebo tanto algo como algo variando nos seus aspectos. Daí resulta: "A síntese de cumprimento, neste caso, é a *evidência* ou o *conhecimento* no *sentido estrito* da palavra. Nele está realizado o ser no sentido da verdade, da '*concordância*' bem entendida, da *adaequatio rei ad intellectus*; aqui a verdade é ela mesma dada, para intuir e para apreender".[37] Note-se: evidência de uma variação que assim se suprime. Ver a própria variação é um dos temas deste meu trabalho.

O jovem Heidegger já percebe, nessa dualidade entre percepção e expressão, por conseguinte entre apresentação de algo e cumprimento, preenchimento dos atos significativos, os indícios de uma primeira forma de verdade operante antes da separação e da síntese promovidas pelo juízo. Distancia-se, pois, de Husserl que sempre entenderá esses atos anteriores à predicação simplesmente como etapas parciais do cumprimento judicativo. Isso até mesmo no final de sua carreira, quando examinará de que modo

---

37. *Logische Untersuchunge* vi, Husserliana 19, p. 540.

o juízo está ancorado na experiência do mundo da vida. Para Heidegger, em contrapartida, a problemática do ser já precisa estar delineada antes da análise do sentido predicativo. O ser não reside primeiramente no juízo e não é dito primordialmente pela cópula "*é*". Este é um dos pontos de que Heidegger nunca abrirá mão. O reconhecimento de uma intuição categorial, apreensão direta de um fenômeno-forma e não mais de um modo ainda ligado ao real, leva Husserl a integrar a teoria dos objetos quaisquer a uma ontologia formal. Para ele, as ontologias materiais desenham os modelos dos objetos que podem ser obtidos graças à abstração de tipos de objeto intuídos ou pensados. Isso se torna possível porque o ato de ajuizar se reporta a um objeto especialíssimo chamado estado de coisa (*Sachverhalt*), noção introduzida por Carl Stumpf, como o próprio Husserl indica na *III Investigação*. O estado de coisa se torna uma entidade possível na medida em que corresponde àquilo a que o ato de juízo "p" se reporta, isto é, a um "*que p*". Na proposição "A faca está sobre a mesa" o objeto referido (*Worüber*) é "*que* a faca está sobre a mesa".[38] O objeto da ontologia formal se manifesta graças a um processo de abstração que esvazia a intuição e a proposição de todo conteúdo material, de tudo o que diz respeito a uma das ontologias regionais, como aquela da física ou a dos fenômenos psíquicos. O conceito formal de estado de coisa, em compensação, se reporta simplesmente àquilo que é preenchido quando se faz um julgamento verdadeiro, sem que ele diga respeito à natureza ou à consciência ou a qualquer outra região do ser. Husserl está se contrapondo, como ele mesmo indica na *VI Investigação*, § 43, à teoria de Locke — na época, considerada senso comum —, segundo a qual um conceito como o estado de coisa e o do próprio ser teriam origem numa *reflexão* que, em vez de se dirigir ao conteúdo do juízo, se reportaria ao ato psico-

---

38. *Logische Untersuchungen* v, § 17, Husserliana 19, pp. 415-6.

lógico que o põe. Esse conceito husserliano de estado de coisa, ao contrário, nasce da formalização, do esvaziamento de todo conteúdo, do que está sendo posto e não do ato que o põe. Note-se que, por caminhos tortuosos, a "posição", inscrita no juízo e na dedução, tal como ela é pensada por Aristóteles ou pelos filósofos da representação, está sempre rodeando nossa investigação. Quando desaparecerá do horizonte?

O mesmo vale, em particular, para a objetidade (*Gegenständlichkeit*) ou proto-objetidade (*Urgegenständlichkeit*) do ser. Ao dizer "A rosa é vermelha", se "rosa" e "vermelha" são palavras que podem ser intuídas quando manipulo uma rosa vermelha, o mesmo não pode acontecer com a palavra "é" situada na proposição. Seu conteúdo significativo é preenchido quando se coloca diante dos olhos, real ou imaginativamente, algum ente situado como tal: "Se o ser vale para nós como o ser *predicativo,* deve ser-nos dado algum estado de coisa, e, naturalmente, mediante um ato que o doe — ato que é *análogo à intuição sensível no sentido comum.*[39] De novo, estamos próximos de uma intuição categorial, o que acontece com a apresentação de toda e qualquer categoria apenas como categoria.

Avancemos ainda mais no sentido de indicar como a lógica husserliana está inteiramente voltada para a noção de objeto, materializando assim a crítica heideggeriana. Husserl insiste na especificidade do processo de formalização, que resulta na apreensão de uma forma, que difere do processo de generalização e que termina apreendendo um gênero. Um objeto dado pela percepção sempre se nos apresenta de uma perspectiva: os perfis da coisa, os modos de Napoleão ser designado etc.; sendo assim, ele é sempre uma síntese das várias significações que o descrevem. Cada objeto começa a ser conhecido pela experiência de pessoas que *natural-*

---

39. *Logische Untersuchungen* vi, Husserliana 19, p. 670.

mente estão no mundo. Mas toda ciência abrange um domínio de objetos dados por meio de intuições que os mostram como fatos individuais que foram, porém, *generalizados* segundo um *padrão*, um *eidos*. Uma intuição empírica ou individual pode ser transformada, graças ao método de variação, numa visão de essência, numa ideação que apreenda a essência pura correspondente — esta apresentando nova espécie de objeto. Uma essência se inclui como espécie num gênero mais amplo e assim por diante. Não tem sentido, pois, falar da essência da essência, porquanto esse "gênero" supremo de todos os objetos teria esvaziado toda determinação material idealizada provinda do mundo. Esse "gênero" não é propriamente gênero, mas *forma*, objeto vazio, conteúdo de atos que *operam* com objetos sem marcá-los com determinações do mundo.[40]

Para Husserl a matemática lida com objetos formais, puras formas. "As formas puras, porém, não são gêneros para proposições ou inferências materiais, mas apenas diferenças últimas dos gêneros lógicos puros, 'proposição', 'inferência', que, como todos os gêneros semelhantes, têm por gênero pura e simplesmente supremo a 'significação' em geral. O preenchimento das formas lógicas vazias (e não há nada além de formas vazias na *mathesis universalis*) consiste, portanto, numa 'operação' totalmente diferente do edifício das espécies autênticas subindo até a diferenciação de uma espécie superior. Isso pode ser constatado em toda parte: assim, por exemplo: a passagem do espaço à 'multiplicidade euclidiana' não é uma generalização, mas passagem a uma generalidade 'formal'".[41] Daí a possibilidade de uma apofântica formal, isto é, uma teoria dos atos puros da consciência visando

---

40. *Ideen...*, § 12 ss.; *Ideias para uma fenomenologia pura*. Trad. Marcio Suzuki. São Paulo: Ideias & Letras, 2006.

41. *Ideen...*, § 13, p. 51.

objetos formais, diferentes do mero processo de generalização. Esses objetos formais são estudados pela matemática formal, *mathesis universalis*, que examina cada forma dos objetos matemáticos, independentemente de ele ser um número ou um elemento de um conjunto, por exemplo. Assim, a matemática formal desenha a ontologia formal como ciência essencial dos objetos em geral, independentemente de toda ligação regional.

Fomos obrigados a percorrer todo esse caminho para compreender o ponto central da objeção de Heidegger a Husserl e assim vislumbrar o novo sentido que o primeiro empresta à fenomenologia. No Seminário de Zähringen (1973), já no fim de sua carreira, Heidegger resume seu principal argumento contra o velho mestre: este toma o sentido do ser univocamente como ser--objeto, isto é, um ser sempre à mão, sempre presente (*Vorhandensein*), por conseguinte inexoravelmente situado no movimento do intentar o intentado da consciência pura. Tudo o que é visado pela consciência, inclusive seus próprios atos quando reflete sobre si mesma, assume a forma de um objeto, forma que deve ser entendida como o próprio ser do que está sendo tematizado. E assim ela perde, de um lado, a diferença entre ser e ente, e de outro, a diversidade dos seres devendo se essencializar segundo um ser padrão. Com isso desaparece a variedade do que é dito de um ponto de vista ontológico, pois na linguagem tudo passa a se dar como um *Vorhandenseiend*, um subsistente, ente *posto* sempre à mão. Compreende-se a crítica que, desde jovem, Heidegger fazia a Husserl: uma delas se formula em três teses: "*Ideia igual a universal igual à forma igual a gênero*". Essa é a primeira tese. A subtese: "*Proposição igual a geral, igual à forma igual a gênero*". Conclusão: "*Proposição igual a universal, idêntico à ideia, por conseguinte proposição igual a gênero ligado às posições (zu den Setzungen)*".[42] A

---

42. *Logik*, GA 21, p. 73.

proposição, porque é sempre ponente, situa o dito irremediavelmente como objeto posto num universal. Se disser: "O homem é um animal racional", digo a objetidade genérica do homem sem examinar seu modo de ser.

É a visão comum da síntese posicional que acaba sendo colocada em xeque. Desde o início dos anos 1920 Heidegger se contrapõe a essa objetivação genérica dos entes e dos seres segundo a qual tudo fica limitado ao jogo entre o sujeito e o objeto. Isso já aparece em sua crítica à ideia tradicional de *lógos*. Lembra que desde Platão e Aristóteles sabemos que as palavras se unificam e ganham sentido na medida em que possuem uma comunidade (*koinonia*) que lhes advém porque se armam no dizer de algo (*lógos tinos*). Esse algo, porém, não é tão só aquilo que se pode apontar (*Wovon*), mas o que antes de tudo é falado como tal (*Worüber*). Ao dizer "A faca está sobre a mesa" estou dizendo, marcando, "que a faca está sobre a mesa". A coisa se dá como está sendo dita e se *esclarece* como tal. No entanto esse esclarecimento precisa ser pensado na medida em que apresenta a própria coisa iluminando-se no seu ser, antes de qualquer síntese que a situe como sujeito de uma proposição. Digo "O quadro é negro": "Quando esse quadro é apreendido sob o aspecto desse sobre-o-que (*Worüber*), então nesse estar presente se encontra um conhecimento refinado de si (*Sichauskennen*) que possui uma conjuntação (*Bewandtnis*) com a coisa apresentada. A conjuntação, que está com ela, é liberada na medida em que já vivemos num esclarecimento sobre ela".[43]

O discurso, antes de ser sobre algo, porque é *sobre*, sempre se refere a algo, o quadro, mas em vista de ser negro, modo de ser que está em função, por exemplo, de receber a escrita do professor proferindo sua aula. Se o quadro se dá como negro, esse "como" é

---

43. *Logik*, GA 21, p. 143.

anterior ao próprio discurso, porque esse objeto faz parte de um mundo onde funcionários, mestre e alunos são entes que se ocupam de ser mestre e alunos. Cada um deles se arma a partir de ser aí, *Da-sein*, marcando-se por projetos que os lançam no mundo.

Não nos enganemos, porém: se o ser-aí é sempre aí, *lidando com o mundo*, não é por isso que nossa análise, a despeito de estar sempre ligada aos fatos deste mundo, se esgota nessa direção. Um estudo do ser — que não se confunda o ser com uma entidade fundante — deve ainda voltar-se para o próprio movimento desse ser se dar, abrir-se em projetos e se temporalizar. Heidegger já encontra no Livro x da *República* de Platão um prenúncio dessa problemática. Se o ser é a luz que ilumina a caverna na qual os homens estão acorrentados e voltados para suas sombras, a procura pelo ser vai além do ser de cada ente, da sua substancialidade. O sentido do ser implica uma transcendência unificante embora diversificada, uma *epekeina tes ousias*, um ir além das configurações das substâncias imprimindo ao ser sua marca peculiar. Não é a ideia do Bem que rompe com os limites de cada *ousia* e ilumina a paisagem que nos é familiar? Não é esse o ensinamento do mito da caverna apresentado na *República*? Como Heidegger dirá mais tarde, num curso de 1929: "Encontramo-nos diante da tarefa de não apenas seguir e retroceder a partir do ente até seu ser, como também, se quisermos colocar a questão da possibilidade da compreensão do ser como tal, essa tarefa também consiste em questionar *para além-do-ser sobre aquilo em vista do qual ele mesmo é projetado enquanto ser*".[44]

A transcendência do *Dasein* será a marca dessa luta, e o tempo, o seu elemento. Daí a importância de salientar que o ser humano, ente cuidando de seu ser, nos apresenta uma entidade es-

---

44. *Die Grundprobleme der Phänomenologie*, GA 24, p. 399, grifo do autor.

pecialíssima: ele não é apenas sujeito, não é apenas objeto, nem mesmo vem a ser primeiramente um algo de que se diz algo. A ontologia fundamental, ao tomar como ponto de partida o ser-aí do homem, deverá explorar sua existência, seu *Da-sein*, projetando-se para o seu aí, para seu mundo, como possibilidades que, se exercendo, configuram um si mesmo, marcado na sua finitude por determinantes próprios, como a angústia e a presença da morte. A primeira desloca o cuidado — a cura[45] que vigora o ser-aí — deste ou daquele ente, forçando seu auto-recolhimento; a segunda marca sua finitude, antecipando um fim sem data marcada. Esta não lhe traz uma temporalidade própria? *Ser e Tempo* foi escrito para descrever esse modo do ente homem ser.

Façamos uma pausa para comentar a tradução de "*Seiend*" por "ente". O "ente (*das Seiend*)" traduz "*to on*", ou o plural "*ta onta*"; "*das Seiend*" significa, assim, cada um dos entes particulares ou aquilo que todos os entes têm em comum, isto é, o ser, "*einai*". "Todo ente é *algo* (*aliquid*), isto é, tem seu *que* (*quid*) e tem, como tal, um *modo* determinado possível *de ser*."[46] A expressão grega "*to on*" diz o "ente" no sentido de *ser* um ente, mas igualmente um *ente* que é. Cabe, pois, cuidar para que o sentido de ente não seja tomado como se resultasse de uma abstração que captasse como as coisas apenas estão sendo. Em lugar de examinar a percepção e o entendimento das coisas, partindo, portanto, da oposição entre sujeito e objeto, da representação e de algo representado, convém examinar como tudo o que pode ser dito (algo) vem a ser ou está sendo. No primeiro Heidegger isto se dá

---

45. Procuraremos traduzir "*Sorge*" por "cura", lembrando toda a amplidão da palavra latina que, mais que um cuidado, sugere o zelo para manter o que a coisa é — de onde a palavra "curador".

46. *Die Grundprobleme der Phänomenologie*, GA 24, p. 23, grifos do autor; *Les Problèmes fondamentaux de la phénoménologie*, p. 35.

para um ente que cuida, ocupa-se, de seu ser e assim se abre como um aí, projeta-se no mundo. Já no segundo, a diferença entre ser e ente acontece no próprio acontecer do ser. E lembrando que os primeiros filósofos gregos "nomeavam" o ser ora como *einai* ora como *eon*, cabe insistir que *eon* tanto diz o ato de ser (*einai*) — senso verbal — como o que é (*to eon*) —, sentido nominal. Por isso *eon* é, de certo modo, o nome natural da dobra (*Zweifall*) do ser e do ente. Para evitar que o ente como *eon* seja a impressão do *einai*, o último Heidegger chamará dobra essa diferença que antes nomeava como diferença ontológica. Em português a diferença entre ser e ente ainda se torna mais obscura, já que são ditos por palavras que escondem suas origens gramaticais. Coisas e objetos chegam até nós, entes que se mostram cuidando de seu próprio ser. Mas ao traduzir a palavra grega "*einai*" por ser e "*on*" por ente, aqueles que falam português correm o risco de perder a estreita continuidade diferenciadora entre ser e ente, fundamental para o pensamento heideggeriano. Continuidade que desde logo faz com que um ser é vindo a ser, essencializando-se. Não podemos nunca esquecer a total continuidade entre "*Sein*" e "*Wesen*" (essência), a que o pensamento representativo cola a distinção entre forma e conteúdo.

A própria retomada do questionamento do ser não se resolve, pois, num novo perguntar, não se compara à redescoberta de uma peça antiga ou à reposição de uma questão científica. Pensar o ser se exerce por um ente que cuida de seu próprio ser num nível em que o ente ainda não se dá como algo apenas sendo dito e pensado, mas, sobretudo, como estando sendo cuidado, como um manejável (*Zuhandensein*). Nessas condições, o ente humano se encontra dispondo-se no mundo, compreendendo-o e só então falando dele. Desde logo mergulha nas suas múltiplas confrontações com os manejáveis que cercam sua vida cotidiana. Por isso mesmo a ontologia fundamental, delineada em *Ser e Tempo*, captura e prolonga uma atividade inerente ao ser-aí, transformando em "ciência" e linguagem aquilo que já vem a ser silenciosamente, sendo desde logo temporal. O ente na sua totalidade precisa, então, ser potencializado para que o tempo possa se doar junto ao ser. À filosofia, investigação do extraordinário,[47] cabe encontrar o discurso que permita essa floração, pois "É na palavra, na linguagem, que as coisas chegam a ser e são".[48] Se os gregos deram ao ser o nome de "*physis*", "vigor dominante que brota e permanece" (*"das aufgehend-verweilende Walten"*),[49] qual será o nome do ser da renovação?

VI

Para ter uma visão resumida do caminho percorrido, vale a pena voltar às origens do primeiro Heidegger, sempre tentando ressaltar esse vínculo entre palavra e ser. Conforme vimos, importa desmontar a proposição apofântica, usualmente considerada como matriz da verdade ou da falsidade, para compreender a linguagem em suas funções elementares, circunscrevendo nela o papel original da verdade como procedimento de apresentar algo. Convém antecipar, porém, o que ele dirá mais tarde: não está assumindo nem o ponto de vista da lógica material, que nota na proposição o pensamento sobre um determinado ente compreendido como objeto geométrico, coisa natural, acontecimento linguístico e assim por diante; nem aquele da lógica formal, que se debruça no pensar um objeto qualquer, até mesmo algo imaginário (*erdenkliche Etwas*).[50] A forma dessa proposição articula

47. *Einführung in die Metaphysik*, p. 10.
48. Ibid., p. 11.
49. Ibid., pp. 10, 55.
50. *Metaphysische Anfangsgründe der Logik*, GA 26, pp. 2-3.

algo *como* algo. Por ser verdadeira ou falsa, essa forma opera, como ensina Aristóteles, uma síntese ou uma separação (*synthesis* ou *diairesis*) de sujeito e predicado, mas de tal modo que a síntese propriamente discursiva termine mostrando o aparecer de outra síntese no nível próprio da realidade explicitada. Vejamos como isso ocorre.

A sentença "O quadro é negro" parece revelar a negritude do quadro, enquanto "O quadro não é negro" a encobriria. Mas a explicação se desfaz tão logo afirmemos essa mesma frase negativa a respeito de um quadro cinza. As cores negro e cinza já não estão ligadas antes do dizer? E outras proposições negativas verdadeiras podem ser ditas do mesmo objeto, por exemplo, "O quadro não é frágil". Em resumo, antes das expressões verbais ligando e separando palavras já deve existir uma síntese ou uma separação válidas por si mesmas, que regem as sínteses predicativas e que dão a estrutura do mundo.[51] Note-se que aqui se enuncia o princípio da hermenêutica. Mais que da síntese residente na *ousia*, é do mundo que a questão trata.

Nas proposições predicativas, essa síntese é de certo modo consumida pela cópula "é", reduzindo as relações entre sujeito e predicado a meros engates possíveis e impossíveis, seja entre a sub-stância e seus predicados, seja entre objetos relativamente simples. E assim se perde o fundamento ontológico da própria frase, a manifestação do ser pela palavra "é", pois o ser como verdade sempre revela encobrindo. Antes da síntese (*symplokê*) de dois nomes na proposição, ocorre a síntese do ente com seu ser, impossível de ser detectada pela combinatória de seus elementos. O *lógos* asseverativo por si mesmo há, pois, de ser tanto revelador *como* encobridor, pois só pode ser desvelado o que já está velado para assim chegar à predicação. A verdade do enunciado é possí-

---

51. *Logik*, GA 21, p. 141.

vel porque esse é junção, *syn-thesis*, segundo a fórmula "*a é F*", de maneira que o objeto específico se caracteriza no mínimo por um predicado. Mas já Aristóteles nota que o juntar também é um separar.[52] Se *a é F*, então *a* não é *G*, desde que *G* contradiga *F*. Mas ao dizer "*a é F*", se junto dois nomes, não é por isso que estou juntando dois entes, dois objetos. Nessa frase Heidegger pensa o *ente a* vindo a *ser F* e fugindo de ser *G*. Todo juntar envolve um cindir, portanto é nessa conjunção do juntar e do cindir que o enunciado poderá ser verdadeiro ou falso. Por isso o atribuir (*hyparchein*) é, enquanto ligar, também um cindir, e o recusar como cindir também um ligar.[53] Nessas condições, apenas as determinações "atribuir" e "recusar" dizem respeito às proposições apofânticas constituídas, enquanto o "ligar" e o "cindir" passam a concernir às condições ontológicas do que está sendo "atribuído" e "recusado". Estas operam, pois, do ponto de vista da análise, num plano anterior à predicação.

Resumidamente: ao desmontar a proposição apofântica, Heidegger encontra no fenômeno apresentado pela fala uma junção e uma separação anteriores às relações linguísticas da expressão, que lidam com elementos relativamente simples nos quais se apoiam o afirmar e o negar. Além do mais, esse jogo permite que o *lógos* seja verdadeiro ou falso, descobridor ou negador. É necessário passar do nível meramente articulado do discurso, quando os objetos se apresentam à mão, presentes e disponíveis (*Vorhandenseiend*) para o jogo fundamental entre os entes e os seres, configurando entes em vista dos outros conforme se encontram no modo do ser-aí vindo a ser no mundo, *operando* entes como manejáveis (*Zuhandenseiend*).

A proposição revela um ente como algo — o quadro como negro —, e nessa revelação o ser do ente transparece. Somente

---

52. *De anima*, 430b1-b3.
53. *Logik*, GA 21, p. 139.

porque o ente é ele próprio que pode então ser mostrado. Por exemplo, na proposição "O martelo é pesado", é o martelo que se apresenta como pesado, e nessa apresentação ele se separa de tudo o que não é martelo pesado. Na Antiguidade, em lugar de interpretar esse não-ser como participação do ente no gênero (*genos*) da alteridade, da diversidade, como ensina Platão,[54] Aristóteles já detecta nesse ente uma *possibilidade* de conjuntação com outro, uma potência de conjunção (*dynamis koinonias*). O próprio gênero do ente traz, pois, uma possibilidade nele inscrita, percebida, *apreendida* (*noein*) como um mesmo. Isso leva Heidegger a localizar naquilo que está sendo nomeado por "S" e que está sendo predicado por "P" um modo de determinação que o configura como *ente,* na medida em que se exerce para um *ser-aí* debruçando-se sobre seu mundo. A predicação, por sua vez, diz algo de algo representando-o tão só como disponível (*Vorhandenseiend*). A tradicional operação representativa da alma é substituída por um modo de ser do *Dasein* antes mesmo de estar estruturada a relação sujeito/objeto, ou ainda antes mesmo de o exercício do ato noético da consciência dirigir-se a seu conteúdo noemático. O § 18 de *Ser e Tempo* vai examinar a mundanidade do mundo, isto é, como as remissões (*Verweisungen*) de um ente para o outro formam constelações referenciais, na medida em que esses entes chegam ao ser-aí conforme estão se abrindo como *Zuhandenseiend*, entes sob a mão, manipuláveis, utilizáveis. E, assim, Heidegger resume o que já tinha desenvolvido em seus cursos anteriores a respeito.

Cabe examinar desde já como esses tópicos se integram na narrativa de *Ser e Tempo*. Em vez da descrição do perceber e do percebido, do compreender (ajuizar) e do compreendido — ope-

---

54. *Sofista*, 259 a-b.

rações tradicionalmente ligadas às faculdades da alma —, tudo passa a depender de como um ente cuidando de seu ser se abrindo para um mundo se dispõe a acolher o ente como este lhe vem ao encontro e o faz, de modo mais simples, como um manejável (*Zuhandensein*). O martelar não é uma propriedade do instrumento martelo como o é sua cor ferrosa. Dele, é possível *dizer* que é martelante porque já está sendo tomado como algo, ente disponível (*Vorhandenseiend*). No entanto, antes de assim se apresentar, o martelo vem ao encontro do ser que está sendo aí mediante a pre-visão do exercício de seu martelar, isto é, de se exercer sobre o prego, a tábua, a cadeira, e assim por diante. O ser que está sendo aí se põe em sintonia com-preendendo o martelo que martela isso ou aquilo, mas de tal forma que ele é liberado (*freigegeben*) para o ver-ocupado que conta como ele é; desse modo, o "ver" se remete aos outros manejáveis de seu mundo ambiente. Aparece como um signo (*Zeichen*). "Mas a serventia (remissão) (*Verweisung*) como constituição-de-instrumento também não é aptidão de um ente, mas a condição conforme-ao-ser da possibilidade de que ele possa se determinar para o exercício de aptidões. Mas então, que deve a remissão significar? O ser do utilizável tem a estrutura da remissão — e isso significa que ele tem em si mesmo o caráter do ser-remetido-a. O ente é descoberto em relação ao fato de que ele, como esse ente que ele é, remete a algo. Ele tem *consigo o conjuntar-se a algo* ('Es hat *mit* ihm *bei* etwas sein Bewenden'). O caráter de ser do utilizável é a *conjuntação*".[55] A esse retorno do ente sobre si mesmo numa circunvisão de si que mostra seu ser, Heidegger confere, como já vimos, o nome de *Bewandtnis*, que Fausto Castilho traduz por conjuntação. No ato de martelar, o *ente* martelo se reporta aos seus outros, mas nessa referência está se mostrando no seu *ser* martelo, adequado ou inadequado às suas

---

55. *SuZ*, pp. 83-4, grifos do autor.

funções, e, assim, voltando-se para si mesmo. Essa mesmidade do martelo não se confunde com a mesmidade das coisas como são *ditas* pela proposição asseverativa. Confirma-se na articulação dos seres manuais (*Zuhandenseins*), que vem a ser *compreendida* pelo ser-aí como um modo de seu ser, no campo do uso cotidiano ou da carpintaria e, em última instância, num modo de ser no mundo. O *ente* martelo vindo a *ser* martelante se apresenta, então, *como* algo. Esse *algo como algo*, anterior àquele da proposição apofântica,[56] é, por isso mesmo, chamado de *como* hermenêutico. Consiste no fundamento da própria asseveração. Diz-se que "o martelo é pesado" porque o *ente* martelo está se apresentando como *ser* martelante, e nesse dizer ele é adequado ou inadequado à sua função de martelar objetos do mundo. O martelo está aparecendo como martelando adequadamente, excluindo a inadequação ou vice-versa. Em contrapartida, nessas remissões o ser-aí está necessariamente projetando o campo existencial no qual exerce o poder ser o que ele é. Existe se projetando no mundo que, por sua vez, não é mais que o campo dessa sua possibilidade existencial compartilhada por todos aqueles que assim estão com ele.

Num nível fenomenologicamente anterior à predicação e à própria verdade entendida apenas como adequação, opera, portanto, uma determinação do próprio *Dasein* sendo aí, uma possibilitação que libera o ente que lhe vem ao encontro como manejável, remetendo-se a outros entes tendo no limite o próprio mundo. Ente cujo ser se essencializa, vem a ser, adequada ou inadequadamente. O martelo é um *ente* que vem a *ser* martelante, mas, nesse *para que*, ele pode se manifestar como não martelante. Note-se que é *sendo* que o martelo se mostra *impróprio para martelar,* embora não desapareça como coisa martelo. Não se perde como ente, mas não é sendo no martelar: *é*, vem a *ser*, embora não

56. *Logik*, GA 21, p. 145.

podendo martelar a despeito de ser para isso. Seu "em-vista-de--que" (*Worumwillen*) foi bloqueado. Não é um nada, mas um ente que já faz transparecer seu vínculo com o nada. Essa ligação imediata do ser e do nada será uma constante do pensamento heideggeriano, sempre passando, todavia, pela mediação do ente. Num texto posterior, de 1929, *Que é metafísica*,[57] Heidegger escreverá: "No ser do ente acontece o nadificar do nada". Antes de qualquer bipolaridade do verdadeiro e do falso opera a mesmidade do ser e do nada: o ente cumprindo suas funções entifica o seu ser, mas, por isso mesmo encobre essa dimensão de ser. As palavras congelam esse *vir a ser* apresentando o como hermenêutico enquanto o como da predicação. E assim as diferenças entre os entes se apresentam sendo diferença de entes na sua totalidade. Note-se que essa junção do ser e do nada, completamente desligada da posição de um eu transcendental, como pretendem Kant e os kantianos, não possui nenhuma brecha capaz de levá-la a uma *Aufhebung*; ela somente se liga à raiz da palavra que os gregos usam para verdade, *alêtheia*, o *lethes* sendo desvelado.

É a partir desse contexto pré-discursivo que Heidegger recoloca a pergunta formulada por Leibniz: "Por que o ser e não o nada?". Não é nele que o sentido do nada deve ser primeiramente questionado? Observe-se que essa mesmidade diferenciadora do ser e do ente necessita ser *expressa* pelo discurso que vem a ser ele mesmo, como modo de abertura do ser-aí para o mundo, verdadeiro ou falso. Heidegger já observa, em seu curso de 1925-6: "O *lógos* não se radica no verdadeiro, isto é, no que desvela (*entdeckend*), mas pode descobrir como algo que também pode encobrir. Formulado de modo extremo: O enunciado (*Aussage*) só pode ser em geral verdadeiro, descobridor (*entdecken*), porque também

---

57. *Conferências e escritos filosóficos*. Trad. Ernildo Stein, Coleção Os Pensadores. São Paulo: Abril Cultural, p. 239.

pode encobrir, isto é, porque ele enquanto (*qua*) enunciado se move a priori no 'como' (*als*) [hermenêutico]".[58]

O descobrir do enunciado "é um descobrir não encobridor, isto é, a estrutura da verdade do enunciado é fundamentalmente aquela da falsidade. Expresso no seu todo: o poder-ser-verdadeiro ou o poder-ser-falso, característica do enunciado, tem de, na sua possibilidade, estar assentado na própria estrutura do *lógos*"[59] — estrutura que se apoia no ser que só pode se entificar resvalado pelo nada. Porque a verdade é desvelamento, ela só poderá operar junto ao velamento. Mais tarde voltaremos à questão. Desde já, porém, fiquemos atentos para o mistério dessa verdade entendida como desvelamento, isto é, como abertura do mundo que só pode operar abrindo o encoberto, desvendando uma clareira, como já dirá *Ser e Tempo*. Essa abertura só pode operar se trouxer uma pré-compreensão, não deste ou daquele ente, não desta ou daquela região de entes, mas do ente na sua totalidade, ente apenas como ente, vale dizer, sendo o ser. O que irá variar, como veremos, é o lugar e o sentido dessa "pré-compreensão".

Sempre há algo oculto. Note-se que, desse ponto de vista, a negação não é a contrapartida formal da afirmação, mas algo que lhe advém juntamente na medida em que, revelando o ser (claro) do ente, também aponta para seu lado velador. Antes da proposição propriamente asseverativa e articulada, antes, portanto, dos liames gramaticais e linguísticos do discurso sobre o entificado, operam comportamentos significantes de descobrir e de encobrir ligados à apresentação do próprio ser de algo que no mundo se mostra para o ser-aí falante. Comportamentos de deixar o ente ser, que, desvendando nos entes o que eles são como ser, confere-lhes significações nas quais a linguagem vem se "fundar".

58. *Logik*, GA 21, p. 135.
59. Ibid.

Cabe sublinhar que a proposição revela um ente vindo a ser, não um fato, no caso mais elementar, composto de objetos simples, como pretenderá Wittgenstein no *Tractatus*. O correspondente da proposição é um estado de coisa, mas entendido como a apresentação de um ente cuja mesmidade e diferenças vêm a *ser* reveladas. Em vez de apoiar a predicação no que é dito pelo sujeito, no que é dito pelo nome sujeito, na sua *ousia*, na substância do ente como tal, Heidegger sublinha o modo do algo mostrado se recortar no contexto de suas articulações possíveis no âmbito de suas referências do *em-vista-de-que* (*Worumwillen*). O martelo se mostra o mesmo quando se manifesta como algo para martelar e é dito como tal. "Na complementação do deixar ver determinante é retido o *sobre-o-que* (*Worüber*) do discurso [seu 'em função de']. Mais exatamente: ele já está presente, e, a partir dele como presente, o enunciado mesmo — o ser negro do quadro — é como que alçado. No entanto não como novo objeto, mas de início unicamente na tendência de que o alçar torna mais acessível o 'sobre-o-que' no que ele é. Para que algo assim como um alçar e uma determinação predicativa sejam possíveis, é preciso que o próprio sobre-o-que já tenha se tornado acessível."[60] Fala-se sobre o quadro ou sobre o martelo, mas cada objeto instrumental chega ao falar porque é "descoberto [...] a partir de sua serventia"[61] segundo o modo pelo qual é usado no mundo. O inicialmente dado é o para escrever ou o para martelar, mas isso só pode ser compreendido por quem já com-preende o que vem a *ser* rabiscar ou bater sobre. O martelo é algo como vem a ser utilizado de uma determinada maneira, ele não se dá *como* um ente qualquer, mas

---

60. *Logik*, GA 21, p. 143; cf. Günter Figal, *Martin Heidegger: Fenomenologia da liberdade*, p. 54.
61. *Logik*, GA 21, p. 144.

algo manejável (*Zuhanden*). Esse *como*, anterior ao como da predicação que diz algo como algo, recebe, como já vimos, o nome de "como hermenêutico".

Vale a pena tentar resumir um caminho tão sinuoso. Os vários modos do aparecer do martelo são fundidos numa mesmidade, num como aparecer que revela o ser do martelo ainda encoberto. No seu desvelamento, esse martelo se mostra antes de mais nada como instrumento à mão, como um *Zuhandensein*, mas ao aparecer no sujeito da proposição, na qualidade de coisa predicada, ele passa a se dar apenas como ente subsistente cujo ser apenas está presente, *Vorhandensein*. É naquele como do martelo se apresentando como martelo, é no *como hermenêutico* que se assenta a síntese e a separação da proposição asseverativa, onde o novo *como* apresenta algo na sua mesmidade ontológica, apenas algo como algo. O como hermenêutico não é apenas transcendentalmente anterior ao como da predicação, mas configura uma conjuntação que de maneira alguma se resolve na combinação ou descombinação de elementos separados relativamente simples. A diversidade e a mesmidade fazem parte do processo de o ser se essencializar. Do mesmo modo, a separação, a *diairesis*, indica que um mesmo não se encontra presente numa certa determinação, não é considerado a partir dela. Desse ponto de vista, o "ser" indicado pela cópula proposicional significa encontrar-se presente com, e o "não-ser" significa não se encontrar presente com-juntamente. O que mostra que esse "não-ser" não designa uma nulidade total, mas, como no *Sofista*, ainda indica um manter-se afastado do que se encontra presente.

Não cabe agora discutir até onde essa interpretação vai muito além do que Aristóteles pensou. Como sempre, Heidegger está à procura do impensado naquilo que foi escrito pelos filósofos, mas desde o início fica evidente que, ao retomar a questão do ser, ele junta e separa ser (nada) e ente numa dimensão que foge daquela em que se move a metafísica aristotélica. Isso porque essa junção e separação não é operada pela alma, capturando a junção e separação daquilo que é (*to ti en einai*),[62] mas por um ser-aí que se dispõe e se projeta num mundo exercendo suas possibilitações. Por ora, convém apenas sublinhar que se a proposição apofântica articulada combina duas sínteses, aquela do como hermenêutico e aquela do como da predicação, a síntese da proposição falsa não pode simplesmente reportar-se a nada. Um enunciado pode ser falso porque o ente dito pode ser diverso: Heidegger ainda sublinha que essa possibilidade é experimentada no âmbito do discurso. Somente aqueles que sabem o que é martelar conseguem entender as sentenças "O martelo é pesado" e "O martelo não é pesado". Mas esse saber é uma *possibilidade* tão viva quanto o efetivo que a ela concerne. Essa possibilidade é uma determinação do ser-aí, que assim se configura por seus modos de ser possível, pelo exercício de seu compreender e dispor-se. Se as determinações primárias do *Dasein* que se abre para as determinações do mundo não se juntam, como uma coisa, elas não podem ser regidas pela tábua das categorias. No entanto, que fique bem claro, toda essa trama subjacente à predicação não questiona a gramática superficial da linguagem, pelo menos a linguagem do Ocidente, apenas desenterra suas possibilitações internas.

Todos os problemas aqui levantados ligam-se aos modos pelos quais o *Dasein* vem a ser determinado, determinações existenciárias (*existenziellen*) muito diferentes, pois, das determinações existenciais (*existenzialen*).[63] As primeiras são ditas de substâncias-sujeitos, enquanto as segundas de um ser que se singulariza

---

62. Para uma visão ampla da questão, cf. Marco Zingano, *Razão e sensação em Aristóteles* (Porto Alegre: L&PM, 1998).
63. Na sua tradução de *Ser e Tempo*, Fausto Castilho inverte esses sentidos, já consagrados pela tradição, que será mantida por nós.

como um ente abrindo-se a possibilidades. Estas, porém, não fazem parte do ser-aí simplesmente como possibilidades a priori assentadas num fundo último eidético projetado num céu platônico. O *Dasein* se determina no movimento da diferença ontológica. Se essa denominação, "diferença ontológica", se torna clara e repensada principalmente depois dos anos 1930, ela está presente desde o início da investigação heideggeriana — embora, como veremos, no último Heidegger perderá essa sua importância como instrumento de análise. O ser se diferencia do ente, e nessa diferenciação ele se configura como nada e se retrai. Nisso, o ente que o *Dasein* está sendo se abre para os outros: um é em vista dos outros, e nessa mediação ambos começam a configurar um mundo. E "mundo" não é a totalidade dos fatos, mas, como ainda veremos no pormenor, uma trama de intenções ligadas ao ser-aí que se desdobra num tempo próprio — no fundo, modo temporal de projetar-se articulando um projeto. Por enquanto importa salientar que nessa abertura o ser-aí existe e como tal vai além de si mesmo. Esse ir além, essa transcendência, como veremos, marca a temporalidade própria do *Dasein*. Temporalidade que não pode ser entendida simplesmente como medição.

VII

O homem é um ente cujo ser se essencializa movendo-se no mundo e cuja existência é um projetar-se para o futuro, em vista do que está sendo e do que já era. Vindo a ser ocupando-se de seu ser, ele se deixa transpassar por esse seu ser, de modo que sua entidade jogada no mundo é eminentemente temporal, tanto ao se confirmar como ser próprio como ao se nadificar na vida impessoal e dispersa da convivência cotidiana. O nada não habita o ser? Mas, nessas condições, a decaída (*Verfallen*) sempre significa estar se jogando no mundo e perdendo seus horizontes transcendentes, submergindo enfim nas tribulações da vida comum.

Assim sendo, tudo o que se disser do ser-aí desse ser que se entifica cuidando de seu aí vem a ser apenas um modo para ser, uma *possibilitação* explicitada na sua existência. "*A 'essência' do ser-aí (Dasein) está na sua existência*. As características que se podem extrair desse ente não são, portanto, 'propriedades' de um ente simplesmente dado assim 'se mostrando' (*'aussehenden'*), mas modos possíveis de ele ser e apenas isso. Todo ser-assim (*Sosein*) desse ente é ser primariamente. Por isso não exprime o termo '*Dasein*', pelo qual designamos esse ente, não exprime o seu 'que' (*Was*, quididade) como a mesa, a casa, a árvore, mas o ser."[64] Nunca se deve confundir uma determinação existenciária, que pertence ao ente, mesmo quando este é pensado como ente superior, com a "determinação" do ser, simples modalidade possível de ser, visto que o nada é a outra face do próprio ser.

Quando indagarmos pela estrutura do *lógos* examinando o conceito de enunciado, será possível ver ainda mais claramente que, mais que um dizer de algo (*Wovon*), ele traz consigo um apanhado do *sobre-o-que* (*Worüber*) se está enunciando. Quando se pergunta sobre o "que" do quadro-negro, chega-se, como já vimos, a uma conjuntação inscrita no seu uso. "Nosso ser orientado para as coisas e para os seres humanos se move nessa estrutura do algo como algo, dito brevemente, possui a *estrutura do como* (*Als--Struktur*). Essa estrutura do como não está diretamente ligada à predicação. No ter-feito-para com algo não exercito tematicamente nenhum enunciado predicativo."[65] Note-se o trecho "para os seres humanos": o *Dasein* sempre é um *Mitsein*, um ser-com, e

---

64. *SuZ*, p. 42.
65. *Logik*, GA 21, p. 144.

consequentemente a intersubjetividade não precisa ser construída, mas já se dá com o sendo aí.

O significar entendendo, antes de se dirigir ao singular ou ao conceito, vive primariamente no mundo circundante próximo e no próprio mundo. Nesse significar o *Dasein* se esclarece sobre o mundo; essa explicação (*Aufschluss*) é a descoberta daquela conjuntação (*Bewandtnis*) na qual o ente como ente se apresenta.[66] E assim se abre o caminho para que o próprio *Dasein* encontre seu significado, sua inteligibilidade (*Verständlichkeit*). "Porque o ser--aí em seu próprio ser é significante, ele vive em significados e pode se exprimir como estes. É só porque existem tais comunicações que se acrescentam ao significado, isto é, palavras (*Worte*), só por isso existem vocábulos (*Wörter*); quer dizer, só por isso podem se separar do significado figuras de linguagem conformadas a partir delas mesmas. Uma tal totalidade de comunicações, na qual de certa maneira a compreensão do *Dasein* germina e é existencial (*existenzial*), designamos como linguagem (*Sprache*)."[67]

Os sinais não se transformam em signos em vista de suas oposições distintivas, como querem Saussure, o estruturalismo e o pós-estruturalismo francês. O próprio *Dasein* vem a ser compreendendo e marcando o mundo mediante referências manejáveis, voltando-se para si mesmas. Essas palavras, que exprimem até o dizer do silêncio, permitem o falar cotidiano.

Primordialmente a linguagem se instala como determinação do próprio *Dasein*, na medida em que este institui uma rede de entes juntando-se e disjuntando-se conforme ganham seus seres particulares. E assim eles se articulam uns com os outros num mundo ante-predicativo onde as unidades significantes se ligam por um *como* anterior àquele da proposição e da própria lingua-

---

66. *Logik*, GA 21, p. 150.
67. Ibid., p. 151.

gem. Cabe sublinhar a peculiaridade dessa tese. A linguagem nasce num processo de congelamento da essencialização do ser promovido pelo *Dasein* na medida em que vem a ser. A dificuldade maior será explicar como esse congelamento está ligado ao tempo.

Voltemos àquela passagem de Aristóteles anteriormente analisada: "Nem todo *lógos* é apofântico, mas o é aquele *lógos* ao qual é inerente (*en... hyparchei*) o estar verdadeiro ou o estar falso".[68] Como já vimos, mais que não traduzir, como de costume, *hyparchein* por "predicar", Heidegger salienta nesse elo um *estar em*, um "*in-esse*, ser-aí-dentro, pertencente à essência do discurso".[69] Assim, detecta na relação do predicado com o sujeito uma mesmidade ontológica que alimenta uma diferença. Desse modo, o estar verdadeiro, *alêtheuein*, assim como o estar falso, *pseudesthai*, dependem da atividade, de um comportamento, de fazer aparecer esse estar dentro do ente apresentado. Esse fazer aparecer, esse desvelar é a verdade onde se assentam o estar verdadeiro e o estar falso: "Verdade, de um lado, e ser verdadeiro ou falso de outro — são fenômenos totalmente diversos".[70] A bipolaridade do verdadeiro e do falso depende da verdade. E até os anos 1930, para Heidegger, essa verdade é a própria abertura do ser-aí, a ser revelada por seu ente existente. Já para Aristóteles, como salienta um trecho de *Ser e Tempo*,[71] a alma em si mesma engloba todo ente: "a alma (*Psyche*) (do homem) é de certo modo todo ente (*ta onta*)".[72] Esse mostrar-se vem a ser, pois, um comportamento do ser-aí. Não seria seu comportamento mais íntimo?

Como se exerce esse comportamento? Se Aristóteles joga o peso de sua análise da proposição asseverativa na síntese e na se-

---

68. *De interpretatione*, IV, 17a 2-4.
69. *Logik*, GA 21, p. 132.
70. Ibid., p. 129.
71. *SuZ*, p. 14.
72. *De anima*, 431 b 21.

paração de seus termos, nem por isso deixa de sublinhar que essa asserção se dá como *lógos apophantikos*, ligado à *apophansis*, ao aparecimento. No entanto, com o passar dos tempos se tornou costume traduzir *lógos* por "discurso" e *lógos apophantikos* por "proposição", e assim o vínculo entre os dois aspectos se torna obscuro. A proposição é *lógos* que faz aparecer. Não mais o *eidos*, a forma, mas o ente sendo aquilo que está aparecendo no fluxo das palavras. Como vimos, Heidegger, para fugir das idealidades husserlianas, aborda a proposição pelo lado do seu falar, um exprimir-se por meio de vocábulos encadeados mostradores, constituindo uma "totalidade de uma multiplicidade de palavras (*Wortmannigfaltigkeit*)",[73] mas vinculando esse aparecer ao desvelar e velar ligado à essencialização da verdade.

No entanto, se não considera, como Husserl, a gramática como trama de regras formais formadoras de sentido, também não pensa a linguagem como tendo origem num processo de sinais pelo qual um nome se reportaria a um objeto. Voltar às próprias coisas, ao centro da questão, é focar o ente como sendo, e somente a partir desse sendo é que as palavras podem integrar-se numa multiplicidade alinhavada por um modo de ser do ser-aí que, operando e se abrindo para o mundo, lhe confere significância. Ora, voltar às próprias coisas também é voltar às origens, retomar o momento em que as palavras passaram a ser ditas no seu vigor máximo — em resumo, quando passaram a ser pensadas por aqueles que foram os primeiros a falar junto do pensar o ente na totalidade.

Voltemos à tradução de *alêtheia* por des-velamento, sentido sugerido quando se atenta para a primeira sílaba *a*, interpretada como negativa de "*lêthê*", ocultamento. Essa etimologia foi contestada por Paul Friedländer em seu livro sobre Platão, de 1928,

---

73. *Logik*, GA 21, p. 140.

quando mostra que tal palavra sempre tem um sentido positivo, ligado ao de conformidade.[74] Os helenistas não aceitaram essa interpretação, mas discutem se *"lêthê"*, antes de ser velamento, não seria simplesmente esquecimento. Heidegger diria que o esquecer sempre é esquecer algo que assim ficaria velado e, desse modo, a despeito da polêmica, mantém sua interpretação, pois esta não se dá no nível das palavras constituídas, mas tão só no movimento historial do que se dá ao ser-aí. Se frequentemente ele apoia suas análises na etimologia de palavras gregas é porque a filosofia ocidental ainda fala grego, ainda opera no plano do pensamento da metafísica, pensamento que tanto manifesta como oculta. Importa desenraizar o impensado dessas palavras tal como o povo grego as poderia ter pensado segundo seu espírito. Num texto bem posterior, encontramos uma das múltiplas explicações desse procedimento: "Aqui, como nos outros casos, a verdade não é que o nosso pensamento vive da etimologia, mas que a própria etimologia requer previamente a consideração de que os vocábulos, enquanto palavras, nomeiam de maneira não manifesta".[75] Esse texto, de 1950, pertence ao último período de sua reflexão, quando ele esboça o que finalmente entende por linguagem, quando as etimologias das palavras gregas e alemãs abrem caminho, desde que ligadas aos pensadores que pensam o ser.

Se *"alêthêia"* o leva a pensar a proposição primeiramente como des-ocultamento, em vez de ver nela primordialmente uma conformidade, a palavra *"apophantikos"*, em lugar de indicar um tipo de proposição, agora serve para ressaltar como o *dizer* em geral está ligado ao *mostrar*, alinhavando indissoluvelmente esses

---

74. Cf. Marlène Zarader, *Heidegger e as palavras da origem*. Lisboa: Instituto Piaget, 1998, p. 105.

75. Heidegger, *Vorträge und Aufsätze*, ii, 46. Stuttgart: Günther Neske; *Essais et conférences*. Trad. fr., Collection Tel. Paris: Gallimard, 1980, p. 208.

dois modos de agir. Como foi possível que toda essa trama de significações pudesse ter sido reduzida a ponto de fazer do predicar tão só um determinar? Se no sentido de determinar reside uma restrição, o que sobra do antigo sentido de atualização? São questões que a história da lógica há de examinar, pois vão muito além das restrições que a metafísica lhes impõe.

Para Heidegger esse determinar está ligado aos existenciais. "Acima da atualidade está a possibilidade", afirma em *Ser e Tempo* já na página 38. Os modos de ser do *Dasein* são possibilitações que substituem as tradicionais faculdades da alma, possibilitações que, quando se fecham num todo, o apresentam como um ente. No contexto da oposição sujeito-objeto, o predicar passa a ser pensado tão só como um abraçar, como fechamento. No início de seu curso *Introdução à filosofia*,[76] ministrado em 1928-9, por conseguinte logo após a publicação de *Ser e Tempo*, ele apresenta uma crítica à concepção corrente de ciência. Lembra como entende a verdade como verdade proposicional, tal como aparece nos manuais de lógica, deixando de lado os matizes dos conceitos originários que já se encontram nos textos de Aristóteles. Como a proposição combina *synthesis* e *diairesis*? No enunciado "Este giz é branco", a determinação "branco" — *o predicado* — é atribuída ao *sujeito* "giz". Essa ligação é entendida, de um lado, como *kataphasis*, isto é, um "(sair) de cima para baixo em direção a algo". Esse movimento descendente se dirige para o giz e diz que ele se configura como branco. Se disser do mesmo objeto que ele não é azul, então o "azul" lhe é negado. Os gregos denominam essa forma de enunciado *apophasis*, colocar esse algo à parte. No fim da Antiguidade e durante a Idade Média esses termos foram traduzidos respectivamente por *affirmatio* e *negatio*. Importa que tanto

---

76. Heidegger, *Einleitung in die Philosophie*. Frankfurt: Klostermann, 1996; trad. Marco Antonio Casanova. São Paulo: Martins Fontes, 2009.

a afirmação como a negação podem respectivamente produzir juízos verdadeiros ou falsos, passando do nível da mera relação verbal entre sujeito e predicado para o nível da realidade.

Consideremos o juízo positivo "Este giz é branco": sua verdade consistirá na conveniência do predicado ao sujeito, ou na implicação recíproca dessas duas representações, "branco" e "giz", de sorte que a verdade surge na relação do predicado com o sujeito.[77] Ao serem igualados como representação, o sujeito e o predicado ganham uma autonomia particular, o juízo liga esse predicado branco a esse giz mediante a cópula "é", mas essa conjunção visa ao conteúdo giz branco, precisamente algo que aparece pelo juízo. "Vemos, portanto, que há na proposição uma ambiguidade fatal; por um lado a relação formal de S com P, e então, a relação de toda essa ligação S-P com o sobre-o-que do enunciado. Denominamos a relação do predicado com o sujeito a relação predicativa no interior da proposição: ela retira a sua legitimidade de uma relação com aquilo sobre o que se enuncia."[78] Nos manuais, a predicação passa a ser composta por dois vetores, aquele que indica o giz como branco e a projeção dessa captura sobre o giz branco, distinguindo o sujeito da predicação, o giz branco, do objeto do enunciado. Assim *posto*, o objeto pode ainda receber outras determinações, como "Este corpo material é leve". O próprio Heidegger assinala que essa teoria da proposição não explica sentenças como "Chove" ou "Relampeja", assim como todas as proposições de existência como "Este homem existe". Essa proposição como tal pode ser falsa, mas a verdade dela implica que haja alguma coincidência entre a fala e o real.

No decurso da lógica moderna, sobretudo a partir de Leibniz, essa relação do predicado com o sujeito, essa *connexio*, passa

---

77. *Introdução à filosofia*, p. 54.
78. Ibid., pp. 55-6.

a ser entendida como *determinatio,* configuração do sujeito pelo predicado. Este determina aquele e em correspondência à distinção entre juízo positivo e juízo negativo, de sorte que a determinação vem a ser positiva ou negativa. Kant explora essa diferença fazendo a realidade corresponder à primeira e a negação à segunda. Aqui Heidegger cita Baumgarten: a afirmação do sujeito por meio do predicado, quando é uma determinação positiva verdadeira, significa a verdade. Por sua vez, a determinação negativa, quando verdadeira, é a negação. A mera relação verbal entre o sujeito e o predicado passa a valer no plano do real. Não está assim aberta uma fresta por onde se infiltrará todo o idealismo alemão? A mera lembrança da formação do conceito de determinação na evolução da lógica formal já basta para mostrar que o núcleo da questão reside nos modos de se determinar de um sujeito regulador. A noção de *Dasein* pretende responder a essa dificuldade, situando a predicação noutro nível, anterior à linguagem, um "algo como algo" num nível de significância anterior a toda formalização lógica.

Embora o passo mais importante nesse caminho seja a descoberta de Kant de que existência (*Dasein*) não vem a ser um predicado real, continuamos em geral a empregar o conceito de realidade de modo tradicional. Nosso conceito deriva da escolástica tardia, em particular de Suárez: "*realitas* não significa nada além de *essentia,* essência, conteúdo objetivo, positivo, essência atribuída a algo".[79] Heidegger ainda nota que não mais se sabe se a verdade agora está situada na relação do predicado com o sujeito ou do predicado com aquilo sobre o que se faz um enunciado. Observe-se que na lógica contemporânea os herdeiros de Frege fazem do "giz" um nome convencional de algo, e de "branco" um conceito que se atribui diretamente ao objeto. Na medida em que

---

79. *Introdução à filosofia,* p. 57.

essa atribuição passa a ser entendida como função proposicional, o jogo dos valores de verdade deixa indeterminada a região da verdade.

É conhecida, diz Heidegger, a combinatória entre a afirmação e a negação que liga o juízo positivo e o juízo negativo conforme podem ser verdadeiros ou falsos, isto é, apresentam o giz como ele é ou não. Mas ao dizer verdadeiramente "O giz não é azul", ou falsamente "O giz é azul", estou também dizendo "O giz é não azul" e "O giz é não branco". Ao se cruzarem a determinação peculiar do negativo e aquela do predicado negativo cria-se uma duplicação especial que, embora não seja expressa em todas as línguas, como exemplifica o alemão, indica como a predicação se exerce tanto na relação formal do sujeito com o predicado como no vetor semântico desse relacionamento sujeito-predicado com o giz branco. Noutras palavras, o relacionamento entre as palavras na situação de sujeito e objeto — espaço onde se move a combinatória da lógica escolar — se alia ao vetor que o leva ao objeto *dito*, que há de se mostrar nas palavras para que essas funcionem como signos. É preciso insistir nessa distinção entre o sujeito da predicação e o objeto do enunciado. "Todo predicado tem um sujeito, e esse predicado é enunciado do sujeito. Contudo, toda predicação, isto é, o todo da relação sujeito-predicado — não, por exemplo, todo predicado — tem um objeto sobre o qual é feito um enunciado".[80] Heidegger examina assim a predicação como relação entre o nome sujeito e o nome predicado para em seguida, em vista de suas combinações possíveis, indagar como essa estrutura verbal se encaminha para o ente se apresentando, no exemplo, o ente giz-branco. É o elo que encontra entre a lógica escolar e as notações fenomenológicas sobre a linguagem e o no-

80. *Introdução à filosofia*, p. 56.

vo conceito de verdade: todo e qualquer significado de uma palavra ou de uma frase cai sob a diferença entre ente e ser, mas que se oculta na medida em que o ente se retira como se fosse algo apenas determinável.

Isso já se encontra no *De interpretatione* iii, 16 b, 8 ss.: o nome verbo, além de carregar um sentido, traz consigo uma referência temporal, ligando existência e presença. Por exemplo, "saúde" é um nome, "é saudável" é um verbo, não um nome. "Pois o último carrega seu próprio sentido, mas também [transmite] que o estado significado [isto é, a saúde] não subjaz (*hyparchein*)." Heidegger, pelo contrário, monta um esquema em que, no caso de "Esse giz é branco", "Esse", ao descer, aponta para "giz", enquanto "branco", ao subir, aponta para "é", que aponta para "giz". A flecha da cópula "é", apontando para giz, aponta para giz como branco, criando assim a relação veritativa. No *Tractatus*, Wittgenstein se livrará dessas questões ao fazer da proposição uma *Bild*, figuração, cuja estrutura lógica é a mesma do fato giz branco. Para isso, porém, precisa elaborar a diferença, mas também a proximidade, entre o *mostrar* e o *dizer*. A fenomenologia heideggeriana pretende que nessa apresentação do *ente* giz o seu ser *transpareça*, mostre-se sendo para ser escrevente, sem perder, contudo, suas veredas por onde pode se ocultar.

Retomando o texto de Heidegger, ele nos lembra, como já dissemos, que, principalmente a partir de Leibniz, essa relação do predicado com o sujeito, essa *connexio*, começa a ser entendida somente como *determinatio*, de modo que o predicado, nessa função, passa a abranger e a coibir o sujeito nomeado. A negação assume, então, um sentido muito peculiar. A distinção entre a *determinatio* positiva e outra negativa abriga em si dois conceitos que desempenham papel muito importante na metafísica moderna, em particular na metafísica kantiana e pós-kantiana: a determinação positiva verdadeira exprime a realidade: a determinação negativa verdadeira, uma negação real cujo âmbito precisa ser delineado.[81]

Lembremos o tratamento que Kant dá à negação. A negação lógica expressa pela palavra "não" diz respeito à possibilidade de representar algo na síntese ou na separação do juízo, portanto não basta para designar um conceito com vistas a seu conteúdo. Esse é o caso, por exemplo, de "não-mortal", cujo domínio pode incluir os números ou os deuses. Kant se vê, então, obrigado a definir, além da negação meramente lógica, uma negação transcendental que "significa o não-ser em si mesmo, ao qual é contraposta a afirmação transcendental: esta é um algo cujo conceito expressa já em si mesmo um ser, denominando-se, em virtude disso, realidade (coisidade), pois unicamente por meio dela e apenas até onde ela alcança são os objetos um algo (coisas). A negação a ela contraposta, em vez disso, significa uma simples carência, e onde apenas esta for pensada representar-se-á a supressão de todas as coisas".[82] A negação lógica diz respeito ao representar o indeterminado, como o não-homem; a negação transcendental, por sua vez, configura algo como um ente carente de outras representações a não ser aquela de ser possível. Se o ideal da determinação completa configura uma totalidade das determinações, se uma determinação transcendental positiva corresponde a um algo e a negativa a um não ser em si mesmo, segue-se que a essa determinação completa corresponde um *substratum* transcendental que contenha por assim dizer a inteira provisão do material donde todos os predicados possíveis das coisas podem ser tirados". E logo em seguida ainda se lê: "substrato que não é senão a ideia de um todo da realidade (*omnitudo realitatis*). Todas as

---

81. *Introdução à filosofia*, p. 56.
82. *KrV*, B 602-3; *Crítica da razão pura*, trad. Ernildo Stein, Coleção Os Pensadores, p. 290.

verdadeiras negações não são senão *limites*; elas não poderiam ser chamadas assim se não estivessem fundadas no ilimitado (o todo)".[83] Note-se que esse ser ideal ainda se determina inteiramente como *ens realissimum, ens summum, ens originarius,* o que completa sua entificação. No entanto, à medida que Heidegger faz esse *ens* sempre vindo a ser, conforme sublinha a diferença ontológica, a negação se reduz à face minguante do próprio ser. A negação se cola à verdade como desvelamento, pois só desvela o que está velado. Nesse plano, porém, toda arquitetura da lógica formal deixa de determinar.

Exemplificamos os vários sentidos da negação lógica para ressaltar a importância de sua negação por Heidegger. Para isso ele necessita reforçar a ambiguidade do conceito de predicação como determinação: não se sabe agora se a verdade está na relação predicativa ou na relação do predicado com aquilo sobre o qual se faz um enunciado.[84] Isso já vale, lembra Heidegger, para a escolástica tardia, em particular para Suárez, para quem *realitas,* embora significando basicamente *essentia* atribuída a algo, só vale nessa atribuição. O conceito de realidade passa então a depender da *determinatio* e da proposição positiva. Sabemos que Kant, embora negue radicalmente que a existência seja um predicado real, regulariza esse conceito de determinação quando ele também passa a se determinar pelo todo desenhado segundo os princípios da determinabilidade e da determinação completa — criando assim uma totalidade determinante do singular que será pensada e repensada por todo o Idealismo alemão.

Heidegger nota que a determinação precisa então estar ligada a *cada modo* de ser verdadeiro, no modo pelo qual ele se desvela. O ente giz, por exemplo, se determina, no seu uso em nossa

83. *KrV*, B 604-5; trad. Ernildo Stein, p. 290.
84. Heidegger, *Introdução à filosofia*, p. 57.

vida cotidiana, quando se mostra verdadeiro ao servir para escrever uma palavra na lousa, o que não aconteceria se fosse um tubo de madeira branca ou uma peça de museu indicando como certos povos do passado desenhavam as letras. Também há de se considerar o giz tal como ele é dito pela linguagem cotidiana, quando falamos dele como exemplo de brancura e assim por diante. Em contrapartida, junto está se efetuando a verdade do próprio ser-aí que, debruçando-se sobre o aí, está aberto para ele. Essa abertura para o aí junta-se às aberturas dos outros seres-aí que sempre estão conjuntamente no mundo, e o "mesmo" giz se dá para as pessoas com as quais convivo — nesse caso, o giz que os professores utilizam quando ensinam. Ainda quando estou sozinho, o modo de me descerrar para o giz é compartilhado por outros. O ser-aí é sempre um *ser-com*. Não está junto ao outro como o lápis está ao lado da caneta, nem como um animal que se acasala ou caça em companhia de outros, ele se descerra para as coisas do mesmo modo que o fazem aqueles com os quais convive, na medida em que todos estão formando um mundo, por conseguinte jogando-se numa transcendência. Mas até nisso há diferenças: o uso do mesmo talher não é diferente para as crianças e para os adultos?

Por fim, cabe lembrar que as determinações do *Dasein*, designando o ente que cuida de seu ser no mundo, são especialíssimas, principalmente porque este se dá anteriormente à oposição sujeito-objeto. Heidegger entende o *Dasein* como um ser *de fato* jogado no mundo e, por isso mesmo, sendo determinado por suas efetivas possibilidades de abertura: "O ser-aí é aquele ente que consiste em ser algo assim como um 'aí'. O 'aí' é um círculo de manifestação em direção ao qual pela primeira vez o ente por si subsistente também pode se tornar manifesto, isto é descoberto". Logo em seguida ainda escreve: "O 'aí' não é uma posição, um lugar em contraposição ao 'lá'. Ser-aí não significa estar aqui em vez de lá, também não estar aqui e lá. Ao contrário, ele é a possibilidade, a viabilização do ser orientado ao aqui ou ao lá. O 'aí' é, entre outras coisas, o espaço que emerge em si, mas não se fragmenta e se esfacela em meio a essa emergência".[85] Não sendo posição, não se resumindo às atividades ponentes de um eu transcendental, o ser-aí é abertura para o mundo em que ele existe. É mera "possibilidade, viabilização do ser orientado", em suma, um ser que é possibilidade de se viabilizar, por conseguinte de se *comportar*. Esse comportamento se determina de maneira muito peculiar. Ele "opera" num plano anterior e mais originário do que aquele onde se exercem as relações entre sujeito e objeto, da ação tecida por nossas relações pessoais e sociais. O ser-aí *está em...* e assim está ligado ao descerramento (*Erschlossenheit*), ser-aberto para o mundo, antes de promover qualquer ação propriamente efetiva. No entanto, assim se abrindo, geralmente cai no ocultamento cotidiano quando, no mais das vezes, se comporta como uma pessoa qualquer.

Uma última observação: os pensamentos de Heidegger e de Hegel muitas vezes se cruzam, embora mantendo enormes diferenças. Não nos cabe examiná-las, o que alongaria muito nosso percurso. Aqui, porém, vale a pena apontar um ponto de interferência, retomando um aspecto acima mencionado. Como acabamos de ver, a proposição predicativa implica um movimento prático do predicado para o sujeito que, processando-se no nível da cura, da antiga *phronesis*, e não mais da alma, os com-junta, revelando seu ser que participa de uma situação significante anterior a todo proferimento pela palavra. Mais tarde esta terá, como veremos, a função de proteger o próprio ser se doando. Também Hegel parte da crítica da proposição: "A antiga metafísica tinha, pois, interesse em conhecer se predicados, do tipo acima mencionado ['simples', 'ilimitado', por exemplo], deviam atribuir-se a seu objeto. Porém esses predicados são limitadas determinações-de-pen-

---

85. *Introdução à filosofia*, p. 144.

samento, que só exprimem um limite, mas não o verdadeiro. A propósito, pode-se ainda notar que o procedimento consistia em que se *atribuíam* predicados ao objeto a conhecer assim, por exemplo, a Deus. Mas isso é uma reflexão exterior sobre o objeto, porque as determinações (os predicados) estão prontas em minha representação, e são atribuídas apenas exteriormente ao objeto. Ao contrário, o verdadeiro conhecimento de um objeto deve ser *do* tipo que se determina de si mesmo e não recebe de fora seus predicados".[86] Esse pensamento de si mesmo, esse conhecer de si mesmo que Apolo costumava aconselhar, é o próprio Espírito (*Geist*). Sua generalidade é o próprio *Dasein*, que se desdobra em espírito subjetivo (a alma subjetiva etc.), espírito objetivo (direito etc.) e espírito absoluto (arte, religião revelada e filosofia). É o Espírito que vai além de suas "determinações" para se tornar Absoluto. No caso dos filósofos que estudamos, não cabe essa crítica do entendimento, pois este, no que respeita a Heidegger, é momento do ente humano preocupado com seu ser, momento do *Dasein*, por conseguinte da cura (*Sorge*); no que respeita a Wittgenstein, o sentido da palavra se exerce antes de tudo num jogo de linguagem, numa partida em ação. Ambos estudam a linguagem indo além da oposição signo/ significado. A distância, porém, embora sendo enorme, não deixa de ter raízes comuns, pois o Espírito é *lógos*, linguagem desdobrando-se por si mesma.

---

86. Hegel, *Enzyklopädie der philosophishen Wissenschaften im Grundrisse*, A, § 28; *Enciclopédia das ciências filosóficas em compêndio*, i (Trad. Paulo Meneses. São Paulo: Loyola, p. 92); cf. Gérard Lebrun, *La Patience du concept* (Paris: Gallimard, 1972).

2. Do compreender ao discurso

I

Mesmo antes de escrever *Ser e Tempo,* como já vimos, Heidegger indica que as coisas se nos apresentam no mundo juntando-se e disjuntando-se conforme ganham seus seres particulares. E assim os entes se articulam uns com os outros num mundo ante-predicativo onde as unidades significantes se ligam por um *como* anterior àquele da proposição e da própria linguagem. Cabe sublinhar a peculiaridade dessa tese, examinando seus prolongamentos, em particular como o homem se *abre* para o mundo conforme vem a ser determinado e determinante a partir de suas possibilitações de cuidar do ser inclusive e do ser si próprio. É de capital importância que não se entenda o *Dasein* como *algo* se exteriorizando. Wittgenstein igualmente contestará essa algoidade, mas no plano da própria linguagem travada por jogos, o que altera tanto o sentido de seguir a regra gramatical, como a função sintetizante da alma na formação de signos, tarefa que lhe é atribuída desde Aristóteles. O debruçar do *Dasein* sobre o mundo será descrito pelo jogo do exteriorizar/ interiorizar das expressões.

Heidegger, em contrapartida, pretende colocar o homem no mundo antes desse jogo, simplesmente como abertura, desde logo estando no mundo, *ente* que *vem a ser* no mundo cuidando dele. Obviamente suas determinações não podem ser confundidas com aquelas do próprio mundo, por isso são chamadas existenciais (*existenzialen*), contrapondo-se àquelas ditas existenciárias (*existenziellen*). Nosso primeiro passo consiste, pois, em configurar esse "*ser-em*" (*In-Sein*) para chegar até a linguagem. Ressaltemos que não se trata de apontar propriedades de um sujeito, mas de um exercer-se no abrir-se, que assim se mostra como possibilitações. É costume tratar existenciais como o medo, a angústia etc. como fenômenos psicológicos. Heidegger, porém, lembra que paixões e sentimentos já são examinados, por Aristóteles no Livro Segundo da *Retórica*, parte "que deve ser apreendida como a primeira hermenêutica sistemática da cotidianidade do ser-um--com-o-outro".[1] O orador, exemplifica Heidegger, discursa para chegar até seu público ao mesmo tempo em que discursa a partir dele.

O primeiro passo da constituição do aí é considerar o ser-aí como disposição, um encontrar-se (*Befindlichkeit*). A metafísica considerava essa disposição como um estado de ânimo pessoal; agora, porém, passa a constituir um modo de ser do ente homem ser. Um deles é a tonalidade afetiva (*Stimmung*) constituindo o cerne do determinar (*bestimmen*). O *Dasein* ele mesmo se encontra *abrindo-se* como um todo para o que lhe vem ao encontro. Nessa prontidão para o encontro, nessa *Befindlichkeit*, é atravessado por estados de ânimo (*Stimmungen*), tonalidades afetivas

---

1. *SuZ*, p. 138.

que são muito mais que sentimentos localizados, pois determinam (*bestimmen*) o ser-aí por inteiro, como o arco que faz vibrar tanto a corda como o violino.

Precisamos ressaltar alguns pormenores desse grande esquema. O *Dasein* é abertura, descerramento, possibilidade que se viabiliza conforme os modos pelos quais ele vem a ser vão além de si. E os seres humanos, sempre jogados no mundo, estão irremediavelmente sendo juntos. Antecipam projetos que podem ou não ser solucionados. E ninguém opera inteiramente sozinho, pois cada um está sempre imerso num mundo cotidiano que, como mundo, está marcado por qualquer ser que seja aí. O *Dasein*, sempre vindo a ser, está ligado a um *Mitsein*.

Uma de suas primeiras determinações (*Bestimmungen*) originárias é, como estamos percebendo, a tonalidade afetiva (*Stimmung*), o sentimento de situação, o humor, configurando uma disposição (*Befindlichkeit*) que alinhava o ser-aí ao mundo, no mais das vezes, colocando-o junto a um ente que lhe vem ao encontro como um fardo. Essa disposição afetiva, associada, como veremos, ao compreender (*Verstehen*), escapa inteiramente do conceito moderno de representação. Designa uma disposição que vai além da oposição kantiana entre o momento subjetivo e o objetivo, da sensação, por conseguinte da oposição entre sensibilidade e sentimento (*Gefühl*). Mais que configurar uma "faculdade" subjetiva do prazer e do desprazer, a noção heideggeriana de disposição amplia as investigações de seus colegas fenomenólogos, mostrando como *atos* prevalentes, interessados e coniventes estão sempre se processando junto a atos ditos puramente representativos e cognitivos.

Por certo Heidegger dialoga com Agostinho, que vincula o conhecimento ao amor por Deus; com Pascal, para quem o coração tem razões que a razão desconhece e assim por diante. No entanto, está sempre tomando distância de todos esses pensadores, na medida em que a totalidade afetiva, vinculada à *Befind-lichkeit*, tinge o *Dasein* por inteiro no seu projetar-se. Por isso está mais perto de Kierkegaard, segundo ele o maior autor cristão do século XIX, para quem a experiência do possível somente pode ser dita por alguém que acredita que ela venha a ser real. É sintomático que dele ainda aproveite o conceito de angústia como neutralização antecipatória da realidade. No entanto, por enquanto nos importa assinalar que a *Stimmung* heideggeriana possui uma dimensão *ontológica* muito especial, ou melhor, só pode ser entendida quando se considera o ser do homem como um ser se projetando no mundo e se recolhendo num si mesmo sem passar por qualquer reflexão, mas decaindo na impessoalidade das gentes e retraindo-se quando se angustia. Se essa tese encontra alguma ligação com Kant será do lado da imaginação criadora. Não é à toa que a angústia desempenhará o papel crucial de bloquear o ser-aí em seus projetos mundanos, para que ele se volte e se apreenda como um *ser* próprio.

Françoise Dastur nos ensina "que *Stimmung* e *stimmen* provêm de *Stimme*, palavra alemã de origem desconhecida cujo primeiro sentido é, por extensão, fazer ouvir a voz, chamar, nomear; em seguida, estar de acordo; e, por fim, estar disposto; desse modo, '*Stimmung*' significa ainda afinação (de um instrumento musical) e, igualmente, disposição, humor, tonalidade, atmosfera".[2] Por isso, as tonalidades afetivas não são nenhum ente. No entanto, mediante uma tonalidade, o ser-aí tanto pode se entranhar no focar de algo quanto desligar-se das particularidades do aí, atraindo-se para si mesmo e tingindo seu comportamento como um todo, conforme acontece com o medo, por exemplo. A voz da consciência (*Gewissen*) desempenhará papel crucial nessa

---

2. Françoise Dastur, *Heidegger*, p. 113.

singularização do *Dasein*. Não tendo, entretanto, condições para analisar no pormenor todo esse vasto panorama, seremos obrigados a contentar-nos apenas com pinçar alguns temas, preparando o novo conceito de linguagem.

O ser humano está sempre se afinando com o mundo, mesmo quando se sente desafinado ou o recusa. "Que as tonalidades afetivas (*Stimmungen*) possam deteriorar-se ou transformar-se significa somente que o ser-aí está sempre afinado (*gestimmt*). A atonia (*Ungestimmheit*) contínua, regular e insípida não deve ser confundida com desafinação (*Verstimmung*), menos ainda com um nada, pois nela o ser-aí se torna farto de si mesmo. Em tal desafinação o ser do 'aí' se torna manifestamente um fardo. Por que, não sabemos."[3] Mas nessa ignorância ligada à estreiteza dos conhecimentos possíveis, prossegue o texto, vemos que o ser-aí está irremediavelmente aí e, por isso mesmo, mostrando-se como sendo e vindo a ser sem que fique determinado de onde (*Woher*) vem e para onde (*Wohin*) vai. O ser-aí não escapa de sua facticidade, de seu estar-lançado (*Geworfenheit*), mergulhado em seus humores ou evitando-os, sem deles poder livrar-se. Nessa esquiva ele deixa de ver que seu *ser* está marcado por esse "sentimento" de situação, pois a variação de humores testemunha *que* ele *é*, estando irremediavelmente lançado no aí, não neste ou naquele lugar, na companhia deste ou daquele, mas sobretudo na transcendência do mundo. O *Dasein* não está no mundo como um grão de areia na imensidade do deserto. Afinado com os entes, ele próprio segue os traços que estes marcam no seu ser-para-que, sempre indo além, sempre transcendendo. "Mundo" é um conceito que poderia ser dito transcendental noutra linguagem filosófica. Por sua vez, o ser do homem estando aí, abrindo-se para o mundo, está continuadamente resolvendo-se numa situação pela qual os

3. *SuZ*, p. 134.

entes situados lhe vêm ao encontro. Do mesmo modo, porém, que o fluxo do mundo transcende, o ser-aí ao sentir-se situado está se afinando com isto ou com aquilo ou, nos casos mais extremos, quando teme ou se angustia, deixa-se agarrar num tom específico para se determinar como pura tonalidade. Abre-se, então, como possibilidade de ir além de uma região de entes e antevê o caminho que o leva para, na totalidade, abrir-se para os entes que lhe advêm apenas com entes.

O *Dasein*, ao ser no mundo, *é*, está tendendo a *ser*, chamado por uma tendência inscrita em seu próprio ser. Se nisso vem a ser responsável por si mesmo não é porque assume um ponto de vista moral, reportando-se a uma legalidade situada além dele, mas porque se encontra *podendo* sempre prestar contas do que ele *tem* de ser a partir do cuidar. Por isso consiste numa imbricação significante de ente e ser. "*Facticidade não é a factualidade de um factum brutum de um ser simplesmente dado, mas um caráter de ser do ser-aí assumido na existência, embora desde o início reprimido.*"[4] Nisto o ser-aí é o que é o que há de ser, embora, ao tomar distância de seu ente para ser, se veja na circunstância de entificar-se, de decair na impessoalidade da vida cotidiana. Cabe não esquecer que a abertura do *Dasein* está sempre sintonizada e que a disposição afetiva nunca se libera de uma compreensão, que por sua vez, como veremos, está pronta para a fala. Somente assim todas as determinações existenciais do *Dasein* podem se situar antes do exercício do juízo propriamente dito. Isso mostra, pois, como vem a ser possível encontrar seres efetivos sem passar pelo arco da posição desenhada pelo julgamento.

A tonalidade afetiva dispõe o ser do homem como um aí, que vem a ser antes de se articular como sujeito ou como objeto, sendo sempre transposição, marcando-se como passagem e possibilidade intrínseca. Essa disposição, esse encontrar-se (*Befind-*

---

4. *SuZ*, p. 135, grifo do autor.

lichkeit), anterior a qualquer percepção de algo ou de si mesmo, anterior a qualquer ente na sua mera entidade, abre o ser-aí para seu aí e assim estabelece sua exteriorização delineando, marcando sua facticidade como ser no mundo. Situa o aí como mundo, que não é a totalidade das coisas ou dos fatos, mas a totalização de como os entes estão uns em relação aos outros na medida em que são cuidados em-vista-de. Por sua vez o *Dasein*, desdobrando-se num tempo próprio, decide-se como um si mesmo, com-juntando-se para desenhar os seres em torno e situá-los no horizonte circundante de uma totalidade significativa. Somente então esse ente, ao significar, indica o seu ser no mundo e assim pode vir ao encontro como *Dasein* abrindo-se para ele. O *Dasein* tem o dom de desvelar, de abrir-se (*erschliessen*), e nesta abertura (*Erschlossenheit*) ele já é verdade, desvelamento. Note-se que sua verdade não lhe advém da capacidade de capturar uma impressão sensível ou da capacidade de colidir com uma pedra à sua frente, mas de existir como *ente* lançado no mundo, *cuidando* do que acontece, do que já aconteceu e do que está por acontecer e, portanto, vindo a *ser* no aí, encontrando-se, como veremos, na transcendência temporal de si mesmo. E vindo a ser si mesmo, tendo sempre no horizonte a antecipação da morte sem data marcada. Desde que compreenda a morte como sua possibilidade extrema, aquilo que torna impossível sua própria existência, o *Dasein* vem a ser transparente para si mesmo enquanto ser pessoal.

II

Outro modo do "estar em", "*In-Sein*" é o compreender (*Verstehen*).[5] Já na análise da mundanidade do mundo, Heidegger, co-

---

5. Fausto Castilho o traduz por "entender".

mo vimos, mostra que, ao cuidar de seus entes, o *Dasein* com--junta cada um deles a fim de que se apresentem seus seres. A utilização do martelo, por exemplo, ao bater no prego para juntar duas tábuas para fazer uma mesa etc., faz com que o *ser* martelante se com-junte a esse ente *sendo* no mundo. Note-se que alguns existencialistas franceses, não distinguindo com nitidez o existencial do existenciário, pilharam essa parte da ontologia fundamental como se ela fosse uma descrição psicossociológica. Deixaram de lado o peso da com-juntação (*Bewandtnis*) no exibir o ser do ente. Não puderam entender, por exemplo, como a angústia (*Angst*), na sua incapacidade de focar o ente angustiante privando-os de suas com-juntações, põe entre parênteses o próprio *Dasein* no seu encontro com o mundo. Desse ponto de vista, não podendo perceber de que modo essa descrição do ser-aí radicaliza a *epochê* husserliana, muitos transformaram a nova fenomenologia numa descrição romanceada. Essa inserção do *lógos* no exercício desses possíveis modos do ser curador do *Dasein*, exercendo-se antes, portanto, da linguagem dita, desde logo livra Heidegger da dualidade sinal-signo. Notável é que, por vias totalmente diversas, aprofundando a análise da gramática dos verbos psicológicos, Wittgenstein romperá o mesmo cerco. Assim nos defrontaremos com dois paradigmas para refletir sobre a linguagem que deixam de lado a ideia de posição (*Setzung*) para delinear o ser, mergulhando, cada um a seu modo, numa práxis constitutiva sem ser reflexionante.

Do ponto de vista da lógica formal, a proposição asseverativa é irremediavelmente bipolar e, para muitos, o único caminho para se chegar aos entes ou aos fatos. Para aprofundar a quebra dessa bipolaridade operada por Heidegger, cabe retomar o significado de mundo, campo de manifestabilidade do ente na totalidade, no qual o ser-aí é e está jogado. Para chegar às coisas mesmas, a fenomenologia privilegia o conteúdo — no caso, determinações, possibilitações de um ente que cuida de seu ser. E quando digo "possibilitações" e não meras "possibilidades" é para ressaltar que tais determinações estão ligadas ao exercício de um ente que cuida de seu ser, seja revelando-o, seja ocultando-o, e que, como veremos, assim se temporaliza. Nada tem a ver com uma estrutura nos moldes elaborados pela lógica matemática.

Já vimos que no interior do mundo o ente se dá como ocupável ou não ocupável, em suma como um manejável, um *Zuhandensein*; os seres vivos vão encontrar lugar à parte participando de mundos fragmentados. No entanto, somente o discurso (*Rede*) coloca todos os entes como ser-à-mão (*Vorhandensein*). Desse modo, Heidegger pode integrar a *Ser e Tempo* toda aquela crítica à lógica tradicional que desenvolvera nos seus primeiros cursos, quando trata de mostrar que, sob a capa da estrutura judicante, vibra o mundo vivido dos entes se remetendo uns aos outros mediante usos possíveis; remissões essas que, ao se voltarem sobre si mesmas, situam o objeto num modo determinado de ser. E assim se remetem uns aos outros como signos tramando objetos dotados de sentidos pré-verbais, formando uma rede onde se apoia o discurso falado ou escrito. Vimos que, graças às conjunções, às uniões particulares do ente com seu ser, os atos do *Dasein* desenham o mundo no qual ele sempre está lançado, situado e sintonizado afetivamente. Ao se exercitar ele passa a mobilizar certas possibilidades em detrimento de outras, mas de tal modo que podendo existir ele já se encontra em busca de seu próprio ser. As conjunções são momentos particulares do fato de que o homem é o ente que recebe do próprio ser o privilégio de encontrar-se nesse seu projetar-se. Não é por isso, todavia, que a trama da linguagem nasceria tão só do enredo das ações humanas. Estas estão ligadas a uma disposição do *Dasein* que é a cura dependendo ontologicamente do tempo em que ele se resolve. Para compreender essa questão devemos voltar à conjuntação do próprio *Dasein* com o ser.

Note-se que o "mostrar" do sinal e o "martelar" do martelo não são apenas atributos desse ente, mas possibilidades, sendo que indicam *em vista do que* a coisa pode ser empregada, a que ela se com-junta. Nessa com-juntação o ser do ente é liberado: o martelar do martelo remetendo-se ao prego, à tábua, ao móvel, à casa e assim por diante, configurando uma determinação ontológica do ser desse ente martelo. Por sua vez, o martelo numa oficina se conjunta com os aparelhos que se articulam numa totalidade conjuntada que, de certo modo, precede o ser de cada manejável conjuntado com seus entes. E assim por diante.

Num curso de 1927, portanto logo depois da publicação de *Ser e Tempo*, Heidegger explicita que, embora o universo dos manejáveis já se coloque como pressuposto familiar do uso, a passagem constante por esse uso deste ou daquele objeto termina por marcá-la por uma temporalidade própria: "Esse comércio se constitui, quanto à sua temporalidade, numa *presentificação que retém e sempre presenta/presentifica (behaltend-gegenwärtigendes Gegenwärtigen) o complexo instrumental* como tal. É o fato de saber a que ater-se quanto à sua destinação (*Bewendenlassen*) que, a título de compreensão prévia da destinação (*Bewandtnis*), torna primeiramente inteligível o ente como tal a respeito de seu ser".[6] Como se temporaliza em geral o discurso e o sendo-aí no qual ele se integra?

O sistema temporal das conjuntações se fecha num todo. "Mas a totalidade-da-conjuntação ela mesma retrocede por último a um para-que (*Wozu*) junto ao qual *não* há mais conjuntação, pois já não se trata de um ente do-modo-de ser do utilizável no interior de um mundo, mas de um ente cujo ser é determinado como ser no mundo, a cuja constituição-de-ser pertence a

---

6. *Die Grundprobleme der Phänomenologie*, p. 432, GA 24; trad. fr., p. 365, grifos do autor.

mundanidade ela mesma. Esse para-que primário não é nenhum para-isto (*Dazu*) como possível junto-a (*Wobei*) de uma conjuntação. O 'para-que' primário é em-vista-de-que. Mas o 'em-vista--de' concerne sempre ao ser do *Dasein*, para o qual, em seu ser, está essencialmente *em jogo* esse ser ele mesmo."[7]

A remissão conjuntável de um ser é descoberta juntamente sobre a base de um prévio ser descoberto de uma totalidade de conjuntação. É nesse contexto, nessa mundanidade, que os manejáveis vêm ao encontro do *Dasein*. Note-se que não cabe dizer que são percebidos, pois esse modo de falar passa a atribuir-lhes um estatuto ontológico, como se fossem apenas objetos do ver ou da fala, entes meramente aí. Por sua vez o *Dasein* está estruturado para recebê-los como tais, isto é, *sendo-em* (*In-Seiend*). É na constituição existencial do "aí" que vamos encontrar, pois, aquelas determinações que permitem mostrar como os entes que vêm ao encontro desse *Dasein* passam a ser codeterminados no âmbito do discurso (*Rede*) e da linguagem (*Sprache*) e neles se temporalizam. Já o *De interpretatione* nos lembrava que a estabilidade das palavras também depende dos poderes sintetizantes da alma. *Ser e Tempo* examina, a partir das conjuntações, das remissões que os manejáveis travam entre si, o arcabouço existencial do *Dasein*, que lhe assegura a possibilidade de falar e mover-se numa linguagem. Se os filósofos costumam ressaltar laços psicológicos presentes na linguagem, Heidegger, radicalizando a *epoché* husserliana, apoia tais laços nas determinações existenciais de um ente vindo a ser no mundo. Essa *epoché* estará intrinsecamente ligada a uma época. Como?

O ser-em (o estar-em) determina o *Dasein* por inteiro como ente que, projetado no mundo, aí encontra seu ser. Nessa trama de possibilidades existenciais, cabe-nos apenas descrever aquelas que se articulam num discurso (*Rede*), desenhando assim o lugar

---

7. *SuZ*, p. 84.

da linguagem (*Sprache*). O esquema é simples, embora muito sofisticado. Essa abertura, *Erschlossenheit*, da transcendência consiste numa apreensão compreensiva anterior a qualquer determinação determinada. Ela existe como possibilidade de com-preender o cotidiano e a si mesmo, abraçá-los num todo antes de se lançar nisso ou naquilo. Esse *encontrar-se* (*Befindlichkeit*) e essa *compreensão* (*Verstehen*) são dois existenciais cernindo o "ser-em" e, como tais, marcando possibilidades enraizando-se num ente humano. Muito diferente portanto de uma possibilidade meramente lógica de ser isto ou aquilo, vazia de existência, porquanto articula uma possibilidade existencial que, ao poder ser isto deixa de poder ser aquilo, e vice-versa como seu destino.

O ser-aí se arma juntamente como encontrar-se e compreensão (*Verstehen*).[8] Esse compreender, sempre afinado pelo humor, com-junta possibilidades do ser-aí que são, elas próprias, modos de ser do ser-aí. No compreender é que o ser-aí se determina inteiramente como *poder-ser*, abrindo-se e estando lançado (*geworfene*) no seu *em-virtude-de* (*Worumwillen*), conjuntando-se nesta ou naquela direção ou se abrindo para a totalidade do mundo. "'Compreender' é o apreender do ser iminente e indeterminado e de determinados modos do comportamento por meio dos quais esse ser é determinável."[9] Não se confunda esse projetar com um plano de ação, pois não se trata de um sujeito que escolhe esta ou aquela forma de estar no mundo, porquanto o próprio sujeito é antes de tudo um feixe de possibilidades que vem a ser inexoravelmente no mundo. Trata-se de possibilitações, anteriores a quaisquer possibilidades lógicas, que *são* na abertura de um ente

---

8. Para um estudo pormenorizado desse assunto vale a pena ler tanto o belo livro de Ernildo Stein, *Compreensão e finitude* (Ijuí: Unijuí, 2001), como o de Marco Antonio Casanova, *Eternidade frágil* (Rio de Janeiro: Via Verita, 2013).
9. Günter Figal, *Fenomenologia da liberdade*, p. 150.

que se ocupa com seu ser, e nesse poder-ser se abre de modo próprio e finito. Compreender é essa abertura própria, existencialmente definida na medida em que se liga a uma rede significativa de manipuláveis, *Verstehen*, que por sua vez é o *ser* dessa abertura sintonizada para a significância, por conseguinte um modo especial de *ser-em* (*In-Sein*) do ser-aí.

Note-se que "compreender" ganha sentido ontológico, diferente, portanto, da acepção que lhe empresta Dilthey ou a sociologia compreensiva de Max Weber. "No compreender reside existencialmente o modo-de-ser do *Dasein* como poder-ser. O *Dasein* não é um subsistente que possui além disso como dote adjetivo (*Zugabe*) o poder de fazer algo, mas ele é primeiramente ser-possível. É cada vez o que ele pode ser e como ele é sua possibilidade. O ser-possível essencial do *Dasein* concerne aos modos caracterizados da ocupação (*Besorge*) do 'mundo', da preocupação (*Fürsorge*) com os outros e, em tudo isso e já sempre, o poder-ser em relação a si mesmo, em vista de si."[10] O *Dasein* não é como o animal que sendo subsistente pode fazer isto ou aquilo, limitando-se a participar de um lugar no mundo; pelo contrário, é antes de tudo um ser determinando-se como possível ser isto ou aquilo, manejando *em vista de, significativamente*, e assim se abrindo para o mundo na totalidade de sua significância desenhada por ele mesmo. "No em-vista-de-que, o ser-no-mundo existente abre-se como tal, abertura essa que foi denominada compreender."[11]

Já vimos que, ao desmontar a proposição apofântica, Heidegger encontra subjacente a ela um *como* hermenêutico ligando os entes sendo, desenhando universos significantes. É toda essa esfera "prática" da significância, muitas vezes silenciosa, que primeiramente se mostra estruturando a abertura do *Dasein*, vale

10. *SuZ*, p. 143; trad. F. Castilho, mod., p. 409.
11. *SuZ*, p. 143.

dizer, sua verdade. Antes, portanto, da linguagem, continuamos a ver que Heidegger está encontrando uma trama de referências significativas, isto é, remissões de algo a algo, este se voltando para aquele com-juntando-o. A generalização desse processo, o encontro do mundo como mundo, confere significância aberta, global, ao mundo como transcendente. O *Dasein*, por sua vez — poder--ser que está vindo a *ser* enfeixando possibilitações —, está vindo a ser na unidade das suas ocupações (*Sorge*, cura, cuidado), marcando-se por uma tonalidade afetiva, sentimento de *situação* que com-preende com-juntações como sendo próprias e outras como sendo impróprias, ligando-se pois tanto a possibilidades determinadas como se desligando de outras indeterminadas. "O *Dasein* como o que essencialmente pode ser encontrado já entrou sempre em determinadas possibilidades e, como poder-ser que é, deixa que algumas possibilidades passem, abrindo mão constantemente de possibilidades de seu ser, quer as apreenda, quer não."[12]

O vir a *ser* desse *ente,* livre feixe de possibilitações, é a *existência.* O homem não existe, pois, como o caso de uma regra ou de um sistema de regras a exemplo da linguagem, mas como abertura tonal para o mundo. Como ser que se revela e se esconde, isto é, como verdade, sabe o que lhe diz respeito, em suma, o que toca ao seu poder-ser. Esse saber de suas próprias possibilidades de ser aí, esse *compreender* (*verstehen*) do estar no mundo é um "ver", um a priori *ontologicamente* determinado, porquanto diz respeito a um ser de um poder-ser: "*Compreender é o ser existencial do próprio poder-ser próprio do ser-aí ele mesmo, e de tal maneira que esse ser [a compreensão] abre [deixa ver] em si mesmo o aonde do ser lhe toca*".[13]

Cabe dar mais um passo adiante. Compreender é um estar situado num contexto significante que se estende pelo mundo

12. *SuZ*, p. 144; trad. F. Castilho, p. 409.
13. *SuZ*, p. 144.

sempre sendo transcendente. Mas o que é compreendido, no sentido estrito, não é o sentido, e sim o ente ou o ser. No seu contexto significativo, no seu relacionamento do em-vista-de, tanto para os outros como para o próprio ser-aí, o martelo, por exemplo, é compreendido mostrando seu sentido, revelando-se como servindo para martelar o prego, que junta tábuas para fazer uma casa e assim por diante. Pode ainda se mostrar pesado demais ou inapropriado para certas tarefas. Mas a significação propriamente dita, como já vimos, somente se configura quando esse vetor intencional sob a mão do em-vista-de-que se com-junta como *ente* martelo para mostrar que seu *ser* vem a ser assim. Somente então pode participar da constelação do que está sendo compreendido. É de notar que a significância (*Bedeutsamkeit*) sempre é um em--vista-de cujo retorno dado pela com-juntação marca o ente singular, mas sempre inserido num contexto como um ser entificando-se. E quando se pergunta pelo sentido do ser, no limite será o próprio ser que é com-preendido, apreendido junto ao seu ente, no limite, o ente na sua totalidade, sempre, porém, necessitando, para se entificar, da duplicidade ontológica do *Dasein*, ser se distinguindo e se compondo como um ente.

Nesse *estar-em*, como veremos logo a seguir, o ser-aí se situa, possui uma *visão* tácita de sua posição no mundo, sem que tais significâncias precisem estar articulando-se em palavras. Seria quase um "*lógos* prático" por assim dizer, mas que ainda não é *lógos*, nem reflexionante nem posicionante articulado em palavras, muito menos propriamente prático, porque é anterior à divisão entre teoria e prática. No entanto, é ainda um "*ver*", por mais que essa apreensão circundante esteja muito distante do ato do olhar.

Ao ser significante, o próprio ser do ser-aí está se vinculando a contextos com-preensivos, *projeta-se* neles: "O projeto (*Ent-*

wurf) é a constituição-de-ser existencial do espaço de jogo do poder-ser factual. E, como lançado (*geworfen*), o ser-aí o é no modo de ser do projetar. O projetar nada tem a ver com um comportar-se em relação a um plano ideado de acordo com o qual o ser-aí organizaria o seu ser, mas como ser-aí ele sempre já se projetou e se projeta enquanto é".[14] Esse jogo não poderia ser exercido se sua constituição-de-ser não estivesse estreitamente ligada à constituição-do-nada. Ao contrário da dialética hegeliana, onde um determinar se supera (*aufhebt*) — a determinação conservando a determinação de ser que ela contém, mantendo-se portanto no âmbito da reflexão do Espírito, no fundo um ego global tornado temporal e absoluto —, a explicitação heideggeriana projeta um poder-ser existencial num poder-ser factual. Nunca sairá do horizonte da descrição fenomenológica, da tensão daquilo que mais tarde se chamará diferença ontológica entre o ser e o ente. Mas esta primeira compreensão dessa diferença, ligada ao contexto de *Ser e Tempo*, vai se inverter nos textos do último Heidegger.

O ser-aí só existe já se ocupando com seu ser, ainda que no mais das vezes esteja imerso no mar das gentes, do impessoal. E nessa ocupação se abre, vem a ser verdade, possibilidade de poder-ser algumas daquelas possibilidades que ele encontra na sua situação, assim como de rejeitar outras, quer as apreenda explicitamente quer não, de modo próprio ou impróprio, por conseguinte responsável ou não. Ele se insere, se projeta, num mundo transcendente onde pode ser o que há de ser. No entanto, na medida em que está sempre aberto à possibilidade de ser engolido pelo nadificar (seu lado velador) de um ente, particularmente do próprio, está prestes a se dispersar e decair numa ocupação sem projeto. O compreender se degrada na curiosidade sem fim, passando pelos entes sem ligá-los a seus respectivos sentidos de ser.

14. Ibid., p. 145.

O ente homem vem a *ser*, então, não sendo, resvalando pelo abismo da decaída (*Verfallen*), no âmbito do indivíduo qualquer, designado pelo pronome *man*, "a gente".

Somos obrigados a nos demorar nesse primeiro conceito de mundo. O ente sob o modo de ser da conjuntação está previamente situado na totalidade dela, com-preendida pelo ser-aí enquanto ele está aí. O horizonte dessa compreensão — que também é o horizonte em que se encontra o ente com-junturalmente determinado — é o modo pelo qual o mundo se mostra, se mundializa. "*O fenômeno do mundo é o em-que da compreensão referencial, enquanto perspectiva de um deixar e fazer encontrar um ente no modo de ser da conjuntação.*"[15] É nesse cruzamento do "em-que" da compreensão — por exemplo do em-que do martelar — com o "na perspectiva de", na qual o martelo é compreendido em função de suas possíveis atividades úteis, que o mundo se mostra no horizonte. Não se trata simplesmente de uma trama de referências práticas, mas de como essa trama se articula em vista dos *seres* (do ser martelo, do ser prego, do ser casa etc.) que se conjuntam num *ser*, a mundanidade do mundo, revelando-se, por conseguinte, como o aí do ser-aí. Uma trama meramente prática situaria os entes num complexo relacional sem que suas disfunções, em suma, suas negações, pudessem se apresentar como necessitando de reparos. O martelo nos vem ao encontro como aquilo que *há de* martelar. Na medida em que o martelo e o prego estão sendo segundo o ser martelo e o ser prego, eles estão sendo revelados como *entes* à mão, entes, pois, cujo ser vem a *ser* apresentado pela totalidade conjuntural. Sob esse aspecto cada ente, por ser assim, por ser *como*, se mostra "matéria do mundo". Embora a compreensão venha a ser um comportamento do

---

15. *SuZ*, p. 86, grifos do autor.

Da-sein, essa ação é primeiramente do próprio *Sein*, dos meandros de seu essencializar (*wesenden*).

Esse liberar de cada ente, esse seu apresentar-se como este ou aquele ente na totalidade conjuntacional, se dá como um *a priori perfeito*. *A priori* porque é anterior a qualquer outra determinação dos entes, *perfeito*, porque desenha a completude compreensiva do mundo no qual o ser-aí se joga. Convém notar que a remissão de um manual a outro sempre passa pelo retorno a seu ser, o que desnuda seu lado negativo. É nesse contexto, anterior a qualquer linguagem falada — mas, como estamos vendo, junto a uma compreensão articulada —, que se dá o fenômeno da significância. As coisas vêm ao encontro do ser-aí ocupado remetendo-se umas às outras na sua manualidade. Mas essa serventia pode ainda mostrar-se, assumindo assim o caráter de sinal. Seja ele o pisca-pisca do carro, o nó feito num lenço para lembrar algo, ou um sintoma qualquer, o sinal é sempre um mostrar, "*um instrumento que põe em relevo um todo instrumental expressamente no ver-ao-redor um todo instrumental de maneira que se anuncia ao mesmo tempo a conformidade-a-um-mundo utilizável*".[16] Portanto um mostrar que cobre uma circunvisão articulando um mundo em que se vive. Amarrando-se ao compreender, esse mostrar abre um leque diante do ser-aí, que se move então numa situação familiar, assumindo suas possibilidades na medida em que "se tenha ele mesmo dado a tarefa de uma interpretação originária de seu ser e de suas possibilidades, ou mesmo do sentido de ser em geral".[17] O ser-aí significa a si mesmo ao se *abrir* para o mundo onde os manejáveis se remetem uns aos outros e se conjuntam, liberando os entes nos seus seres. O em-vista-de-que significa um para-algo, este significa isto para outro e assim por diante, tecen-

16. *SuZ*, p. 80, grifos do autor.
17. Ibid., p. 86.

do um relacionamento totalizante. "O todo-relacional desse significar, nós o denominamos *significatividade/significância* (*Bedeutsamkeit*). Ela é o que constitui a estrutura do mundo, aquilo em que o *Dasein* é cada vez como tal. *O Dasein, em sua familiaridade com a significatividade/significância, é a condição ôntica da possibilidade de poder-ser-descoberto o ente que vem ao encontro de um mundo no modo-de-ser do conjuntar-se (utilizabilidade, "Zuhandenheit") e que pode, assim, enunciar-se em seu em-si.*"[18] Note-se como estamos muito longe do par tradicional formado por sinal e signo, percepção e entendimento.

A estrutura do compreender que tende a apreender o mundo demarca, assim, toda a estrutura do método fenomenológico. Se a fenomenologia vai diretamente ao ponto, este é o mundo em que o ser-aí está sempre lançado. Ela começa conduzindo o olhar do ente para o ser, graças a uma espécie de redução que o desliga de seus encaixes sugeridos pelas palavras para ressaltar como eles vêm a *ser* ao cumprir suas funções. Cabe então mostrar como o ser se explicita no *Dasein* como ponte para investigar o sentido do ser como tal. Antes, porém, torna-se necessário desmontar os encobrimentos reinantes na vida cotidiana e impessoal para que a problemática do sentido do ser apareça na sua inteireza, quando o próprio *Dasein* se mostra existindo como maturação do tempo.

Por certo a unicidade do *Dasein* não apresentará essa estrutura de modo reflexivo, pois desde logo ele habita o mundo, o que não impede que seja um si mesmo. O que isso pode significar, de um ponto de vista fenomenológico? Embora abandone a oposição sujeito-objeto, o *Dasein* é descrito num movimento de exteriorizar-se e vir a ser próprio graças às suas tonalidades afetivas. O determinar (*bestimmen*) não é o simples dizer de algo apondo-lhe predicados, mas igualmente o ecoar singularizante das to-

---

18. *SuZ*, p. 87, grifos do autor.

nalidades afetivas (*Stimmungen*). E pertence ao ser-aí uma disposição (*Befindlichkeit*) especialíssima que coloca esse *seu* estar lançado no mundo em sintonia *consigo* mesmo, que o retira de sua decadência, dos percalços da vida cotidiana e do falatório da conversa fiada. Essa disposição é a angústia (*Angst*); tonalidade afetiva privilegiada, pois ao estar angustiado o ser-aí não tem medo disto ou daquilo, mas se encontra numa disposição compreensiva em que *nada* o interessa, em que se desocupa e se mostra particularmente apenas sendo no mundo. E com isso é o próprio estar no mundo que se mostra ao ficar entre parênteses: "O diante-de-que (*Wovor*) da angústia não é nenhum ente do-interior-do-mundo. Daí que não possa essencialmente com-juntar-se de algum modo. A ameaça não tem aqui o caráter de uma nocividade determinada, que atingiria o ameaçado do ponto de vista determinado de um poder-ser factual particular. O diante-de-que da angústia é completamente indeterminado".[19] Essa indeterminação não só deixa factualmente sem decidir qual é o ente do-interior-do-mundo que vem a ser propriamente ameaçador, como significa que o ente do-interior-do-mundo em geral não é relevante. A angústia põe entre parênteses as conjuntações, a elasticidade da diferença-mesmidade ontológica entre o ente e o ser. Por isso ela permite que o ser-aí possa encontrar o ser se lhe dando e, logo veremos, também como nada. Ora, essa passagem pelo nada põe em xeque a própria mundanidade do mundo: "No diante-de-que da angústia torna-se manifesto 'o é nada e o nenhures' (*Nichts und Nirgends*). O caráter recalcitrante do nada e do nenhures intramundano significa fenomenicamente: *o diante-de-que da angústia é o mundo como tal*. A plena insignificância (*Umbedeutsamkeit*) que se anuncia no nada e no nenhures não significa dizer ausência de mundo, mas, ao contrário, que o ente intramundano

19. *SuZ*, p. 186.

em si mesmo tem tão pouca importância que, sobre o fundamento dessa *insignificância* do intramundano, somente o mundo se impõe em sua mundanidade".[20] O mundo, como vimos, começa a se estruturar pela teia das referências significantes dos manuais se travando e se desligando sempre além e, desse modo, desenhando, graças ao rebate implícito de cada com-juntura, o modo de cada ente encontrar seu ser. Em contrapartida, a angústia consiste numa *Stimmung*, que determina (*bestimmt*), mediante sua indeterminidade (*Unbestimmtheit*), a insignificância dos entes intramundanos. Desenha o âmbito em que se nadifica a trama significativa negando a importância de cada ente intramundano, e com isso o mundo é apresentado no vazio de sua mundanidade e o homem na sua liberdade. Enquanto a predicação dominou os modos de ligação de nomes e objetos, impunha-se a determinação do sujeito pelo predicado. Quando a verdade do *Dasein* marca os modos de articulação do mundo, a *indeterminação determina* não mais como propriedade de algo, categoria de um objeto-sujeito, mas como o aberto de um ser/ente que se expõe para o mundo; não como forma de *conceber* a mundanidade do mundo, mas tão só de apresentá-la para o ser-aí na sua indiferença. No entanto, essa indiferença enquanto afecção ou tonalidade afetiva (*Stimmung*) do ser-aí pelo mundo põe em xeque as determinações factuais singularizadas desse ser no mundo. Aquilo diante-de-que a angústia se angustia não é nada de utilizável no interior-do-mundo. Mas esse nada de utilizável, aquilo que o discurso do ver-ao-redor cotidiano unicamente entende, não é um nada total. O nada da utilidade se funda em "algo" mais originário: o mundo, que transcende qualquer ente. "A angústia isola o *Dasein* em seu ser-no-mundo mais próprio que, como entendedor, se projeta essencialmente em possibilidades. Com o porquê do se angustiar a

20. *SuZ*, pp. 186-7.

angústia abre, assim, o *Dasein* como ser *possível*, ou melhor, como aquele que unicamente a partir de si mesmo pode ser como isolado no isolamento."[21] Como ser possível nesse angustiar-se, o ser-aí pode se mostrar como um si-mesmo (*Selbst*), *livre* determinação que não é de algo. Nessa junção, nessa mesmidade do abrir-se (*Erschliessen*) e do aberto (*Erschlossen*), o *ser-em* está se singularizando como um *poder-ser-próprio*, por conseguinte livre para se responsabilizar por si mesmo. A angústia singulariza e abre o ser-aí, torna-o verdadeiro, como *solus ipse*, um-si-mesmo que está no mundo e com os outros nos moldes de um ponto de vista compreensivo. De certo modo, ela cumpre a função redutora da *epochê* husserliana, mas não tendo como ponto de partida a evidência de si, pois chega a si quando suas determinações existenciais são bloqueadas por um indeterminar que, ao bloquear-lhe o mundo, obriga o *Dasein* a ser si mesmo, livre, mas responsável pelo caminho percorrido. A angústia retira o ente mundano de sua delimitação como intencionalmente dado, subsistente, e o eu doador de sentido como um apropriar-se pela consciência do tempo, colocando no seu lugar o ente no mundo, essencializando (juntando e se diferenciando) um ser que ao se lançar no mundo pode reter-se e, a partir da mundanidade presente, colocar-se como um *solus ipse*, um poder ser mais próprio, possuindo uma pré-compreensão sintonizada de si mesmo. Veremos como esse abrir-se compreensivo será compensado por outra tonalidade afetiva, a presença da morte, que impõe ao ser-aí uma temporalidade própria. Mas então as dificuldades desse caminhar até o aí vão se acumular, obrigando Heidegger a repensar seu caminho.

Ao colocar o mundo como mundo diante do ser-aí a angústia mostra como o *Dasein*, de um lado, está lançado no mundo,

---

21. *SuZ*, p. 187.

livre mas irredutivelmente ligado às contingências mundanas. Esse estar-lançado (*Geworfenheit*), por sua vez, se contrapõe ao projeto (*Entwurf*) na medida em que tem sua finalidade em si mesmo, porquanto é um ente que se ocupa de seu ser. Essas duas estruturas do *ser-no*-mundo, facticidade (*Faktizität*) e existencialidade (*Existenzialität*), são modos de ser que, dublados pelo nada na decaída (*Verfallensein*),[22] desenham as três determinações que conformam a cura, o cuidado, como o ser do ser-aí.

Note-se que essa *indeterminação abrangente* da angústia encontra sua completude enquanto disposição afetiva. Uma *Stimmung* determina (*bestimmt*) porque circunscreve o ser-aí em suas possibilidades: "A angústia isola o ser-aí em seu próprio ser no mundo que, em compreendendo, projeta-se essencialmente para possibilidades. Naquilo por que se angustia, a angústia abre o ser-aí como *ser possível* e, na verdade, como aquilo que, somente a partir de si mesmo, pode ser como que isolado em seu isolamento".[23] Nesse isolamento, as determinações do ser-aí são seus possíveis modos de ser, mas de tal modo que ele se torna uma mesmidade que se responsabiliza por si mesma na medida em que, não se sentindo em casa, pode assumir sua liberdade. Liberdade absoluta, porém, que pode se livrar até do mundo sem que dele retire suas bases.

Resumindo: na sua completude, o fenômeno da angústia mostra o ser-aí existindo no mundo que é seu, existindo de fato como projeto e podendo perder sua autenticidade ao decair no mundo cotidiano. Mas essas três determinações existenciais do ser-aí — a existência, a facticidade e a decaída — não estão simplesmente dispostas no ser-aí como se estivessem à mostra numa prateleira; formam uma unidade muito peculiar, no fundo, con-

22. *SuZ*, p. 191.
23. Ibid., pp. 187-8.

figurada pela diferença-mesmidade ontológica do ser e do ente na totalidade, cujo último elo, como veremos, será o próprio tempo. Estamos percebendo que o ser-aí sempre se conjuga com uma possibilidade de si mesmo. A angústia o libera para vir a ser o poder-ser mais próximo, de estar propriamente ou impropriamente junto ao mundo, de sorte que sempre está antes de si mesmo ou além de si mesmo, colocando reiteradamente seu próprio ser em jogo. Essa estrutura do estar em jogo se caracteriza por um anteceder-a-si-mesmo (*Sich-vorweg-sein*). O *ente* homem está sempre vindo a *ser*, existindo de tal modo que seu ser posto em jogo antecede-se a si mesmo no já estar no mundo como junto aos entes que lhe vêm ao encontro. Esse antecipar-se no estar lançado *totaliza* o ser do homem como cura (*Sorge*), ocupação com os entes do mundo e preocupação conjunta com seus semelhantes. Ao determinar-se como cura o ser-aí se encontra a si mesmo como possibilidade estrutural que, no mundo cotidiano, se apresenta como vontade e desejo, ou ainda como tendência e propensão. Essas formas existenciárias de vida cotidiana são todas, entretanto, unificadas e delineadas pelo círculo de suas propriedades existenciais temporalizadas.

III

Nessa matriz de abrir-se para o mundo e deixar que os entes cheguem até ele já tramados por significados, como se situam o discurso e a linguagem? Antes de tudo analisemos as principais determinações que os cercam. Sendo um "estar-em", o *Dasein* se manifesta como projeção daquelas suas possibilidades de abrir-se para o mundo, para uma totalidade de entes uns em *vista* dos outros em graus diferentes. E como manejáveis, os entes humanos estão sendo *preparados* em *vista* de suas funções, subordinando-

-se, portanto, à função integradora da cura (*Sorge*). Mas assim estão sendo pré-compreendidos como tais, *vistos* como possibilidades de ser, inclusive aquela particular do ser-aí, de lograr uma vista de si mesmo como próprio. "No projetar de possibilidades [*o Dasein*] já antecipou uma compreensão de ser. Ser é compreendido no projeto e não concebido ontologicamente."[24] O ser não é um conceito ligado a uma intuição seja lá de qual tipo, ou resultante do garimpo de abstrações. O ser-aí, no exercício de vir a ser, na sua essência, tem no seu horizonte factual um projeto no qual um próprio ser se dá e assim se torna *visto* e presente, mesmo quando se manifesta factualmente na dissolução decaída da vida cotidiana. Heidegger nota explicitamente que essa *vista* (*Sicht*) não denota ato da visão, mas alude a "uma luminosidade pela qual caracterizamos a revelação do 'aí'",[25] luminosidade panorâmica como um existencial que esclarece cada ente tal como é desvelado em si mesmo. Sabemos que Platão já havia atribuído a essa vista, articulada pelo discurso, o papel fundante do *eidos*; veremos logo mais como Wittgenstein fará da *gramática* do "ver" o instrumento capaz de configurar o papel da imagem e da representação que permite configurar a totalização do mundo numa imagem de mundo, *Weltbild*. A visão do aspecto, segundo uma longa tradição, orienta o estar no mundo que prepara o entendimento da linguagem. Mas cada filósofo a interpreta à sua maneira. No caso de Heidegger, essa vista ilumina o campo dos sentidos ligados à ação; no caso do último Wittgenstein, importa a possibilidade de ver a própria mudança de aspecto alinhavando objetos e imagens, aprontando-os para que sejam representados. Estamos ainda muito longe, contudo, de poder abarcar o impacto dessa oposição. Seja como for, sempre estamos girando em torno de um "ver".

24. *SuZ*, p. 147.
25. Ibid.

Depois de sublinhar a luminosidade da abertura do "aí", podemos ter uma perspectiva do compreender propriamente dito: "*Compreender é o ser existencial do próprio poder-ser do* Dasein *ele mesmo, e isso de tal maneira que em si mesmo esse ser abre aquilo- -a-que* (Woran) *ele vem a ser para si*".[26] Compreender é encontrar- -se na abertura do *Dasein*. Note-se que nessa compreensão o ser- -aí se mostra o que ele é *para que*, o que ele vem a ser de modo projetivo, de modo próprio ou impróprio. Por isso nessa mera compreensão está inscrito que ele pode ou não vir a ser o que ele é,[27] isto é, um ente que joga autêntica ou inautenticamente com seu ser, que se lhe dá sempre como dever ser. A ontologia fundamental desenha os modos pelos quais o ente homem se *projeta* como podendo vindo a *ser* de modo próprio e autêntico, assim como de modo impróprio e inautêntico. É de notar como dessa perspectiva torna-se dispensável qualquer *teoria* moral, já que o problema da autenticidade se coloca antes de qualquer regulação puramente determinante, antes da questão de seguir ou não uma regra demarcando a boa ou a má conduta. Do mesmo modo, para Wittgenstein, a moralidade se configura previamente a qualquer legislação moral.

No § 32 de *Ser e Tempo* Heidegger examina de que modo a compreensão se explicita como auto-*figura*ção. Projetando e tendo uma *visão* de suas possibilidades, o compreender se mostra como pré-compreensão do mundo capaz de possuí-lo, de vê-lo e de obter dele um saber (*vor-greifen*). Nesse projetar-se e ter vista o próprio ser-aí articula seu ser segundo suas possibilidades; estas são suas conforme seu modo de ser. Esse ser compreensivo é ele mesmo um poder-ser, e seu projetar-se tem a propriedade de se configurar (*ausbilden*). A essa configuração Heidegger dá o nome

26. *SuZ*, p. 144, grifos do autor.
27. Ibid., p. 145.

de *Auslegung* (elucidação, interpretação), quando o compreender se apropria compreensivamente do que ele compreende, de modo nenhum graças a uma autocompreensão consciente, mas elaborando as possibilidades projetadas na compreensão. O caminho que vai do *ser-em* para a linguagem passa por uma etapa *com-figurante*, pela atividade da figuração, não muito distante da imaginação transcendental, tal como elaborada por Kant.

Vale a pena demorar-nos nesse movimento do compreender o vir a ser, de como ele desdobra sua essência. Já mencionamos várias vezes como, preocupado com seu aí, o ser-aí lida com utilizáveis, manejáveis (*Zuhandenseiend*), que lhe vêm ao encontro. Estes se referem entre si, uns em vista de outros, numa trama de conjuntações inter-relacionadas na totalidade mundo. "O ser ocupado junto ao utilizável se dá a entender a partir da significatividade aberta no entender-o-mundo, conseguindo saber que conjuntação pode ocorrer a cada vez com o ente que-vem-de-encontro. Que o ver-ao-redor descubra significa que o mundo já entendido é interpretado. O utilizável vem *expressamente* se pôr ante a visão-que-entende. Todo preparar, ordenar, consertar, melhorar, completar se executa de modo que fique visível no utilizável do ver-ao-redor o seu para-algo, e torna-se objeto de ocupação conforme o que ficou visível na interpretação. O que o ver-ao-redor em seu para-algo interpreta como tal, isto é, o *expressamente* entendido, tem a estrutura de *algo como algo*."[28] O manejável compreendido na trama de suas referências e preparado para cumprir suas funções (vale dizer, necessitando ser reparado quando decai, quando seu ser mergulha no nada) retorna a si mesmo mediante suas conjuntações. Ao ser elucidado e configurado (*aus-gelegte* e *aus-gebildete*), passa a dar na *vista* como um mesmo refletindo-se no outro. Algo se dá *como* martelo por-

28. *SuZ*, pp. 148-9.

que dá na vista e se a-figura *como martelo*, indicando algo ajustado para *ser* martelante. Essa indicação do *para que* passa assim pelo nomear e vai avante: "À pergunta do ver-ao-redor sobre o que é esse utilizável determinado, o ver-ao-redor responde interpretando: isto é para... A indicação do 'para que' não é simplesmente a nominação de algo, mas o nominado é entendido *como* isso, *como* aquilo por que se pergunta".[29] O compreender se enriquece e se converte em elucidação, conforma uma *Ausbildung*, um com-figurante, na medida em que sua pré-compreensão situa o manejável de fato na sua trama com-juntural, de tal modo que ele se volta sobre si mesmo sendo *pré-avistado* no sentido de algo em vista de seus exercícios regulados. A indicação do *para que* (*Wozu*) necessita nomear o ente que está sendo *para que*. Não o faz simplesmente colando a ele um nome como se fosse uma etiqueta. Esse nome captura um nomeado cuja mesmidade está sendo composta por suas funções, por suas possibilidades instrumentais refletidas nela. Ele já era algo como algo no nível hermenêutico mais elementar, aquele da significância, dos signos se voltando a si mesmos conforme seu ser. Agora esse movimento se projeta numa totalidade mais ampla, incorpora a mundanidade do mundo de um modo *articulado* e *afigurado*, como se uma folha de papel cobrisse a efervescência do mundo e desenhasse o seu mapa. Esse mapa, porém, é uma das determinações mais afinadas da compreensão em que se instala o ser-aí. Esse novo "retorno a..." libera os entes de seus vínculos referenciais instrumentais para colocá-los simplesmente à mão, como coisas-aí, prontos para ser nomeados, subsistentes (*Vorhandenseienden*).

Isso não implica que, no contexto do compreender, o ente não esteja se abrindo para suas possibilidades, cada uma segundo o modo de *ser* do ente que está sendo compreendido. O ente in-

---

29. *SuZ*, p. 149.

tramundano é projetado no mundo, para a totalidade da significância demarcada pelos projetos desenvolvidos pelo ser-aí preocupado. Quando esse ente intramundano se descobre junto à abertura do ser-aí, vale dizer, quando é com-preendido, dizemos que tem *sentido* (*Sinn*). O signo operando entre os manuais se faz sentido articulado numa linguagem. Os sentidos articulados e afigurados alinhavam-se uns aos outros formando complexos significativos que somente se expõem mediante uma hermenêutica. Note-se que se compreende o ente ou o ser mediante o sentido, mas não se compreende o próprio sentido, como se este formasse um reino intermediário entre o ser-aí e o mundo. O sentido termina se reportando às determinações prévias do compreender: "*Sentido é aquilo-em-relação-a-que do projeto, estruturado pelo ter-prévio, pelo ser-prévio e pelo conceito-prévio, a partir de que algo pode ser entendido como algo*",[30] agora obviamente preparado para ser instalado numa proposição. Nessas condições, como o compreender e a elucidação constituem existencialmente o ser do aí, o sentido pertence à própria abertura do ser-aí, vale dizer, à sua verdade. Em última instância, somente o ser-aí é com sentido ou sem sentido propriamente dito, ele delineia a priori a significabilidade a partir de seu *ser-em*, que sempre desvela e vela. Os entes têm sentido porque participam da trama das conjuntações armada pelo ser-aí; sentido, porém, que se revela e se esconde quando o *ser-em* elabora as determinações de sua com-preensão de tal modo que o ente manejável tem *elucidada* e *vista* sua trama numa totalidade peculiar.

Dado o "algo como algo" hermenêutico, está preparada a ponte que leva o ente com sentido ao símbolo, ao enunciado (*Aussage*), à proposição asseverativa, apofântica. Heidegger, então, resume suas investigações dos anos anteriores desmontando

---

30. *SuZ*, p. 151, grifos do autor.

o conceito tradicional de enunciado como *adequatio*, para expor suas condições de possibilidades existenciais. No aparecer desse enunciado, encontra três significações elementares. Primeiramente o enunciado (*Aussage*) significa mostração (*Aufzeigung*), o que os antigos exprimiam ao indicar que o *lógos* traz consigo uma *apophansis*. No dizer "O martelo é muito pesado" já não é imediata a indicação do sentido hermenêutico, pois ele não mostra o *para-que* o instrumento se torna defasado. Mas quando se diz "O martelo é pesado", algo é determinado por outro algo, pelo peso, sem que apareça a trama das conjuntações do martelo. A lógica pressupõe que o sentido dessa proposição apenas diz que a coisa martelo tem a propriedade do peso. Em vez de ser pesado para o martelar, agora o martelo é pesado como outros objetos o são, em contraste com aqueles que são leves. O martelo está ali como *Vorhanden*, e assim todas as outras proposições semelhantes deixam de ser consideradas.[31] Em segundo lugar, o enunciado equivale à predicação, o sujeito sendo determinado pelo predicado. O que é enunciado sofre assim um estreitamento de seu conteúdo quando comparado a seu primeiro significado: o ente martelo se mostra como tal, não mais como muito pesado, mas apenas como um aí, o martelo, e assim será determinado pelo peso. Finalmente o enunciado significa comunicação (*Mitteilung*), ele faz ver para outrem o que vem expresso na primeira e na segunda significação, podendo, assim, ser repetido numa visão compartilhada. Ocorre, pois, um estreitamento do *ter-prévio*: "O *com-que utilizável* do ter-de-fazer, da execução, se torna um '*acerca-de-que*' da enunciação mostrativa. O ver-prévio visa a um subsistente no utilizável. *Pelo* olhar contemplativo e *para ele*, o utilizável se oculta como utilizável".[32]

31. *SuZ*, p. 157.
32. Ibid., p. 158.

Já vimos que naqueles tempos as teorias do juízo consideravam o enunciado a partir de sua validade. O jovem Heidegger segue Lotze, que a pensa como um "protofenômeno" irredutível. Primeiramente validade significa a *"forma da realidade efetiva que é própria do conteúdo-do-juízo*, na medida em que este se mantém inalterável em face do 'mutável' processo 'psíquico' de julgar".[33] Esse "ser ideal da validade", que vige para todo ato de julgar de qualquer ser racional, considera o ente dito como ser presente, valendo com a mesma forma do ente ideal, colocando assim obstáculos a toda análise ontológica que não considere o sentido e o ser como um "conteúdo do juízo". A atividade inscrita no relacionamento do predicado com o sujeito vem expressa pela cópula "é", que mostra o sujeito e o predicado juntando-se ou separando-se *em vista do* verdadeiro e do falso. Depois de abandonar Lotze, Heidegger situa, antes dessa trama de signos, no fundo, de palavras, uma articulação dos signos "em vista de" que deriva do mostrar do próprio ente pré-concebido e sintonizado no seu ser, por conseguinte conjuntando-se. O conteúdo se manifesta, se exerce na dualidade do ser e do nada, aqui se expressando na passagem do *como* hermenêutico para o *como* proposicional. A verdade (e a falsidade) possibilitada pela cópula deriva do tornar--se verdadeiro do próprio ente, ou melhor, de como ele vem ao encontro do ser-aí abrindo-se para ele. Não é assim que, ao vir a ser projetada para a ontologia fundamental, a análise lógico-formal da proposição revela suas limitações?

A predicação é entendida como *determinação*, segundo uma interpretação que se torna hegemônica a partir de Leibniz. O ente enunciado, inclusive o falante, se mostra determinado por propriedades do ente tomado como presente. O enunciar projeta a estrutura significante dos manuais para o plano dos sentidos refe-

---

33. *SuZ*, p. 156.

rindo-se a estados de coisa. O mundo tal como ele nos aparece no plano estrito do cuidado, de nossa lida, desaparece nas formas de nossa fala. O que se constitui como *Zuhandensein* se apresenta então apenas como *Vorhandensein*. Conforme já vimos, toda compreensão contém previsão, pré-apreensão e pré-conceituação do ente a ser compreendido. Graças ao enunciado, essas antecipações se exercem como antevisão de um "objeto", algo apenas "visto", e não mais como antevisão de um utensílio ligado a uma estrutura significante e efetuante. A previsão visa algo simplesmente dado no que está à mão; esse algo, por sua vez, passa a ser determinado por propriedades. "A estrutura 'como' da interpretação experimenta uma modificação. O 'como', em sua função de apropriação do entendido, já não chega a uma totalidade-de-conjuntação. Ele foi separado de suas possibilidades de articular as relações-de-remissão da significatividade que constitui o ser-do-mundo-ambiente. O 'como' é reprimido no plano uniforme do tão só subsistente. A estrutura do só-fazer-ver determinante de subsistente se degrada. Nivelar o 'como' originário da interpretação do ver-ao-redor em como da determinação-da-subsistência é prerrogativa da enunciação."[34] Compreender essa virada do *como* hermenêutico para o *como* apofântico esclarece o caminho que levou os antigos a conceber o *lógos* como um *ente* e as palavras como meras coisas. O juízo se resolve então num jogo de junção e separação expresso por palavras ligadas pela cópula "é". A própria coisa ou o eu transcendental se tornam responsáveis por tais atividades. Impõe-se a diferença entre predicação essencial e predicação acidental.

Reunindo os três sentidos existenciais do enunciado ele pode, então, ser definido como "*mostração que determina e comunica (mitteilend bestimmende Aufzeigung)*".[35] É de notar que essa

34. *SuZ*, p. 158.
35. Ibid., p. 156.

comunicação não é entendida como troca de informações, mas forma do *Dasein ser-em*, em com-junto com outros. Desse ponto de vista metafísico, o próprio *lógos* se apresenta, pois, como um ente que vem a ser sob a mão, em resumo, uma coisa. É preciso, assim, explicar como as coisas-palavras se com-juntam numa entidade. No lugar da conjuntação (*Bewandtnis*) hermenêutica — dispositiva e com-preensiva —, esse papel passa a ser desempenhado pela referência do próprio enunciado a algo. Como já vimos, Platão dirá que o discurso é sempre de algo, *lógos tinos*, enquanto Aristóteles faz nascer essa referência a algo da síntese (*synthesis*) e da separação (*diairesis*) dos signos ligados pela alma, isto é, da pura combinação que tende para uma combinatória, embora revele os movimentos do próprio ser. E assim se abre o caminho para que a análise do *lógos* se converta numa teoria combinatória e formal.

A análise lógica parte de enunciados já articulados e os desarticula segundo os parâmetros da gramática grega. Toma "O martelo é pesado" antes de toda análise hermenêutica, supondo desde logo que seu significado seja que o martelo tem a propriedade do peso. Não é tomar o significado na sua dimensão "teórica" como o único ponto de partida? Com isso se perde todo funcionamento da compreensão como modo do ser-aí, o modo pelo qual ele se abre e encontra sua verdade. A determinação (*Bestimmung*) se transforma no pôr de uma alma que ignora o modo pelo qual o ser-aí se abre para o mundo e desconhece toda disposição, toda tonalidade afetiva (*Stimmung*). Desde Platão e Aristóteles a compreensão se pensa como faculdade, sem que o *modo de ser* dessa faculdade seja suficientemente analisado.

Tendo isso em vista, convém reformular a questão do seguinte modo: "*Por quais modificações ontológico-existenciais surge a enunciação a partir da interpretação do ver-ao-redor?*".[36] E Hei-

---

36. *SuZ*, p. 157; trad. F. Castilho, mod., p. 445.

degger continua: "Aquilo *com que lidava manualmente* o fazer, isto é, a execução, torna-se aquilo 'sobre' o que o enunciado mostra. A visão prévia visa algo simplesmente dado no que está à mão. *Através* da visualização e *para* ela o manual se vela como manual. Dentro desse descobrir do ser simplesmente dado que encobre a manualidade, determina-se o encontro de tudo o que é simplesmente dado, em seu modo de dar-se. E assim é-nos aberto o acesso às *propriedades* das coisas. O 'que' da enunciação determinante do subsistente é extraído do subsistente como tal. A estrutura do 'como' da interpretação experimentou uma modificação. O 'como' já não basta para cumprir a função de apropriar-se do que se compreende numa totalidade conjuntural. No tocante às suas possibilidades de articular relações de remissão, o 'como' separou-se da significância constitutiva do mundo circundante. O 'como' é forçado a revelar-se com o ser simplesmente dado. Afunda-se na estrutura de mera visão que determina o simplesmente dado".[37] É por isso, conclui Heidegger, que a lógica é levada a converter-se numa teoria da dedução, pois somente assim as palavras podem se articular sem considerar sua estrutura hermenêutica, em particular a função sintético-ontológica do *como* hermenêutico, de tal modo que tudo pode ser determinado pela implicação "se algo então algo", no contexto de uma combinatória dos valores de verdade.

Logo abaixo, Heidegger lembra que essa conversão se inicia com Aristóteles, para quem as estruturas formais do "ligar" e "separar", ou melhor, a unidade de ambas, deveria encontrar o fenômeno de "algo como algo" no nível de sua conjuntação. Mas, na medida em que essa estrutura vem a ser entendida, o próprio entendimento separa o sentido, articulando-o numa *interpretação*. Visto que a síntese e a separação operam exclusivamente nesse

37. *SuZ*, p. 158.

nível, a base fenomenológica de Aristóteles se desfaz para dar lugar a uma superficial "teoria do juízo", segundo a qual julgar é ligar e separar representações e conceitos.[38]

Cabe examinar, finalmente, como o discurso (*Rede*), ato de fala incrustado num campo significante — todo ele articulado pela compreensão e pela tonalidade afetiva do ser-aí como projeto —, "funda" a linguagem como totalidade: "O fundamento ontológico existencial da linguagem (*Sprache*) é o discurso (*Rede*)".[39] Lembremos que Heidegger traduz "*lógos*" por "*Rede*". Ao explicitar a estrutura existencial desse *lógos*, cabe elucidar como ele vem a ser falado. Examinamos até agora como a possibilitação mais geral do *ser-em* se determina em disposição afetiva e compreensão. Esta se articula numa enunciação que, inclusive, se comunica, porquanto o *ser-em* está marcado por um *ser com*, o partilhar de situações mundanas que, interpretadas, podem ser faladas: o discurso vem a ser, assim, a articulação da compreensibilidade: "*O discurso é existencialmente de igual originalidade que o encontrar-se* (Befindlichkeit) *e o compreender*".[40] Damos o nome de sentido ao que pode ser articulado na interpretação, articulação sempre *conjuntada*. O articulado na articulação discursiva como tal chamamos de o todo-da-significação e este pode ser decomposto em significações. Como era de esperar, é a totalização da compreensibilidade articulada — modo de abertura, de verdade, do ser-aí, estruturando o mundo como significância — que abre o universo dos sentidos, desde que interpretada. Cabe insistir que o sentido é anterior à palavra propriamente dita. Não é por isso que o silêncio, às vezes, diz muito mais que uma enxurrada de expressões? E o próprio modo de dizer, o tom da voz, a modulação da

38. *SuZ*, p. 159.
39. Ibid., p. 160.
40. Ibid., p. 161.

frase, o tempo do falar, enfim, as tonalidades afetivas em geral, também não contribuem para o sentido? Nesse nível a determinação significativa (*Bestimmung*) se liga intrinsecamente à tonalidade afetiva (*Stimmung*). O *Dasein* comunica possibilidades existenciais no modo de encontro com as situações do mundo, configuradas em seus seres.

Voltemos ao texto: "Essa totalidade-de-palavras como aquilo em que o discurso tem seu próprio ser 'de-mundo', como ente do-intra-mundano, pode assim ser encontrada como um utilizável. A linguagem pode ser despedaçada em coisas-palavras subsistentes. O discurso é existencialmente linguagem, porque o ente cuja abertura se articula conforme-a-significação tem o modo-de-ser do ser-no-mundo lançando (*geworfenen*), remetido ao 'mundo'".[41] Cabe continuar sublinhando que a rede dos significados subsiste antes do discurso (*Rede*), formando um todo hermenêutico anterior à combinação de palavras; exprime uma totalidade de entes cujo ser provém do ser no mundo. Esse é mundo para um ser que se abre para ele. Lembremos que a linguagem, no seu sentido mais amplo, é uma totalidade de palavras (*Worte*) ligadas a entes manuais conjuntados, mas que ela precisa ser despedaçada em vocábulos (*Wörter*) para que esses vocábulos se estruturem em linguagens naturais. Nada mais falso que procurar sua identidade nela mesma, no jogo entre sentido e significante ou numa faculdade da alma, mesmo quando esta passa a ser depurada como eu ou consciência transcendental. Se nessa investigação do "fundamento" da linguagem, ainda procurando a prioris transcendentais, Heidegger continua a ecoar certos passos de Husserl, que marca na linguagem os relacionamentos inter-noemáticos, nem por isso, contudo, deixa de mudar o rumo da investigação ao sublinhar que a linguagem enquanto *Hinausgesprochenheit,* co-

41. *SuZ*, p. 161.

mo ser se exprimindo aos quatro ventos, adquire um estatuto ontológico muito peculiar. Não é trama de idealidades nem meros comportamentos de fala — pois cada nome se reporta a algo que traz embutido conjuntações apontando para seu ser, e assim até o ser do mundo. Heidegger toma distância tanto do platonismo como do pragmatismo; tanto da transformação do sinal em signo, como aparece no *Tractatus*, como do estruturalismo de Saussure. No entanto, que identidade a linguagem mantém na diversidade de suas manifestações à mão?

Resumindo: o discurso é a articulação da compreensibilidade. Por isso, ele já se encontra na base da interpretação e do enunciado. Denominamos sentido aquilo que é articulável na interpretação e, ao mesmo tempo, mais originariamente, no discurso. O que é articulado na articulação discursiva enquanto tal é a totalidade significativa. Essa totalidade pode ser dissolvida em significações. Como o articulado daquilo que é articulável, as significações são sempre dotadas de sentido. Se o discurso, a articulação da compreensibilidade do aí, é um existencial originário do descerramento, mas se esse descerramento é constituído pelo ser-no--mundo, o discurso também precisa ser essencialmente um modo de ser especificamente mundano. A compreensibilidade dispositiva do ser-no-mundo *institui-se como discurso*. A totalidade significativa da compreensibilidade *chega à palavra*. Para as significações, despontam palavras.

Práticas compreensivas se articulam em totalidades significativas. Nelas os entes se juntam e se des-juntam, demarcando um modo de ser. A cada totalidade corresponde um modo de ser. Todas elas são marcadas pelo ser como ente na sua totalidade, unitariamente entendido como uma época — uma *epochê* — da história. Conforme os entes assim significantes chegam ao *Dasein*, eles povoam a compreensão prévia que o ser-aí tem deles, e assim podem ser interpretados e se alinham em discurso. Algo *como* algo. Eles são descerrados, apresentando-se para que o ente humano possa invocá-los pelas palavras. O enunciado, o juízo, torna-se capaz então de proferir que algo é dito como algo.

Convém sublinhar os pontos já conquistados. Antes de o sentido de uma palavra se mostrar, o *Dasein*, preocupando-se, compreende e interpreta o ente conforme mostra seu ser. Por isso o sentido é aquilo em que a compreensibilidade se mantém sem que seja expresso tematicamente pelas palavras. O silêncio, uma interrupção das remissões dos manejáveis articulados junto à compreensão sintonizada, ganha conteúdo significativo.

A linguagem não se resolve numa troca de informações, muito menos está enfeixada por uma combinatória de elementos simples segundo seus possíveis modos de síntese e análise. Palavras soltas ao vento em geral não formam um sentido; este provém, contudo, daquilo que vem ao encontro do *Dasein* (distinto de uma alma, de um sujeito, de um eu transcendental), vindo a ser tão só como projetante e projetado.

É na articulação desse projetar-se que a linguagem se *funda* no discurso. Mas, ao pensar a linguagem se baseando na articulação das significâncias, não se perde o lado desvelador da própria linguagem sempre marcada pela verdade? Páginas antes,[42] ao estudar como a conjuntação e a significância abrem a mundanidade do mundo onde a linguagem se funda, Heidegger anota à margem de seu exemplar: "Não-verdadeiro. A linguagem não está plantada ou acrescida (*aufgestockt*), mas é a essência originária da verdade como aí (*Da*)"[43] — essência como desdobramento do ser. Por certo essa observação está ligada às transformações por que passa seu pensamento nos anos 1930. *Ser e Tempo* já explicita como a análise do *lógos*, do discurso, precisa se livrar do império

42. *SuZ*, p. 87.
43. Ibid., p. 442.

da lógica que trata os entes tão só do ponto de vista da subsistência, do ser à mão (*Vorhandensein*). Mas, ao pedir que se explicitem "as formas fundamentais de uma possível articulação significacional de tudo o que pode ser entendido e não somente dos entes do-interior-do-mundo, teoricamente conhecidos e expressos em proposições",[44] Heidegger está pressupondo que essa articulação está alinhavada pelo tempo, que não se resume numa presença dada. No entanto, essa temporalidade vem do *Dasein* ou vem a ele? Não é na análise mais profunda de vir a ele que um novo papel da linguagem se mostra como fundante?

IV

Como essas determinações existenciais se exercitam para que o *Dasein*, ao ser, ao se abrir, se mostre, em última instância, como o próprio tempo? Essas são possibilidades de *ser* que não se juntam como predicados de uma substância; mas, como tais, estão continuamente vindo a *ser*, a *não ser quando* são cortadas pela morte imprevisível. Unem-se na cura, na constante ocupação com isto ou aquilo, seja de modo próprio, recuando para um si mesmo, seja de modo impróprio, quando aparecem "de pronto e no mais das vezes" (*zunächst und zumeist*) para serem engolidas e regurgitadas pela impessoalidade da vida cotidiana. É preciso ao menos retomar esses dois caminhos para encontrar o traço temporal dos existenciais. O ser-aí no mundo, como poder ser intrínseco e continuado como cura, posta-se diante de seu sentido ao ser tomado pela angústia que, desligando-o disto ou daquilo, mostra como ele se articula como ser-projetado (*Geworfenheit*) e projeto (*Entwurf*), noutros termos, como facticidade e existencia-

44. *SuZ*, p. 166.

lidade.[45] Esse poder ser se fazendo como poder é limitado pela morte imprevisível. A determinação tonal de ser para a morte não se exerce no homem como sua cor ou seu tamanho, nem mesmo como a conjuntação demarcada por cada um de seus "para que"; não está ligada ao nascimento do sentido tramado pelos complexos dos utilizáveis. Não podendo ser esquivada, é mantida como possibilidade insuperável, marcando como finito o modo pelo qual o *Dasein* se projeta no mundo. Finitude que se trança com a angústia: "ser para a morte é essencialmente angústia".[46] Nesse vir a ser o ser-aí se com-preende, então, como totalidade. Isso não significa, de modo algum, que ele viva para morrer, mas que, existindo no modo da cura, do cuidado (*Sorge*), preocupando-se com isto ou aquilo ou consigo mesmo, lançado no mundo como um *ente*, ele se com-preende e antecipa a morte como sua possibilidade mais própria, inexorável embora indeterminada. E assim se vê marcado como finito. Na medida em que se lança no mundo, está sempre *aberto* para uma constante ameaça que acompanha seu ente sendo. Nessa abertura angustiosa, descola-se da vida impessoal em que está imerso e se descobre como possível de ser si-mesmo, *livre* da preocupação com as coisas e com os outros. Note-se que essa liberdade é um passar atuante de uma possibilidade para outra mais inclusiva, de sorte que ele também se mostra culpado por não atender a tudo o que lhe é possível. Sob esse aspecto o *Dasein* é chamado a ser si-mesmo pela voz da consciência (*Gewissen*). Não se trata de um apelo para seguir uma regra, mas de uma dimensão do ser-aí em que ele ganha por si mesmo na medida em que é intimado (*angerufen*) a ser si próprio, sem que esse apelo lhe aponte uma tarefa precisa. Isso não impede que se sinta em dívida. "A ideia existencial formal de 'culpado', nós a de-

45. *SuZ*, p. 191.
46. Ibid., p. 266.

terminamos, portanto, assim: ser-fundamento de um ser determinado por um não — isto é, ser-fundamento de uma *nulidade* (*Nichtigkeit*)."[47] Essa nulidade tão só espelha a nulidade da morte de um ser aí vindo a ser. Não estando diretamente vinculada a uma religião, a nulidade da morte é crua e não abre espaço para regras, a não ser quando contraposta à imortalidade dos deuses, como veremos ao estudar o *Ereignis,* o acontecimento apropriativo. Logo em seguida Heidegger explicita que o *Dasein,* embora sendo determinado por um poder-ser que pertence a si mesmo, não se dá a si próprio a posse de si. No entanto, sendo a morte privada, inevitável e imprevisível, o *Dasein* se obriga a encarar seu poder-ser-mais-próprio, seu estar aberto (*Erschlossenheit*), como novo modo de ser encarregado de si mesmo, vindo a *ser* assim *resoluto* (*Entschlossenheit*). Essa pequena diferença entre as partículas "*er*" e "*ent*" serve para marcar que o estado da abertura se volta sobre si para ser aceito como tal. Em resumo, o ser-aberto (*Erschlossenheit*) do *Dasein,* ao responder à voz da consciência, se constitui pelo encontrar-se da angústia, pelo entender como projetado no ser culpado mais próprio e, assim, articula todo esse modo de ser pelo discurso. Por sua vez, o ser resoluto (*Entschlossenheit*) se encontra a si mesmo, mas em silêncio, antes de qualquer articulação verbal; abre-se, desvenda-se como "*o calado projetar--se no encontrar-se da angústia para o ser culpado*".[48] Antecipando sua morte indeterminada, assim se determina mostrando-se como desocultando-se, como verdade. Ele é nessa verdade silenciosa, desvelamento anterior a todo proferir, por conseguinte um "*ser resoluto precursor*" (*vorlaufende Entschlossenheit*) ligando-se à clareira na qual se desvenda. Esse *modus* peculiar do ser-aberto do *Dasein* não só o marca como possibilidade existente a se deter-

47. *SuZ*, p. 283, grifos do autor; trad. F. Castilho, mod.
48. Ibid., p. 296.

minar segundo se projeta como possibilidades factuais no meio das gentes, mas também o situa como efetivante. Com isso se explicita como as determinações existenciais, conforme o *Dasein* se totaliza de modo precursor, podem advir a si mesmo. Mantêm-se sempre como possíveis: "O deixar-se *advir* a si mesmo (*Zukommen-lassen*) na manutenção da possibilidade assinalada é o fenômeno originário do *adveniente* [do futuro, *Zukunft*]".[49] Esse ad-vir ou por-vir, primeiro traço do *Dasein* se resolvendo de modo precursor, também se com-preende (*versteht*) como sendo culpado: "*ser* como fundamento lançado da nulidade. Mas a assunção do estar lançado significa para o *Dasein ser* propriamente como ele cada vez já será".[50] Daí deve ser um ter sido: "O ter-sido (*Die Gewesenheit*, o passado) só surge de certo modo do futuro".[51] Nisso ele se atesta como um poder-ser próprio, que não é nem *ousia* nem *res*, muito menos um *hypokeimenon* de determinações que chegam até ele, mas um ser que se determina como temporalidade própria, projeção para o futuro, que carrega consigo o vigor de ter sido (*Gewesenheit*), de tal modo que possui a possibilidade de se resolver num instante preciso. Isso já se nota na linguagem na qual a pergunta pelo *quem* se reporta a um humano. Note-se a total disparidade entre essa efetivação da possibilidade ao se tornar tão só mais densa no seio do ser-aí e a possibilidade formal encastoada na lógica formal. A ontologia existencial está muito longe da ciência tal como a entendemos hoje.

O ser-resoluto antecipativo marca todos os existenciais em se exercendo pela cura. Isso indica que a temporalidade traça a unidade *existencial* da *facticidade* na qual se projeta o *Dasein*

49. *SuZ*, p. 325.
50. Ibid.
51. Ibid., p. 326.

curador, assim como no seu ser próprio. Heidegger quebra de vez com a tradição que, a partir de Platão e Aristóteles, sustenta que o pensamento se arma a partir de um presente substancial (*Anwesenheit*). É em vista da existência como um vir-a-ser-aí para que torne o que já é como projetado que a temporalidade se articula. Daí o privilégio do por-vir no qual se encaixa um já-ter-sido. Sobra para o presente tão só constituir-se num piscar de olhos (*Augenblick*) tendendo para a decaída. Só o instante, *Augenblick*, o piscar de olhos resoluto, marca o ser-aí na finitude de sua temporalidade. Retomando: a interpretação temporal do *Dasein* cotidiano deve partir desse lançar-se para o mundo, da estruturação dessa abertura desenhada pelo compreender (*Verstehen*), pelo encontrar-se (*Befindlichkeit*), pelo decair (*Verfallen*) e pelo discurso (*Rede*) antes da constituição da linguagem articulada.

Vimos que o ser resoluto (*Entschlossenheit*) é um modo insigne da abertura do *Dasein* pelo qual ele se compreende a partir de seu poder mais próprio. Liga-se a um querer ter consciência (*Gewissenheit*) que é um ficar pronto para a angústia, que se posta diante desse apelo, desse chamado, da consciência sem nenhum discurso contrário. Esse apelo (*Ruf*) presentifica o constante ser-culpado e dessa maneira traz de volta o si-mesmo e o distancia do falatório e da conversa fiada. Por conseguinte, o *modus* da articulação do discurso ao querer-ter-consciência é o ser-calado (*Verschwiegenheit*). O calar-se, o silêncio, já aparecia como a possibilidade essencial do discurso quando anteriormente Heidegger examinara a presença do ente que marca a verdade.[52] Mas agora que o tempo marca a unidade do *Dasein* sendo no mundo, o silêncio se confirma como o fundo essencial da palavra.

A temporalização finita marca o sentido do *Dasein*. Este não é apenas temporal, é-o porque está no mundo. Constantemente

---

52. *SuZ*, p. 296.

cuidando dos outros e de si, está datando essa cura e coletivizando-a pelo presente do agora, que o atrai para a nulidade da vida impessoal. Nesse mundo de todos, o *Dasein* está se a-presentando "de pronto e no mais das vezes" (*zunächst und zumeist*) numa temporalidade coletiva, calculada. É por isso que, se permanecer irresoluto, "perde seu tempo". O tempo se torna público: "Os *modi* da temporalização da temporalidade postos em liberdade do ponto-de-vista desses fenômenos fornecem a base para determinar a temporalidade do ser-no-mundo, que reconduz ao fenômeno do mundo, permitindo uma delimitação da problemática temporal específica da mundanidade".[53] A temporalização do *Dasein* é a mesma da temporalização do mundo, embora esta seja considerada a partir do ser no cotidiano.

Essa noção revolucionária de temporalidade não deixa de se apoiar em pistas no passado. Tomando apenas um exemplo: anos mais tarde o próprio Heidegger[54] indicará que sua noção de *Augenblick*, instante resoluto, está ligada aos conceitos aristotélicos de *phronesis*, de prudência e de *kairós*, momento oportuno, que marcam o movimento decisivo da ação. Não mais pensado, todavia, como um agora, uma presença: "'No instante' (*Augenblick*) nada pode ocorrer. Ao contrário, enquanto atualidade (*Gegen-wart*) em sentido próprio, é o instante que deixa *vir ao encontro primeiramente* o que, estando à mão ou sendo simplesmente dado, pode dar-se 'em um tempo'".[55]

Convém sublinhar como essa interpretação de volta temporal a si difere do movimento reflexionante do eu transcendental

---

53. *SuZ*, p. 335.
54. Cf. William McNeill, *The Time of "Contributions to Philosophy"*, em *Companion to Heidegger's Contributions to Philosophy* (Bloomington: Indiana University Press, 2001).
55. *SuZ*, p. 338.

tal como interpretado por Kant e seus sucessores. O *Dasein* está se com-preendendo e se afinando pela angústia, mas sempre como projeto e projetado. Sob esse aspecto, um lançar-se preocupado para fora está marcando um horizonte do anterior e do ulterior, que recebe o nome de *ekstatikon*. Esse é um termo que Aristóteles utiliza na *Física* (Livro IV) para indicar a natureza do movimento. Aqui, porém, importa o "*'fora de si' em, em si mesmo e para si mesmo*"[56] baseado na temporalização do tempo. Por fim, cabe notar que a temporalidade finita do *Dasein* indica apenas o sentido dessa temporalidade sempre se conciliando com o tempo datado de todos nós.

O discurso silencioso já articula a abertura do aí segundo cada um de seus modos de ser — disposição afetiva, compreender e decaída —, cada um tendo como base uma temporalidade predominante, sem estar, todavia, inteiramente dominado por uma delas. Ele funciona em todas essas dimensões da temporalidade finita do ser *ekstático* do homem. Não revela um caráter próprio do ente. A compreensão mostra seu ser-possível, a disposição afetiva, o ser-junto, mas o discurso mobiliza as três formas ek-státicas da temporalidade de um modo muito peculiar. Como articulação da abertura do aí não se temporaliza mediante uma ekstase particular,[57] mas está ligado intrinsecamente à compreensão e à disposição afetiva. O homem exerce o discurso num projetar-se projetado, mas a palavra estruturada na linguagem retira o ente de seu contexto manejável (*Zuhanden*) como se estivesse sempre tão só sob a mão (*Vorhanden*). A totalização temporalizante das conjuntações prepara o advir do mundo como um transcendental. A linguagem, assim, se cola à significância dos manejáveis escondendo suas conjuntações, ou complexos conjuntados, como se a entidade dos entes estivesse sempre disponível.

56. *SuZ*, p. 329.
57. Ibid., p. 349.

V

O curto § 69 de *Ser e Tempo* trata desse tema. Ao estudar "*A temporalidade do ser-no-mundo e o problema da transcendência do mundo*", ao partir da unidade estática da temporalidade, examinando como o ser-estando-aí constitui uma unidade fora de si, Heidegger mostra que o *Dasein* ocupando-se vem a ser "*iluminado*", situa-se numa clareira, numa verdade em que os entes que lhe vêm ao encontro estão na dependência tanto de seus modos de ser como da temporalização que marca sua temporalidade própria — temporalidade que se desloca do ser como um além de: "A luz dessa luminosidade possibilita toda iluminação e esclarecimento, todo perceber, 'ver' e posse de alguma coisa.[58] Ora, essa temporalidade iluminante nos lembra o mito da caverna estudado na *República* e, assim, obriga-nos, pelo menos, a indicar o sentido dessa imagem extraordinária, várias vezes examinada por Heidegger. Ao se exercerem, as formas paradigmáticas substancializadas, as *eidê*, requerem um ir além do ser substancial para que não se espalhem ao léu, uma *epekeina tes ousias*, atingindo tanto o ser-aí como a mundanidade do mundo. A meta-física como discurso encontra aqui seu primeiro impulso. Como formas tornando "visíveis" o que juntam e separam, anseiam por uma luz que azeite cada uma de suas visibilidades. Essa questão que se oculta durante o predomínio da metafísica, que transforma o ser num ente criador, é retomada por Kant quando, na *Crítica da razão pura*, atribui papel fundador à imaginação transcendental. Heidegger explora esse caminho além da própria letra do texto kantiano, nos seus cursos e em seu livro *Kant e o problema da metafísica*. Como entender essa "visibilidade"?

58. *SuZ*, p. 351.

Ela está ligada ao novo sentido da temporalidade. Como aludimos, a temporalização não se faz por êxtases, o futuro não é mais amplo do que o ter-sido etc.; todas são condições para que um ente venha a ser como um aí. É em vista desse abrir-se ekstaticamente que ele se torna iluminado (*gelichtet*):[59] "*A temporalidade estática ilumina originariamente o 'aí'*. Ela é o regulador primário da possível unidade de todas as estruturas existenciais essenciais do *Dasein*".[60] Por sua vez, como Heidegger resume anteriormente, *Gewesenheit*, o ser do sido, o passado que nos está presente, surge do futuro, de tal maneira que o futuro passado (o futuro que faz vir o passado) faz nascer o presente. Chamamos temporalidade, e não tempo, a unidade desse fenômeno estruturado como futuro-passado-presente, o futuro, ligado à projeção do *Dasein* no mundo exercida pela cura, conformando e presentificando o passado e desenhando o presente como presentificação. "A temporalidade se desenvolve como o sentido da cura autêntica."[61]

Walter Biemel cita uma passagem do último curso de Heidegger, dado em Friburgo em 1944, que precisa essa interpretação de *Gewesen*: "O que aconteceria se por um instante a Antiguidade grega não tivesse sido (*gewesen*)? [...] O passado-presente (*Gewesen*) é outro que não o apenas passado (*Vergangene*). Nós, modernos, a despeito de todas as escavações que a história fez no passado, estamos pouco familiarizados com a proximidade do passado-presente. Talvez a história, enquanto meio técnico de dominar o passado, não seja mais que um muro erguido entre nós e o passado-presente, cuja simplicidade e pureza sempre nos ultra-

---

59. *SuZ*, p. 350.
60. Ibid., p. 351.
61. Ibid., p. 327; cf. W. Biemel, *Le concept du monde chez Heidegger* (Paris: Vrin, 1981), p. 129.

passa, até que vejamos que esse passado presente que acreditamos ter ultrapassado conserva-nos em nossa essência secreta".[62] A historicidade do Ocidente tem presente seu passado grego, não como peso, mas como chave que o futuro configura em nossa tradição a fim de podermos nos manter como a terra onde o sol se põe.

Se o questionamento do ser há de ir além da substância, se esse ir além encontra o tempo iluminando o ser no mundo, o próprio caminho do questionar precisa se revirar para que o tempo se mostre "determinando" o ser. Sabemos que Heidegger não logra, em *Ser e Tempo,* encontrar uma redação satisfatória que vá do tempo ao ser. Examinaremos logo mais essa questão da reviravolta (*Kehre*), mas convém desde já sublinhar um passo importante desenvolvido no curso de verão de 1927, *Problemas fundamentais da fenomenologia.* No final ele rearticula a própria noção de temporalidade e, com isso, a própria noção de transcendência, o que terá consequências enormes, embora não tão visíveis, nos estudos posteriores.

Vimos que os manejáveis ganham sentido pré-verbal conforme seus "em-vista-de" (*Worum-willen*) passam a ser com-juntados para que os utensílios se exibam com seus seres. O próprio *Dasein, ente* que também é em vista de seu *ser,* já passa a ser compreendido como em vista de si mesmo, chamado pela voz da consciência (*Gewissen*). De modo nenhum como reflexionante, nos moldes do transcendental pondo-se a si próprio, mas um si mesmo que, sendo chamado a ser responsável, consiste num projetar e num projetado configurando um aí coletivo, um *mundo.* Mas como apelo, não tem nada a contar desse mundo nem sobre si mesmo.[63] Marcado assim por uma negatividade indelével, continua a possuir uma compreensão prévia do mundo e de sua sig-

---

62. *Le Concept du monde chez Heidegger,* p. 129.
63. Cf. *SuZ,* p. 273.

nificância. Obviamente Heidegger está radicalizando a noção husserliana de intencionalidade, pondo em xeque a diferença tradicional entre sujeito e objeto. A própria percepção fica assim subordinada a esse debruçar-se sobre os entes mundanos que, como tais, vêm ao encontro do *Dasein*.

No entanto, se a ipseidade (*Selbstheit*) do *Dasein* se funda na sua transcendência, esta há de ser atravessada pela própria temporalidade abrindo-se em horizontes. O lidar com os manejáveis tanto os com-junta para o ser como projeta esse ser para os horizontes temporais. No entanto, o lidar está sendo com-juntado tanto pelas experiências positivas como por outras negativas, pela impossibilidade de realizar esta ou aquela tarefa. A novidade desse curso é insistir nessas impossibilidades: o estar-sob-a-mão (*Zuhandenes*) está ligado à impossibilidade disso (*Abhandenes*), "*são modificações determinadas de um fenômeno fundamental* que formalmente designamos ser-presente, ser-ausente e de um modo geral como *Praesenz*. Se o ser sob a mão ou o ser do ente disponível tem um *sentido presencial*, isso significa que esse modo de ser é compreendido de modo temporal, em função da temporalização da temporalidade no sentido da unidade eskstático-horizontal que já caracterizamos".[64] Para marcar as diferenças com a temporalidade analisada até agora na base do deixar-se *advir* a si mesmo (*Zukommen-lassen*) na manutenção da possibilidade assinalada, primeiramente do *adveniente* [do futuro, *Zukunft*], depois do poder ter sido e, por fim, do presente, Heidegger passa a indicar as novas temporalidades com termos latinos. *Praesenz* torna possível "a compreensão prévia da disponibilidade do que é disponível";[65] o ser da disponibilidade na conjuntação deste ou daquele utilizável, bem como daquilo que se mostra inutilizável, por conseguinte,

64. *Die Grundprobleme der Phänomenologie*, GA 24, p. 433; trad. fr., p. 366.
65. Ibid., GA 24, p. 433; trad. fr., p. 36.

vindo a ser como impossibilidade de efetivar seu "em vista de", des-conjuntado. "Tudo o que é positivo principalmente se deixa iluminar a partir do negativo. Não podemos aqui procurar as razões disso. Elas residem, ao mesmo tempo — seja dito rapidamente — na essência da temporalidade e na negação que nela se enraíza."[66] Conforme a transcendência se mostra marcada por uma temporalidade que vai além do jogo entre o futuro, o poder de ter sido e o presente (*Gegenwart*), quando o próprio porvir aponta para uma presentificação que abraça modos negativos do presentificar, a temporalização mediante a qual o ser se doa, se destina e se isola ainda mais da efetivação das possibilitações do *Dasein*. A inefetivação precisa, assim, ser levada em conta, e a compreensão prévia que o *Dasein* tem do mundo estará menos ligada à sua práxis e muito mais, como veremos, à sua capacidade de resguardo. Toda vinculação com a dialética hegeliana foi quebrada.

Note-se que é a partir da apresentação do presenciar que se abre a possibilidade do ente manejável ser com-preendido tão só como um estar à mão (*Vorhandensein*), escondendo assim sua base como *Zuhandensein*, apresentando-se para o *Dasein* falante que se abre para o mundo de modo que seus entes estejam nele conectados por um "se... *então*", em suma, em vista da validade. No entanto, "assim como a práxis possui seu ver específico ('teoria'), não há pesquisa teórica que não tenha sua práxis própria".[67] O conceito existencial de ciência está ligado à ampliação do conceito de prática do manejável quando todo ente tende a ser visto como passível de intuição (*Anschauung*), isto é, de um ver-ao-redor (*Umsicht*), anterior, como vimos, a qualquer esquema propriamente predicativo. O projeto científico trata, pois, todos os entes conforme a possibilidade de descobrir seu acesso no inte-

---

66. *Die Grundprobleme der Phänomenologie*, GA 24, p. 439; trad. fr., p. 371.
67. *SuZ*, p. 358; trad. F. Castilho, mod.

rior do mundo, melhor dizendo, como passíveis de serem *tematizados*, cada um como objeto de uma "presenciação extraordinária" (*ausgezeichneten, Gegenwärtigung*).[68]

Para que o questionamento do ser não se embarace com seu sentido dado pela cópula "é", que provoca a confusão metafísica de interpretar o ser como ente fundante, Heidegger — até o início dos anos 1930 — explorara as determinações existenciais desse ser-sendo especialíssimo, o *Dasein*. Descobre assim que ele mesmo é verdade, anterior a qualquer modo de adequação. Nesse novo quadro, interessa-nos ressaltar que, embora escape da visão tradicional da linguagem que se monta pela síntese e separação de elementos simples ou relativamente simples, continua no horizonte da significação, da diferença entre a articulação do sentido (o discurso — *Rede* — traduzindo *lógos*) e sua articulação verbal, a linguagem propriamente dita: "A exteriorização oral do discurso é a linguagem".[69] Embora a lógica da linguagem ceda lugar para a problemática de seu ser, toda a questão continua a ser tratada pressupondo uma sutil diferença entre a "práxis prática" e "a práxis teórica", diferença entre o ser manejável (*Zuhandensein*) e o ser à mão (*Vorhandensein*), este último estabelecendo o nível em que os entes são propriamente ditos. Por mais que a estruturação do *Dasein* tente escapar da intencionalidade marcada pela *noesis* se projetando no *noema*, Heidegger, em *Ser e Tempo*, continua se movendo no plano da diferença husserliana entre significação e expressão. Apenas pudemos indicar alguns passos desse caminho, sabendo que o resumo retira de um livro altamente revelador e articulado seu poder de convicção. Era, contudo, o caminho mais simples para levar-nos a apresentar o desvio que se tornou necessário para que surja um novo vínculo do ser com a linguagem, tal como foi tramado depois da crise dos anos 1930.

68. *SuZ*, p. 365.
69. Ibid., p. 161.

3. Um caminho intermediário

I

Sabemos que ao redigir *Ser e Tempo*, o próprio Heidegger se apercebe das dificuldades de, partindo da constituição da trama do ser-aí vindo a ser próprio, chegar até as conformações historializantes singulares do próprio ser determinando-se por si mesmo mediante o tempo; não como um passar, mas se desenhando em épocas. O livro permanece inacabado, embora no caminho repense por inteiro a condição humana. Esse "fracassar" (*versagen*), no dizer do próprio Heidegger,[1] revela a necessidade de um retorno, de uma reviravolta (*Kehre*), tanto da reflexão do pensador como do próprio caminho do ser.

Conforme *Ser e Tempo*, ser-aí existe quase sempre mergulhado nos fatos do dia a dia. No movimento de se autodeterminar, ele não se deixa simplesmente levar pelo discurso cotidiano e pelas práticas usuais, mas encontra, ao angustiar-se, uma brecha

---

1. *Lettre sur l'humanisme*. Paris: Aubier, 1983, p. 68.

que o reconecta com as coisas mesmas, na medida em que elas se lhe dão como indiferentes. Como vimos, no entanto, para ser próprio, o ser-aí, preocupado e angustiado, ouve a voz da consciência, integra sua culpa e se retira em seu silêncio. Somente assim pode existir radicalmente, em virtude de si mesmo. Daí sua retração em relação ao outro. A política, por exemplo, não encontra nesse espaço uma situação de destaque. No entanto, a partir da reviravolta, que progressivamente o afasta da ontologia fundamental para aprofundar-se na história do ser, "Heidegger não parte mais, aqui, do ser-aí em seu caráter de ser jogado para pensar a supressão possível da absorção no mundo fático sedimentado e o surgimento de novos projetos de mundo [...]. No momento em que muda assim o acento, a política vem à tona com uma relevância totalmente diversa".[2]

Aqui não podemos explorar os meandros desse caminho. Cabe apenas lembrar, em primeiro lugar, que o socialismo do início do século xx, enquanto crítica ao capitalismo, também alertava contra a decadência do Ocidente provocada pela desumanização dos processos de trabalho sob a batuta do capital. O movimento comunista, depois da vitória da Revolução de Outubro, viu-se diante de um projeto de socialismo nacional, crítico do capital e da democracia liberal, que, por fim, soçobrou no totalitarismo. E vale a pena lembrar que certos líderes nazistas haviam sido comunistas. Seja como for, o nazismo e o comunismo se apresentavam como revolucionários, antidemocráticos, mas o primeiro se aliou a um capital controlado, enquanto o comunismo tentou suprimir a produção mercantil. Os dois totalitarismos configuraram extremos opostos da política quando vistos da perspectiva do capital.

2. Marco Antonio Casanova, *Compreender Heidegger*. Rio de Janeiro: Vozes, 2009, p. 162.

Na medida em que a ciência da lógica se transforma numa reflexão sobre a linguagem em que se desfaz de vez o namoro com a lógica hegeliana, Heidegger está livre para interpretar a técnica contemporânea como o último capítulo da historia do Ser: em vez de o Ser se expressar pelas palavras dos grandes filósofos e pelas ações dos instauradores do Estado, ele simplesmente se mostra na profusão dos entes substituindo-se entre si, sem nenhuma referência a um princípio coordenador. É a metafísica puxada para o cotidiano. Para entender esse salto, comecemos por examinar um texto intermediário, o curso de 1934: *Lógica como pergunta pela essência da linguagem,*[3] que nos permite precaver-nos contra aproximações forçadas. Toda tentativa de recuperar uma dialética entre norma e fato reintroduz a posição-oposição entre sujeito e objeto, o entrechoque entre eles, despencando nos abismos de uma filosofia da representação. Esta não depende de alguma forma idealizada do eu, mesmo que este possa se identificar com o próprio mundo? Para evitar esses perigos, Heidegger sempre pensará o ente e a ação envoltos num complexo de possibilidades, seja do *Dasein,* seja do próprio Ser, que se essenciam sem ter como pano de fundo um sujeito transcendental ou algo parecido. Veremos mais tarde como Wittgenstein enveredará por caminhos semelhantes. Divisa-se uma nova maneira de pensar a filosofia, sem depender dos percalços da posição de uma forma de juízo ou de um *lógos* norteador.

O curso foi ministrado logo depois de Heidegger deixar a reitoria da Universidade de Friburgo, em Breisgau, depois de curta administração, malvista pelos colegas e pelos chefes nazistas. Ele havia anunciado um curso de verão, de maio a junho de 1934, sobre o Estado e a ciência; mas, sem maiores explicações, passou a examinar como a lógica consiste basicamente no questiona-

3. *Logik als die Frage...,* GA 38.

137

mento da plena essencialização da linguagem. Vinculando-a, porém, ao lado historial de um povo, Heidegger abriu uma brecha sutil por onde insinuará críticas às teses do Partido, que aceita os desmandos da técnica moderna e deixa de lado as mais profundas raízes alemãs. O próprio Heidegger nos dará pistas para entendermos o sentido dessa mudança. Embora apoie o nacional-socialismo, mesmo confiando nos primeiros passos de Hitler, não os entende como o fazem seus principais seguidores. Em particular, se nunca foi simpático aos judeus, não foi por razões raciais. Ele opera politicamente a partir de sua profissão, isto é, de seu próprio trabalho: sua primeira tarefa é refundar a Universidade, seu lugar de existência, para que ela retome seus encargos e reconheça sua missão. É seu conceito de historialidade que, segundo informa a Karl Löwith durante sua visita a Roma em 1936, fundamenta sua adesão ao nacional-socialismo.[4] Quando se inscreve no Partido Nazista, é para participar do movimento com o objetivo de *saneá-lo* e *clarificá-lo* (*Läuterung und Klärung*), como explica a seu irmão Fritz, numa carta de maio de 1933.[5] Em resumo, ele mesmo se posiciona como pensador esclarecido devendo iluminar aquele processo ligado à própria história do mundo. Não vamos analisar os vários aspectos dessa tomada de posição histórica e política. O estudo dos *Cadernos negros*, recém-publicados, nos levaria a mostrar o empenho de seu compromisso político, a firmeza de um pensar quase religioso devotado à grandeza do *Führer*. Concentraremos nossos esforços tão só na busca de algumas raízes de um engajamento profundamente conservador e expressamente anti-democrático, raízes que, como veremos, se tecem em torno dos problemas da resolução histórica, de uma

---

4. Cf. Françoise Dastur, *Heidegger et la question du temps*, 1990.
5. Cf. Heidegger, *Escritos políticos 1933-1966*, org. e ed. François Fedier. Lisboa: Instituto Piaget, 1997, p. 78.

divisão/ de-cisão (*Ent-scheidung*) do Ser que nos escraviza ao automatismo da técnica moderna. Não estaríamos nos aproximando de certas questões que emperram nossa própria democracia?

Nesse curso, *Logik als die Frage nach dem Wesen der Sprache*, logo se nota o papel peculiar desempenhado pelo conceito de *Wesen*, aquilo que, deixando de responder ao *quid* do ente, passa a significar o ter-lugar-temporal do ser. Por isso podemos falar na essencialização do próprio Ser, o que abre espaço para sua decaída e seu esquecimento. Esse "movimento" é reforçado para revelar o lado temporal da coisa ao desvendar seu ser — conferindo assim toda ênfase a seu entranhar-se no devir. Abre, portanto, o caminho para mostrar como o Ser, enquanto presença historial, precisa ser estudado no instante em que se dá, configurando-se nas palavras originárias dos primeiros filósofos (em particular Heráclito e Parmênides), de modo que a história se revela antes de tudo mediante o próprio Ser vindo a ser dito ou pelos grandes pensadores, ou invocado por poetas geniais, notadamente Hölderlin, ou por fundadores do Estado e assim por diante. O poema será alçado a uma linguagem original, posto no mesmo nível do pensamento filosófico, cada um, porém, conservando suas peculiaridades. Nesse percurso, no entanto, seguiremos apenas a linha que desdobra o conceito de determinação para que ela nem sempre venha a ser de algo.

II

O início do curso citado é tradicional, lembra que o termo "lógica" abrevia *logike episteme*, ciência que trata do *lógos* mas que se tornou, nas universidades, uma disciplina burocrática. Cabe, então, sacudir (*erschüttern*) essa lógica, que, sendo herdeira de uma ciência grega, continua a ser pensada de acordo com a estrutura da gramática dessa língua. Importa, então, retomar o estudo do *lógos*, mas indo além da simples crítica do intelectualismo, da forma englobando o ente, pondo em xeque a soberania e a potência da lógica tradicional no pensamento do Ocidente: "Isso exige uma luta na qual se decide nosso destino espiritual e historial, uma luta para a qual ainda hoje não conhecemos as armas e nem mesmo o adversário, a ponto de corrermos o risco de ter com ele, embora involuntariamente, uma causa comum, em vez de atacá--lo".[6] Mais que o estudo de um tema filosófico, o curso, tomando distância das minúcias dos problemas lógicos formais, em particular das maquinações da "logística" — como ele costuma dizer — procura novos caminhos para mudar nosso próprio *Dasein* histórico. Observe-se que o próprio conceito de ser-aí está sendo ampliado. Se em *Ser e Tempo* o *Dasein* é um ente que se ocupa de seu ser, de suas possibilidades e impossibilidades de ser (diferentemente da palavra "homem", que indica um ente animal dotado de razão), a partir dos anos 1930 o lado coletivo, *Mitsein*, insiste na unificação genérica que alinhava um povo. Em suma, o curso pretende examinar tanto os novos conceitos como a consciência de um movimento. Heidegger adere ao nazismo para esclarecê-lo e reforçar o que leva a ver nele mais que mero processo político: ele seria o prenúncio de novo modo de ser na história — liderado pela Alemanha. Essa linguagem, a despeito das diferenças e do refinamento lógico de suas teses, não nos é estranha, pois encontramos seus ecos na defesa da posição socialista. Às vezes beirando o ridículo, por exemplo quando, para desqualificar a lógica formal matemática, o grande historiador Caio Prado Junior denuncia o teorema de Gödel (em seu *Dialética do conhecimento*, Brasiliense, 1951), ou, quando, no início dos anos 1970, dá-se a batalha de alguns professores contra o ensino da lógica formal por ser ela

6. *Logik als die Frage...*, GA 38, pp. 8-9.

instrumento do imperialismo americano. Não nos assustemos, contudo, pois os filósofos, quando começam a falar da lógica, terminam falando do mundo — e nem sempre com propriedade.

Ora, para Heidegger, questionar a lógica enquanto ciência "das formações fundamentais e formais do pensamento, assim como de suas regras",[7] implica romper os limites do pensamento científico, que costuma circunscrever antecipadamente a região em que o ser se temporaliza. Não é por isso mesmo que a lógica matemática, sempre pressupondo o campo de suas variáveis, não rompe com as ciências? A pergunta radical necessita, pois, ir além desse limite regional e questionar o ser do *lógos, o que* ele é, mas de tal modo que o próprio *lógos* do Ser seja posto em questão. Caímos por certo numa tautologia, mas que deixa de ser vazia na medida em que se atente para o modo como o *lógos* nela se dá e se exerce. Note-se que falamos da tautologia heideggeriana no sentido usual da palavra, mas cuja estrutura, em lugar de sintetizar valores de verdade, corresponde àquele desdobramento do algo como algo no nível da significância hermenêutica. Só que esse algo, agora, fora da matriz platônica de forma e conteúdo, marca simplesmente o ser de algo temporalizando-se. Por exemplo: "*Die Sprache spricht*", afirmação que só poderia ser traduzida em português se pudéssemos dizer "a linguagem linguageia". O questionamento do Ser, porque se mantém sempre como um questionar, passa pela experiência do ser como vir a ser, que, dando um passo atrás, abre-se para o ser presente.

Acompanharemos esse processo com cuidado. No que concerne à linguagem notaremos, conforme já vimos, que ela se dá primordialmente como fala (*Rede*), discurso, característica essencial do ser humano; os gregos diziam *zoon logon echon*, assim nomeando esse animal dotado de fala. Frase que os romanos tradu-

---

7. *Logik als die Frage...*, GA 38, p. 13.

ziram deste modo: *homo est animal rationale*, de onde vem a definição de homem que se tornou comum.

No entanto, em vez de continuar na linha de *Ser e Tempo*, descrevendo o discurso como modo de *ser em* do ser-aí, isto é, de estar no mundo compreendendo-o, Heidegger agora se lança à procura da coisa mesma, tendo como bússola a questão da essência, isto é, da essencialização do Ser. Nesta, o *Dasein* desempenhará papel muito peculiar. Como animal que fala? Não porque junta sinais para formar símbolos, mas sobretudo porque participa ele próprio da essencialização do Ser. Isso nos conduz a uma experiência histórica, a definição do homem como animal que fala. De novo, a investigação cai num círculo: a pergunta pela essência da linguagem desemboca na pergunta pela essência do homem, mas, de acordo com uma experiência histórica, a essência do homem é dada pelo exercício da linguagem. Círculo inevitável enquanto nos mantivermos no plano do *questionar* filosófico, anterior à objetivação praticada pelo exercício do discurso científico. "Na ciência, de maneira geral, sabemos dizer muitas coisas *corretas* (*Richtiges*), mas poucas *verdadeiras* (*Wahres*)."[8] Como questão (*Frage*), esse investigar científico abre um domínio no qual as perguntas singulares podem ser feitas porque, desde logo, ele ressalta determinações de um quadro ontológico já posto, precedendo assim às perguntas concretas que são, portanto, determinadas conjuntamente pela articulação desse campo dado previamente. No plano da filosofia, entretanto, tautologias e contradições evitam a objetivação praticada pelas ciências. Assim sendo, estas são capazes de dar respostas corretas, isto é, conformes a aspectos dos estados de coisa, mas dificilmente aquelas verdadeiras, vale dizer, exprimindo um modo de ser. A vantagem de permanecer no círculo, no redemoinho da filosofia, é ir além e chegar a um funda-

8. *Logik als die Frage...*, GA 38, p. 35, grifos do autor.

mento (*Grund*) que se mostra abismo (*Abgrund*),[9] quando um passo atrás também consiste num passo para a frente. A investigação filosófica não segue o princípio de razão, cujas ambiguidades Heidegger não deixa de salientar. No enunciado "nada há sem razão", razão (*Grund*) tanto significa fundamento do ente quanto princípio do re-presentar de uma presença pelo seu fundo, portanto ligado ao entendimento.[10] Por sua vez, a palavra "*ratio*" significa contar no seu sentido mais amplo, de sorte que razão aqui quer dizer colocar uma coisa antes da outra como seu cômputo. A palavra latina "*ratio*" traduz "*lógos*", mas nessa tradução o lado de abarcar perde o sentido de reunir o que está sendo deixado para trás, valendo a ideia sobretudo de cômputo. Em contrapartida, "*lógos*" também se reporta a "*physis*", por conseguinte ao ser, no primeiro sentido assumido pelos gregos: como aquilo que se deixa estender e entender de antemão. Esse representar também está ligado, desde Platão, a um ver primordial, *eidos*, que orienta a intuição e a percepção. Heidegger critica essa representação, em seu sentido amplo, desde o início de sua carreira, porque esse pensar não funciona como memória do acontecimento do ser, mas tão só como apresentação de um ente podendo existir. Apresentação, por sua vez, que só se torna verdadeira se corresponder ao apresentado, enquanto essa memória do acontecimento do ser deve desde logo exprimir sua verdade igualmente como desvelamento e ocultação. Segue-se que o fundamento (*Grund*) se instala numa clareira que esconde o fundo, sendo, pois, igualmente um abismo (*Abgrund*).[11] Não é o que nos mostra a noção de verdade como *a-lêtheia*, des-velamento?

9. *Logik als die Frage...*, GA 38, p. 32.
10. Heidegger, *Vom Wesen des Grundes*, GA 9; *Conferências e escritos filosóficos*. Trad. Ernildo Stein, Coleção Os Pensadores. São Paulo: Abril Cultural, p. 297.
11. Cf. Françoise Dastur, *Heidegger*, cap. VI.

A pergunta pela essência é, pois, exigente; não imita o conhecimento científico que, partindo de princípios previamente aceitos, delimitando uma região do ser *objetivada*, deságua em conclusões. Não segue os caminhos da dedução, mas se inspira nas trilhas da mata que, muitas vezes, ao deixar de ser pisoteadas, são engolidas pela vegetação. O pensamento do Ocidente, ao abandonar o questionar do ser tão só como ser, passa a considerá-lo como um ente máximo: e assim não se deixa sufocar pelo crescimento do mato solto? Isto é, pela metafísica, cuja manifestação última é a técnica moderna, que toma o ente na totalidade como um ente qualquer, armação, coisa mensurável, sempre à disposição, inesgotável e sempre transformável? Pouco a pouco veremos que a fenomenologia heideggeriana, recusando a base da consciência imediata, ou de qualquer intuição pura, sempre termina precisando remeter-se, em última instância, a uma trilha perdida que, assim, só pode ser insinuada pela tautologia ou por um pensar transfigurador. Nós, modernos, enfrentamos os embaraços da metafísica e de sua atual essencialização marcada pela técnica. No entanto, sua essência não é técnica. Cabe transpassá-la. Heidegger não pretende chegar a uma superação à moda hegeliana (*Aufhebung, Überwindung*), mas a realização da técnica até o fim, chega à sua *Verwindung*, efetivação da própria coisa, dando um passo atrás que mostre como ela destrói a própria coisa ao tomá-la como amostra sem desenvolvimento próprio. Só assim nos prepararemos para uma nova manifestação do ser. Antes, porém, cabe voltar ao início, examinando as palavras originárias cuja negação gestou esse movimento; reatar, pois, com o pensamento dito pré-socrático. Por enquanto, nesse texto intermediário de 1934, Heidegger explora as condições historiais do exercício da linguagem e, se incorpora várias noções da ontologia fundamental desenvolvida por *Ser e Tempo*, é para começar a deslocar o sentido de algumas.

Voltemos ao movimento circular: a pergunta pela essência do *lógos* conduz à pergunta pelo ser daquele que se distingue pela posse do *lógos*. Em geral, pretendendo deixar de lado as ideias preconcebidas, costumamos levantar a questão "O que é o homem?". No entanto, um preconceito costuma se infiltrar no próprio modo do perguntar: passamos a considerar o homem como se fosse coisa aí, mero subsistente à mão (*Vorhanden*) que poderia ser enquadrado no jogo do gênero e das espécies. Desse ponto de vista, posto o ser humano como um *quid,* aquilo que simplesmente é, *quiditatis,* tudo o que se diz aparece então como estando sob a mão (*Vorhanden*). A pergunta pelo *quid* leva à pergunta pelo *quomodo* — num jogo do *que* e do *como* que desde logo nos enreda na metafísica. No entanto, já a linguagem cotidiana nos indica outro caminho. Ao encontrar uma pessoa não perguntamos "O que ele é?", mas "*Quem* ele é?". "Perguntamos e vivenciamos o ser humano fora do domínio do *como* (*So*) ou do *que* (*Was*), passando para o domínio do "*este* e *este*", do "*esta* e *esta*", do "*nós*".[12]

O questionar ganha assim nova formulação: como se *determina* o eu e o tu, o nós e o vós? São pessoas se *dando umas para as outras* como *si mesmas.* No entanto, embora compreendamos de modo correto o que significa *nós-mesmos, tu-mesmo, eu-mesmo,* ainda não temos o seu *conceito.* "Mas determinar a essência sempre demanda um conceito."[13] E se perguntarmos "O que (*Was*) é um si-mesmo (*Selbst*)?", levantamos uma pergunta *correta,* embora o viés objetivante do *que* já tenha sido introduzido. Como encontrar, assim, a verdadeira determinação do si-mesmo? Antes de tudo, evitando o caminho — fundador da filosofia moderna — que toma o si-mesmo como determinação do eu, porquanto

---

12. "*im Bereich des Der und Der, der Die und Die, des Wir*". *Logik als die Frage...,* GA 38, p. 34.

13. *Logik als die Frage...,* GA 38, p. 35.

esse si-mesmo se dá juntamente tanto no eu como no tu, no nós e no vós. Cabe aqui ter o cuidado de não cair nas peias da gramática: não imaginar que por trás de cada um desses pronomes está uma especificação dos sujeitos que fazem parte do discurso — eu, tu, ele e seus plurais —, pois o nós ou o vós podem ser usados indicando pessoas singulares. A dificuldade reside em determinar o eu-mesmo como tal (não o seu sentido), deixando de pressupor que ele tem como fundamento o eu como consciência de si, que se projeta para fora dela e se reflete em si mesma. "O caráter de ser-si-mesmo (*Selbstheit*) não é de modo algum uma determinação notável do eu, mas do homem enquanto ele mesmo é eu e tu e nós e vós (*Ihr*), assim e principalmente de modo originário."[14] Trata-se, pois, de pensar o eu-mesmo fora do universo da representação, da reflexão do eu e da posição ligada ao juízo, mas diretamente como se desdobra e vem para a linguagem.

A maior dificuldade, porém, não consiste em encontrar as determinações do si-mesmo, mas o próprio sentido dessas determinações, que escapam do enquadramento das categorias e da lógica tradicional. O si-mesmo não é um *Vorhandensein*, assim como não é um *Zuhandensein*. E, como não está descrevendo os modos de ser do *Dasein*, da mediação, Heidegger não pode simplesmente lançar mão das determinações existenciais já encontradas para determinar um si-mesmo, que é um nós-mesmos, porquanto esse agora foi questionado diretamente a partir do próprio funcionamento da linguagem como algo peculiar ao ser humano. Por certo está questionando a essência do homem, mas no interior do círculo hermenêutico colocado pela pergunta do vir a ser do *lógos*. E sempre tendo o cuidado de manter o questionamento na sua abertura enquanto tal, fora de uma daquelas regiões cujo Ser já foi pré-delineado por um campo circunscrito

14. *Logik als die Frage...*, GA 38, p. 40.

por uma ciência. Não se deve esquecer que a pergunta pela essência nunca busca encontrar a regra de múltiplos casos.

Já em *Ser e Tempo* a relação do si-próprio com outrem exclui todo esforço de encontrar o outro. A própria abertura do *Dasein* é um modo de *ser-em* de que os outros compartilham, é um *ser-com*: abre-se para o mundo, juntos tramam significâncias tecidas pelas remissões do *em-vista-de*. Se o martelo é para o prego, ele já deve ter sido para outrem que, pelo menos, o pôs ao alcance da mão de quem usa os instrumentos. *Ser-com* (*Mitsein*) é um dos modos do *ser-em*, mas num determinar que exclui a trama da intersubjetividade. Importa que os entes instrumentais são usados em comum. Nesse nível, o outro não é duplicata de si mesmo: "'Os outros', como a gente (*man*) os chama para encobrir nossa própria pertinência essencial a eles, são aqueles que no cotidiano do ser-um-com-o-outro de pronto e no mais das vezes 'são-aí'. O quem (*Wer*) não é nem este nem aquele, nem a-gente-mesmo, nem alguns, nem a soma de todos. O 'quem' é o neutro, a *gente* (*Man*)".[15] Cabe ainda salientar que o ser-próprio não se distancia do impessoal, do "a gente", como se fosse um eu transcendental: "*O ser-si-mesmo próprio* não repousa sobre um estado de exceção de um sujeito desprendido da gente (*Man*), mas é uma modificação existenciária da gente como um existencial essencial".[16] É um dos muitos que, tomado pela voz da consciência, se resolve e se determina numa nova maneira existencial. No plano do *ser-em*, o *ser-com* comparece no nível da significância, por conseguinte antes da capa dos sentidos linguísticos tecidos pela com-juntação dos meios em comum e das indeterminações do não-estar-sendo meio comum.

O curso de 1934 retoma várias determinações elaboradas em *Ser e Tempo*. Em particular, aquelas de resolução (*Entscheidenheit*)

15. *SuZ*, p. 126, grifos do autor.
16. Ibid., p. 130, grifos do autor.

e de povo. São elas, porém, ressignificadas? No § 74 de *Ser e Tempo*, que estuda a constituição fundamental da historicidade, Heidegger incorpora o *lógos* na linguagem de um povo gestando-se (*Geschehend*) como histórico. O ser-aí lançado no mundo cuidando disto ou daquilo se mostra temporalidade finita, porquanto não pode transpassar o limite de sua morte. Na medida em que a antecipa e se angustia por isso, ao ser despertado pela voz da consciência sente-se em dívida, em falta do que há de ser. O ser-aí se entende então como o seu poder-ser mais próximo, mera possibilitação livre, de tal forma que a morte antecipada faz com que se assuma, se resolva, como o ente que ele mesmo é no seu estar lançado. Cada pessoa, na medida em que é um ser-aí, consiste num ente lançado no mundo que se ocupa de seu ser, numa forma muito peculiar de o ser *determinar* o ente. Aliás, esse é um tema que percorre todo o questionar de Heidegger, cujo último passo, como veremos logo mais, se explicita no conceito de *Ereignis*, do acontecimento apropriativo.

Ao se ocupar, ao se essencializar, o *Dasein* passa por sua não--essência, pela prática impessoal. No entanto, quando se angustia, quando se determina (*bestimmt*) pela angústia, tonalidade afetiva (*Stimmung*) frente ao mundo, libera-se do impessoal antecipando a possibilidade de sua morte. Coloca-se em dúvida, o que lhe permite aceitar-se como tal ou esconder-se de novo em sua não--essência. Resolve-se, "performa" sua possibilidade de *ser resoluto* (*Entscheidenheit*), o que o situa numa dada maneira que a análise ôntica não tem meios de descrever no pormenor. No plano ontológico, todavia, continua sempre sendo lançado no mundo. Nesse jogo de determinações possíveis — é preciso sempre repetir — tem diante de si a possibilidade inexorável da morte, antecipada mas sem data marcada. "Somente o ser livre *para* morte dá ao *Dasein* pura e simplesmente seu alvo e empurra a existência em sua finitude. A finitude apreendida retira a existência da interminável multiplicidade de possibilidades de bem-estar, facilidade, irresponsabilidade que se oferecem de imediato, e conduz o *Dasein* à singeleza do seu *destino (Schicksal)*.[17]

Já anteriormente, ao examinar o *ser-em*, Heidegger havia mostrado que o *Dasein* está sempre acompanhado. Lembremos que está no mundo se ocupando das coisas que lhe vêm ao encontro como manuais, os quais, porque estão em *vista de,* integram outros seres-aí também aí, mas de tal modo que estão previamente compreendidos em cada circunvisão (*Umsicht*) que dá significância ao mundo. Já nesse nível a determinação do *Dasein* como *ser--em,* como possibilidade existencialmente determinante pré-vista, integra os outros nesse plano fundamental. No plano mais tramado da resolução, entretanto, quando essa se determina como historial, o outro vem ao encontro como assumindo a mesma tradição e o mesmo destino. O próprio *Dasein* é destino (*Geschick*), enviado. "Mas se o *Dasein* em seu destino existe essencialmente como ser-no-mundo no ser-com os outros, seu gestar-se (*Geschehen*) é um cogestar-se e é determinado como *destino comum.* Designamos, assim, o gestar-se da comunidade (*Gemeinschaft*), do povo."[18] E logo em seguida Heidegger ainda esclarece: somente na comunicação e na luta a força do destino comum se libera como "geração", conceito que toma emprestado de Dilthey. No entanto, perguntamos indo além desse contexto: esse cogestar-se não desenha também a face do inimigo? O conceito de povo não se demarca antes de tudo no plano da política? Isso os romanos já sabiam quando designavam Roma como "*Senatus Populusque Romanorum*": povo e Senado existiam por sua junção concertada.

Para Heidegger essa junção pela luta ocorre no interior constituinte do próprio povo. Em seu discurso de posse como reitor,

17. *SuZ*, p. 384.
18. Ibid.

lembra que a essência da Universidade é o cultivo da ciência que nasce da filosofia e continua a seu modo sendo filosofia, pois prossegue interrogando o ente e seu lado oculto. Se, de um lado, cabe ao professorado, na sua diversidade, avançar para os extremos perigos entranhados nas incertezas do mundo, cabe ao alunato, tendo em vista seus vínculos e compromissos com o povo alemão, ir até o último sacrifício, ao prestar o serviço militar. "As três obrigações, *vínculos* pelo povo à sorte do Estado na missão espiritual, são *igualmente originárias* para a essência *alemã*. Os três serviços que delas resultam, serviço do trabalho, serviço militar, serviço do saber, são de igual necessidade e têm a mesma relevância."[19] Mas a vontade do professorado em busca da essência da ciência e a vontade do alunato voltada para a alta disciplina do saber e esclarecer o povo e seu Estado, essas "duas vontades devem se defrontar em luta mútua. Todas as faculdades de vontade e pensamento, todas as forças do coração devem se desdobrar *pela* luta. Intensificar-se *na* luta e ser preservadas *como* luta".[20] No caso particular, o reitor é filósofo e por isso "O decisivo da chefia não é o mero ir adiante, mas a força de poder ir sozinho, não por teimosia e prazer de dominar, mas em virtude de uma destinação mais profunda e de um mais amplo dever".[21] Ao inscrever-se no partido para esclarecer-lhe as decisões, Heidegger pretende fazer de sua filosofia o ponto de referência dessa luta política. Mas os membros do Partido não estavam suficientemente preparados para essa missão, como ele insinua em sua entrevista para a revista *Der Spiegel*. Como revelam os *Cadernos negros*, Heidegger se considerava mais puramente nazista que os próprios membros do Partido.

19. *Rektoratsrede*, p. 27; *Discurso da reitoria*. Trad. Fausto Castilho. Paraná: Secretaria de Estado da Cultura, 1997, p. 13.
20. *Rektoratsrede*, p. 38; trad., p. 16.
21. Ibid., p. 22; trad., p. 10.

Voltando a sua filosofia. Fomos obrigados a traçar de modo muito esquemático certas tramas de conceitos desenvolvidos em *Ser e Tempo* unicamente para ressaltar o jogo de determinações possíveis que conformam a existência do *Dasein*. Vimos como certas determinações (*Bestimmungen*) e certas tonalidades afetivas (*Stimmungen*) se entremeiam. Nessa teia assumimos nossa temporalidade, nos determinamos por nossa vocação, por estar efetivamente resolutos e dispostos: "Encargo (*Auftrag*), missão (*Sendung*) e trabalho (*Arbeit*) são, enquanto esse poder unificante, ao mesmo tempo o poder de ser-determinado (*Gestimmtheit*) que nos leva. A tonalidade afetiva (*Stimmung*) não é propriamente uma vivência que acompanha qualquer outra de nossas reações anímicas, mas é a potência máxima de nosso *Dasein*, em vista da qual somos transplantados de modo extraordinário no ente (*Seiende*)".[22] Junto da vocação e da tradição, esses três modos de ser nos colocam diante de nossa própria temporalidade: "Na tripla significação da *determinação,* fazemos a experiência de nosso ser como *temporalidade*".[23] A temporalidade é a fonte principal de toda determinação, pois torna possível o aí, o mundo como mundo que, por isso mesmo, é sempre historial. Como o *Dasein* se insere nessa estruturação?

Ao contrário do que ensinam as filosofias transcendentais, o si-mesmo não é entendido como determinação distintiva do eu, porquanto esse si-mesmo comparece propriamente no tu ou no vós. Somente porque o homem é um si ele pode ser um eu. Para evitar que o si-mesmo, a partir de uma análise da linguagem, seja tomado como objeto, Heidegger se dirige diretamente a seus alunos presentes e pergunta: "Quem somos nós?". Qual é o sentido desse recurso à experiência imediata? Obviamente não está em

22. *Logik als die Frage...*, GA 38, pp. 134-5.
23. Ibid., p. 135.

busca de uma intuição, o que seria voltar à oposição sujeito/ objeto. A pergunta mais ampla é pelo ser da linguagem, que explicita o ser do *lógos*. Por sua vez, o ser da linguagem está sendo examinado a partir do ser do homem se exercitando. No entanto, em lugar de localizar a questão no nível dos desdobramentos das determinações do ser-aí, evoluindo assim no nível da ontologia fundamental, Heidegger visa agora diretamente o próprio Ser, que como tal necessita ser entendido a partir do sendo, não como regra de casos, mas, ainda no plano do *Ser e Tempo*, de um Ser que se apreende a partir de sua própria temporalização, de sua essência (*Wesen*) se essencializando no tempo. Daí a necessária passagem pela experiência, que nada tem a ver com o relacionamento da regra conceitual com seu caso. É o próprio Ser que se essencializa e vem a ser. Conforme veremos mais adiante, o último Heidegger, ao examinar quer o sentido do Ser nas palavras originárias ditas pelos primeiros filósofos, quer nos modos do pensar poeticamente, não dispensa uma referência à experiência da técnica como última forma do ser metafísico, cuja essência lhe serve, todavia, para abrir-se para um novo início, esperança de nova doação do Ser. Ao contrário do que ensina a lógica antiga, intrinsecamente ligada à metafísica, o Ser não se opõe ao Devir, mas se determina pelo tempo, por uma presença que há de mostrar suas dimensões ocultas. Para entender de que modo o si-mesmo se determina como povo é preciso capturar sua essencialização a partir de uma presença que, no caso, é a sala de aula no seu instante, um piscar de olho (*Augenblick*) mostrando como todos ali estão comprometidos com a Universidade, com uma forma particular de trabalho. A virada (*Kehre*) que projeta a questão do ser e tempo na questão do tempo e ser está começando a ser percorrida.

O si-mesmo como um ser comum autêntico se mostra ligando pessoas. Mas o inessencial participa da essência como o vale participa da montanha: ambos são codeterminados. No que respeita ao povo, não há dúvida de que nem tudo se resolve no plano dessa comunidade: "Sob muitos aspectos, o que é decisivo nunca é conquistado numa e a partir de uma comunidade, mas a partir da força soberana de um indivíduo na sua solidão, aquele que por certo deve ter em si o ímpeto que lhe confere o direito à solidão".[24] O que importa agora, contudo, é que todos eles, professor e alunos, tomaram a decisão de encontrar-se ali e submeteram suas vontades à vontade mais ampla de participar de um curso, preparar-se para uma profissão etc., por fim, tecer a cidadania alemã. Por isso: "Ao incluir-nos nas exigências do ensino superior queremos a vontade de um Estado, o qual não quer mais que a vontade de soberania e a forma de soberania que um povo exerce sobre si mesmo. Nós, como *Dasein*, nos incluímos, segundo nossa maneira, no pertencimento do povo, estamos no ser do povo, somos esse mesmo povo".[25] A simples decisão de trabalhar na Universidade e assumir seu encargo e sua missão exemplifica um modo de assumir a tarefa de *ser* o povo. Qual é, porém, a essência desse ser resoluto? Seria muito interessante examinar como a noção de povo se altera quando Heidegger, logo mais, completando o movimento da virada, quando o próprio Ser se mostra para o *Dasein* como um dar-se temporalizante, considera o povo como só podendo ser ele mesmo conforme participe dessa doação. Ora, se esta se liga diretamente à epocalização do Ocidente, ao primeiro questionamento do ser por seus primeiros filósofos e à quebra provocada pela metafísica depois de Platão e Aristóteles, o meditar sobre essa doação necessita examinar seus vínculos com o primeiro início. Antes do povo está a crise do Ocidente. E assim, como dirá Heidegger poucos anos depois, a "filosofia somente consegue voltar ao 'povo' para a verdade do seer (*Seyn*), em

24. *Logik als die Frage...*, GA 38, p. 56.
25. Ibid., p. 57.

vez de, inversamente, ser cultivada de maneira indigente para a sua inessência por um suposto povo como um povo que é".[26]

Voltemos ao nosso texto, quando o povo não está ainda pensado no contexto do acontecimento apropriativo (*Ereignis*). Antes de mais nada é preciso manter a questão "Quem somos" no círculo em que ela revela uma essência, isto é, a efetivação do ser, de um lado evitando a tendência intrínseca de se perder no impessoal, e de outro mantendo-nos dignos dela. Não se responde a essa questão descrevendo situações ou tomadas de decisão, mas, ao decidir, nos inserimos na pertença do povo, "nós somos o próprio povo", um momento histórico do seu gestar. "Assim nos exprimindo, isto é, assim falando um com o outro, efetuamos uma determinação do nós diferente daquelas já apontadas: agora respondemos imprevisivelmente à questão 'Quem somos nós mesmos': estamos no ser do povo, nosso si-mesmo é o povo."[27] E assim reencontramos o *instante* (*Augenblick*), o momento da temporalidade originária em que o futuro recebe o vigor do passado como tradição.

Heidegger insiste: não chegamos a esse resultado mediante uma descrição, mas pela decisão de estar lá, prontos, e que assim seja. Esse modo de participar me lembra uma linda cena do filme *Triunfo da vontade*, de Leni Riefenstahl, que marcha no mesmo sentido: cada membro de um batalhão responde à questão: de onde ele vem? E cada um indica seu local de origem. É assim, para Heidegger, que um povo se forma: cada indivíduo se resolve no todo para ser futuro, no sucesso ou na catástrofe, mas sempre se conservando no instante que guarda uma tradição. No entanto, nessa construção pelo nós e pelo vós, o que importa não é o número, mas o caráter de si; o si mesmo é o gênero a que se re-

26. *Beiträge zur Philosophie*, GA 65, p. 43; trad., p. 46.
27. *Logik als die Frage...*, GA 38, p. 54.

portam o eu e o tu, o nós e o vós. Note-se, ainda, que essa certeza da tonalidade afetiva da resolução exclui toda dúvida e, sobretudo, toda reflexão: "O que é necessário, pois, em vez de descrições detalhadas, é que apreendamos o nosso instante para, simplesmente, juntar-se a ele para nele nos descobrirmos. Uma *reflexão* não é necessária para tanto".[28] Que fique bem claro o caráter absoluto da decisão: "Na decisão cada um é separado do outro de *tal modo que* somente um ser humano o pode ser. E assim é para cada decisão, valendo tanto para uma comunidade como para uma amizade".[29] Nessas condições a democracia é inviável, pois está sempre pressupondo um outro que, ao votar, aceita uma decisão sem se conformar a ela. Mas um e outro não se juntam como *Da-seiend*, assumindo o mesmo futuro.

O que somos? O povo. A resposta, porém, ainda é insuficiente, pois nasce de uma resolução cujos meandros precisam ser iluminados. E não basta simplesmente examinar os vários sentidos da palavra "povo" em busca de uma significação média, muito menos, como diriam os wittgensteinianos, alguma semelhança de família entre eles. Também engana o caminho da velha lógica, que peneira nos diversos conceitos arrumados sua unidade conceitual escondida. Importa salientar a diversidade interna de um ente, que nos permite separar a plenitude oculta da essência se desligando de seus aspectos inessenciais. Como, porém, manter a direção do questionamento para marcar a essência do povo?

Essa determinação sem fissuras não é imediata. "*A resolução* (Entschluss) *é precisamente em primeiro lugar o projetar que abre e o determinar da possibilidade cada vez factual. Pertence* necessariamente ao ser-resoluto a *indeterminação* que caracteriza cada poder ser do *Dasein* factualmente lançado. O ser-resoluto é seguro

---

28. *Logik als die Frage...*, GA 38, p. 58.
29. Ibid., pp. 58-9.

de si mesmo como resolução, mas a *indeterminação existenciária* do ser-resoluto, que somente se determina a cada vez na resolução, tem, não obstante, sua *determinidade existencial.*"[30] No nível do ser do povo a indeterminação desaparece. Costuma-se entender o povo se apresentando como corpo, alma e, finalmente, espírito, mas nessa apresentação o conceito de povo encobre o sentido mais profundo de seu lado resolutivo e temporal. Heidegger volta então ao questionamento da essência daquilo que somos, inclusive para ressaltar em nós mesmos esse lado questionador. Vir a ser povo nasce de uma resolução (*Entschlossenheit*) que amplia e completa o sentido da decisão (*Entscheidung*). Suponhamos que um árbitro deva apontar uma falta numa jogada. Ao decidir, ele vem a ser a essencialização do ser árbitro, o que ele deve ser. E isso não se esgota numa reflexão, porquanto "ele se afasta inteiramente de suas inclinações, disposições afetivas (*Stimmungen*) e opiniões prévias e decide inteiramente a partir do que deva decidir — sem comportamento reflexivo, por conseguinte sem se reportar a seu eu de maneira egocêntrica. E assim vemos agora a conexão própria entre uma decisão autêntica e o ser-próprio autêntico".[31] A resolução engaja a compreensão e a vontade do ser-próprio que se abre para sua verdade. Heidegger considera ainda outro exemplo: professor e alunos decidem mover tudo o que são para reformar a Universidade. Mais que ter uma visão sinóptica de um domínio de saber, ou aprofundar um ramo dado do conhecimento, tratam de cumprir sua missão — e por isso a decisão não pode se deter no nível de uma escolha entre um sim e um não, mas precisa se entregar ao momento de um processo histórico. Transformada a decisão em resolução, ou melhor, em ser resoluto, ela se abre para o gestar da história, numa primeira abertura para o fu-

30. *SuZ*, p. 298; trad. F. Castilho, mod., pp. 816-7.
31. *Logik als die Frage...*, GA 38, pp. 71-2.

turo. "Esse decidir, essa decidibilidade é um fechar-se diante do acontecer, em vez de ser um abrir desse acontecer.[32] Por isso mesmo, "Numa resolução, o homem é antes de tudo chamado a *participar do gestar do futuro*".[33] Por enquanto, mediante a decisão profissional, importa chegar à resolução de participar do nacional-socialismo, um movimento que, a despeito de todos os seus erros, recupera e nutre, segundo Heidegger, a tradição alemã para lhe dar um futuro e assim se opor a uma civilização dominada pela técnica que esvazia o ser. Dessa perspectiva, a Alemanha se vê encurralada entre os dois braços de uma tenaz, a União Soviética, de um lado, e a América de outro, ambas representando o último momento da queda da metafísica. A essencialização necessita transpassar essa situação entificada que ao ser questionada é recuperada para o ser historial. Salientemos o caráter total da resolução (*Entschlossenheit*): ela é uma tomada de posição antecipatória que, por isso mesmo, passa a integrar um processo de formação, ou melhor, a revolução de um povo.

Os movimentos que estão no tempo, como o curso (*Ablauf*) dos corpos celestes ou o processo (*Vorgang*) de um ser vivo, distinguem-se basicamente do gestar (*Geschehen*) histórico, que se determina ele próprio como temporalização.[34] Nutrido pela resolução, o gestar está ligado ao saber (*Wissen*) e à vontade (*Wille*): "O gestar humano, em contrapartida, é querente (*willentlich*) e por isso sapiente (*wissend*), por certo não cada vez em *si mesmo*. Saber e vontade seriam conjuntamente determinantes no gestar humano em sua execução. Esse gestar como tal *permanece* no saber,

---

32. "*Dieses Entscheiden, diese Entscheidenheit ist ein Sichverschliessen vor dem Geschehen, statt ein Aufschliessen dieses Geschehen*". *Logik als die Frage...*, GA 38, p. 77.
33. *Logik als die Frage...*, GA 38, p. 77.
34. Ibid., p. 89.

assim como, de certo modo, também na vontade — por isso mesmo uma informação (*Kunde*) pode conservar-se nele, de modo que esse gestar seja *in-formante* (*erkundbar*)".[35] Um fato é histórico na medida em que é noticiável e tem *historia*, como os gregos falavam. Não é por isso, todavia, que ele está subjugado pela ciência da história. Para evitar confusões costuma-se dar a essa ciência o nome de historiologia (*Historie*). Lembremos que para Heidegger o discurso científico está sempre ligado a um determinado tipo de objeto. Esses objetos, ao serem ditos, apresentam-se como seres à mão, embora conformados pelo modo particular que os trata. Como vimos, o ente já precisa estar manifesto antes do deixar-ser especificamente científico. A ciência necessita encontrar previamente o ente. É próprio da ciência que tenha desde sempre o ente presente diante de si e, por certo, manifesto de uma forma ou de outra como *positum* — e como tal só pode ser apresentado por uma proposição correta. Mas em geral o correto, o adequado à coisa, nem sempre é o verdadeiro, nem sempre manifesta a abertura do ente.

Antes, porém, de a coisa vir ao encontro como disponível sob a mão (*Vorhandensein*), já examinamos como ela se dá para o *Dasein* como manual inserido na trama da significância do mundo. Anteriormente à ciência da história os seres humanos se encontram com o que acontece a partir do tempo histórico. O movimento que se processa segundo o tempo histórico, o gestar, está atravessado pelo saber e pela vontade, está ligado ao registro (*Kunde*) dos fatos que marcam sua temporalidade própria. O gestar se articula numa gesta, numa "*historia*" — pesquisa, informação. Lembremos que os primeiros cronistas portugueses acompanhavam os conquistadores do novo reino para "poer em história", registrar os novos feitos como inaugurações. Antes do trabalho

---

35. *Logik als die Frage...*, GA 38, pp. 86-7.

da ciência histórica se articula, pois, o trabalho de ressaltar e divulgar o que acontece historicamente, marcando a diferença com os outros acontecimentos da natureza ou da vida animal. O gestar passa a ser dito pela gesta e a *historia* registra a gesta particular do gestar. A esse registro, a essa informação, Heidegger dá o nome de *"Kunde"*, e *"Geschichtskunde"* a um modo de ser histórico. Esta última palavra pode ser traduzida por "o gestar da história", ou ainda "historiologia". Lembremos que em alemão geografia se diz *Erdkunde*, registro ou informação sobre a Terra. Seria possível traduzir *"Geschischtskunde"* por "historiografia" se essa última palavra não tivesse outro uso em português, mas essa opção teria a vantagem de indicar desde logo que os povos ágrafos não possuem história, segundo uma concepção comum à época de Heidegger e que ele logo endossa. Seja como for, *"Geschischtskunde"* será traduzida por "registro da história".

III

Importante é compreender todo o alcance desse conceito: "Por *registro da história* entendemos *os respectivos modos de abertura* (Offenbarkeit) *nos quais uma época se situa na história,* de tal maneira que essa abertura traga consigo e oriente o ser histórico da época".[36] Lembremos que para Heidegger a verdade é abertura, manifestação do ente, sendo que essa abertura nos insere no ser do ente ligando-nos a ele segundo seu modo de ser. Por isso cada registro da história situa uma época em que o ser histórico se abre de maneira peculiar, marcando as resoluções que um povo é levado a tomar. Cabe lembrar que essa resolução não está ligada a uma reflexão qualquer do eu ou do espírito, mas à abertura de

36. *Logik als die Frage...*, GA 38, p. 93.

um ser que se lança no mundo. Ao contrário, porém, de *Ser e Tempo* que, primeiro, mostra como o discurso se articula como possibilitação do *ser-em* na qual a linguagem se funda e só em seguida coloca a questão do tempo a partir da temporalização do próprio *Dasein*, aqui, nesse curso de 1934, o questionamento do tempo se articula desde logo a partir da resolução gestante, a partir da constituição do povo. Desde o início, o tempo, ao se temporalizar, vem a ser a matriz de toda determinação, particularmente aquelas que demarcam o povo e sua linguagem.

Em geral os historiadores não levam em conta essa abertura que vincula o passado ao presente da resolução e assim desprezam a temporalidade própria da época. Por isso tendem a pensar a história como inexoravelmente ligada aos fatos passados. Em contrapartida, ao atender ao respectivo modo de abertura da época, Heidegger está atento à essência dessa época e, por isso mesmo, ao que nela não é essencial. Lembremos que essencial e inessencial são inseparáveis, assim como o vale, já dissemos, é parte integrante da montanha. Por isso não se pode avaliar o acontecimento historial segundo os padrões morais do bem e do mal, posto que o mal não pertence à essência do bem. Daí a necessidade de levar em conta a conexão singular entre a história e a abertura da história, para que a essência da história possa ser compreendida. Ora, se a questão diz respeito à essência, ao ser da história, toda a atenção precisa ser dada ao registro da história (*Geschischtskunde*), ao modo pelo qual uma época encontra sua verdade, sua abertura, num plano do ser anterior àquele em que a ciência histórica situa seus objetos. Nesse nível o mal está ligado ao inessencial, à falha que impede a plena essencialização. Vamos deixar de lado as razões que levam o historiador a, em vez de pensar a partir da verdade, optar pelo correto, mergulhando assim na concepção tradicional do tempo. Basta pensar a imbricação entre ser e tempo para perceber que o tempo passado, entendido como *perfectum*, terminado, perde seu vínculo com a essência, desvincula-se do movimento da temporalização para se tornar um antigo presente jogado no fundo do poço do tempo. Pelo contrário, o passado do homem, porque ligado à história, por isso mesmo historial, está presente na trama do acontecer humano, no seio do gestar. Daí ser conveniente traduzir "*Gewesen*" por "ter sido" e "*Gewesenheit*" pelo "ser desse ter sido", ou ainda por "vigor de ter sido".

O ser-aí do homem, na sua dimensão de *ser-com* (*Mitsein*) é, num de seus modos mais acabados, o povo, que por último se configura como Estado, mas a temporalização desse ser, sua essencialização, não pode deixar de lado sua parte inessencial. Se a relação entre o Estado e o cidadão se alinha à diferença ontológica entre o ser e o ente, nem por isso ela deixa de ter características próprias. Nós mesmos somos a essência do povo, na medida em que nos ligamos ao instante da resolução: "Podemos somente ganhar nossa essência a partir do que no instante historial nos é essencial. O que nos é essencial se determina num modo próprio do saber que não vem a ser sabido, por exemplo, como o saber dos dados físicos. Somente fazemos a experiência do essencial a partir do 'como' e do 'para que' (*Wie und Wofür*) de nossa decisão a respeito de nós mesmos, a respeito de *quem* queremos ser no futuro, sobre o que queremos colocar sob nosso comando como fazendo parte do futuro. *O que desde antes* [*desenvolve*] *sua essência se determina a partir de nosso futuro*".[37] Desde *Ser e Tempo* nos acostumamos a reconhecer nas *determinações* do ser humano modos de ser, possibilitações, configurando a essência do *Dasein*. O ser-próprio foi a última determinação estudada. Verificamos agora que esse ser-próprio, na medida em que o ser humano sempre é com, articula-se como o próprio do povo. Esse determinar do ser do povo se essencializa no "como" e no "para que" de nossa

---

37. *Logik als die Frage...*, GA 38, p. 117.

decisão a respeito de nós mesmos, que toma nosso vigor de ter sido até agora neste seu momento historial para determiná-lo em função do futuro. Em vista desse futuro determinante, o vigor de ter sido se mostra como tradição (*Überlieferung*), o caráter mais intrínseco de nossa historicidade. O futuro não nos vem de modo natural, mas só se formos capazes de seguir e renovar nossa tradição, de capturar nossa identidade entificada como se nos fosse inessencial e dela fazer o *para-que* de nossa existência histórica. Somos encarregados de nossa tradição. É impossível ser o povo que somos sem tornar viva nossa tradição, deixar que ela se afogue no inessencial da vida cotidiana. Só abolimos o peso do passado se fizermos eclodir o vigor do ter sido pelo futuro: "Nosso prévio estar lançado (*Vorhausgeworfensein*) no futuro é o futuro do vigor de ter sido. É o *tempo originariamente único e próprio*".[38]

Deixemos de lado os vários sentidos da palavra "história" para nos concentrar no sentido que Heidegger lhe dá como história de um povo. Lembremos que à nossa análise somente importa descrever os vários modos do determinar, para poder assim chegar ao conceito de linguagem, tal como ele a concebe nesse período. Ora, na segunda parte do curso, Heidegger inverte o processo de determinação: ao chegar ao tempo como absoluto poder determinante, é a partir dele que as outras determinações se encadeiam. E não se deve esquecer que essas determinações não são meramente conceituais, criações do entendimento, mas potências configurantes de nosso ser, de nossa essência: "O expandir-se próprio (*Das Übergreifen selbst*) é o futuro. Não experimentamos o tempo como quadro indiferente, mas como potência que sustenta nossa própria essência, como tradição que nos conduz, a nós mesmos, para adiante em nossa tarefa".[39] Ao compreender a

38. *Logik als die Frage...*, GA 38, p. 118.
39. Ibid., p. 119.

tradição como tarefa, nosso próprio ser se altera porque transforma nosso relacionamento com o tempo: este passa então a ser visto como fonte de toda e qualquer determinação, cuja matriz provém do futuro e recupera o ter sido. Nós somos a própria temporalização do tempo: *"Wir sind die Zeitigung der Zeit selbst".*[40]

Não se trata, pois, de conceitualizar o tempo, enfiá-lo num bolsão do entendimento, mas de se engajar num futuro assumindo a responsabilidade da tradição. A partir daí Heidegger pretende sanear e clarificar os conceitos do movimento nacional-socialista. Em primeiro lugar, não cabe ceder aos apelos da ação direta. Diante do movimento político, importa ao universitário — antes de tudo — agir como universitário: "Desde logo, a tarefa suprema consiste em tornar efetivos para nós mesmos modos de pensar que nos coloquem na situação de questionar as coisas essenciais e torná-las conceituais".[41] Conceitos, obviamente, que possuam carga cognitiva e voluntária preparatória da ação histórica, incitando resoluções adequadas e responsáveis às necessidades de seu tempo. E o próprio tempo, a partir do qual o ser se configura, deixa de estabilizar o real na presença para situar-se epocalmente a partir do futuro e recuperando o vigor de ter sido, a partir de uma tradição que apropriamos e que nos apropria. "E assim se torna compreensível que nossos questionamentos sobre a essência da linguagem, a respeito do homem, a respeito de nós mesmos, do povo e da história — que todas essas questões sejam determinadas *no modo da decisão (entscheidungsmässig)."*[42]

São notáveis as alterações no conceito de determinação: em resumo, não é mais o conceito que determina, mas o ser temporalizante. Não só o determinar escapa da forma tradicional em

---

40. *Logik als die Frage...*, GA 38, p. 120.
41. Ibid., p. 122.
42. Ibid., p. 125.

que ele determina algo, mas passa a operar na medida em que nós mesmos nos determinamos como povo, resolvendo-nos segundo a temporalização do tempo. E assim o ser da determinação assume três vetores. Em primeiro lugar, a autodeterminação pelo saber e pela vontade que se articula como determinação pelo tempo de nosso ser-aí fazendo-se epocal e firmando-se como missão de um povo: "Entendemos nossa determinação como aquilo *pelo qual nós nos determinamos*, o que obtemos para nós como nosso encargo (*Auftrag*)".[43] A essa se liga uma missão (*Sendung*). Sobre esse primeiro sentido repousa um segundo, explicitando o meio pelo qual efetivamos nosso encargo e nossa missão mediante o trabalho (*Arbeit*). Ao experimentar nosso encargo e nossa missão, o *Dasein* é tomado por nossa vocação, marcado por ela no instante — no vir a ser — de sua realização. "O presente como *determinidade* da determinação (*Bestimmtheit der Bestimmung*) é apenas como passagem do vigor de ter sido para o futuro. Como passagem, ele se mostra como execução, isto é, como instante."[44] Mais que conformação de um objeto, informação de uma obra, o trabalho é o instante, o momento transitório entre a tradição e a missão futura. Por isso não é mera determinação, mas determinidade, ser determinante por onde o tempo se faz passagem presente. Participando da resolução, ele é livre na medida em que transforma uma determinação num ser determinado e determinante. Por fim, por sermos assim determinados, somos inteiramente dispostos por uma tonalidade afetiva. Note-se que o presente historial ganha seu sentido próprio: o presente, determinidade da determinação, resolve-se na passagem do vigor de ter sido para o futuro. Como passagem ele se mostra em execução, instalado no instante. Isso ficará mais claro se, a partir de nossa determinação,

43. *Logik als die Frage...*, GA 38, p. 127.
44. Ibid., pp. 128-9.

fizermos a experiência do tempo no sentido original: como vocação no encargo e na missão. E assim Heidegger, ao explicitar os novos sentidos da autodeterminação resolutiva, em particular de encargo, missão e trabalho, estaria preparado para sanear e esclarecer os termos mais em uso no vocabulário nazista — isso se ele mantivesse um bom relacionamento com a direção do movimento, o que não foi o caso.

Estamos, pois, diante de três formas de determinação: ser determinado pela vocação (*Bestimmtsein*), ser determinado pela resolução (*Bestimmheit*) e ser determinado pela tonalidade afetiva (*Gestimmtheit*).[45] Como já foi mencionado, essas três determinações ganham todo o seu sentido ao se mostrarem determinações que a temporalização do tempo nos inflige como ser lançado no aí, vale dizer, no mundo. Como estamos focando os sentidos da determinação, cabe-nos examinar desde logo como essas três se implicam mutuamente passando a costurar a essência do homem vindo a ser a experiência da sua epocalidade, deixando assim de lado uma análise mais aprofundada da questão do tempo.

IV

Nesse contexto, a tonalidade afetiva reforça sua dimensão ontológica. Sabemos que ela não deve ser tomada apenas como estado de ânimo, pois consiste antes de tudo numa abertura para o ente na sua totalidade no seu instante: "Em virtude da tonalidade afetiva estamos *expostos para fora* (*ausgesetzt*) no ser que nos oprime ou nos exalta".[46] A irritação não tinge todas as coisas com ares sombrios? O contentamento não faz aparecerem tons benfa-

45. *Logik als die Frage...*, GA 38, p. 134.
46. Ibid., p. 152.

zejos? Ora, nessa abertura para o ente em totalidade o corpo passa a ter função fundamental, na medida em que está suspenso entre nossas disposições afetivas e as capacidades de orientar nossas condutas. Por isso a doença não é apenas um fenômeno biológico, mas integra a história de cada um, do mesmo modo que a voz do sangue nos liga desde logo a uma comunidade. Para se efetuar melhor, o trabalho não precisa adicionar o trabalho dos outros como seu complemento; pelo contrário, o trabalho, como comportamento fundamental do homem, é, antes de ser produtivo, desde logo, a possibilidade de estar juntos uns com os outros, uns pelos outros.[47] É nessa ampla abertura para o ser que o trabalho se exerce como instante, como abertura para uma região do ente coletivamente laborada. Mesmo quando trabalha sozinho, o outro está presente no seu aprendizado. Daí a miséria do não-trabalhador, que mantém a relação de abertura sem poder dignificá-la por sua execução. Cada trabalho tem, assim, origem numa tarefa ligada à tradição e a operações específicas. Desse modo, aberto ao ente na totalidade pela tonalidade afetiva, essencializando esse ser pelo trabalho coletivo, que assegura a dignidade da tradição e redesenha o futuro, o ser humano se mostra inteiramente determinado pelo tempo, pelo gestar da história.

Seria interessante examinar como esse conceito de tonalidade afetiva ligada à mediação do corpo influenciou as meditações de Merleau-Ponty, em seus últimos escritos, sobre a força mediadora do corpo. Também teria cabimento mostrar que essa interpretação do trabalho como exercício de uma tonalidade afetiva retira dele aquilo que Marx chamou de metabolismo do homem com a natureza, determinação essencial para que o ato de trabalho, quando doma uma energia natural, ganhe sentido social enquanto momento de um modo de produção particular, no qual se

---

47. *Logik als die Frage...*, GA 38, p. 156.

produzem e se reproduzem objetos necessários para a existência de uma sociedade. Enquanto Marx estuda o ato de trabalho no contexto da reprodução da economia como um todo mas diferenciando-se segundo o modo de produção em que se inscreve, Heidegger o examina como determinação, possibilitação do ser--aí exercendo seu *ser-com* enquanto povo. O trabalho é coletivo porque ligado ao *ser-com*, enquanto determinação existencial do ser-aí, e não, como em Marx, por suprir necessidades conformadas nos sistemas de distribuição e de troca no quadro de um sistema produtivo.

Retomemos, contudo, nosso caminho. Graças às tonalidades afetivas que nos ligam ou desligam com o ente na totalidade, nós mesmos nos determinamos como resolutos, assumindo nossos encargos, nossa missão, trabalhando no sentido de realizar o que somos como coletivo. Antes de sermos sujeitos, somos membros desse todo na medida em que, ao sermos seres humanos, nosso modo de ser alimenta um ente a que damos o nome de povo: "Esse modo de ser-homem é o que nos permite compreender *como* e *quem* deve ser o ente que unicamente convém para esse ser. Esse ente nunca é um sujeito, nem ainda acúmulo de vários sujeitos que na base de um arranjo fundam uma comunidade, mas o ente originariamente único que, trazendo em si exposição, elevação, tradição e encargo, é somente aquele que chamamos de 'um povo'".[48] Ao efetivar sua essência, o povo se dá como Estado: "O Estado é a essência historial do povo".[49] Note-se que, diferindo de Hegel, para quem o Estado é precedido pela sociedade burguesa das necessidades, Heidegger o baseia num povo historial. Se, por certo, este depende do trabalho, não é sob a forma de uma socia-

48. *Logik als die Frage...*, GA 38, pp. 156-7.
49. Ibid., p. 165.

bilidade determinada por ele mesmo como ato coletivo de produção, mas da temporalidade como cura e doação do ser.

Não custa lembrar que o ser-aí se essencializa construindo suas etapas a partir de possibilidades essenciais, marcando o caminho de sua existência conjuntando livremente o que é possível para poder escapar do abismo de sua não-essência. Tendo como pano de fundo o *ser-como* temporalizando-se pela cura, os entes homens, para poderem ligar-se à essência da cura, resolvem ser no instante o que já têm sido no tempo passado, descobrindo nesse ter sido uma tradição que os projeta para o futuro limitado pelas possibilidades inscritas numa época. Esses entes, desde logo determinados como proprietários da linguagem, lançam-se preocupados no mundo e assim se envolvem na temporalização do tempo perfilhado numa época. Como entes eles já estão unidos porque estão no mundo, marcados tanto pelo *ser-aí* como pelo *ser com*. Ao se resolverem como juntos, assumindo uma tradição e conquistando um futuro, resolvem-se como povo. Mas essa conjuntação nunca abole seu lado inessencial. O próprio ser epocal abre a possibilidade de um movimento, de um fundador de Estado, que permite aos entes humanos dar novos sentidos às suas vidas mergulhadas no impessoal e voltarem-se para o destino do povo. O ponto de vista do ser, da efetivação da essência, não permite que o povo resulte de um contrato ou de uma necessidade originária de auto-manutenção. O povo *é* um modo de ser junto atendendo o modo do ente na totalidade da vez, isto é, do instante se resolvendo. Por isso é historial; quando registra o que lhe acontece, vem a ser sua essência que é o Estado: "O Estado somente *é* até onde e quando se gesta a imposição da vontade de soberania, vontade que emerge do encargo e da missão e se transforma, ao contrário, em trabalho e obra".[50]

50. *Logik als die Frage...*, GA 38, p. 165.

Seus conceitos determinantes do Estado não são abstratos, mas indicam operadores formando parte de uma tradição autêntica ou inautêntica sempre a ser criticada pela resolução que lhe confere um sentido histórico. Se a matriz do povo também reside no trabalho e na obra, no âmbito das condições históricas e políticas devidas, é natural que sua essência dependa do estado histórico da técnica. Se esta foi subvertida por uma interpretação enviesada do ser, cabe fazer com que volte a se conciliar com seu ser mais próximo. Por isso o Estado não tem como função apenas assegurar o bem-estar das pessoas. Como órgão político máximo, isto é, resolutivo, cuida de sua essência. O Estado, como vimos, é o ser historial do povo, existindo "enquanto chega a impor a vontade de soberania cuja fonte se encontra numa missão e num encargo se fazendo, inversamente se faz trabalho e obra. Por sua vez, 'socialismo' não implica mudança no sentido da economia ou um igualitarismo fora de lugar, mas 'significa o cuidar das medidas e das articulações essenciais de nosso ser historial, de sorte que ele quer por isso a hierarquia segundo a vocação e o trabalho, ele quer a honra intocável de cada trabalho, a incondicionalidade do serviço como o vínculo essencial com a inevitabilidade do ser'.[51] No entanto, nazismo e comunismo não se encontram no trabalho forçado? Não é à toa que no portal de Auschwitz estivesse escrito que o trabalho torna livre. Do ponto de vista da resolução, essa liberdade imposta integra os indivíduos numa tradição e num projeto.

Basicamente Heidegger pensa um Estado cooperativo onde cada corporação cumpra sua missão, reforce e alimente a tradição mediante suas obras. O direito do cidadão não é primordial. Fundado na preocupação historial, "o Estado é necessariamente essencial, e não uma abstração que seria deduzida de um direito

51. *Logik als die Frage...*, GA 38, p. 165.

elaborado pelo pensamento e se reportando a uma natureza humana atemporal sendo em si".[52] Nada mais natural que esperar que a regeneração do Estado e da nação dependa de um dar-se cuja origem é o fundamento abissal do ser essencializando-se num povo. Por isso, quando se preparava o referendo de novembro de 1933, Heidegger, já como reitor da Universidade de Friburgo, não hesitou, no dia 10 de novembro, em lançar o seguinte apelo aos "Alemães, alemãs: O povo alemão é chamado a votar pelo *Führer*, mas o *Führer* não solicita nada ao povo. Antes, dá ao povo a possibilidade mais direta da decisão livre e suprema: o povo no seu todo quer a sua própria existência (*Dasein*) ou não a quer?".[53] No dia seguinte ele repete o mesmo apelo num discurso pronunciado em Leipzig. O *Führer*, como todo grande criador, doa novo sentido para os entes; no caso, a possibilidade de assumir e responsabilizar-se pela própria existência histórica. Se logo mais Heidegger se desengana com o nazismo, nem por isso sua proposta política deixa de ser totalitária e corporativa. Como sempre, para ele a única medida que vale para o pensamento provém da própria coisa a pensar. Hoje o ser a ser pensado na sua plenitude é a técnica. O nacional-socialismo o reconheceu, mas, como Heidegger dirá muito mais tarde, em 1976, em sua entrevista à revista *Der Spiegel*, já citada: "O nacional-socialismo caminhou efetivamente nessa direção, mas o pensamento daquela gente era por demais indigente para alcançar uma relação verdadeiramente explícita com o que acontece hoje".[54]

Na mesma entrevista, explicita que não convém aos indivíduos e à própria filosofia ser causa da alteração de um estado de coisa, mas tão só preparar para as doações fundadoras, isto é, ca-

52. *Logik als die Frage...*, GA 38, p. 165.
53. *Escritos políticos*, p. 112.
54. Ibid., p. 239.

be "manter-se aberto para a vinda ou o abandono do deus",[55] isto é, uma nova configuração da sacralidade imortal transcendente que, assim, configure o sentido dos alemães como mortais. A tarefa é nutrir a tradição de um povo e esclarecer sua missão, purificando instituições definidas no quadro do Estado e em vista de suas funções essenciais. Como professor, Heidegger a realiza inovando nos seus cursos, chamando a opinião pública para sanear e clarificar um movimento histórico ameaçado de mergulhar nos pormenores e na barbárie da técnica. E, como reitor, deve cuidar da afirmação de si da universidade alemã: "como vontade originária e em comum com sua essência. Para nós a universidade alemã vale como a escola superior que, a partir da ciência e pela ciência, educa e disciplina os chefes e os guardiões do destino do povo alemão".[56] E, como filósofo-reitor, deve aliar-se àqueles que promovem a reforma do saber, desmontando a tradição esclerosada, recuperando o sentido original da ciência e de uma prática autêntica. Prevê que essa mesma crítica vá alterar seu sentido ao longo de seu curso, não porque cresça no embate das opiniões ou no jogo das razões, mas porque está sempre dando nova forma ao próprio questionar, na medida em que se transforma no vital questionamento do próprio ser no gestar da história.

Como conciliar essa longa adesão política ao nazismo quando ele mesmo indica que o movimento representa um passo marcante do processo de destruição do Ocidente, dominado pelo aparelhamento da técnica que retira dos objetos até mesmo suas individualidades? Na técnica, como *Gestellt*, até as coisas perdem suas coisidades para se tornar simples exemplos daquilo que pode ser calculado. A técnica moderna arredonda o engano da metafísica que, deixando de lado a questão do ser, não pode ir além das

---

55. *Escritos políticos*, p. 235.
56. *Discurso da reitoria*, pp. 1-2.

relações representativas de um sujeito com seus objetos. No entanto, não haverá superação da metafísica, aquele Espírito Absoluto que recolhe e transforma tudo o que configurou no seu percurso. Em vez da *Aufhebung* hegeliana temos a *Verwindung* da metafísica, o esgotamento/ir além de suas possibilidades de ser, o que obriga o passo de volta em busca das primeiras formas de pensamento e de ser e que prenunciam o passo adiante, uma nova forma de pensar que termina como pensamento do Seer (*Seyn*). Diante da democracia, seja a de Weimar ou a dos Estados Unidos, seja o socialismo soviético tirano, ambos são faces diferentes do mesmo ser técnico; Heidegger então foge para o socialismo nacional, a despeito das limitações de seus atores. Não é ele que leva a cabo a crítica ao niilismo elaborada por Nietzsche? Não é ele que, a despeito dos enganos de seus ideólogos, considera a relação do Estado com o povo como o ser que se junta aos entes para vir a ser? Carl Schmitt, em seus escritos justificando o nacional-socialismo, pensava-o como um movimento que acentuava o caráter político do Estado, tecido pela oposição amigo-inimigo diante da marca apolítica do povo. Quando, no início de 1933, Hitler chega ao poder, Schmitt teria dito que Hegel morrera. O Estado não poderia ser concebido como a superação das contradições da sociedade civil. Heidegger se contraporia, afirmando que ele ainda não tinha vivido, mas haveria então de viver, pois agora o novo Estado assumiria a forma do ser que se essencia mediante seus entes ligados por seus modos de trabalho e assim se unindo politicamente.[57]

Depois da Segunda Guerra Mundial, depois que sua filosofia, como veremos, passa pela virada (*Kehre*) que a obriga a ter como ponto de partida o próprio ser e não mais o ente que cuida

---

57. Cf. Alexandre Franco de Sá, "Heidegger e a política da diferença ontológica", revista *O Que Nos Faz Pensar*, n. 36, p. 92.

de seu ser, do *Dasein,* o conceito de política e do próprio *Führer* passam a navegar mais tranquilamente nessas águas. Se toda a nossa época se mostra para Heidegger como o fim de um longo processo provocado pelo esquecimento da questão do ser, pela completa dominância do ente, posto como calculável e substituível, o movimento político está associado ao fim da metafísica e ao anúncio de sua superação efetivante. Por essa brecha, Heidegger pode incorporar toda a crítica de nossa modernidade sustentada pela abrangência da técnica condensada por uma vontade da vontade que transborda as fronteiras nacionais, impondo um niilismo que desrespeita a diferença entre o verdadeiro e o falso, entre a natureza e o homem, entre a guerra e a paz, entre o trabalho e o ócio ilustrado, e assim por diante. Quase toda crítica que a esquerda socialista fazia do capitalismo reaparece na crítica feita pela direita, também dita socialista. A política se resolve na trama de decisões calculadoras, mas que no fundo são aparentes, porque nada resta para decidir. "O líder (*Führer*) é o escândalo que não se cansa de perseguir o escândalo de apenas dar para os outros a impressão de que não são eles que agem... Mas eles [os líderes] são, na verdade, a consequência necessária do fato de todos os entes terem passado para o modo da errância em que o vazio se espraia, na avidez de uma ordem e de um asseguramento únicos de tudo o que é e está sendo."[58]

No entanto, assim como a essência da técnica não é técnica, a redução do ente a objeto calculável e dominável depende, como veremos, de uma doação do próprio ser que venha incorporar uma transcendência que se marque apenas pela imortalidade de um deus que escape da decisão de ser ou não ser, mas que nos marque como mortais, cidadãos de um novo início.

---

58. *Vorträge und Aufsätze,* I, GA 7, p. 85; *Ensaios e conferências,* p. 81.

V

Antes de avançar por essa trilha, porém, vale a pena tecer algumas breves considerações. Vimos que os homens não são os únicos autores de sua história. O povo e o Estado correspondente carregam uma tradição corporativa que ordena indivíduos e classes antes de toda demanda pela cidadania. Heidegger nunca diria "*Aux armes citoyens*", mesmo quando, durante a invasão aliada, conclama todos os alemães a tomar as armas em defesa do solo sagrado. Não devem fazê-lo como cidadãos, mas, antes de tudo, como alemães. Compreende-se ainda por que, mesmo depois da derrota e da exposição das misérias praticadas pelo regime nazista, nunca fez nenhuma autocrítica. O movimento era historicamente essencial e, por isso mesmo, sempre beirava o abismo do inessencial. Pessoalmente, fez o que podia fazer a partir do foco da Universidade: "Cometi muitos erros no que a administração da universidade comporta, sob os aspectos técnico e humano. Mas nunca sacrifiquei ao Partido o espírito e a essência da ciência e da Universidade. Pelo contrário, tentei renovar a *Universitas*".[59] Os erros fazem parte da execução, não no que diz respeito à resolução. Além do mais, o fim da guerra não resolveu os problemas que lhe deram origem. Agora, diz ele, só nos resta esperar pelo advento de uma nova dádiva do ser, pela vinda de um novo deus. Mas, como veremos, os seres humanos são responsáveis pela guarda dessa dádiva, principalmente por meio do exercício da linguagem, o que significa que não podemos vacilar.

O ser do homem é a cura, o cuidado que, de um lado, o temporaliza, de outro o lança para o mundo e o determina segundo as três dimensões mencionadas de seu existir: ser determinado pela vocação (*Bestimmtsein*), ser determinado pela resolução (*Bestimmt-*

---

59. *Escritos políticos*, p. 188.

heit), e ser determinado pela tonalidade afetiva (*Gestimmtheit*). Por isso, "A cura é em si cura da determinação". Como vimos, o conceito de determinação passa por uma completa transformação. Estamos longe do determinar predicativo de uma substância, de um sujeito, ou de um sujeito que se determina a si mesmo por meio de suas representações ou ainda representações volitivas que se juntam num espírito. E, ainda, muito mais longe da mera relação funcional entre um signo articulado e um valor de verdade. Cada determinação é um modo de ser do ser-aí, de ele vir a ser respondendo ao apelo de vocação, resolvendo ser o que ela invoca e se abrindo, por essa fresta, para o mundo, numa tonalidade afetiva. E assim ele se expõe, respondendo ao ser incontornável, sendo, pois, livre na medida em que o recebe e se abre para a própria coisa.[60]

Quando o registro (*Kunde*) se junta a tais modos de ser determinado, está aberto o caminho para compreender a linguagem como o reino do ser-aí historial de um povo, reino no qual vem a ser preservado o ente em totalidade e o mundo. "Desde que a potência do tempo como temporalidade constitui nossa essência, somos expostos ao ente manifesto, e isso significa igualmente: o ser do ente é transmitido (*übereignet*) para nós. O ser na totalidade, tal como nos atravessa e nos envolve, a totalidade reinante desse todo é o *mundo*.[61] A temporalização inscrita em nós e anunciada (*bekundet*) marca nossa essencialização e assim nos expõe ao ente manifesto. Mas nessa exposição se desenha o ente na totalidade que então acontece (*ereignet*) sob nossa guarda. Esse acontecimento (*Ereignis*) já aparece como o momento em que o *Dasein* passa a guardar o ser mediante sua linguagem — e com ela se protege o povo e o mundo, mundo como "registro (*Kunde*) do ser

---

60. *Logik als die Frage...*, GA 38, p. 164.
61. Ibid., p. 168.

historial, sendo esse registro a abertura do ser do ente no seu segredo. No registro e por meio dele reina o mundo".[62]

Ser e Tempo apresenta o mundo na trama dos manuais, mas de tal modo que cada ente utilizável encontra seu ser graças à conjuntação, e assim se integra na trama significante do mundo. A linguagem vem cobrir e estabilizar essa trama, conferindo-lhe uma estabilidade epocal. Nesse curso de verão em 1934 a articulação do discurso passa pelo registro (*Kunde*) dos acontecimentos de um povo, que o traz para a história. Quebra-se a continuidade pretendida do processo de singularização do ser-aí e a diversidade da história do ser no mundo. Desde logo, o ser do homem, mediante o *lógos*, está se responsabilizando pela estabilidade de cada ser demarcado pela trama das conjuntações, sem que essas precisem ser demarcadas, na medida em que a notícia (*Kunde*) as apresenta como um todo. O conceito de *Kunde* cria uma determinação coletiva que permite encarar o mundo do ponto de vista do ser se gestando como história. Basta traduzir *Kunde* por "gesta" para ver que o gestar da história mais se aproxima do ser que do ser-aí, sem que a interdependência de ambos seja quebrada. E assim, deixando de lado o tecer das conjuntações, a linguagem pode se abrir e guardar o ente na totalidade como mundo.

Se as determinações estão sob o cuidado da cura e do tempo, elas finalmente se estruturam como linguagem na medida em que esta configura a essência de um povo lançado no mundo historial, determinando-se por ele enquanto assume seu encargo e sua missão. No mundo, um povo se historializa ao vir a ser epocal. Daí o ser da linguagem passar a ser antes de tudo a configuração desse mundo: "A essência da linguagem se essencia onde ela se gesta como potência configurando um mundo, isto é, quando ela configura antecipadamente o ser do ente e o coloca numa articu-

---

62. *Logik als die Frage...*, GA 38, p. 168.

lação. A linguagem originária é a linguagem do poema/poesia (*Dichtung*)".[63] Poema no seu sentido mais amplo, como *lógos* que se essencializa fazendo emergir a figura da coisa mesma. "O verdadeiro poema é a linguagem daquele ser que já nos foi há muito pronunciado e que ainda não alcançamos. Por isso a linguagem daqueles que poematizam (*Dichters*) nunca é contemporânea, mas sempre já tendo sido ou futura."[64] Mas se a linguagem mediante a palavra preserva o ser, ela se aproxima de toda criação que fala do ser, de uma criação cuja responsabilidade provém do próprio ser. A linguagem original, cujo horizonte está demarcado pelas palavras originais, abre espaço para todos os modos de poematizar, para esta ou aquela forma de arte, e particularmente para a filosofia inicial. A antiga trindade — o verdadeiro, o bem e o belo — encontra nova identidade sem, contudo, borrar suas diferenças. Tudo se passa como se três espelhos deformantes estivessem refletindo a mesma imagem, um projetando-se no outro, cada um conservando sua própria gramática.

VI

Antes de passarmos ao próximo capítulo, cumpre retomar rapidamente a observação feita no início, sobre o "conservadorismo" lógico de alguns autores, em especial aqueles ligados à Teoria Crítica. Lembremos que Max Horkheimer opõe razão instrumental — técnica, diria Heidegger — a uma razão substantiva, sem deixar muito claro em que consiste essa racionalidade. Jürgen Habermas, também reconhecendo a necessidade de uma nova lógica, não deixa de escrever sua *Teoria da ação comunicativa* ba-

63. *Logik als die Frage...*, GA 38, p. 170.
64. Ibid.

seando-se numa interpretação muito peculiar da proposição apofântica.[65] No entanto, em nosso contexto, é a dialética negativa de Theodor Adorno que torna mais explícito o compromisso da Teoria Crítica com a velha lógica.

Essa dialética negativa sempre se move no plano do conhecimento — operações da consciência ligadas a movimentos sociais que identificam e separam sujeito e objeto —, desdobrando a diferença entre o particular e o universal: "A dialética desdobra a diferença entre o particular e o universal que é ditada pelo universal".[66] Nesse desdobramento, a marca do conceito também vale pelo campo indeterminado que o rodeia. "Para o conceito, o que se torna urgente é o que ele não alcança, o que é eliminado por seu mecanismo de abstração, o que deixa de ser um mero exemplar do conceito."[67] Na relação "parâmetro e caso" importa, sobretudo, a sobra que o real consegue livrar da formação conceitual. Mas a regra é concebida tradicionalmente como pensamento ligado à consciência e a uma razão cuja *rede lógica* indica uma forma originária identitária a ser contestada e remoída durante seu próprio uso.

Vejamos isso no pormenor. A segunda parte da *Dialética negativa*, aquela que examina conceito e categorias, tem início com uma frase de efeito: "Nenhum ser sem ente (*Kein Sein ohne Seiendes*). O algo (*Etwas*) enquanto substrato do conceito — necessário em termos de pensamento, enquanto substrato mesmo do conceito de ser — é a abstração mais extrema do caráter coisal (*Sachhaltigen*) não idêntico do pensamento: essa abstração, porém,

---

65. J. A. Giannotti, "Habermas: mão e contramão", *Novos Estudos Cebrap*, n. 31, 1991.

66. Adorno, *Negative Dialektik* (*Gesammelte Schriften*, v. 6), Suhrkamp, p. 19; *Dialética negativa*. Trad. Marco Antonio Casanova. Rio de Janeiro: Zahar, 2009, p. 14.

67. *Negative Dialektik*, GS 6, p. 20; trad., p. 15.

não pode ser eliminada por nenhum outro processo de pensamento; sem esse algo, a lógica formal não pode ser pensada. Ela não pode ser purgada desse seu rudimento metalógico. A possibilidade de o pensamento se livrar desse caráter coisal por meio da forma 'em geral', ou seja, a suposição de uma forma absoluta, é ilusória".[68] Note-se que a referência de "algo" foi indevidamente aproximada daquela do nome "coisa", que passa assim a impedir que o formal se purifique do factual. Um número irracional teria um peso "coisal"? Importa, porém, que, por isso, tanto se possa criticar Husserl, que confere sentido a "quadrado triangular", como todas aquelas inúmeras tautologias que, para Heidegger, exprimem precisamente o exercício essencial do ser (*Die Welt weltet, Die Sprache spricht* e assim por diante). Em particular, o próprio "conceito" de *Dasein* se torna incompreensível precisamente por fugir da relação sujeito-objeto. Em contrapartida, continua Adorno, se a forma pura não pode ser inteiramente abstraída de seu contexto factual, o conceito puro, função do pensamento, também não pode ser inteiramente isolado do eu que é, vale dizer, sem a experiência do próprio eu. Depois de estabelecer esses dois parâmetros abstratos, o subjetivante e o objetivante, é que se instala o jogo dialético da identidade vindo a ser diferença e da diferença vindo a ser identidade. Que as formas estão ligadas aos fatos, ao mundo, isso é óbvio; a questão é: como isso se dá. Somente no interior da relação representativa sujeito-objeto?

Como quase sempre acontece, um filósofo se compromete ao dar seus primeiros passos. Adorno desde logo está admitindo sem questionar que o pensamento se desenvolve na consciência, seguindo em particular formas racionais cuja armação é descrita pela lógica formal. Essas formas racionais formulam expressões que dizem respeito a conteúdos factuais nos mais diversos níveis.

---

68. *Negative Dialektik*, GS 6, p. 139; trad. mod., p. 119.

E, assim, toda a sua argumentação se desdobra dentro da oposição representativa sujeito-objeto, embora esses termos sofram as maiores torções. Ora, Heidegger e Wittgenstein, cada um a seu modo, negam a importância da lógica formal como quadro da reflexão filosófica. Ambos passam a mover-se no interior da linguagem cotidiana, sem admitir que todas elas estão *sub judice* de uma estruturação formal maior.

Ao comprometer-se com a oposição-identidade do sujeito--objeto, o pensamento de Adorno se aproxima da dialética hegeliana. No entanto, em lugar de a proposição filosófica vir a ser o contrachoque de seus dois termos que os desfibram e o espiritualizam na *Aufhebung*, ela se afirma unicamente pelo excesso negativo que a força do conceito imprime à coisa. Se não há passagem do sujeito para o Espírito e se nem a negatividade, ao chegar a seu limite, se converte em positividade, Adorno só pode acentuar o lado negativo do conceito. O conhecer se move, pois, entre o afigurar do conceito e o reconhecimento de seus excessos marginais, por conseguinte inteiramente no domínio da representação. Na medida, contudo, que ainda tem no horizonte o próprio conceito, aparece no conhecimento uma forma de utopia: "A utopia do conhecimento seria abrir o não conceitual com conceitos, sem equipará-lo a esses conceitos".[69] O apelo à utopia só tem sentido porque de certo modo reflete uma situação histórica contraditória presente: os excessos expulsos do conceito se reportam à vida social, ao contrário do que sempre ensinou o idealismo. A vida moderna está ligada a um processo de produção baseado na troca de produtos. "A pré-formação subjetiva do processo de produção material da sociedade, radicalmente diversa de uma constituição teórica, é seu elemento irresoluto, irreconciliável com os sujeitos. Sua própria razão que, inconsciente como o sujeito transcenden-

69. *Negative Dialektik*, GS 6, p. 21; trad., p. 17.

tal, funda a identidade por meio da troca, permanece incomensurável para os sujeitos que ela reduz ao mesmo denominador comum: sujeito como inimigo do sujeito. A universalidade estabelecida é tanto verdadeira quanto não verdadeira: verdadeira porque forma aquele 'éter' que Hegel chama de Espírito; não-verdadeira porque sua razão ainda não é razão alguma, sua universalidade é o produto de um sistema particular. Por isso a crítica filosófica da identidade ultrapassa a filosofia. No entanto, o fato de se precisar daquilo que não pode ser subsumido à identidade — o valor de uso, segundo a terminologia marxista — para que a vida em geral perdure, até mesmo sob as relações predominantes, é o inefável da utopia. Esta penetra profundamente naquele que jurou não realizá-la. Em face da possibilidade concreta da utopia, a dialética é a ontologia do estado falso (*Ontologie des falschen Zustandes*). Dela seria liberado um estado justo que não é nem um sistema nem uma contradição."[70]

Optamos por reproduzir esta longa passagem da *Dialética negativa* porque ela exemplifica as torções necessárias para que o negativo possa ser compreendido como se fosse uma espécie de imagem do conceitual, embora expulsa do nível do entendimento. Como não há ser sem ente, a constituição conceitual necessária da realidade precisa ser corrigida por seu lado objetivo, "material". Cabe, então, compreender a trama social dessa realidade. Ora, no modo de produção atual, os agentes reais trocam seus produtos pelo *mesmo* valor, mas criando uma identidade vindo a ser incomensurável para eles. Isto faz com que um sujeito se torne inimigo do outro. A universalidade é tanto verdadeira como falsa. Mas, segundo a terminologia marxista, porque o valor de cada mercadoria abstrai o valor de uso do produto que particulariza as necessidades de cada um, para poderem efetuar suas trocas, a

70. *Negative Dialektik*, GS 6, p. 22; trad., pp. 17-8.

identidade é retomada no plano da utopia. A dialética negativa se converte numa ontologia de um estado do real que vem a ser falso, porque escapa do conceito, embora apareça como verdadeiro. Notem-se os ecos do texto de Marx: a reificação da mercadoria e a crise da contradição entre o capital total e o operário total que resultaria na Revolução se transformam numa relação de inimizade entre os atores bloqueados num estado falso existente. Só lhes resta a utopia da emancipação.

Vale a pena juntar alguns poucos comentários. Para Marx, a simples mercadoria condensa a identidade do valor de troca, deixando de lado o valor de uso, mas os atores só se tornam inimigos no modo de produção capitalista quando a troca dos valores só é feita se produzir mais valor. Obviamente Adorno não desconhece essa diferença, embora lhe dê pouca importância. Talvez porque, para ele, a crise do capitalismo tardio deixou de se basear nos processos econômicos, segundo o ensinamento de Friedrich Pollock, aceito pelos fundadores da chamada Escola de Frankfurt. O que importa é a vinculação da verdade com a práxis. E essa práxis joga com o conceito e o não conceito.

Deixemos o estudo mais aprofundado do estado falso para Marcos Nobre,[71] que desenha um amplo panorama do pensamento adorniano. Aqui, somente nos importa assinalar, primeiro, que a crítica adorniana à "ontologia" de Heidegger — sempre supondo o exercício da predicação e o jogo recíproco do sujeito e do objeto — só pode desaguar num disparate. Segundo, por mais verdadeira que seja a afirmação "a verdade está sempre ligada à práxis", isso nada significa enquanto não for explicado como verdade e práxis se ligam ou se dissolvem um no outro. Seja como for, em geral a Teoria Crítica, ao tentar retomar o conceito de ra-

---

71. Cf. Marcos Nobre, *A dialética negativa de Theodor W. Adorno: A ontologia do estado falso*. São Paulo: Iluminuras, 1998.

zão, ainda não percebeu que "Deus morreu", que a simples separação do sensível e do inteligível ressuscita um modo de ser paradigmático fundante. É o que não acontece com os dois filósofos que nos ocupam. *Ser e Tempo* parte do fato de o ente homem cuidar necessariamente de seu ser, cuidado que faz do compreender um momento do ser projetado. Por sua vez Wittgenstein, como veremos, interpreta a busca pela certeza, a escolha entre um valor verdadeiro e um valor falso, apoiando-se numa situação efetiva que se torna lógica porque é dita por enunciados monopolares. A tradicional bipolaridade do verdadeiro e falso liga-se a uma situação lógica entranhada numa forma de vida. Mas para isso ambos precisam pensar a lógica como um vindo a ser da linguagem. Esse é o nosso tema.

4. A caminho do seer

I

Ao contrário de Wittgenstein, para quem a pergunta pelo sentido do ser nasce de um erro gramatical, a crítica heideggeriana da metafísica pretende ir além dela, superando suas limitações, embora confirmando seu projeto inicial. Por isso vale a pena lembrar que o saber do ser enquanto ser, que Aristóteles reconhece que nunca será totalmente alcançado, se, de um lado, precisa lidar com as múltiplas significações do ser explicitadas basicamente pelas categorias, igualmente há de tratar de estabelecer se os seres sensíveis, os entes, estão ou não separados do ser divino, do céu estrelado e do primeiro motor. A metafísica nasce indagando sobre os vários sentidos do ser, mas também tentando encontrar o lugar ontológico do divino. Ora, lembremos que o próprio Aristóteles reconhece que a mesma *ousia* vale para o mundo sensível e para o mundo inteligível. Retirando toda a tralha com que a tradição recobriu essa palavra, cabe nunca esquecer, como adverte

Pierre Aubenque,[1] que *ousia* é um substantivo formado pelo particípio do verbo *einai,* que significa o ato daquilo que é. A crítica da metafísica, desenvolvida por Heidegger, desde o início aponta para o modo antigo de colocar essas questões, assentado num pressuposto oculto, pois considera o ser como o que é como sendo presentidade (*Anwesen*). Isso se evidencia ao pensar a *physis* como um se fazer atual. Heidegger amplia essa presentidade fazendo do ser o próprio tempo. Seu primeiro passo foi apoiar-se na própria temporalidade do *Da-sein*, de um ente que vem a ser pela cura (*Sorge*), assim se projetando no mundo. Não se trata, pois, tão só de *conhecer* como o *ser* humano se liga fundamentalmente com os entes, mas de apontar nesse conhecimento um modo histórico de os humanos se entificarem junto ao ser. Já sabemos que *Ser e Tempo* é um livro inacabado: o capítulo "Tempo e ser" não foi concluído porque Heidegger não consegue, depois de várias tentativas, partindo da transcendência horizontal do *Dasein*, de seu estar jogado, abrir o caminho para pensar o tempo histórico atravessando o próprio ser. Não se trata, como lembra Françoise Dastur,[2] de interpretar o ser como produto do homem, porquanto somente como ser-lançado pode o ser-aí chegar ao ser como tal. O "projeto de ser" não resulta da espontaneidade de um sujeito transcendental, assim como nada tem a ver com a tradicional ideia de reflexão, mas brota da especialíssima facticidade do *Dasein*, que não se arma como sujeito porque não é origem da própria transcendência: está sempre lançado nela graças a sua estrutura temporal finita. Portanto, é somente como "ser em falta" que o ser-aí historial pode compreender seu próprio ser como "fundamento lançado" da "história do ser".

---

1. Pierre Aubenque, *Le Problème de l'être chez Aristote*, pp. 405 ss.
2. Cf. Françoise Dastur, *Heidegger et la question du temps*, pp. 93 ss.

Nessas condições, a palavra "ser" não pode apresentar "algo" presente, nem mesmo como passagem do tempo, se não invocar uma negatividade que impede que tenha qualquer referência imediata. Aristóteles é quem formula a antiga questão sobre o ente da maneira mais precisa: "*ti to on*", "o que é propriamente o ente", preparando a resposta: que é "*ousia*". Essa solução é reformulada conforme os grandes pensadores, ou melhor, os grandes criadores, configuram um modo para o ser. Quando Heidegger inverte a questão da verdade como a verdade da essência, que começa a desenvolver-se como o seer (*Seyn*)[3] se essenciando antes de toda entificação, está reconhecendo, pois seer é tempo, que a história do Ocidente está se abrindo para um novo início — o próprio desdobramento do seer. Quantos lograrão afinar adequadamente a tonalidade da retenção (*Verhaltenheit*) para ensaiar o salto, procurando reconhecer a verdade do ente no próprio seer, para dar ao homem histórico a possibilidade de renovar o projeto do Ocidente? Não mais na base da *cura,* não como preocupação em torno de algo qualquer e denegação do júbilo e da força, mas do ser do ente na totalidade?[4] Enfrentamos um momento histórico no qual, para superar o domínio da técnica e do niilismo, alguns poucos irão reconhecer na crise da metafísica a necessidade de saltar para outro início, um início que pense a questão do ser em se essenciando, como verdade da essência desveladora e veladora, antes de se ligar diretamente ao ente. Assim, a "*ousia*" se tornará "parousia", advento desde logo acontecendo e se ocultando, temporalizando-se, antes de ser marcado como ente. O seer enquanto se dando temporalmente não instaura um campo fixo: não há

---

3. Veremos logo mais, no item v deste capítulo, que seer, traduzindo *Seyn*, é o ser (*Sein*) visto junto do acontecimento apropriativo — no qual devemos saltar.
4. *Beiträge zur Philosophie* (*Vom Ereignis*), GA 65, p. 16; *Contribuições à filosofia* (*Do acontecimento apropriador*). Trad. Marcos Antonio Casanova. Rio de Janeiro: Via Verita, p. 20.

paisagem a ser descrita e assim termina o tempo dos sistemas filosóficos. A nova reflexão apenas resvala num terreno que se furta a ela, de forma que tão só sugere, sem ser oracular. A falha (*Versagen, Scheitern*)[5] na qual tropeça *Ser e Tempo* vai se mostrar traço do próprio ser vindo a ser. O que somos nós mesmos para poder nisso penetrar? Ao jogar-nos no mundo, nos encontramos como ser em falta junto a um mundo em falta e, revirando-nos, acontece (*ereignet*) o próprio ser como acontecer (*Ereignis*) nadificando, alinhavando e separando terra e mundo junto aos mortais que se configuram diante dos imortais desentificados. Para Aristóteles, diz Aubenque na passagem citada anteriormente, o que vemos no céu não é nem a vida de um Deus nem o trabalho de um demiurgo, mas a presença daquilo que é. Para Heidegger, estamos instalados na luta entre terra e céu, nos revirando como mortais que assim se desenham tendo em vista a imortalidade indefinida do sagrado. O *Dasein*, ponto de partida de *Ser e Tempo*, agora se integra ao próprio acontecer (*Ereignis*) que se esconde: "O *Dasein* tem sua origem no acontecer e na sua virada (*Kehre*)".[6]

Cumpre notar que uma frase como essa não diz respeito a um estado de coisa, mas aponta para um modo histórico possível do vir a ser humano, que de fato se ocultou desde que a metafísica demarcou seu relacionar-se com o ser. Este passa a ser entendido e *posto* como ente divino e fundador. A história do ser é a própria história, jamais historiografia — reflexão ou discurso sobre fatos —, mas história se mostrando no discurso instituinte dos grandes pensadores, nas ações dos fundadores de Estado, nas obras dos grandes artistas e assim por diante. Ou melhor, o salto para o interior do ser é uma criação pensante que somente alguns

5. *Lettre sur l'humanisme*, p. 68.
6. *Beiträge...*, GA 65, p. 31; trad., p. 35.

"poetas" conseguiram configurar. Entre eles Hölderlin, que marca sua reflexão por esse salto. Tudo isso precisa ser mais esclarecido, mas desde já é preciso deixar claro que, ao pular da metafísica para uma nova forma de pensar, Heidegger não está trocando de discurso como se precisasse refazer um texto malfeito, mas retoma uma caminhada que se prenuncia no despencar do Ocidente, particularmente visível na Alemanha de seu tempo. Cabe acenar para "O dizer da verdade: pois ele é o entre (*Zwischen*) para a essencialização do seer e a entidade do ente. Esse entre funda a entidade do ente no seer".[7] O dizer da verdade captura uma intermediação entre o ser se essenciando e a entidade do ente segundo, pois, uma epocalização histórica. Mas enquanto a metafísica não for revolvida, enquanto estiver encurralada na dualidade ser e ente do ponto de vista da técnica, essa intermediação só pode ser esboçada por aqueles solitários que anteveem na indigência do ser metafísico, na sua fundação do ente, o lado oculto e negativo que já prepara uma nova dualidade ser/ente, em que o ser deixa de aparecer como se fosse também entificado. Essa meditação escapará da fundamentação metafísica, havendo então de mostrar o ser humano desprovido de fundamento, ente vindo do longe, cuja verdade carece de fundamento, por isso mesmo abissal (*ab--grundig*).

Um dos pontos de partida é, pois, a reflexão sobre a verdade como *a-lêtheia*, desocultamento/ocultamento. Somos então obrigados a retroceder e reler o ensaio "Sobre a essência da verdade" (*Vom Wesen der Wahrheit*), publicado em 1943 embora sua primeira redação seja de 1930. Esse ensaio é um dos primeiros passos importantes com que Heidegger arredonda suas reflexões sobre a *a-lêtheia*, livre das peias tradicionais que, partindo de uma análise da proposição apofântica e da vivência correlata, ligavam

7. *Beiträge...*, GA 65, p. 13; trad., p. 17.

verdade a adequação: a verdade passa a ser pensada como abertura que o próprio ser-aí exerce ao se expandir para o mundo, ao se mostrar livre para apreender ou não o modo de ser do ente, em especial do ente na sua totalidade.

Ao descuidar e tomar como medida diretora tão só o ente como tal, o homem tanto ek-siste como in-siste; se ele ausculta o ser é, logo, para teimar numa determinação do ente. Nesse insistir, dissimula sua relação totalizante com os entes e deixa de tomar distância deste ou daquele ente. Mais ainda, pode dissimular que está dissimulando, considerar que a medida, a busca de cada ente, vale como ato de sua liberdade pessoal. Essa dissimulação da dissimulação é o *mistério*. Primeiramente o homem se dispersa, depois deixa de tomar distância para poder indagar pelo ser, por fim se esquece de que a própria pergunta existe. Misteriosa não é, por excelência, a metafísica? Fala de um ente especialíssimo como se fosse o ser, e logo em seguida esquece que haveria de falar do próprio ser?

Assim como na conversa fiada, no simples falar pelo falar, o homem perde a compreensão de seu ser, também a insistência na determinação dos entes, ou melhor, a simples técnica de manipular isto ou aquilo faz com que o ser humano se afaste da essência da verdade e de sua liberdade. Torna-se escravo do afã de determinar, de tal modo que, insistentemente procurando calcular, medir, acaba perdendo o senso da medida. E nessa desmedida o ser-aí se oculta como essencialmente aí, e assim se coloca como sujeito medidor e vivência. Considerar o sujeito em sua certeza como medida de todas as coisas, como se tornou usual, tem seu auge no cartesianismo, que corporifica esse engano. Observe-se que já Protágoras não cai nele, pois, para os gregos, homens e coisas estão antes de tudo no âmbito da *physis* e o ser não se põe para eles como uma questão da certeza. É nessa direção que o *Dasein*, abrindo-se para o mundo, deixa o ente ser e, sendo, está se abrindo para o ente na totalidade. Ao abandonar-se ao ente como tal, quando o desvelar está junto com o velamento, o homem encontra sua liberdade: "Justamente na medida em que o deixar-ser sempre deixa o ente a que se refere ser em cada comportamento individual, e com isso o desoculta, dissimula o ente na totalidade. O deixar-ser é, em si mesmo, simultaneamente, uma dissimulação. Na liberdade ek-sistente do ser-aí acontece a dissimulação do ente em sua totalidade, é o velamento".[8] Note-se que, desse ponto de vista, a essência da liberdade surge como exposição ao ente, enquanto este tem o caráter de desvelado.[9]

O mistério é a não-verdade antes da contradição entre verdade e falsidade. Esta só pode ser encontrada a partir daquela: mas em todas essas significações a não-essência está sempre ligada estruturalmente à essência, segundo as modalidades correspondentes, e jamais se torna inessencial no sentido de indiferente. Mas falar da não-essência e da não-verdade não choca demais a opinião corrente, além de acumular de modo forçado "paradoxos" arbitrariamente construídos? Difícil é livrar-se dessa aparência própria à opinião comum, mas "Para o bom entendedor certamente o 'não' da não-essência original da verdade como não-verdade aponta para o âmbito ainda não experimentado e inexplorado da verdade do ser, e não apenas do ente".[10] Ao tratar de pensar o ser por ele mesmo a partir da sua essencialização, de seu caráter temporal, e de como ele se relaciona com o *Dasein*, somos obrigados a repensar todo o âmbito da negatividade e daí integrar essa dimensão no próprio ser.

---

8. *Vom Wesen der Wahrheit* (Frankfurt: Vittorio Klostermann, 1976); também em GA 9, *Wegmarken*, pp. 177 ss.; *Conferências e escritos filosóficos* (Trad. Ernildo Stein, Coleção Os Pensadores. São Paulo: Abril Cultural), pp. 338-9.
9. *Vom Wesen der Wahrheit*, p. 19; trad., p. 336.
10. Ibid., p. 20; trad., p. 339.

Já vimos como Heidegger muitas vezes recorre a paradoxos e tautologias. No entanto, em vez de procurar a ideia mais potente — que acolheria e dissolveria as partes em conflito —, antes de tudo busca nelas o que (*Sache*) não está sendo pensado. Tocamos num dos fundos desse procedimento. A não-verdade é o âmbito mais aparente no qual a bipolaridade do verdadeiro e do falso se desenvolve. É na não-verdade que se decide o que vem a ser fundamental, de maneira que essa não-verdade já está no âmbito da verdade. Se o comportamento primeiro é o desvelar, o velado, para ser desvelado, já se dá junto dele.

Aquele entregar-se a isto e àquilo, aquela agitação que foge do mistério para se sossegar no desassossego da determinação técnica, consiste na errância (*Irre*). A errância é o campo dessa agitação na qual a ek-sistência insistente se esquece e se perde, configura a anti-essência fundamental da essência originária da verdade. Por isso é o lugar onde o erro se instala. A errância é a condição da existência do erro, por conseguinte condição transcendental do "não", tal como aparece na linguagem.

A errância é o outro lado do âmbito em que se dá o desvelamento. Ela se afirma na simultaneidade do desvelar e do dissimular. Quando pende para o desvelar e o ente é deixado como tal em sua totalidade, a própria errância se abre para o mistério, e o próprio desvelar, a verdade, se mostra em sua essência: "O deixar-ser do ente se realiza pelo nosso comportamento no âmbito do aberto. Contudo o deixar-ser do ente como tal e em sua totalidade acontece autenticamente apenas então, quando, de tempos em tempos, é assumido em sua essência originária. Por conseguinte, a decisão enérgica pelo mistério se põe em marcha para a errância, que o reconheceu enquanto tal. Nesse momento a questão da essência da verdade é posta mais originariamente. Ela se revela, afinal, o fundamento da imbricação da essência da verdade com a verdade da essência.[11] Para que algo seja revelado, seu modo de aparecer precisa aparecer junto ao que se esconde; esse aparecer ocultando é sua verdade. Muito diferente, portanto, da certeza e de suas vivências, mas um modo peculiar de o ente mostrar sua essência, seu modo de vir a *ser*.

No fundo, Heidegger está explicitando o sentido da palavra "*alêtheia*", que sugere a simultaneidade do desvelar e do dissimular, sentido que se dá no nível dos entes sendo antes de comparecer na linguagem. Mesmo que o "a" neste caso não fosse negativo, como adverte Paul Friedländer, embora sem razão (como vimos no capítulo 1), importa que a palavra grega tenha sido criada, abrindo essa possibilidade. E assim aponta para algo que os gregos teriam pensado no âmbito em que se assenta sua própria língua. Desse modo a verdade como desvendamento também é a vedação do ente na sua totalidade. Na essência da verdade reside uma não-verdade original. A errância é a anti-essência da verdade. Desse ponto de vista, a pergunta pela essência da verdade se transforma no seu contrário, assim como deixa de ser apenas uma pergunta na medida em que captura a essência (*Wesen*)[12] como essencialização (*Wesung*), por conseguinte vindo a ser para um ente no modo de seu vir a ser. Quando se questiona a essência da verdade é usual entender primeiramente essência no sentido de *quididade* ou de realidade (*realitas*) e tomar a verdade como característica do conhecimento. Quando se responde: "a essência da verdade é a verdade da essência", essa proposição não inverte

---

11. *Vom Wesen der Wahrheit*, p. 23; trad., p. 341.

12. Muitas vezes os tradutores, apoiados nos vários sentidos de *Wesen* — ser, ente, existência, caráter etc. —, adotam várias traduções para essa palavra, inclusive "vigência". Sem desconhecer essa diversidade, quase sempre manteremos a tradução automática por "essência", para reforçar a ideia de que a palavra está indicando um processo de "efetivação" do ser, embora se desligando totalmente da dualidade tradicional forma/ conteúdo.

os termos da pergunta simplesmente num jogo trivial: "O sujeito da proposição é, caso essa fatal categoria gramatical [a de sujeito] ainda possa ser usada, a verdade da essência. O velar iluminador é, quer dizer, faz com que desdobre (*Wesen*) a concordância entre conhecimento e ente. A proposição não é dialética. Não é de maneira alguma uma proposição no sentido de uma enunciação. A resposta à questão da essência da verdade é o modo de vir a ser de uma reviravolta (*Kehre*) no seio da história do seer (*Seyn*). Porque ao ser pertence o velar iluminador, ele aparece originariamente à luz da retração que dissimula. O nome dessa clareira é *alêtheia*".[13] Se ela não for dialética, qual é o sentido dessa reviravolta para que "verdade da essência" tenha sentido? O texto termina afirmando que sob o conceito de essência (*Wesen*) o filósofo entende o ser: "A essência da verdade não é absolutamente 'a generalidade' vazia de uma universalidade 'abstrata', mas, pelo contrário, o único dissimulado da única história do desvelamento do 'sentido' daquilo que designamos ser e que, já há muito tempo, costumamos considerar como o ente em sua totalidade".[14] E o texto, como vimos, se fecha insistindo que o dito não se arma numa proposição apofântica, mas tão só diz uma virada (*Kehre*) na história do seer (*Seyn*). A verdade da essência indica, pois, o modo de vir a ser da própria essência, que então escapa da "causalidade" das *ousiai*.[15] Róbson raciocina como se a lógica formal fosse mantida. Assim, "Modos de ser não são propriedades dos entes, não são objetos abstratos, mas sim articulações internas aos comportamentos intencionais, relativos a compreensões que descobrem os entes em contextos intencionais". Obviamente Róbson se reporta a *Ser e*

13. *Vom Wesen der Wahrheit*, p. 26; trad. mod., p. 343.
14. Ibid.; trad. p. 343.
15. Para um ponto de vista totalmente diverso, cf. o extraordinário livro de Róbson Ramos dos Reis, *Aspectos da modalidade*, em especial a p. 278.

Tempo, mas, mesmo aí, a "compreensão" não é instituinte, desenhando no horizonte um ser que se deu?

Precisamos estudar os passos dessa virada que *Ser e Tempo* não foi capaz de dar. Mais tarde, na carta ao padre Richardson, de 1962, Heidegger, nos últimos momentos de sua reflexão, desenha os traços dela: descarta toda interpretação antropológica do homem; posta a questão do ser, este, enquanto presença a partir de seu caráter temporal, se endereça ao *Dasein* que o concerne; ela conserva o sentido que o ser-aí ganha em *Ser e Tempo*, desde que nunca se perca a completude da coisa em vista. Ora, o quer dizer dessa completude que está ligada à essência mais profunda do homem? — "o homem em sua relação ao ser, isto é, na virada: o seer (*Seyn*) e sua verdade em seu relacionamento com o homem".[16] Na virada se torna claro que na conexão entre ser e homem o privilégio provém do ser.

Mas para tanto o *Dasein* também ganha novas dimensões, na medida em que está ligado à história do próprio ser: "O homem ek-siste significa agora: a história das possibilidades essenciais da humanidade historial se encontra protegida e conservada para ela no desvelamento de um ente em sua totalidade. Conforme a maneira do desdobramento originário da essência da verdade, irrompem as raras, simples e capitais decisões de história".[17] Note-se que desse ponto de vista as questões filosóficas não podem ser postas como "objetos" de uma discussão, pois desde logo estão afetando a abertura do investigador para o ser. Se entre os gregos a metafísica nasce do espanto (*thaumazein*), agora saímos à procura do próprio ser dispostos afetivamente pela retenção (*Vorhaltenheit*) e pelo assombro (*Scheu*) que nos envolve.

16. *Questions IV*. Paris: Gallimard, p. 347.
17. *Vom Wesen der Wahrheit*, p. 17; trad., p. 337.

II

Para melhor pensar essa virada, convém refletir sobre o que o próprio Heidegger passa então a entender por "pensar". O pensar deixa de estar unicamente ligado a um existencial do *Dasein*, como acontece em *Ser e Tempo*; distancia-se ainda mais da representação para ligar-se ao próprio essenciar histórico do ser se apropriando do homem. Um texto tardio, "O que quer dizer pensar?",[18] vai nos servir de guia para penetrar nessa encruzilhada. Sua peculiaridade já se mostra no primeiro parágrafo: "O que quer dizer pensar é algo que se nos revela se nós mesmos pensamos. Para que tal tentativa seja bem-sucedida, devemos estar dispostos a aprender a pensar".[19] O pensamento mostra seu significado quando pensamos, quando temos experiência dessa possibilidade; o vir a ser determina o sentido. Deixamos assim de considerar essa disponibilidade como expressão da alma do homem, animal racional, mero exercício de uma faculdade, para desde logo associá-la a uma permissão vinculada a um modo de ser: "Pois ser na possibilidade de algo quer dizer: permitir que algo, segundo seu modo de se essencializar (*Wesen*), venha para junto de nós; resguardar, insistentemente (*inständig*), esse admitir. Mas o que podemos (*vermögen*) é sempre aquilo que preferimos (*mögen*), aquilo que nos damos e deixamos que venha".[20] A possibilidade resguarda (*hüten*) desde logo o que nos atinge e nos vem ao encontro. No entanto, esse possível (*Mögliche*) não garante que somos capazes disso. "Pois ser capaz (*vermögen*) quer dizer: admitir

---

18. "Was heisst denken?", em *Vorträge und Aufsätze*, ii, também em GA 7, *Vorträge und Aufsätze* (1936-53), pp. 127 ss.; indicamos a trad. *Ensaios e conferências*, pp. 11 ss., mas quase sempre modificada.

19. ii, p. 3. Lembremos que já em Aristóteles o divino é um pensar sobre si mesmo.

20. ii, p. 3.

algo junto de nós segundo sua essência e insistentemente guardar essa admissão, o que, previamente e a partir de si mesmo, nos dá gosto (*mögen*). E isso na medida em que nossa essência (*Wesen*), nosso ser, tenda para isso."[21]

Guardamos (*hüten*) o que não deixamos fugir da memória. Em alemão, memória se diz "*das Gedächtnis*", cuja raiz é a mesma de "*Gedanke*", usualmente traduzido por "pensamento". Heidegger substitui o artigo "*das*" por "*die*", apoiando-se em certos usos paralelos da palavra, e assim a associa a "*Mnemosyne*", nome da mãe das musas, o que sugere a diversidade e produtividade na guarda do pensar. Como ele logo adiante nos indica, a memória pensa no pensado que, assim reunido, prepara o salto para o que há de ser pensado. Ao enveredar por esse caminho cruza com o poeta Hölderlin, cuja obra abre o terreno para novas formas de pensar.

Como de costume, Heidegger alinha palavras que assim encadeadas cumprem a missão de abrigar, no seu nível, o que está sendo pensado, além de nos dirigir para o que ainda deve ser pensado. Não se trata de examinar determinações — que se reduzem a possibilidades — de um ente que cuida de seu ser se jogando no seu aí, na abertura do mundo, e que se mostra temporal e temporalizante na medida em que é afinado pela antecipação da morte. Ele examina o pensar humano lembrando palavras associadas que o guardam. Em vez da variação eidética nos moldes de Husserl, que passa dos significados de palavras semelhantes à intuição de uma essência que tudo domina, Heidegger pronuncia as variações dos sentidos e das formações das palavras para indicar mutações da apresentação da própria coisa chegando à sua verdade.

Voltemos ao texto: "o-que-há-de-ser-mais-pensado" (*das Bedenklichste*), nesse nosso tempo em que tudo parece já ter sido pensado, em que tantos se dedicam à filosofia, mas de modo a

---

21. ii, p. 3; trad., p. 111.

abandonar o ponto mais crítico? A ciência contemporânea não encontra barreiras no seu progredir, pois logo se instala num domínio de entes considerados como previamente dados, de modo que não pensa o-que-há-de-ser-mais-pensado, o ponto crítico de um pensar que, ensaiado pelos gregos, necessita saltar para um novo início. Não se trata aqui de desprezar os enormes esforços do pensamento contemporâneo responsável pelas extraordinárias transformações de nosso mundo cotidiano nem de apontar para uma omissão em nossos planos de trabalho, mas tão só de assinalar que o mostrar o que há de ser pensado, no limite, exige um salto que nos abra um âmbito onde o mostrar se entranhe num recolher-se e de nós se afaste. Tudo pode ser demonstrado depois de eleitas premissas, mas difícil é pensar o que apenas se *anuncia no seu próprio recolher-se.* "Como então saber o mínimo que seja a respeito disso que assim se retrai? Como sequer nomeá-lo? O que se retrai recusa o encontro. Retrair-se não é, porém, um nada. Retração é, aqui, retirada, e enquanto tal *acontecimento (Ereignis)*."[22] O retrair-se reside no coração do mostrar-se, desde que este seja pensado como apropriação do próprio *Dasein*, de seu jogar-se no mundo temporalizando-se, e não mais de um pensar dominado pela presença. Assim, damos mais um passo para entender que o "não" da não-essência original da verdade como não-verdade aponta para um *acontecimento* que há de apropriar-se do ser tanto no que se mostra quanto no que se recolhe. Como entender, porém, esse acontecimento (*Ereignis*)?

A memória aponta para o-que-há-de-ser-mais-pensado, sem contudo reduzi-lo a uma presença passada. "O que se retrai parece estar absolutamente ausente. Mas essa aparência engana. O que se retrai se faz vigente (*west an*) — a saber, através do fato de atrair-nos, quer percebamos agora, depois, ou mesmo nunca. O

---

22. ii, p. 9; trad., p. 116.

que nos atrai já concedeu encontro. Tomados nessa atração da retração, já estamos no impulso (*Zug*) para isso, que nos atrai na medida em que se retrai."[23] E ainda: "Mas se somos atraídos no impulso para... (*dem Zuge zu...*) isso que nos atrai, então nossa essência (*Wesen*) já está cunhada por 'esse impulso para...'. Como aqueles que assim são cunhados, indicamos (*weisen*) nós mesmos que se retrai. Esse indicar é nossa essência. Somos em geral na medida em que sinalizamos para o que se retrai. Sinalizando assim, o homem é um sinalizador (*Zeigende*)".[24]

Todo cuidado é pouco para não fazer dessa essência uma forma conformando seu conteúdo. Trata-se de um processo de vir a ser verdadeiro que mostra, indica, acena (*weisen*) tanto para a coisa como para o que nela se retrai para que apareça. Essa apropriação (*Zuneigung*) é forma de aconselhar (*Zuspruch*), de sorte que está sempre se juntando à linguagem. A fala do aconselhamento se dirige ao nosso próprio modo de ser,[25] ao modo de essenciar-nos, e assim nos tem. Observe-se que essa fala ainda não é linguagem, não é *lógos*. Isso veremos melhor mais tarde, mas por enquanto importa salientar esse jogo de apropriação via concessão de sentido pré-verbal que nos liga ao mundo e ao divino, mostrando e ocultando. "Retraído no impulso do retirar-se, o homem é um sinal."[26] Em seguida os versos citados de Hölderlin concluem que, se somos um signo vazio de sentido, a distância no exterior nos faz perder a palavra. O que vem a ser essa pátria dos pensadores e dos poetas? A filosofia vai além das ciências porque recua diante das formas tradicionais da demonstração e da causalidade; ela própria há de deixar de ser filosofia para se reduzir a

---

23. II, p. 9; trad., p. 116.
24. Ibid.
25. "*Der Zuspruch spricht uns auf unser Wesen an*", II, p. 2.
26. II, p. 10.

uma meditação (*Besinnung*), o refletir de um significar que chega à beira da linguagem e nos aproxima do perigo. Que perigo?

III

Antes de examiná-lo, vale a pena aprofundar essa crítica à noção de forma que, no fundo, se resolve na crítica de toda metafísica. Platão entende o pensar, *noein*, como *eidos* — e toda filosofia posterior é platônica, na medida em que separa o *noein* do *noema*, o pensar do pensado. E o que há de ser pensado no seu extremo, vale dizer, o ser dos entes em geral, assume então aquela forma que ilumina seus próprios conteúdos vindo a ser. Essa visada, logo capturada pela metafísica, tende, pois, a ser reduzida a uma representação da multiplicidade variegada dos *entes* encontrando-se além das regiões circunscritas pelos modos do dizer. E o dizer do ente se resume, pois, num ponto de apoio, num *sub-jectum*, acolhendo a forma proveniente de um predicado. Aqui se encontra a matriz de todo pensamento representativo: todo ente é tomado pela objetualidade representada, a representação, por sua vez, sendo ancorada numa vivência. Desse ponto de vista, no fundo do dizer sempre se há de encontrar a predicação (S *é* P), expressão de um juízo primordial. Na medida em que o ser é pensado se essenciando conforme põe casos, esse mesmo ser só pode ser pensado como ente extremamente ente, especialíssimo, fundamento de todos os outros, tomando deles distância para se dar como presença eterna, *summum ens*, cuja temporalidade instantânea haveria de ser confundida com a eternidade. E o cristianismo, na linha do judaísmo, veio colaborar com essa ilusão ao considerar tudo o que foi, é, ou passa a ser, criatura de Deus. Em contrapartida, o pensar, ao livrar-se da atadura "forma/ matéria", sempre tem na retaguarda a procura de um fundamento sem fundamento (*Abgrund*). Por isso, "Questionar não é o gesto (*Gebärde*) próprio do pensamento. Pensar é também escutar o consentimento (*Zusage*) [o dizer que se dá] daquilo que deve tornar-se uma questão [...]. Um pensamento é tanto mais pensamento quanto mais radicalmente se gesta (*gebärdt*) e se faz gesto, quanto mais chega à *radix*, à raiz de tudo o que é. A pergunta pelo pensamento continua sendo sempre a pergunta pelos fundamentos primeiros e últimos. Por quê? Porque algo é e o que ele é, porque o essenciar da essência se determinou antes de tudo como fundamento. Enquanto toda essência tem o caráter de fundamento, a procura da essência é dar e sondar do fundamento".[27] No entanto, como diz o texto logo abaixo, esse fundar, em vez de chegar ao rígido solo de uma razão a priori, termina escutando "o consentimento daquilo que todo questionar questiona ao interrogar sobre a essência". Esse ir e voltar, essa virada e revirada faz parte de toda essenciação, como ficará mais claro ao longo de nosso caminho.

Desde que o pensar não se resuma a uma re-presentação, o questionamento do ser e a pergunta fundamental não mais se obrigam a considerar o ser como antecipação do ente. Assim compreendido o pensar, a fórmula de Leibniz, "Por que o ser e não o nada?", só se tornará completa caso a palavra "nada", embora ligada ao ser, se abrir para o fundar que desfunda e apenas se dá. Até mesmo Hegel, apesar de todo o seu esforço para rechear a lógica formal de considerações especulativas — em particular o jogo do em si, para si e em si para si que alimenta todo o Espírito —, não deixa de considerar, no fundo, o ser apenas como um conceito em si, nesse seu vazio equivalendo ao nada. Todo o movimento dialé-

---

27. "Das Wesen der Sprache", em *Unterwegs zur Sprache*, p. 175, também em GA 12, *Unterwegs zur Sprache*, pp. 164 ss.; *A caminho da linguagem* (Trad. Marcia Sá Cavalcante Schuback. Rio de Janeiro: Vozes/Editora Universitária São Francisco, 2008), p. 135.

tico conduzindo o conceito ao Saber Absoluto e ao Espírito está sempre pautado pelo oscilar do próprio conceito, do jogo entre o *genos* e o *koinon*, da "forma" e do "particular comum", toda diferença sendo absorvida nesse comum. Não há dúvida de que Hegel chega ao limite dos caminhos da metafísica, situando num círculo de círculos tudo o que se desenha como ente e ser. Mas se, basicamente, ele ainda aceita que o pensamento representativo asseverativo assuma a fórmula da proposição "S é P", é porque desde logo, inspirado em Fichte, encontra nela uma identidade que se diferencia a ponto de esvaziar-se por inteiro, passando assim a significar o nada — ser e nada sendo as duas determinações mais abstratas. Por certo, instala no próprio conceito um movimento capaz de abranger a diversidade irradiante do ser e do tempo, pois tudo há de confluir numa totalidade comum que anuncia a unidade totalizante do Espírito Absoluto. Hegel, porém, está muito longe de pensar a verdade como desvelamento velador apropriando-se do *Dasein* e sendo apropriada por ele, isto é, de pensar o ser como pura temporalização, com sua historialização se dando e se recolhendo.

O próprio Heidegger reconhece, em muitas passagens, sua proximidade com a dialética hegeliana, em particular com a *Fenomenologia do espírito*. No entanto, já num texto logo posterior à publicação de *Ser e Tempo*, quando começa a remarcar o campo de sua fenomenologia, ele ainda observa que a lógica de Hegel continua a tratar o conceito de ente do ponto de vista dos escolásticos, que distinguem conceito objetivo de conceito formal — este sendo responsável pelo conformar de uma coisa qualquer num ente qualquer. Ao contrário de seus contemporâneos, Hegel adota apenas o formal: "O conceito significa unitariamente o conceber e o ser-concebido, porque para ele pensar e ser são idênticos, isto é, se co-pertencem. O *conceptus formalis entis* é o fato de conceber o ente, ou, de maneira mais geral e circunspecta, o fato de apreender (*Erfassen*) o ente. É o que caracterizamos — entre outras coisas — como *Seinsvertändniss*, compreensão do ser [...]".[28] O ente é simplesmente entendido como um pássaro que cai na gaiola do Espírito e aí se depena. Para Hegel a questão do sentido se integra na questão do saber, naquele percurso da consciência que, partindo da certeza sensível e percorrendo o longo caminho que atravessa a natureza, se transforma até se converter em Saber Absoluto. A evidência da consciência chegando ao Saber Absoluto se abre para aquilo que vai ser o sistema enciclopédico de todo o saber, no qual a questão da *Seinsverständniss* há de ser resolvida pela mediação das determinações de algo. Deixemos de lado as dificuldades desse percurso, que os comentadores assinalam e o próprio Hegel não deixa de perceber. Interessa-nos, em primeiro lugar, como esse filósofo continua trabalhando no circuito parmenidiano entre o *noein* e o *noema*. Heidegger, ao contrário, se distingue ainda mais desse modo de pensar conforme integra o próprio pensar ao ser doador de história. Em *Ser e Tempo* o pensar ainda está ligado a um existencial do ser-aí, o existencial compreender, que abre o ente homem para o mundo, este devendo então passar pelo seu cuidado para que ele próprio venha a ser. Esse cuidado é transpassado pela angústia e pela antecipação da morte inexorável, conferindo ao *Dasein* sua finitude. No entanto, depois que Heidegger se vê obrigado a partir do próprio ser doando-se para chegar ao *Dasein*, o pensamento corta seus laços com a representação e suas possibilitações existenciais para insistir em seu caráter memorizante, que, mais que receber o que vem ao encontro do *Dasein*, guarda-o, na medida em que o próprio ser *acontece* (*ereignet*) apropriando e sinalizando.

Na medida em que o pensar se dirige a..., leva em consideração o traçado percorrido, vindo a ser um *Andenken*, um reme-

28. *Die Grundprobleme der Phänomenologie*, GA 24, p. 117; trad. fr., p. 110.

morar. Nesse rememorar, ele guarda. Em alemão, verdade se diz *Wahrheit* — a raiz *"wahr"* significando "guarda"; *"gare"*, em francês. Por sua vez, *Wahrnis* é a sobreguarda, salvaguarda do ser. Essa verdade soa em grego como *a-lêtheia*, desvelamento de algo velado. O próprio Heidegger — voltemos à carta ao padre Richardson — indica um ponto crítico a ser notado nesse jogo entre o desvelar e o velar: não se trata de um movimento conjunto que dialeticamente junte o desvelar e o velar — isso se daria no nível do sentido, por conseguinte, da representação —, mas é o próprio juntar do dar-se do ser e do tempo que domina essa doação que decide (*ent-scheidet*). O desvelar essenciando a verdade abre a clareira (*Lichtung*) em que a presença (*Anwesen*) se mostra, ilustrando como o ser se determina a partir do domínio no qual o ser como presença e temporalidade determinando se retira: "Isso, no entanto, somente se produz na medida em que a clareira do retirar-se utiliza um pensamento que lhe corresponde. E presença (ser) pertence à clareira do retirar-se (tempo). Clareira do retirar--se (tempo) traz com ela a presença".[29] Não se pode pensar a clareira sem o tempo presentificando-se mediante seu retiro pensante, portanto um acontecer (*Ereignis*) que apropria a clareira na qual a verdade se explicita, assim como mantém o oculto de onde parte um acontecer que é um ir e vir, abertura e encobrimento definindo o tempo-espaço em que se tomam as decisões historiais de um povo. "'Histórico' significa aqui: pertencente à essenciação do próprio Seer (*Seyn*) inserido na indigência (*Not*) da verdade do seer e, assim ligado à necessidade daquela decisão, que dispõe em geral sobre a essência da história e sua essenciação."[30] Não sendo o "aí" vazio, ele prenuncia a clareira na qual a verdade do ser pode ser. "Mas se questionarmos, se nos colocarmos total-

---

29. *Questions IV*. Paris: Gallimard, p. 348.
30. *Beiträge...*, GA 65, p. 421; trad., p. 406.

mente à escuta e obedecermos a essa clareira, então também *já teremos sido* apropriados em meio ao acontecimento por aquilo que na clareira se essencia — a recusa."[31] O ser se manifesta como se abrisse uma clareira na mata, mas assim se oculta nesse vazio iluminado. O nada se mantém como o lado mais aparente do ser. A junção dos significados das palavras "ser" e "nada" não resulta de um *movimento* do próprio ser que se nadifica. Essa ideia de "movimento" falsifica a questão: por mais que procuremos pensar o ser por meio de sua história — ainda que seja a história orientada pelas palavras fundamentais pelas quais ele for dito e redito pelos filósofos e criadores essenciais —, há um momento em que é preciso dar um salto para acolher o próprio ser como acontecimento (*Ereignis*), no *dar-se* (*es gibt*) que vem a ser igualmente um a-propriar-se (*Er-eignis*) do dar e daquele que o recebe. As palavras fundamentais apenas são ditas para conservar a essencialização do ser, o seu tornar-se verdadeiro conforme abre uma clareira (*Lichtung*) na qual o que vem a ser desvelado já se oculta. O ser passa a ser visto da óptica do próprio ser que *decide* dar-se, não mais como ente supremo, mas como um dar-se se dividindo (*ab-scheiden*), por conseguinte como recusa.

Esse desvelamento do velado nesse seu desdobrar-se se temporaliza não apenas como presença — o que se reconheceu no início da metafísica —, mas como presentificação que antevê o futuro e guarda o ter sido e se apresentando no aí (*Da-sein*) para o ser humano assim apropriado. Nessa guarda, tanto segura o desvelar como o velar. O pastor do ser guarda o ser como desvelamento e velamento para que o descobrir possa vir a ser na sua clareira. Por isso o *Dasein* é o tenente do nada. Por sua vez, esse pastor-memória é aquele que vê a presença no seu desdobramen-

---

31. *Besinnung*, GA 66, p. 129; *Meditação*. Trad. Marco Antonio Casanova. Rio de Janeiro: Vozes, 1997, p. 119.

to do que já foi e há de vir. O ver, assim, não se determina, pois, nem mesmo pelo reflexo do olhar, mas pela guarda do ser a partir da presença que se abre numa clareira liberando o tempo-espaço para os acontecimentos e deixando de ver o que se oculta embora o demarque. Observe-se como esse pensar nunca pode ser comparado ao processo de seguir uma regra que está sempre configurando a objetualidade dos casos junto de uma *vivência*. A regra se desfaz para abrir-se numa contenda envolvendo o *Dasein* desenhando a abertura do mundo, este precisando conter o visgo da terra, a amplidão do céu, o próprio ser-aí ajustando suas transcendências, o divino, e se ajustando a elas.

Nesse novo contexto, o pensar só evita cair nos meandros da representação e da posição se mantiver uma relação especialíssima com o pensado. Heidegger a examina quase sempre retomando os primeiros pensadores do Ocidente, aqueles que o fundam. Não para retomar seus caminhos, mas para preparar o salto para outro início de nosso pensar, por conseguinte de nossa história. Voltemos assim ao nosso texto para reler o fragmento VIII, 34-6, de Parmênides: "Mas o mesmo é tanto o perceber (*noein*) como também o por que a percepção é (*noema*). Pois sem o ser do ente no qual ele [o perceber] reside enquanto coisa dita não encontrarás o perceber".[32] "*Noein*", traduzido por "perceber", nada tem a ver, *de imediato*, com a representação (*Vorstellung*), exercício de uma faculdade da alma, como estamos acostumados a entender. Antes de tudo, diz que o "pensar se inicia como tomar (*Ver-nehmen*, também 'perceber') sua essência (*Wesen*: seu vindo a ser) do ser do ente (*Sein des Seienden*)", o que, para os gregos, significa a presença do presente.[33]

---

32. Seguimos de perto a tradução francesa, muito próxima do que Heidegger escreve. O texto diz "*tauton d'esti noein te kai houneken esti noema ou gar aneu tou eontos, en hoi pephatismenon estin, heureseis to noein*".
33. "*Anwesen des Anwesenden*", "*Präsenz des Präsenten*", em "Was heisst denken?",

O que Heidegger ouve nesse fragmento? O pensamento traz um presente colocando-se diante de nós (*vor uns stellt*) na sua presentidade, que assim o re-presenta. Essa *re-presentação*, segundo a doutrina tradicional, se exerce pelo *lógos*, este estruturado a partir do julgar, e sua doutrina se chamará "lógica". Assim julgamos que "O caminho é pedregoso" na medida em que o caminho vem a ser re-presentado como pedregoso. O poeta, porém, não julga quando diz "Tinha uma pedra no meio do caminho", pois no verso se dá a presença presentificante desse caminho obstruído pela presença inesperada da pedra. Antes, porém, de se referir a uma longínqua presença que está se presentificando, a coisa já está se dando numa emergência, um acontecer (*Ereignis*), cuja travação agora precisamos examinar no pormenor. No entanto, para sinalizar nossos caminhos, vale a pena citar uma frase do livro *Meditação*: "O primeiro e o mais longo que a filosofia deve saber é o fato de o seer precisar ser fundado a partir de *sua* verdade".[34] Antes de ser fundante, é o próprio ser que se funda conforme sua verdade *acontece*, desvela guardando seu velamento.

IV

Vale a pena esboçar em largas pinceladas os modos de a filosofia se exprimir para, assim, obter uma visão mais clara de um dos caminhos que estamos percorrendo e haveremos de percorrer. Visto que no início o ser no Ocidente se expôs aos primeiros pensadores gregos, a filosofia, no fundo, fala grego. No entanto o alemão, como o grego, apresenta na face de suas palavras as raízes

---

Vorträge und Aufsätze, II, p. 15, também em GA 7, *Vorträge und Aufsätze* (1936-53), pp. 140-1.

34. *Besinnung*, GA 66, p. 46; trad., p. 45.

que as formam, o que ajuda a mostrar as entranhas do que está vindo a ser verdadeiro. Por isso o texto de Heidegger está cruzado pelo eco das palavras. No entanto, o que importa não é o jogo dos sentidos, mas o domínio em que as coisas se movem, apresentam o que escondem: "Antes, trata-se de, apoiando-se na antiga significação da palavra e nas mudanças por que ela passou, de captar o domínio das coisas (*Sachbereich*), no qual se move a palavra dita".[35] A variação das palavras faz emergir a coisa mesma. Mas esse dizer se apoia no silêncio da apropriação, como ficará explícito logo mais, ao estudarmos o essenciar do ser moldado pela técnica moderna.

Segundo a tradição, o homem é definido como animal racional dotado de *lógos*, mas a estrutura desse *lógos* não pode ser capturada por uma ciência, ainda que seja aquela da lógica. Isto porque, como já tem sido dito, uma ciência sempre se move tendo como pano de fundo uma estruturação já posta dos entes — campo de suas variáveis —, o que a impede de pensar o ser no seu jogo de se abrir e se esconder. A ciência contemporânea leva ao limite essa consideração do ente apenas como fundado. Se o pensamento científico se orienta pelo pensado, o pensamento filosófico deve nortear-se por aquilo que há de ser pensado no seu extremo (*das zu-Bedenkende*). No entanto, esse extremo está marcado por seu *início*, pela memória de que a filosofia se iniciou ao falar grego. "A língua grega e somente ela é *lógos*...: o que é dito na língua grega é, de modo privilegiado, simultaneamente aquilo que em se dizendo se nomeia. Se escutarmos de maneira grega uma palavra grega, então seguimos seu *legein*, o que expõe, sem intermediários. O que ela expõe é o que está diante de nós. Pela palavra grega verdadeiramente ouvida de maneira grega estamos imediatamente em

---

35. "Vissenchaft und Besinnung", em *Vorträge und Aufsätze*, i, p. 40, também em GA 7, *Vorträge und Aufsätze* (1936-53), p. 42.

presença da coisa mesma, aí diante de nós, e não primeiro apenas diante de uma simples significação verbal".[36] Estamos muito longe da oposição sentido (*Sinn*) e referência (*Bedeutung*), que domina boa parte da ciência da lógica contemporânea.

Como estamos percebendo, mantém-se a prioridade do vir à fala das palavras (*Worte*) em vista das palavras constituídas, vocábulos (*Wörter*), mantendo o ponto de vista hermenêutico de *Ser e Tempo*. Nem por isso, todavia, devemos ater-nos estritamente ao significado da palavra, mas antes de tudo ao que ela revela como se fosse pensada pelos gregos e ao impensado em que ela está imersa. A investigação filosófica volta às suas fontes, volta a refletir sobre as questões levantadas pelos primeiros filósofos, em particular sobre a pergunta diretriz "o que é o ente [ser]?" (*ti to on*), mas desde logo sabendo que todo o esforço haverá de se concentrar na preparação de um novo início orientado pela pergunta fundamental sobre o ser. Como o alemão possui o privilégio de ser uma língua em que as palavras se constroem por radicais que permanecem visíveis nas frases constituídas, grande parte da investigação heideggeriana pode se mover decompondo e compondo palavras alemãs, de sorte que, na determinação (*Bestimmung*) delas, aflore o que está sendo dito e mostrem-se disposições, tonalidades afetivas (*Stimmungen*) do *Dasein,* que evidenciam como esse *Dasein* está sendo afinado, determinado (*bestimmt*) pelo ser. Excluindo-se do campo da reflexão sujeito-objeto, o novo pensar não mais trata de capturar uma forma a priori qualquer, configurando o ente, mas sim de que modo uma essência (*Wesen*) desdobra temporal-espacialmente suas determinações simplesmente vindo a ser, essenciando-se. Daí a importância das tautologias que, sem ter referências que configurem estados de coisa,

36. *O que é isso, a filosofia?* São Paulo: Livraria Duas Cidades, 1972, p. 25.

indicam o plano em que a própria coisa se desdobra: "*Die Welt weltet*", "*Die Sprache spricht*", e assim por diante.

V

De 1935 a 1936 Heidegger trabalha num texto de grande envergadura, já citado anteriormente e publicado somente depois de sua morte: *Contribuições à filosofia (Beiträge zur Philosophie)*.[37] Tem como subtítulo *Vom Ereignis*, cuja tradução "*Do acontecimento apropriador*" já insinua que esse acontecer se processa como apropriação do *Dasein* para que exerça a verdade do ser como abertura e ocultação. Note-se desde logo: não mais se questiona o ser a partir de um ente especialíssimo que cuida de seu ser; ele passa a ser interrogado nele mesmo, na sua essenciação, deixando de lado seu vínculo com o ente. Embora o próprio Heidegger insista na impropriedade de qualquer tradução de "*Ereignis*" — pois se trata de um acontecer que somente ganha sentido no contexto de sua meditação —, qualificá-lo como "apropriador" pelo menos ressalta o sentido de um acontecer do ser apropriando-se do *Dasein* no vir a ser do seu aí. Isso se dá, como veremos, para que sua verdade se exerça como doação epocal abrindo sítios temporais-espaciais que demarcam o campo das decisões históricas básicas, *mas associando a essa abertura seu próprio recolhimento*. Para marcar a diferença do ser, agora tão só como abertura e ocultação, ele passa a ser escrito "*Seyn*", grafia antiga da palavra "*Sein*", que Marco Antonio Casanova traduz por "seer", também invocando um velho vocábulo português. O texto é considerado obra fundamental, e convém lê-lo tendo no horizonte outro livro, *Meditação*[38] — o novo nome da reflexão filosófica —, e, quando

37. GA 65, 1989; trad. Marco Antonio Casanova. Rio de Janeiro: Via Verita, 2014.
38. *Besinnung*, GA 66.

possível, consultando o conjunto de notas publicadas em *Das Ereignis*.[39] Embora esquemático e muito pessoal, este último texto esboça um panorama dos temas tratados, o que pode facilitar o entendimento do novo tecido dos problemas. Inclusive, indica falhas em *Contribuições à filosofia*, lembrando que a apresentação é por vezes excessivamente doutrinária, às vezes continua questionando o ser ainda na direção da metafísica e não na sua unidade essencial com o acontecimento apropriativo (*Ereignis*). *Contribuições* é considerada obra tão importante quanto *Ser e Tempo* mas, continuando nosso projeto, só poderemos pinçar nela alguns de seus pontos.

Antes de tudo, *Contribuições* pretende livrar o ser daquela presentidade (*Anwesenheit*) que lhe foi atribuída desde os gregos, passando a considerar sua própria essencialização no e pelo tempo. Compreende-se essa presentidade fora do *cálculo* do tempo quando afirmamos, por exemplo, que foi na presença de todos que a cerimônia se realizou: aqui "presença" significa apenas estar ali agora. O novo pensar segue a virada radical que o próprio ser comete, deixando de se apresentar ligado diretamente aos entes, não como entidade superior fundante, mas como doação criadora da temporalidade histórica, epocal, cujas decisões maiores inspiram os criadores a formatar o mundo dos homens em vista da fuga e da aproximação dos deuses, isto é, do espaço do jogo entre o aparecer e o esconder.

Já no final de um texto publicado pela primeira vez em 1929, no *Festschrift*, homenageando Edmund Husserl, *Sobre a essência do fundamento*,[40] Heidegger lembra que, sendo o "fundamento" (*Grund*) "*possibilitação da questão do porquê em geral*", ele não po-

---

39. GA 71.
40. *Vom Wesen des Grundes*, Wegmarken. Frankfurt: Klostermann, 1967, p. 71; também em GA 9; cf. *Conferências e escritos filosóficos*.

de surgir de uma abstração qualquer, mas deve distribuir-se a partir do fundar de um ser operando no projeto do mundo sempre se abrindo, na ocupação do ente e pelo ente e na base ontológica do ente brotando transcendentalmente. Daí a imbricação do fundamento com o vir a ser do verdadeiro, com a essencialização da verdade, vale dizer, da verdade da essência. O fundamento se inscreve na errância, e por conseguinte na liberdade pela qual o *Dasein* determina seus campos de desenvolvimento segundo o próprio seer lhe venha a ser doado epocalmente e aceito livremente. O seer não é ente especialíssimo fundante; por isso apenas se essencia temporalizando, abrindo um tempo-espaço de liberdade para o ser aí que, como tal, é sem fundamento, *Abgrund*: "A essência da finitude do ser-aí se desvela, porém, *na transcendência como liberdade para o fundamento*. E assim é o homem, enquanto transcendência existente excedendo-se em possibilidades, um *ser da distância* (*Wesen der Ferne*). Somente através das distâncias originárias, na sua transcendência, ele se forja para o ente na totalidade e assim se aproxima das coisas".[41] Essa transcendência fundante sem ser fundamento, com o "fracasso" de *Ser e Tempo*, necessita ser refigurada, e com ela todo o sentido da fundação e do que vem a ser fundado.

A temporalidade não mais se resolve num presente alargado: ela se dá no fluxo pulsante do próprio acontecer. Mais que o ser fundante da metafísica, importa agora o seer se desdobrando e se revolvendo em si mesmo espacial e temporalmente, expandindo-se e retraindo-se, assim doando-se como o "lugar" das grandes decisões que desenham a história. "A palavra *Ereignis* (acontecimento/apropriação) é tomada da linguagem natural. '*Er-eignen*' (acontecer) significa originalmente '*er-äugen*', quer dizer, desco-

---

41. *Vom Wesen des Grundes*, p. 71; *Conferências e escritos filosóficos*. Trad. Ernildo Stein, Coleção Os Pensadores. São Paulo: Abril Cultural, p. 323.

brir com o olhar, despertar com o olhar, apropriar."[42] E logo abaixo: "O acontecimento apropriativo é o âmbito dinâmico em que o homem e o ser [seer] atingem unidos sua essência, conquistam seu caráter historial, enquanto perdem aquelas determinações que lhes emprestou a metafísica". Cabe lembrar que a metafísica concebe a essência nas entidades, mas essenciando-se conforme eleva seu nível de universalidade. Agora, porém, o seer passa a ligar-se à própria verdade se formando, essencialização se articulando a partir dele mesmo como tempo, época, o originalmente único, contendo o decisivo a respeito da unicidade e do nível hierárquico dos entes.[43] "O seer, contudo, se essencia como acontecimento apropriador, como os sítios instantâneos da decisão quanto à proximidade e à distância do último deus."[44] A referência aos deuses, logo veremos, vem, a despeito de enormes modificações, substituir o tradicional papel dos transcendentais, de tal modo que tudo o que vem a ser se faz na história com seus limites epocais, que são dados para e não pelo homem, cujo aí se abre numa clareira onde o seer se mostra escondendo-se basicamente conforme os modos fugidios do sagrado. Lembremos que para Aristóteles a questão "o que é o ente (*on*)" pode ser analisada seja do lado diversificador das categorias, seja do lado unificador da divindade. Se o ser se essencia pela doação encobridora de sua clareira apropriando-se do ser-aí, as categorias devem ser substituídas pelos modos, pelos acenos (*Zurufen*) da apropriação e pela vinda ou fuga das divindades. Já que o seer não é fundamento (*Grund*), mas abismo (*Ab-grund*), pela abertura da deização, os deuses agora funcionam como transcendentais indecidíveis — não são entes

---

42. *Identität und Differenz*, p. 28; trad. Ernildo Stein, Coleção Os Pensadores, p. 383.

43. *Beiträge...*, GA 65, p. 66; trad., p. 68.

44. Ibid., p. 230; trad., p. 227.

nem não-entes —, servindo para indicar como o *Da-sein* se tornará à disposição da chegada e/ou partida dos deuses desenhando a figura do último deus. E assim essa questão visa o que vem a ser o decisivo (*Entscheidungshafte*) no seer se dar e se esconder. Só pode, por enquanto, ser pensado de modo preparatório e poético, cultivando o salto que os grandes criadores estão armando para projetar-se noutro início do pensamento ocidental, vale dizer, o novo Ocidente. No primeiro início, o ser é pensado por meio do *noein* e do *legein*, colocado no aberto de sua vigência para que o próprio ente se mostre. Nessas condições, a despeito de toda distância que toma desses entes, o ser só tem vigência em virtude do ente: como *summum ens* torna-se causa primeira de qualquer ente e, como essência, *idea*, vem a ser o a priori da objetualidade dos objetos. No "outro início", o seer já se mostra essenciando-se como *Ereignis*, acontecimento apropriador, apropriando o homem como guarda do aí no travejamento da terra e do mundo. O que, nesse contexto, pode então significar essência? Liga-se diretamente à verdade do seer, isto é, o seer por sua verdade fundando abissalmente o aí, clareando-o conforme se encobre e se revira, passando a ser experimentado como *Ereignis*, acontecimento apropriador. O seer se essencia pela virada e pelo pertencimento da verdade — clareira do encobrir-se. Desse modo, "o homem, isto é, o homem essencial e os poucos de seu tipo, precisa construir a partir do ser-aí a sua história, o que significa que, antes de tudo, é a partir do *seer* para o ente que ele há de provocar efeitos no ente. Não apenas como até aqui, de modo que o seer se mostre como algo esquecido mas incontornavelmente pré-visado, porém de tal modo que o seer, sua *verdade*, suporte expressamente toda e qualquer ligação com o ente".[45] Para essenciar-se, o seer precisa então do homem, apropriado como *Da-sein*, possibilitações pro-

---

45. *Beiträge...*, GA 65, p. 248; trad., p. 244.

jetando-se num aí projetado de modo que os entes ganham sentidos tácitos. Um e outro são co-pertencentes, abrindo a clareira onde se tecem as decisões conformando tempos-espaços entificantes, sítios históricos, por isso mesmo encobrindo o próprio seer. No entanto, a de-cisão (*Ent-scheidung*) separa e junta mediante acenos que preparam o sentido e o entendimento. A sacerdotisa de Delfos apenas acenava, trazia as questões para o campo dos sentidos sem os determinar claramente.[46] Esse dar-se e encobrir-se, o *Ereignis,* não pode re-presentar, fixar-se numa presentidade, mas tão só se essenciando "no *abrigo* enquanto arte, pensamento, poetação (*Dichten*), ato, exigindo, por isso, a insistência do *ser*-aí, que rejeita toda aparência de imediatidade do mero re-presentar".[47] A história se faz pelas ações dos homens inspirados, desde que essa inspiração seja dada como temporalização doada que aglutina e dá sentido, embora o próprio *Da-sein* como feixe de possibilidades projetadas só possa insinuar, clareando o encoberto, acolhendo falhas indecidíveis que, na linguagem poética de Hölderlin, se apresenta como a fuga e a vinda dos deuses.

Ao dizer "*O ser se essencia como acontecimento apropriador*" não estamos formulando nenhuma proposição, mas tentando também capturar o silêncio inconcebível da essência; disso trataremos quando nos ocuparmos da linguagem. Por ora cabe apenas acentuar que a verdade como fundamento do tempo-espaço passa a ser igualmente determinável a partir desse tempo-espaço na medida em que vem a ser um dos meios da guarda do seer pelo ser-aí. Dando-se e ocultando-se, fundando e desfundando, o tempo-espaço configura o sítio instantâneo a partir da virada do pró-

---

46. Cf. Günter Figal, "Forgetfulness of God", em *Companion to Heidegger's Contributions to Philosophy*, 2001, p. 206.
47. *Beiträge...,* GA 65, p. 256; trad., p. 252.

prio *Ereignis*. A verdade necessita do aí como sítio que abriga historicamente a contenda entre terra e mundo, a terra resguardando-se a si mesma, desfazendo os guardados pelo homem; o mundo sendo moldado pelo *Da-sein* para manter as últimas decisões oferecidas pelo seer. Não é por esse caminho que nos livraremos de uma "causalidade" natural que ainda ecoa as determinações da *physis*?

Cabe desde já notar que nesse livro Heidegger não pretende simplesmente desenvolver novas teses contrapostas àquelas da metafísica tradicional, seu pensar pretende ser desde logo fazendo-se histórico, transição entre o início e o outro início, ir além da metafísica. Heidegger escreve a partir de sua posição transitória pensando o *Dasein* sendo apropriado pelo *Ereignis*, refundando-se como guarda do próprio seer. *Contribuições* pretende ser uma performance do que está sendo dito, um passo no renascimento do Ocidente. "E é por isso que a *história (Geschichte)* está aqui realmente por toda parte: a história que se recusa ao historiológico (*Historischen*), porque não deixa emergir o passado, mas se mostra em todo o arrojar-se para além do que está por vir."[48]

Levando a sério a unidade/ diferença do ente e do ser, não mais importa ultrapassar esse ente mediante uma transcendência qualquer, mas "saltar sobre essa diferença e, com isso, sobre a *transcendência* questionando inicialmente a partir do seer e da verdade".[49] O questionamento do seer deve começar reconhecendo que o seer precisa do homem para essenciar-se, e o homem pertence ao seer para que ele consuma sua mais extrema determinação enquanto ser-aí, como Heidegger explicita logo em seguida. A tarefa não se limita a tratar "de" algo e apresentá-lo objetivamente: o "tratador" precisa ser apropriado pelo *Ereignis*, o que

---

48. *Beiträge...*, GA 65, p. 9; trad., p. 12.
49. Ibid., p. 250; trad., p. 247.

requer a transformação do homem de animal racional em ser-aí, um ser especialíssimo que, encarregado da guarda do seer, se situa *entre* a tradição do pensamento ocidental, na sua decadência, e o outro início apenas pressentido. "*Contribuições* ainda não consegue incorporar a junção livre e fugidia da verdade do seer a partir dele mesmo. Se isso algum dia tiver lugar, então essa essência do seer determinará em seu estremecimento o conjunto articulado da obra pensante ela mesma."[50] Na nota 4 dessa página, Casanova lembra que o jogo, responsável pela montagem do texto, liga "*Fuge*" (junta, costura, ranhadura) a "*Gefüge*" (o resultado do que foi juntado, a estrutura, o encaixe). A estrutura do livro está marcada pela junção de partes diversas visando o mesmo mediante suas variações. Sem lograr costurar a junção livre da verdade do seer a partir dele mesmo, o texto evoca, nessas junções, o pensar que será apropriado pelo outro início. Importa assim o abismo (*Abgrund*) da junção (*Fuge*) livre e fugidia da verdade do seer a partir de si mesmo. Plena de negatividade fundante, essa junção se faz como unha marcando uma folha de papel, armando uma espécie de encaixe (*Gefüge*). Como na *Arte da Fuga*, de Bach, os temas se encaixariam sem que nenhum deles prevaleça, mas o próprio desenrolar da "fuga", da junção, apresentaria o seer desvelando-se e velando-se para e com o homem. Isso até hoje não foi alcançado porque a técnica e o niilismo impedem que se abandone o ser como fundamento do ente em favor do dar que joga velado no desvelar. Esgotada a época dos sistemas, a meditação filosófica se resolve num contínuo produzir evocativo do seer.

Antes de finalizar o livro, Heidegger tenta apresentar o palco geral da transição. Se a história da metafísica se deu jogando com a diferença ontológica entre ser e ente, nem todos os grandes pensadores caminharam na mesma direção, como se estivessem pre-

---

50. *Beiträge...*, GA 65, p. 4; trad., p. 7.

parando os textos de Nietzsche, o último filósofo: "A história do pensar metafísico e do pensar da história do ser acontece apropriadoramente, sobretudo em suas diversas eras, segundo potências diversas do primado do ser diante do ente, do ente diante do ser, da confusão dos dois, da extinção de cada primado na era da compreensibilidade calculável de tudo".[51] E se hoje já podemos saber isso, ninguém conhece a figura do ente vindouro, apenas que podemos pensar o seer por si mesmo, levando em consideração particularmente os momentos *decisivos* em que ele próprio transparece, sem imaginar o que, se saiba, como se *algo* estivesse em vista: "Já na transição devem seguir aqueles que trazem esse saber uns para os outros, na medida em que eles, pressentindo as decisões, se aproximam uns dos outros e, contudo, não se encontram. Pois os particulares dispersos são necessários para deixar amadurecer a decisão".[52] De-cisão que, como vemos, se resolve na doação de outro começo do Ocidente, reunindo e separando os homens que auscultam o aceno do último deus.

Convém insistir nos pontos em que essa meditação se diferencia do projeto da metafísica. Do "ir além da substância" (*epekeina tes ousias*) apenas se conserva o ir além. E o próprio discurso não pode se satisfazer com a apresentação do novo espaço ontológico, pois ele mesmo deve ser trazido para o nível de suas condições de abertura e fechamento da verdade. Não se trata, pois, simplesmente de enunciar novas posições e novas teses; o novo pensar é antes de tudo aquele do seer, estando assim ligado à experiência da desertificação dos entes que ocorre nos dias de hoje, dominados por uma técnica que situa cada ente como algo qualquer computável e substituível. E o pensar se tece nos ecos das viradas e contraviradas. Os brilhos ocupam o lugar das ideias.

51. *Beiträge...*, GA 65, p. 431; trad., p. 416.
52. Ibid., p. 434; trad., p. 418.

O § 110 das *Contribuições* resume o percurso desses enganos e reafirma aquilo a que aludimos anteriormente. No início da filosofia ocidental, o mutável e múltiplo foram colocados na perspectiva do uno unificador, *idea*, cujo sentido básico ainda compreende o inverso do representar, pois indica antes de tudo o brilhar do próprio *aspecto*, aquilo que a *visão* oferece para um ver correto. A *idea*, relacionando-se com seu múltiplo, é posta assim como um comum (*koinón*), última determinação da entidade, (do) ser: este, por sua vez, é colocado como o que há de mais geral e maximamente essente, contrapondo-se ao não ser, *mê on*, àquilo que nunca satisfaz à entidade. Como são múltiplas essas condições, as *eidê* devem estar ligadas a uma comun-idade (*koinonia*) aglutinando gêneros. A entidade do ente é assim concebida como o ser (*einai*). Essa é igualada a uma espécie de fundo, base rural, *ousia*, que, ao insinuar uma comun-idade com outras na presença, nos deixa pressentindo um ir além, um transcender. Esse ir além, precisamente por estar ligado ao comum, é apanhado pela *psyché* não como sujeito, mas apoiando-se numa animalidade especial. As ligações das *eidê* com a *psyché* tornam-se normativas e claras como *eidos* no idear e pensar, como *koinon* no discurso, e como belo no admirar. Estabelecendo uma relação especial com o ente, a *psyché* conforma o ir além das substâncias como princípio dos entes, o qual pondera a "felicidade" (*eudaimonia*) ligando-a aos deuses, como já aparece em Aristóteles.[53] Entendido assim, como *summum ens*, pôde igualar-se à causa primeira do ente enquanto responsável pelo *ens creatum* do cristianismo. Mas o ser enquanto essência, *idea*, se resolve no a priori da objetualidade dos objetos. Na sua totalidade, esses se articulam, desde o início, como *physis*: emergir produtivo capturado pela alma sujeito.

A metafísica termina colocando a questão do ser enquanto

---

53. *Beiträge...*, GA 65, p. 211; trad., p. 206.

ser para um sujeito — ou é colocada por ele — que tem sua existência marcada pelo *lógos*, em particular pela razão, capacidade de deduzir proposições a partir de princípios. Tão logo o animal racional é substituído pelo *Dasein*, por um ser se exercendo que antecipa a morte sem data marcada e se forma cuidando de seu aí para que este venha a ser mundo, projetando-se nele e assumindo a armadura dessa projeção, a questão do ser *assume* novos rumos, primeiramente porque este passou a entrelaçar-se diretamente com o tempo. Em *Ser e Tempo*, esse ser abrindo-se para seu aí se determina como existencial se compreendendo enquanto projeto. Mas no contexto do acontecimento apropriador, por conseguinte da virada, o ponto de partida é tão só o ser que se essencia para tornar-se verdadeiro, por conseguinte sem estar diretamente ligado a um ente. *Da-sein* adquire novo sentido: antes de ser um ente que, pelo cuidado, se abre para o mundo, encontrando sua finitude na irrevocabilidade da morte sem data, ele agora vem a ser apropriado pelo próprio seer, que o projeta para seu aí. Nesse projetar-se ele se mostra finito, mortal, poderíamos dizer "entificável", portanto distinguindo-se dos imortais, "daqueles" que carecem de qualquer tipo de entificação, que não podem ser ditos que são ou não são, embora necessariamente participem da apropriação (*Ereignis*), cuja aproximação ou fuga define o âmbito do ser mortal. Âmbito necessariamente histórico, configurado pela apropriação. *Ser e Tempo* procurou revelar o "tempo" como o âmbito projetivo para o seer. Mas se tão só ficasse nesse nível, a questão do ser só poderia ter sido desdobrada como *questão*, e todo o pensamento não poderia escapar do nível da representação.[54] No entanto, se percebemos que o compreender existencial já é um projeto e como tal projeto jogado, participando da contenda entre a terra e o mundo, entendemo-lo como "o chegar ao aberto

---

54. *Beiträge…*, GA 65, p. 465; trad., p. 434.

(verdade), que já se encontra em meio ao ente aberto, enraizado na terra, soerguendo-se em um mundo", e assim "o com-preender do ser como fundação de sua verdade é o contrário da 'subjetivação', uma vez que é superação de toda subjetividade e dos modos de pensar que lhe são determinantes".[55] Resumindo: "No compreender como projeto jogado reside, necessariamente, de acordo com a origem do ser-aí, a virada; o que joga o projeto é um jogado, mas somente na jogada e por meio dela".[56]

O pensar deve, então, apresentar a história do seer, de suas doações, primeiro, de seus desvios, depois preparando o salto de uma de-cisão que venha recuperar o sentido do Ocidente. O salto realiza o projeto de verdade do seer, inserindo o homem no aberto, apropriado pelo *Ereignis* no meio do seer. Essa abertura por meio do projeto acontece como experiência do caráter de jogado, e com isso do pertencimento ao seer. O caráter de jogado, porém, só se atesta nos acontecimentos fundamentais da história velada do seer, para nós, sobretudo, na indigência do abandono do ser, do abandono da causa primeira, e na necessidade da decisão. E assim Heidegger conclui o § 122: "Na abertura da essenciação do seer torna-se manifesto que o ser-aí não realiza nada, a não ser iniciar o contraimpulso (*Gegenschwung*) do acontecimento da apropriação, isto é, a não ser inserir-se nesse contraimpulso e assim se tornar ele mesmo: o que guarda o projeto jogado, *o fundador fundado do fundamento*".[57] E logo a seguir: "O seer é o estremecimento da deização (do som prévio/ ressonância (*Vorklang*) da decisão dos deuses sobre o seu deus)". Dando curso a seu projeto de substituir a relação tradicional de causa e efeito, Heidegger, já tratando do fundamento, mas da perspectiva do salto, poeticamente

55. *Beiträge...*, GA 65, p. 259; trad., p. 255
56. Ibid.
57. Ibid., p. 239; trad., p. 236.

afirma que a apropriação do aí pelo seer se exerce como numa canção em que diferentes vozes estremecem para que seus ecos vibrem conjuntamente, cada frase vocal cercada por seu respectivo silêncio — silêncio configurado pelas decisões dos deuses em relação ao último deus. "No entanto, como recusa, o seer não é mero recuo e partida, mas, ao contrário, a recusa a uma intimidade de uma atribuição. O que é a-tribuído no estremecimento é a clareira do aí em sua abissalidade (*Abgründigkeit*); o aí é atribuído como aquilo que precisa ser fundado pelo ser-aí."[58] E mais adiante: "O lançar-se; o si mesmo, só 'se' apropria de si no salto e, no entanto, não há nenhuma criação absoluta, mas, ao *contrário*: abre-se o caráter jogado (*Geworfenheit*) do jogar-se e do jogador *de maneira abissal* (*abgründlich*, sem fundamento)...".[59] E Heidegger continua elucidando que o jogador se lança reabrindo a abertura em que a verdade se exerce e assim, graças a essa reabertura, torna-se claro que ele mesmo é jogado e não realiza mais que capturar a contraoscilação no seer (*Gegenschwung im Seyn*) no seer. A virada se dá, assim, entranhada no próprio ser, desde que o próprio homem vindo a ser seu aí, sua abertura, se desligue de suas condições costumeiras de vida e de pensar e salte em busca do próprio seer. Em Paestum, no que hoje é a Itália, há uma tumba cuja tampa mostra um mergulhador que ilustra um verso de Homero: "E ele se lançou no Hades", na negatividade do seer. O Hades só está representado no modo de ser jogado do ser-aí que na morte perde seu aí.

Só o ente *é*, mas o seer, em vez disso, se *essencia* (*west*) junto do *Ereignis*; o próprio tempo-espaço é uma região contenciosa, querelante, doada historicamente no seu mais profundo acontecer. Os acontecidos — as decisões instituintes, como a fundação

---

58. *Beiträge...*, GA 65, p. 240; trad., p. 237.
59. Ibid., pp. 303-4; trad., pp. 296 ss.

de um Estado, as obras de arte extraordinárias, os formidáveis pensamentos sobre o ser — se dão armados epocal e historicamente e não pressupõem uma tábua de entes criada por Deus onde fossem encontrar seu fundo. A história do Ocidente se dá, depois de Platão e Aristóteles e até Nietzsche, marcada pela meta-física e, até agora, nela se confina; por sua vez, o outro início se liga não tanto a sua superação (*Überwindung*), mas à torção efetivante (*Verwindung*) que a lance para novas dimensões.

A historicidade se diversificará conforme o seer — que é ela mesma — se dá, seer que tem como tarefa fundar aquele âmbito de decisão, aquele nexo do acontecimento apropriador mediante o qual um ente histórico humano traz-se a si mesmo, pela primeira vez como ser-aí, como mediador, um *entre*; ligando e desligando o homem a deus, tornando-os próprios um para o outro e vice-versa. Com isso não se tem em vista um "em face de", algo intuível e uma "ideia", mas o acenar de lá para cá no aberto do aí (*das Herüberwinken und das Hinübersichhalten im Offenen des Da-*).[60] Desaparece a matriz tradicional forma/matéria para dar lugar a um jogo de acenos — marcadores de sentido —, fundando um tempo-espaço eminentemente histórico. Por isso logo mais Heidegger pode afirmar que o *Ereignis* é a própria história originária. Não se trata, obviamente, de substituir uma causalidade por outra, mas tão só de expor o jogo pleno da historicidade do mundo.

VI

Como abalar, entretanto, as raízes da metafísica conservando seu projeto? Cabe examinar como ela se afunila na desvalori-

---

60. *Beiträge...*, GA 65, p. 29; trad., pp. 32-3.

zação do ente e o niilismo que a acompanha. A atual forma de pensar o ser está ligada a um modo de existir totalmente dominado pela técnica, que transforma todo ente em algo calculável, substituível por qualquer outro, portanto avesso ao questionamento do seer. Tudo se torna gigantesco (*Riesenhafte*), mesmo a miniatura sempre ligada a suas múltiplas facetas insípidas: o próprio seer se essencia como abandono do ser. Toda meditação se vê excluída diante da primazia do ato e dos fatos.[61] Não é daí que, em contrapartida, nasce o recurso à noção de "vida"? O próprio Heidegger lembra que está retomando a crítica ao niilismo feita por Nietzsche; ao associar, porém, niilismo a crítica da técnica moderna — que teria arredondado o espaço da metafísica e se distanciado dos antigos processos de produção —, aproxima-se da ultradireita de seu tempo, tomando posição contra os ideólogos seja do capital, seja do trabalho. Embora tenha contato com as obras de Marx, evita os conceitos de capital — produzir para a troca em vista do aumento incessante da riqueza social — e de modo de produção. Isso porque a relação originária do ser humano com o mundo é de uso, e não de produção, o que, aliás, está mais próximo da teoria econômica contemporânea. Desse modo, a crise da técnica nada tem a ver com a crise do capital, mas de um modo de ser histórico, crise do Ocidente, cuja origem estaria na entificação de tudo o que é, na radicalização da metafísica. A modernidade entra em decadência porque põe objetos como peças de uma armação, toda coisa podendo ser substituída por outra, tudo se torna calculável, e todo desarranjo há de comportar uma solução. E o próprio povo tende a tomar-se como aglomerado de pessoas desprovidas de encargo e missão. Note-se que, do ponto de vista de Marx, cuja crítica toca no plano da *produção de mercadorias* e não de objetos, a análise de Heidegger generaliza o fetiche da merca-

---

61. *Beiträge...*, GA 65, p. 442; trad., p. 426.

doria como se todo ente pudesse ser mercantilizado, deixando de lado o motor do modo capitalista de produção: este somente se move se o acúmulo inicial de riqueza *produzida* vier a produzir mais riqueza, isto é, se estiver sob a forma de capital em busca de mais-valia. A historicidade provém do jogo dos modos de produção — mas com isso estamos fora do universo heideggeriano.

Essa crítica à decadência do Ocidente se identifica à crítica ao niilismo e também ao platonismo que, ao interpretar o ente como entidade superior presentificante, reforça a metafísica que pensa o ser como ente especialíssimo. Sob esse aspecto, a crítica à técnica moderna é mais que uma tese acadêmica, constituindo ela mesma a *experiência* de uma denúncia de um mundo onde tudo o que é se nos vem ao encontro exclusivamente como um ente qualquer. A Revolução esperada há de nos conduzir ao salto capaz de refigurar o próprio Ocidente, reformulando igualmente nosso modo de pensar, em particular, porque o pensamento, ao pensar o seer, desvincula-se de toda "causalidade" formal ou material, de todo traço de um vir a ser ligado à *physis*, a um vigorar-se.

No entanto, cabe lembrar que não é técnica a essência da técnica, esta entendida como *Gestell,* armação, esteio, suporte. Uma conferência de 1949 sobre a virada, *Die Kehre*, resume assim o movimento dessa essência: "A essência da armação (*Gestells*) é o armar (*Stellen*) reunido em si mesmo, que rearma (*nachstellt*) pelo esquecimento sua própria verdade essencial. Esse rearmar (*Nachstellen*), assim, se dissimula/ desarma (*verstellt*), ao exibir/ abrir toda presença como armada; nela se instala e assim dela se assenhora".[62] Ousamos quase uma transliteração para salientar que

---

62. "*Das Wesen des Gestells ist das in sich gesammelte Stellen, das seiner eigenen Wesenswarheit mit der Vergessenheit nachstellt, welches Nachstellen sich dadurch vestellt, dass es sich in das Bestellen alles Anwesenden als den Bestand entfaltet, sich in diesem einrichtet und als dieser herrscht*", em *Die Kehre* (ed. bilíngue, Córdoba: Alción, 2008), p. 12; também em *Identität und Differenz*, GA 11, p. 115.

a re/desarmação (*nachstellen*, atrasar, reajustar) da armação (*Gestell*) vem expressa pelas variações do verbo "*stellen*" (pôr, colocar, ajustar, afinar), em oposição ao verbo "*setzen*" (pôr, mais próximo da noção de "impor"). Kant, para realçar que o ser não é um predicado real, usou "*positio*" (*setzen*) para interpretar o vínculo da proposição apofântica com o que é. No caso de *Gestell*, importa o pôr (*stellen*) como ajuste e armação, por conseguinte fugindo do que diz o juízo e a proposição apofântica, entendendo a verdade como simples concordância do dito com o real se abrindo e se fechando, mas fugindo de um eu transcendental. Na língua cotidiana, "*Gestell*" designa quase sempre uma estante, a montagem, por exemplo, de várias tábuas onde coisas são dis-postas. O prefixo "*Ge*" indica uma reunião de disposições. Se a técnica moderna está sempre provocando (*herausfordern*), essa provocação se faz reajustando, sugerindo, por conseguinte também escondendo-se. Isso acontece, por exemplo, quando libera a energia de um rio criando uma barragem.[63] Diferença importante, pois o ente técnico, embora ainda conserve certas ligações com a *technê* grega, marca a predominância do ente esquecendo-se do ser. Todo o ensaio, indagando pela essência da técnica moderna, visa mostrar como essa essência está ligada ao desvelamento da verdade sem revelá-la. Ao reconstruir o trecho acima articulando-se em torno de variações do verbo "*stellen*", tentei mostrar que ele pretende espelhar um processo histórico que maquina os entes, submetendo-os a um processo triturador de identidades. A metafísica moderna, montando-se a partir da proposição asseverativa, reduz a relação do ser com o ente a uma posição (*Setzung*), sempre esperando por um juízo. Ao levar às últimas consequên-

---

63. Cf. o ensaio "A pergunta pela técnica", "*Die Frage nach der Technik*", Vorträ-ge und Aufsätze, I, pp. 15 ss.; também em GA 7, *Vorträge un Aufsätze (1936-1953)*, pp. 5 ss.

cias essa posição metafísica, a técnica de nossos dias faz do ser mera armação, retirando de cada um sua própria singularidade, como se fosse capaz de substituir um por qualquer outro. Radicaliza-se, assim, aquele lado da tese platônica que ensina que os entes são aparências, mas agora desligadas da forma impositiva. A representação se separou do algo correspondente: "*stellen*" invoca "*vorstellen*". E o ser somente se mostra promovendo entes na medida em que os provoca. Esse rearmar provocante (*Nachstellen*) que desarma (*verstellt*) não opera graças a uma causalidade ligada ao par forma-conteúdo, mas tão só dispondo, afinando, visando, corrigindo ou ajustando, mostrando-se significante enquanto ecoa se escondendo, mas totalizando-se como modo de apropriação (*Ereignis*) epocal. Por sua vez, como a essência da técnica não é técnica, sua essencialização já arruma seus elementos num jogo especular de referências. Em lugar do "pondo como", arma um tecido de acenos sugerindo um enquadramento historial, mas ainda sendo puxado pelo ser, tal como entende a metafísica.

Já que a sua essência não é técnica, o exercício totalizante e radical da própria técnica não está submetido a essa desentificação. O simples proferir dessa verdade não altera, todavia, a história do seer. Como ela é tecida pelas palavras dos grandes pensadores, pelas obras dos artistas e pelos atos fundadores de políticos, todos conseguindo capturar doações diferentes do próprio seer vindo a seer, a filosofia, mais que museu, armação, dos textos de grandes filósofos, até agora mostra as várias apresentações do ser metafísico, vale dizer, as várias épocas históricas desenhadas pelas diversas experiências fundamentais de indivíduos particularmente singulares que dizem e resguardam o ser. O seer, por sua vez, se articula, se essencia como um dar-se, como história, não tanto mediante o pensamento humano, mas ele próprio ecoando palavras daqueles que estão por vir. Quando se deixa de lado a pergunta de como o ente vem a ser e não se indaga como o próprio seer se essencia (*das Seyn west*), os filósofos continuarão a dizer a epocalização que apenas se dá sem fundo (*Abgrund*), cobrindo-a com palavras como "*eidos*", "*energeia*" ou "vontade de potência" etc. E assim eles próprios passam a ser consumidos pelo fogo do que eles mesmos disseram. O ente fixado como "*energeia*" ou "vontade de potência" somente se volta para sua constância quando for mostrado que oculta seu fundamento abissal (*Ab-grund*), embora, assim guardado, possa estar ligado à história do seer. Essa história é a verdade que, como desvelamento, como *alêtheia*, desenha recusando os quadros das possibilidades do ente em sua totalidade, inclusive, obviamente, do ente homem que, como tal existente, se lança no mundo, e cujo perfil é dado por esse próprio jogar-se.

No limite, aqueles que só proferem a progressiva avalanche da maquinação dos entes — desde os tempos iniciais em que a técnica ainda estava associada à "*technê*" ou à "*poiêsis*" — mostram como essa armação se aprofunda até transformar-se numa multiplicação automática provocante; aumentando a distância entre o representante e o representado, denunciando o privilégio desse representado que, então, há de ser compensado pelo tumulto das vivências: "A 'vivência', aqui visada como modo fundamental de representação do elemento maquinal e do manter-se aí, é a publicidade acessível a todos do plenamente misterioso, isto é, do estimulante, atordoante e encantador, que o elemento maquinal torna necessário".[64] Toda solidão é destruída. Mas assim as pessoas terminam pressentindo o horror da trituração dos entes e se afinam para ressoar a essenciação de um querer que não se resuma a um ato exclusivamente criador.

Conforme o pensar de Heidegger se volta sobre si nesse ressoar, ele mesmo percebe que o ser histórico está se *revirando* e se

---

64. *Beiträge...*, GA 65, p. 109; trad., p. 108.

apropriando como tal, abrindo lugar para um tempo espacializante original no qual podem incidir novas de-cisões. O seer participa dessa apropriação, de sua própria verdade como abertura e recusa. No texto de transição sobre a verdade referido acima, o homem aparece como guarda do ser, tornando-se livre, na medida em que o ser-aí ek-sistente o possui. Como vimos, conforme a maneira do desdobramento originário da essência da verdade irrompem as raras, simples e capitais decisões da história.[65]

Mais tarde fica bem claro que a de-cisão pertence à essência do próprio seer; não é nenhuma construção humana, porque o homem dele recebe os fundamentos de sua essência: "o seer de-cide (*ent-scheidet*); em sua essenciação e como tal, ele se des-vincula para o acontecimento da apropriação (decisão não significa aqui o ulterior de uma tomada de posição seletiva). Como recusa, o seer arranca a si mesmo de toda cisão segundo o modo de ser do ente distinto...".[66] Essenciando-se segundo sua verdade, é o próprio seer que de-cide seu desdobramento, cabendo aos homens a guarda dessas diferenças. No entanto, porque ainda hoje esse homem se mantém mergulhado na insistência de ir e vir do errar, continua desviando-se do mistério e tentando salvar-se apenas pela palavra e por atos produtivos. Ele ainda não encontra a plena doação do ser e sua história. No extremo dessa história, quando a efetivação destruidora efetivante (*Verwirklichung*) da metafísica se tornar plenamente pensável e afinada, a ek-sistência humana se *mostrará* transpassada pela armação (*Gestell*), e a própria armação se *ocultará* como tal, encobrindo sua não ocultação. Exercendo-se como doação do próprio seer, a armação, que tudo desarma para alcançar no ente o que vem a ser calculável e estocável, termina bloqueando seu próprio vir a ser como vir a ser da

65. *Vom Wesen der Wahrheit*, p. 17; trad., p. 337.
66. *Besinnung*, GA 66, p. 46; trad., p. 45.

essência, da verdade que, como tal, tanto esconde, oculta, como mostra. Se tudo parece factível, o próprio homem cai na ilusão de estar sempre encontrando-se a si mesmo pelo fazer.[67] No início não está o ato, como pensaram Goethe e Wittgenstein, mas o *Ereignis*.

No entanto, não sendo técnica a essência da técnica, ela própria não é maquinável, na medida em que se liga diretamente à desocultação/ocultação do processo da verdade. Assim, prepara as afinações (*Stimmungen*) do horror e da retenção, modos de colocar-se no mundo abrindo novos tempos espacializantes para a aventura da doação do seer: a essência da técnica, como destino de desvendamento, torna-se perigosa. No entanto, não é do perigo que brota a salvação? Disso já nos prevenira o poeta que funda "o projeto da verdade de sua poesia na meditação e na tonalidade afetiva nas quais o ser-aí por vir vibra",[68] vale dizer, Hölderlin:

> *Mas lá, onde está o perigo, lá também*
> *cresce aquilo que salva.*[69]

Em *Holzwege*, no ensaio "Por que poetas?" ("Wozu Dichter?"), Heidegger examina essa questão analisando a poesia, mas do ponto de vista de R. M. Rilke, que, retomando a filosofia de Nietzsche, ainda que adocicada,[70] considera o ser como vontade de potência, imposição deliberada de objetivação. Desse ponto de vista, esse perigo se dá como vontade totalitária que reduz todos os entes ao

---

67. *Die Frage der Technik*, p. 26; *Vorträge und Aufsätze*, I.

68. *Beiträge...*, GA 65, p. 422; trad., p. 407.

69. Este verso ecoa a dialética de São Paulo vinculando graça ao pecado por meio da contradição que marca tanto a dialética hegeliana e marxista, assim como Nietzsche.

70. *Holzwege*. Frankfurt: Klostermann, 1950, p. 264.

mesmo padrão técnico. Do mesmo modo como na essência da técnica essa vontade perigosa pode salvar, porque na sua totalização contém o risco de revirar seu fundamento (*Grund*) em sem--fundo (*Abgrund*), na medida em que se impõe a perspectiva do ser dando-se a si mesmo. Em resumo, o perigo se dilui, visto da perspectiva do ser, de sorte que é a esse ser que todo o problema se atém.[71] A ultimação da técnica não evidencia sua essência, que não é técnica?

Convém refletir sobre essa totalização do perigo que salva, pois ela não é nada trivial. Se a técnica mecaniza os entes retirando-lhes a própria dimensão entificante, nem por isso nesse exercício eles perdem todo e qualquer contato com o ser: os entes isolados continuam sendo, em vista da totalidade da maquinação, mas, cabe insistir desde já, do ponto de vista de sua negação. Importa reconhecer na vontade moderna aquela vontade de potência que Nietzsche ressaltou, um representar (*vor-stellen*) que tudo quer capturar, por conseguinte desfazendo sua entidade e assim preparando a emergência de um Ser mais distante da totalidade dos entes, ou seja, o niilismo.

A conferência *Die Kehre*, de 1949, desenvolve o esquema abstrato desse perigo salvador. Estando o perigo como perigo, então acontece (*ereignet*) propriamente sua essência. Atravessado pelo *Ereignis*, o perigo é o rearmar, o reajustar (*Nachstellen*) de visadas,[72] quer dizer, descobrir pontos de vista visando agora o próprio ser (seer) como armação (*Gestell*), perseguindo pelo esquecimento a verdade do ser. "No reajustar de visadas (*Nachstellen*) essencia-se o seguinte: que o ser separa (des-loca, des-coloca) sua verdade no esquecimento, de tal modo que o ser denega sua es-

71. *Holzwege*, pp. 273 ss.
72. No nível do *Er-eigen*, que, como vimos, significa originalmente *er-äugen* esse reajustar é de perspectivas e visadas, daí a necessidade de nossa tradução.

sência. Se o perigo está como perigo, então acontece propriamente (*ereignet*) o ajustar de visadas (*Nachstellen*) com o que ajusta com o esquecimento o próprio ser em sua verdade".[73] A essenciação do ser se vê deslocada, de modo que o próprio ser surge mediante seu lado negador, velador, e assim ele próprio passa a dar-se como esquecimento, deixando, pois, de ser esquecimento para vir a ser como tal a guarda do próprio ser. Isso obviamente na medida em que o ser se dá para o homem, apropriando-o como *ser*-aí (Da-*sein*). O seer não causa essa apropriação, mas desloca, treslouca o homem para que ele reflita a nova composição dos quatro pontos do *Ereignis*: mortais, imortais, terra e céu.

Lembremos que em *Ser e Tempo* a significância, a articulação significativa dos entes para que mostrem seu ser depende, por exemplo, do aceno do martelo para o prego, a tábua e os outros objetos da marcenaria que, revirando-se graças à com-juntação (*Bewandinis*), indica seu ser. Agora os acenos ecoam a essencialização do seer arrumando-se na quaternidade histórica. Nosso tempo está marcado pelo *Gestell,* pela des-substancialização do ente, mas, a despeito de ser encobridor, o *Gestell* ainda é visada (*Blick*), de modo nenhum pura fatalidade. Quando se dá na apropriação do homem, no relâmpago (*Blitz*) da verdade do ser no ser sem verdade — no mundo técnico —, vamos chamar essa visada de olhadela (*Einblick*).[74] No seu acontecer (*Ereignis*), os homens são vistos nessa olhadela, apropriados como Da-*sein*, como sendo o seu aí, cuidando dele. No entanto, só conformam a terra caso a amoldem junto ao céu, participando da contenda que envolve terra e céu — este armando, aquela destruindo —, mas dentro dos limites marcados pela morte inexorável, embora sem data prevista. "E assim correspondendo, o homem é a-propriado (*ge-eignet*),

73. *Die Kehre*, p. 42.
74. Ibid., p. 45.

de modo que, no elemento guardado do mundo, como mortal, contra-olha (*entgegenblickt*) o divino."[75] Essa conversão do homem em *Da-sein*, mais rico que aquele de *Ser e Tempo*, transforma-o num guarda do acontecer, pastor do ser, cuja finitude, porém, se dá pela olhadela do divino, abertura de campos de sentido. "E não sucede de outro modo, pois também o Deus é, caso for, um ente, está como ente no Ser em sua essência que acontece a partir do mundanizar do mundo."[76] Algumas páginas antes o mesmo texto lembra como o perigo já é totalizante: "Se o perigo é como o próprio ser, está em nenhuma e em toda parte. Não *tem* nenhum lugar como algo outro distinto de si mesmo. É a própria localidade sem lugar de toda presença. O perigo é a época do ser que se essencia como armação".[77]

Os cineastas, de Méliès a Orson Welles, têm se aproveitado da multiplicação das imagens quando se penetra numa caixa de espelhos; torna-se impossível identificar o olhar original e a superfície espelhante. Seria *aquilo que acontece* quando participa do *Ereignis*, se fossem os espelhos que configurassem suas imagens sugerindo sentidos, conforme os deuses chegam ou partem e esperam o encontro com o último deus. Em *Contribuições*, esse jogo é denominado deização (*Göttern*), pois o seer ao acontecer para o homem é pensado como virando e se revirando, assim se estremecendo (*erzittern*), ganhando como tal o aberto como recusa,[78] em suma, como sinalizador. Nesse oscilar da virada e contra-virada o seer se estremece graças à ressonância (*Vorklang*) da decisão dos deuses sobre o seu deus, como voltaremos a examinar logo mais. Enquanto estremecimento, o seer amplia o aí como

75. *Die Kehre*, p. 45.
76. Ibid.
77. Ibid., p. 41.
78. *Beiträge...*, GA 65, p. 239; trad., p. 236.

campo do jogo temporal, como clareira iluminando o velado, mas tão só na medida em que recua, e sugerindo os modos em que isso se dá. Sua verdade tanto desvela como vela, mostrando-o como finito e completamente abissal, isto é, sem fundamento (*Ab-grund*). Nesse velamento é recusa, abrindo um jogo temporal do porvir, do ter-sido e do momento presente (*Augenblick*), marcando assim uma época. Recusado no *Gestell*, o seer, em *sendo apropriado*, se revira, estremece pela deização, de tal modo que vem a ser guardado pelo *Da-sein*. Voltando à conferência sobre a *Kehre*: "Em tal retorno, o esquecimento da guarda do seer não é mais esquecimento do seer, mas se torna a própria guarda do seer. Se o perigo está como perigo, acontece (*ereignet*) com a virada do esquecimento da guarda do Ser, acontece o mundo [...]. Que o mundo aconteça como mundo, que a coisa coisifique, isto é a longínqua chegada do próprio Ser".[79] Essa quaternidade, ao contrário do que ensina *Contribuições*, opõe terra e céu, em vez de terra e mundo, este vindo a configurar-se nos reflexos cruzados da própria quaternidade. Suprimimos na tradução acima a referência ao extraordinário texto sobre a coisa (*Ding*) que se encontra em *Ensaios e conferências*.[80] Lembremos, porém, que a metafísica, ao reduzir todos os entes tão só à sua entidade fundada num ser atemporal, descaracteriza a coisa no contexto no qual ela vem a ser. Descartes dá um passo essencial nesse processo quando amolda as ideias em representações de objetos, colocando assim a certeza como fundamento da razão.

Essa substituição de "mundo" por "terra" não exemplificaria a perspectiva restrita de *Contribuições* que, como assinalam as notas sobre *Ereignis*, às vezes retoma o caminho da metafísica? Se a contenda da terra fosse com o mundo, ela se dissolveria na pró-

79. *Die Kehre*, p. 42.
80. *Ensaios e conferências*, pp. 143 ss.

pria quaternidade. Insistir na contenda da terra com o céu — marcar a terra procurando anular toda modificação da coisa e o céu a demarcando graças à contraposição do dia e da noite, à pulsação das florestas, dos rios, ao luzir das estrelas e assim por diante — implica considerar a coisa no cruzamento dos quatro pontos cardeais do seer e jogá-la assim no mundo, numa caixa de espelhos relampejantes desenhando o tear dos sentidos. Lembremos que o texto sobre a coisa caminha procurando as determinações essencializantes de uma jarra, em busca daquelas experiências que nos levam a poder dizer que ela é coisa. No fim, a jarra exerce sua essência ao verter o líquido nela contido. No ato realiza o conteúdo que *guardou* em vista de seu vir a ser. Numa libação, por exemplo, o líquido não se perde por terra, não sobe aos céus, não mata a sede, mas somente é doado aos imortais. Nesse dom, porém, já aparece demarcando a terra de que é feita a jarra e onde ela repousa, o céu sob o qual se encontra e os mortais que participam da cerimônia do dom: "A doação do jorrar doa à medida que retém a terra e o céu, os mortais e os imortais. Mas reter (*Verweilen*) não é mais agora a simples permanência do que está à mão (*Vorhanden*). Reter faz acontecer o apropriado (*Verweilen ereignet*). Traz a quaternidade para a clareira de seu ser apropriado. A partir dessa simplicidade, eles passam a enrolar-se mutuamente, a confiar uns nos outros, cada um refletindo os outros três. Unidos nessa confiança, eles se desvelam. A doação do jorrar retém a simplicidade da quaternidade. Mas na doação, essencializa (*west*) a jarra como jarra. A doação reúne o que pertence ao doar: o duplo conter, o conteúdo, o vazio e o jorrar como dom. O reunido no jorrar junta-se a si mesmo para reter a quaternidade no acontecer de sua apropriação. Esse simples juntar variado é a essencialização da jarra".[81] Assim como a coisa, todos os entes, embora massificados e agigantados pela técnica, conservam seus

---

81. "Das Ding", em *Vorträge und Aufsätze*, II, p. 53; "A coisa", trad., p. 151.

vínculos com o seer, desde que este esteja sendo apropriado pelo *Ereignis*, isto é, localizando-se na quaternidade. Por isso, voltando ao perigo no qual a própria técnica nos situa, o que propriamente é não é este ou aquele ente: "O que propriamente é, ou seja, o que de modo próprio habita e se essencia no É (*Ist*), é unicamente o seer (*Seyn*). Somente o seer é e como ser acontece (*ereignet*) o que 'é' e o nomeia; isto que é, é o seer a partir de sua essência".[82]

Essa conferência de 1949, *Die Kehre*, junto de "A pergunta pela técnica", texto publicado em 1954 que estrategicamente inicia a coletânea *Ensaios e conferências* (*Vorträge und Aufsätze*), explicitam o perigo enquanto perigo, por conseguinte olhando para fora do pensamento técnico. Lembremos que nessa época o nazismo já tinha sido derrotado, esmagado pela vitória dos Aliados sobre o Eixo. Heidegger sofre o processo de desnazificação, sendo suspenso por algum tempo de dar aulas. A explosão da bomba atômica o leva a considerar que o mundo inteiro poderia ser destruído num átimo. É preciso abandonar de vez a interpretação técnica da técnica que desembocou na guerra: "O pensar marcado pelo caráter das guerras mundiais a partir da mais elevada vontade de poder do animal predador e a partir da incondicionalidade do armamento é respectivamente o sinal da consumação da época metafísica. Guerra mundial tanto quanto paz mundial (no sentido ambíguo judaico-cristão) significam eventos maquinacionais correspondentes, que já não podem ser mais nessa época meios para um fim ou uma meta qualquer — mas tampouco eles mesmos metas e fins".[83] O próprio ser agora se essencia como perigo, mas também se retomando, se reajustando, provocando (*Nachstellend*) e se dando como o próprio esquecimento do seer. Retomando parte do trecho citado acima, com tradução ligeira-

---

82. *Die Kehre*, p. 43.
83. *Besinnung*, GA 66, pp. 28-9; trad., p. 30.

mente modificada: "Quando esse *reajustar-se junto ao esquecimento* propriamente acontece (*ereignet*), então revira-se (*einkehrt*) o esquecimento como tal. Desse modo, arrancado pela reviravolta da queda, deixa de ser esquecimento. Mediante essa reviravolta o esquecimento da guarda do seer não é mais esquecimento do seer, mas, revirando-se, torna-se a guarda do seer. Quando o perigo está como perigo, acontece com a virada (*Kehre*) do esquecimento a guarda do ser, acontece o mundo. [...] Enquanto o perigo é o próprio seer, está em todas as partes e em nenhuma. Não tem lugar algum. É o próprio lugar-sem-lugar de toda presença (*Anwesen*). O perigo é a época do seer se essenciando como armação (*Gestell*)".[84]

Essa virada não se revolve num retorno, numa volta ao ponto de partida, mas se mostra como vibração de ir e vir cujos novos caminhos tentamos até agora desenhar. Também não prepara, assim, o salto para o outro início que um dia, talvez, venha a ser acenado por um deus, como Heidegger lembra em sua entrevista à revista *Der Spiegel*? Note-se o infletir dessa apresentação sobre perigo (e sobre a Revolução): nele Heidegger se distancia de Hegel, pois a virada e a contravirada não fazem mais que preparar o salto, uma nova época, não os alimentam como se fossem um processo vital interno a eles próprios. A salvação depende dos grandes fazedores e dos grandes pensadores que saberão ouvir os sinais do novo deus sugerindo a nova dádiva do seer.

VII

Assim é que, ao se essenciar, o seer, ainda que velado pela armação, não deixa de se apresentar como mirada (*Blick*) apro-

84. *Die Kehre*, pp. 41-2.

priadora. O jogo de espelhos é apenas imagem para que possamos entender essa mirada como momento da essencialização do seer, desenhando-se em vista dos outros elementos da quaternidade. Falando poeticamente — e somente nesse nível podemos tratar desses assuntos —, a mirada é "o relâmpago da verdade do seer (*Seyn*) no seer sem verdade".[85] Cada olhadela apropria e separa, encontra a de-cisão (*Ent-scheidung*) do seer vir a sendo e se velando, alcançando o homem, que guarda pacientemente cada olhadela e, jogando-se nelas, se torna sendo jogado. Assim correspondendo à mirada, o homem se coloca como mortal, vive tendo no horizonte seu fim, o que não acontece com os animais que apenas terminam, tão só participando da contenda da terra com o céu. No entanto, está sendo assim *apropriado* como mortal porque ante-olha os imortais, o divino. Os deuses, ou o deus — pois não sendo entes, não são enumeráveis — só se tornam entes no seer essenciando-se e, assim, também *sendo apropriados* a partir do mundear do mundo. "Se Deus é Deus, acontece (*ereignet sich*) a partir da constelação do seer e no interior dela."[86]

Pensar o homem a partir da diferença ontológica entre ser e ente, como se dá até *Ser e Tempo*, embora não seja um engano, mostra-se insuficiente do ponto de vista do *Ereignis*. Já nesse grande livro, "*Dasein*" deixa de ser a tradução corrente da palavra latina "*existentia*" — cujo sentido é a mera presentidade (*Anwesenheit*) —, na medida em que seu "*sein*" passa a ser repensado a partir da rememoração do questionamento do ser, por conseguinte ligado a um conceito muito especial de temporalidade, distante da concepção aristotélica que domina nosso horizonte ainda hoje. No entanto, a partir de meados dos anos 1930, mais que um ente ocupando-se de seu ser, *Dasein*, que em geral passa a ser grifado

85. *Die Kehre*, p. 45.
86. Ibid., p. 46.

Da-sein, significa antes de tudo o *ser* do aí da abertura *veladora* exercida pelo ser mortal enquadrado pelo *Ereignis*: "O ser-aí como a essenciação da clareira do que encobre pertence a esse encobrir-se mesmo, que se essencia como acontecimento apropriador".[87] Em primeiro lugar, porque "O ser-aí não é o modo da realidade efetiva de qualquer ente, mas é ele mesmo o ser do aí. O aí, porém, é a abertura [*veladora*] do ente enquanto tal na totalidade, o fundamento da *alêtheia* mais originalmente pensada".[88] Além disso, assume o seu aí como guardião da verdade do seer dando-se abissalmente. Somente assim vem a ser si mesmo, pois o jogar-se no mundo está marcado pela negatividade, pela liberdade do recolhimento diante dos deuses. Em vista do outro início, torna-se compreensível como presentidade do ente presente à vista, que se revela "como *uma* apropriação determinada da verdade do seer, junto à qual a atualidade experimentou um privilégio de determinante interpretado em face do sido e do por vir".[89] Por isso os entes em geral não são apenas as determinações do ser, mas participam da quaternidade apropriadora: a contenda da terra e do céu fazendo vibrar o aí dos mortais que são, diferentemente dos imortais que não podem ser ditos entes, todos apropriados pelo *Ereignis*. É o que ensina, em particular, o ensaio "A origem da obra de arte", cuidadosamente escolhido como o primeiro da coletânea *Holzwege*. Texto capital que descreve, por exemplo, como a beleza de um templo grego revela a contenda entre a terra e o céu, a terra atraindo o templo para suas entranhas, o céu levantando-o para dispor-se diante dos dias e das noites, da chuva e dos ventos. Contenda que cruza com a participação dos mortais realizando um projeto para, juntos, adorar e honrar os deuses.

---

87. *Beiträge...*, GA 65, p. 297; trad., p. 290.
88. Ibid., p. 296; trad., p. 289.
89. Ibid., p. 297; trad., p. 290.

Quando, no outro início, esses quatro estiverem nitidamente trançados, "o 'ser' não terá em vista a ocorrência, mas a *suportabilidade* (*Ertragsamkeit*) insistente como fundação do aí. O aí não significa um aqui e um lá de algum modo determinável a cada vez, mas sim a clareira do seer mesmo, cuja abertura só arranja o espaço para cada aqui e lá possível e o erigir do ente em uma obra, um ato e um sacrifício histórico".[90] Essa clareira não é, pois, um espaço vazio, mas abertura em que o seer se dando e se essenciando faz vigorar sua própria retração que, retida pelo homem, o desloca como seer que vem a ser seu aí. "Dito na linguagem que sobreviveu da metafísica, isso significa: a recusa como essenciação do ser é a mais elevada realidade efetiva do mais elevado possível *enquanto* possível e, com isso, é a primeira necessidade. *Ser-aí* é fundação da verdade dessa abertura maximamente simples do fosso abissal (*Zerklüftung*)".[91] As possibilitações existenciais demarcadas em *Ser e Tempo*, essenciando-se, incorporam-se numa clareira que é sua própria abertura onde o seer se doa em múltiplas formas de de-cisões fundamentais desenhando a história. Além disso, a clareira consiste na retração ao seu sem-fundamento (*Abgrund*), apontando para o novo início.

A releitura dos primeiros filósofos, sobretudo Anaximandro, Heráclito e Parmênides, traz o pensar para o início primordial histórico e pensante do Ocidente. Esse pensar prepara a crítica do ser técnico para que os vindouros sejam capazes de dar o salto na direção do novo início, aceitando a carência, a indigência (*Not*) de um seer que se distingue daquele ente particularíssimo com o qual foi confundido pela tradição. Como já dissemos, o salto realiza o projeto de verdade do seer, de tal modo que aquele que joga o projeto se experimente como jogado, isto é, apropriado pelo *Erei-*

---

90. *Beiträge...*, GA 65, p. 298; trad., p. 290.
91. Ibid., p. 294; trad., p. 286.

gnis no meio do seer. Essa abertura acontece como pertencimento ao seer segundo a distribuição da quaternidade. E cabe sempre levar novamente em conta a conclusão do § 122 de *Contribuições*, já citada: "Na abertura da essenciação do seer torna-se manifesto que o ser-aí não realiza nada, a não ser iniciar o contraimpulso (*Gegenschwung*) do acontecimento da apropriação, isto é, a não ser inserir-se nesse contraimpulso, e assim se tornar ele mesmo: o que guarda o projeto jogado, *o fundador fundado do fundamento*".[92] Desse ponto de vista, a ação humana somente se torna histórica e com *sentido*, vale dizer humana, como contraimpulso no acolhimento das doações do seer. No princípio nunca poderia haver apenas a ação, nem mesmo configurando-se como linguagem, embora deva trazer em si a matriz de todo *lógos*.

O contraimpulso é silencioso, embora matriz de sentidos que, para constituir-se, necessita da abertura do próprio seer que, ao se essenciar, desvela-se tanto quanto se vela.[93] Ao contrário dos estudos clássicos sobre a reflexão, que estão sempre supondo nesse essenciar-se um ponto fixo, um eu desse ou daquele tipo ou a própria reflexão representativa, o homem, além de ser um ente que cuida de seu ser antecipando a morte, é ligado a seu fundamento abissal, aparece des-locado por estar participando da virada e da contravirada intrínseca ao próprio seer e, graças a esse deslocamento, é apropriado como ser-aí. A virada se dá, pois, entranhada no próprio seer, como já vimos, desde que o próprio homem se desligue da vida e do pensar cotidianos, ponha em xeque o gigantismo de nossa época, aceite a vinda e a fuga dos deuses como acenos desenhando novas possibilidades de entificação e, assim, salte em busca do seer colaborando com sua verdade.

---

92. *Beiträge...*, GA 65, p. 239; trad., p. 236.
93. Cf. o trecho citado anteriormente, *Beiträge...*, GA 65, p. 240; trad., p. 237.

Cabe sublinhar que esse salto realiza "o projeto de verdade do seer" já mencionado. Mas, retomando a citação, "a abertura por meio do projeto só é tal abertura se acontecer como experiência do caráter de jogado e, com isso, do pertencimento ao seer. Essa é a diferença essencial em face de todos os tipos de conhecimento apenas *transcendentais* no que concerne às condições de possibilidade".[94] Somente quando afinado pelo jogo dessa abertura da própria verdade é que o ser humano pode pensar o seer. No entanto, essa "experiência" de pensar se resume a iniciar o contraimpulso do acontecimento da apropriação inserindo-se nele conforme sua doação e retenção. É como se, ao dar um pontapé inicial para a virada e a contravirada, o homem se tornasse ele mesmo guarda do projeto jogado, "fundador fundado do fundamento". É assim que o seer se estremece para dar-se como *certa* época histórica, como aí jogado.

VIII

Para Aristóteles o último deus era o primeiro motor, o pensar a si mesmo que nessa recusa abre as posições em que a *physis* se instala como explosão dos entes categorizados. Para Heidegger, a contínua virada e contravirada do seer indica as estreitezas dos antigos transcendentais conforme se mostram ao serem trazidos para o campo do divino encastoado no *Ereignis*, isto é, na verdade do próprio seer como revelação e encobrimento ao conformar o *Da-sein* como jogado no mundo. Assim ele prepara a apresentação da própria doação do seer como tempo epocal, espaço das decisões fundamentais de um novo momento histórico. Não pretende escrever uma teologia, ainda que negativa, mas apenas apon-

---

94. *Beiträge...*, GA 65, p. 239; trad., pp. 235-6.

tar o lugar do divino na modalização significante dos fatos passados, presentes e futuros. Cabe então a nós, hoje, perguntar: se nossa história está dominada pela armação (*Gestell*), quando qualquer ente se torna substituível e o si mesmo mergulha num fluxo de vivências, o sagrado, transfigurado em repetição, muitas vezes escondido no mero dogmatismo dos mais variados tipos, ao dar-se contrapondo-se como extrema recusa, não acenaria para uma nova apropriação do *Da-sein* pelo seer?

Voltemos a uma passagem já citada: "O seer é o estremecimento da deização (do som prévio/ ressonância [*Vorklang*] da decisão dos deuses sobre o seu deus)".[95] É como se os próprios deuses, mesmo não sendo identificáveis, se preparassem ressoando para posicionar-se em vista de um deus último, o que abriria nova temporalização do seer reorganizando a quaternidade. Este último deus, não no sentido temporal mas como extremo da deização, carece, por sua vez, do seer, permanece fora da chegada e fuga dos deuses e de seus sítios de domínio, mas sugere, acena, cria um novo campo de entendimento dos entes em vista do seer. Visto que esse clamar passa pela guarda do homem, não é o próprio *Da-sein* que aparece, então, como se estivesse à disposição dos deuses? "*À disposição dos deuse*s — o que isto significa? E se os deuses forem o indecidido, porque em um primeiro momento permanece recusada a abertura da deização? Aquela palavra significa: à disposição para ser usado no descerramento desse aberto. E aqueles que determinam previamente pela primeira vez a abertura desse aberto e que precisam ser afinados, determinados por ela; na medida em que repensam a essência da verdade e elevam o nível da questão, esses são os mais duramente usados. À 'disposição dos deuses' — significa encontrar-se — muito para além e para fora — fora do caráter corrente do 'ente' e de suas

---

95. *Beiträge...*, GA 65, p. 259; trad., p. 236.

interpretações; pertencer aos que se acham mais ao longe, para os quais a fuga dos deuses permanece o mais próximo em sua mais ampla subtração."[96] Estão à disposição dos deuses aqueles poucos que esperam por uma decisão que eles mesmos não definem. Os restantes vivem o sagrado somente enquanto participam da quaternidade já definida pela armação.

Nossa profunda historicidade, além de encontrar seus limites no dar-se do seer e que se dá recusando-se, abrindo o espaço de nossa liberdade, desenha-se a partir desse dar-se, da dimensão temporal configurante, mas igualmente apontando para seus limites, que só podem ser desenhados no contraimpulso significante da guarda do seer. Se o seer se dá (*es gibt*), este *se* (*es*) não é um indefinido, mas está ligado à *de-cisão* a partir da qual o decidido e o indecidido se perfilam, pois só assim pode dar-se como retenção (época) do tempo histórico. Desse modo, pensar o seer como essencialização — esta tendo no horizonte seus limites — mostra que os deuses carecem do seer, que não lhes pertence, para serem eles próprios lançados no abismo. Esse pensar o seer mergulha nele e se exerce no ser-aí como um "entre" mortais e imortais. A impossibilidade de decidir se os deuses se afastam ou se aproximam dos homens demarca uma das dimensões do acontecer do seer, o lado específico da negatividade junto ao esquecimento do ser. No excelente artigo já citado, Günter Figal sublinha esse ponto: "Quando o esquecimento é apreendido por essa maneira, ele não é um 'nada negativo' (*nothing negative*) no sentido de que não se esgota em si mesmo em sua própria negatividade. É o positivo apreendido negativamente".[97]

Não cabe afirmar que os deuses são ou não são; eles não possuem o passaporte para o ente, mas aproximando-se ou afastan-

---

96. *Beiträge...*, GA 65, p. 18; trad., p. 22.
97. Günter Figal, "Forgetfulness of God".

do-se dos mortais regulam sua existência. Heidegger encontra essa refiguração da transcendência em seu diálogo com Hölderlin. Importa ressaltar que em nenhum momento o texto de *Contribuições* pode ser lido como um *lógos* sobre os deuses, mas tão só como meditação filosófica (*Besinnung*) desprovida de todo pressuposto de existência, ainda que apareça na negação. Evitando o falatório da filosofia da representação sobre "ontologia" e "ser", e ainda lembrando que "o ente é" (*Das Seiende ist*), enquanto "o seer [tão só] se essencia" (*Das Seyn west*),[98] também compreendemos que os deuses não são entes porque se configuram na essencialização do próprio seer vindo a ser verdade nas posições da quaternidade. Por certo a própria noção de ente está sendo ampliada: a palavra não denominará apenas o efetivamente real como presente à vista — a presentidade configurada pela forma —, mas também "o possível, o necessário, o casual, tudo o que se encontra de alguma maneira no ser, até mesmo o nulo e o nada" — inclusive o contraditório. Isso porque, no outro início, "o ente é de tal modo para que suporta (*trägt*) a clareira na qual ele está ao mesmo tempo imerso, clareira essa que se essencia como clareira do encobrir-se, isto é, do seer como acontecimento apropriador".[99] Em suma, o seer reluz antes de todo ente indo e voltando num constante pisca-pisca. Por isso, fica na sombra aquela significância formada pelo "em vista de", que dá lugar à conjuntação (*Bewantnis*), tão importante em *Ser e Tempo*. Antes do *lógos* hermenêutico, a linguagem há de nascer no silêncio da própria guarda do seer, guarda que não conjunta, mas tenta localizar o que acontece na quaternidade formada pela inter-reflexão operando entre o homem, os deuses como doadores de limites do aí, e a contenda

98. *Beiträge*..., GA 65, p. 74; trad., p. 76.
99. Ibid., p. 230; trad., p. 226.

do mundo com a terra.[100] O homem vem a ser aí participando dessa quaternidade sem fundamento: *"Ser-aí é o acontecimento da abertura do fosso abissal (Erklüftung) do centro de giro da virada do acontecimento apropriador. Abertura do fosso abissal é aconteci-mento da apropriação, sobretudo e antes de tudo a abertura do fosso abissal e a partir dela a cada vez o homem histórico e a essenciação do ser, a aproximação e o distanciamento dos deuses".[101]* No fim da página, outra explicitação esclarecedora: *"Essa abertura do fosso abissal que se decide sempre a cada vez entre o abandono e o re-ace-nar ou que se encobre na indecisão da aproximação e distanciamen-to é a origem do tempo-espaço e o reino da contenda".*

Percebemos então que, ao continuar seu projeto de apagar os vestígios da tradicional relação de causa e efeito na explicação do fundamento — que agora é histórico e abissal (sem funda-mento), já visto, portanto, da perspectiva do salto —, Heidegger afirma poeticamente, conforme vimos, que a apropriação do aí pelo seer se exerce como numa canção que entremeia vozes, ecos e silêncios configurados pelas de-cisões dos deuses em relação ao último deus. Este, por sua vez, dá sentido ao tempo-espaço do *Da-sein* e dos entes. Por conseguinte, o último deus, elucida Gün-ter Figal no artigo já citado, explicita o tempo-espaço do *Da-sein* e dos seres. Por intermédio dele é possível experimentar a unida-de do tempo que unifica sua abertura, juntando a abertura e a disposição para entendê-la, "o que conflita no seu acordo" e "o que acorda no seu conflito", retomando palavras do curso de Hei-degger sobre Hölderlin.[102] O último deus se essencia, pois, no ace-no (*Wink*) que, como acontecimento apropriador, coloca o ente

100. *Beiträge...*, GA 65, p. 310; trad., p. 303.
101. Ibid., p. 311; trad., p. 303.
102. GA 39, p. 128.

no mais extremo abandono do ser, que por ser extremo transpassa a verdade do ser como iluminação mais íntima. Em tal essencialização do aceno, o próprio ser chega à maturidade, prontidão para tornar-se um fruto e uma doação. E assim ele se torna último, "o *fim essencial* exigido a partir do início, mas não trazido com ele".[103] No aceno do último deus se mostra a finitude mais íntima do seer, a redução do ente a uma peça da armação. Mas nessa redução extrema mostra-se a essência mais velada do *não*, enquanto ainda-não e não-mais. O negativo do seer se revela para aqueles que se re-voltam contra a situação histórica presente e preparam, então, os que estão por vir para resgatar a dignidade do ente. "Nós nos encontramos nessa luta em torno do último deus, isto é, em torno da fundação da verdade do seer como o tempo-espaço da tranquilidade de seu passar ao largo..."[104] Ao colocar-se no mais extremo redemoinho da virada, os que esperam o aceno do último deus tratam de preparar-se para o novo início do Ocidente sem imaginar-se tocados pela redenção, como ensina o cristianismo, mas de modo que o deus se apodere do homem e o homem ultrapasse o deus. "No clamor do *Ereignis* ocorre o aceno do último deus que junta a chegada e a fuga dos deuses. O aceno não é ainda a passagem do último deus, que demarcaria a decisão sobre a ocorrência histórica dos entes, mas abre na brecha do seer a capacidade (*Vermögen*) dessa decisão."[105] A deização explora o sentido do sagrado independentemente da crença na existência dos deuses; mostra como o sagrado participa da existência até mesmo dos mais fanáticos incrédulos.

103. *Beiträge...*, GA 65, p. 410; trad., p. 397.
104. Ibid., pp. 412-3; trad., p. 399.
105. Daniela Vallega-Neu, "An Introduction", em *Companion to Heidegger's Contributions to Philosophy*, pp. 104-5.

5. A linguagem apropriadora

I

A linguagem, em Heidegger, não pode ser apresentada tão só como um sistema de regras, uma gramática, pois se constitui no próprio acontecimento apropriativo (*Ereignis*) que chega até a palavra originária.[1] E como essa sua essência (*Wesen*), esse seu vir a ser, está ligado à sua verdade, é somente a partir desta que se pode chegar até o seu mostrar-se. Trata-se de um questionar hermenêutico, tal como é definido em *Ser e Tempo* (§ 32): explicitação do que já está sendo pressuposto e que participa do próprio questionar. Mesmo que admitíssemos a existência constituída do *lógos* e a considerássemos a partir dele, mesmo que, como de costume, o discurso mostrador, a proposição apofântica, servisse de ponto de partida, haveria a necessidade de explicar como é possível descrever, levantar perguntas e respostas, nomear ou escrever poemas. Se a prece ou o questionamento são formas de lingua-

---

1. GA 74, *Zum Wesen der Sprache und zur Frage nach der Kunst*, pp. 99 ss.

gem tão originárias quanto as outras, cabe ainda salientar aqueles terrenos de comum "entendimento!" em que o próprio ato da fala se torna suplementar. Perguntar pela essência da linguagem sem manter a antiga pretensão de superar (*Überwinden*) a metafísica, mas tão só procurar (*Verwingund*) revirá-la, implica entender essa essência (*Wesen*) como exercício dessa linguagem em vista de sua verdade desvelando e velando seu modo de ser, o modo pelo qual vem a ser por si mesma antes da articulação do discurso (*Rede*) propriamente dito e de sua fragmentação.

Desde o *De interpretatione* de Aristóteles, ensinaram-nos que a alma desempenha papel fundamental na captura dos entes, conforme cada um de seus estados venha a substituir uma multiplicidade deles — de pedras, de mesas, de humanos e assim por diante —, permitindo que estejam ligados a sinais que, associando ou dissociando o que vem assinalado, constituam signos. É sabido que essa estrutura cruza dois eixos: o primeiro indica o caráter convencional dos sinais e sua variação histórica; o segundo, a semelhança estrutural operante entre as palavras e os correspondentes estados da alma. A genialidade de Saussure foi substituir essa semelhança pelas oposições distintivas, mas que continuam pressupondo um mundo referencial cuja estrutura haveria de ser dita. No entanto, como mostra Pierre Aubenque, essa semelhança entre palavras e substâncias desde Aristóteles é ambígua, pois um mesmo nome, além lidar com várias coisas segundo uma imagem da alma, deve fazer aparecer um modo de ser conforme se liga ao *lógos*.[2] Não temos condições, contudo, de aprofundar-nos nesse terreno — e durante nosso percurso haveremos de tratar dos modos de nomeação, só que a partir de outras perspectivas.

Tudo muda quando a alma cede lugar ao *Da-sein*, um *ser* que se abre para um mundo cujos horizontes doados pelo pró-

---

2. Pierre Aubenque, *Le Problème de l'être chez Aristote*, pp. 108 ss.

prio ser são ampliados ou restringidos por ele mesmo em busca de sua verdade. Claro, pois o *lógos* está entrelaçado a essa abertura do *Dasein*, ao desvelamento e velamento dos entes do mundo. Essa linha de interpretação tem raízes nos trabalhos de Humboldt, que acentuam a diversidade irredutível das línguas sempre recriando novas formas a partir de um estoque anterior. Essa temporalidade aparece em Heidegger ligada à abertura constitutiva do próprio *Dasein*. O novo conceito de verdade se desliga dos procedimentos corretores da certeza para que possa deixar que o ente seja, mas lhe impondo certas medidas, ligadas aos modos de temporalização do ser-aí no mundo configurando esquemas espaciais. Para que o ente seja como ele é, a saber, venha ao ser, o *Dasein* se entrega à sua própria abertura, na qual todo ente entra e permanece, conservando sua medida. Abertura, como já sabemos, sempre ligada a um retraimento: "O entregar-se ao caráter de ser desvelado não quer dizer perder-se nele, mas se desdobra num recuo diante do ente a fim de que este se manifeste naquilo que é e como é, de tal maneira que a adequação representativa dele receba a medida".[3] Graças a esse recuo, o ser-aí confere medida e encontra sua própria para vir a ser si mesmo. A linguagem, mais que determinação especialíssima de um animal — o *lógos*, a razão —, consiste num deixar que os entes se apresentem para que sejam recolhidos por um ser que, cuidando de seu aí, venha a ser si mesmo pertencendo ao mundo.

Já examinamos como em *Ser e Tempo* Heidegger descreve esse abrir-se para o mundo, esse compreender, articulando-se como fala, conforme os entes recebem suas medidas graças ao recuo das respectivas com-juntações (*Bewandtnisse*) e se situam em esferas significantes mundanas. Todo esse caminho precisa ser re-

---

3. *Da essência da verdade*. Trad. Ernildo Stein, Coleção Os Pensadores. São Paulo: Abril Cultural, p. 336; *Von Wesen der Warheit*, GA 36-7.

feito quando a ek-sistência vem ser reposta na ida e vinda das viradas de seu próprio tecer. O ser, na medida em que participa do *Ereignis* — passando então a ser grafado *seer (Seyn)* —, dá-se para o ser-aí, desdobra-se no acontecimento apropriativo que então carece do *Da-sein*, cuja essencialização tanto se abre para o mundo como recua para o *instante (Augenblick)* de si mesmo, mas agora no jogo da virada e contravirada dos acenos. E assim os entes são trazidos para a guarda da linguagem, morada, casa do seer, como anuncia de saída a *Carta sobre o humanismo*. Observe-se que essa imagem só tem cabimento se o morar vier a ser um habitar, o abrir de um tempo-espaço em que as coisas venham a ser coisas; ela possui um sentido muito diferente, portanto, do de simples metáfora que substitui um sensível por um inteligível, como se operasse no âmbito da metafísica. Nessa morada o seer habita o *Da-sein,* que necessita então ser apropriado por ele — desse ponto de vista o seer carece do *Da-sein* e se essencia, como vimos, na quaternidade que cruza mortais e imortais abrindo um mundo onde se exerce a contenda entre a terra e o céu. Posta em questão a rigidez da diferença ontológica, o seer se essencia na dependência do *Da-sein,* abrindo-se para o mundo sem o apoio decisivo de um ente determinado, tal como ainda pretendia *Ser e Tempo*. A própria noção de *Da-sein* passa a ser vista de outro ângulo, aquele do próprio seer dando-se para homens enquanto mortais em contraposição aos imortais que propriamente não o são. Somente assim se fazem epocalmente históricos. Por isso a própria palavra muitas vezes aparece escrita de modo desconjuntado: *Da-sein*. Em contrapartida, também se altera a tradicional noção de coisa, até então ligada à dualidade metafísica de forma e matéria; com ela, cai por terra a noção de causalidade, de um modo ou de outro, associada à noção grega de *physis*, de algo que se exerce desdobrando sua *ousia* presentificante. A emergência da *technê* se mostra condição para pensar o ser como *idea,* pois essa "técnica" é responsável pela presentação do que se apresenta, cunhando a verdade como correspondência.[4] E se todo *eidos* é atravessado pela vibração e contra-vibração da *Kehre*, com a relação entre os entes vindo a ser as próprias coisas jogando-se na quaternidade, todo fazer passa a se exercer na própria clareira da essência do seer, iluminando-se e *igualmente velando-se*. Aqui reside o nervo da questão: nessas condições, como a linguagem se articula desvendando-se e ocultando-se? E se, de um lado, Heidegger retoma seu diálogo com os primeiros filósofos gregos e assim prepara o salto para um novo início, de outro rompe com Platão e Aristóteles, para os quais a linguagem nasce da combinação, da junção — *symplokê* — de sinais formando signos ou símbolos. E não só com eles, mas com a longa tradição que chega renovada até Saussure e seus discípulos.

Se, por certo, desaparece o velho *eidos* da metafísica, agora o modo de vir a ser das coisas, marcado pela contenda entre a terra e o céu, continua a ser invocado no contexto do olhar, mas tão só como um relâmpago: "'Relampejar' (*Blitzen*) é, segundo a palavra e a própria coisa, mirar (*blicken*). E na mirada como mirada a essência entra em seu próprio iluminar. Por intermédio do elemento desse iluminar a mirada abriga de volta o que mira. Mas o mirar guarda igualmente em seu iluminar a obscuridade oculta de sua origem como o não iluminado".[5] Nosso grande desafio é compreender esse jogo entre o revelar e o ocultar da linguagem, isto é, sua dimensão ligada à *poiêsis* sem ser fundante, embora vinculada ao lado apropriativo e criativo do vir a ser, que atravessa, sem confundi-los, pensamento e arte. Para tanto, depois de abandonar o eixo explicativo da forma/ matéria ainda ligado ao ser fundamento, é preciso evidentemente sobrecarregar o ato de

4. *Das Ereignis*, GA 71, p. 103; trad., p. 77.
5. *Die Kehre*, p. 43.

diferenciar como estando ligado à partida e à despedida (*Abschied*) da *Kehre*. Citando uma frase vinculada ao *Ereignis*: "A essência da diferença (*Unterschied*) não é a diferenciação (*Unterscheidung*), mas a essência da diferenciação é a diferença como partida (*Abschied*)".[6] Cabe sublinhar a diferença entre os dois prefixos para tomar distância das interpretações estruturalistas e pós-estruturalistas da linguagem e, assim, acentuar de que modo o novo conceito de diferença, como partida, está ligado a uma dobra primordial que marca todo o desdobramento da quaternidade, do *Ereignis*. A passagem de um ponto para outro, dos mortais para os imortais, por exemplo, mostra-se na própria dinâmica da mortalidade e assim por diante: *ser ente* mortal abre a diferença que se despede dos imortais que não são entes. Mais adiante voltaremos a essa questão.

A virada e a contra-virada do *Ereignis*, ao se apropriar do ser-aí, reclama-o, *chama-o* (*zuruf*) para sua finitude, afirma sua mortalidade trazendo-a para diante do passar ao largo do último deus: "A virada se essencia entre o clamor (*Zuruf*) (ao pertinente) e a escuta (*Zugehör*) (do conclamado). Virada é contravirada. O *clamar* ao salto no acontecimento da apropriação é a grande tranquilidade do conhecer-se mais velado".[7] Esse chamamento recíproco envolve seer e ser-aí. Se este é apropriado por aquele é porque se estabelece entre eles uma mesmidade cujo sentido muito especial agora precisa ser ressaltado: "O mesmo apenas se deixa dizer conjuntamente quando se pensa a diferença. No ajuste dos diferentes vem à luz a essência integradora do mesmo. O mesmo deixa para trás toda sofreguidão por igualar o diverso ao igual. O mesmo reúne integrando o diferente numa unicidade orgânica. O igual, ao contrário, dispersa na unidade pálida do um somente

6. *Über der Anfang*, GA 70, p. 73.
7. *Beiträge*, pp. 407-8; trad. mod., p. 394.

uniforme"[8] A mesmidade do *Ereignis* se faz diferenciando quatro focos velados — no sentido de encobrir e de guardar — pelo cruzamento do chamar e responder que passa a ser subjacente a toda linguagem. Para entender esse ponto precisamos demorar-nos nesse espelhamento essencializante atuando entre os quatro elementos: "A quaternidade se essencia como jogo de espelho daqueles que confiam simplesmente uns nos outros. A quaternidade se essencia como mundializar do mundo. O jogo de espelho do mundo é a ronda da apropriação. É por isso que a ronda não amarra simplesmente os quatro num aro. A ronda é o anel que anela [reúne] enquanto espelha o espelhar. Fazendo aparecer ilumina os quatro na sua simplicidade (*Einfalt*)"[9] A face mais exposta desse espelhamento que inicia sua trama pelo silêncio falável é uma proto-linguagem. No lugar da oposição entre sentido (*Sinn*) e significado (*Bedeutung*, referência), que se divulga a partir dos textos de Frege, a própria referência é um apresentar de instâncias (*Anwesen*) se articulando para o mundo. Como estas chegam à fala?

Essa linguagem, para não se deixar contaminar pela metafísica, também necessita livrar-se das imposições da lógica. No ensaio "Por que poetas?", Heidegger comenta versos de Rilke, para quem o ser do ente é determinado metafisicamente como presença mundial, embora o homem se apresente como um ser-desabrigado (*Schutzlosein*) e, como tal, vindo a querer a si mesmo, assumindo o risco da palavra e de dizer o ser na figura do anjo terrível, como nos mostram as *Elegias de Duíno*. Para isso precisa transpassar a lógica. Como se caracterizou esse *lógos* visto pela metafísica? "A razão do ser desabrigado e contra todos é dominada pela razão. Ela não somente erigiu para seu dizer, para o *lógos* como predicação esclarecedora, um sistema particular de regras, como

---

8. *Vorträge und Aufsätze*, ii, p. 67; trad. mod., p. 170.
9. Ibid., p. 53; trad. mod., p. 158.

a lógica da razão é ela mesma a organização da dominação da auto-imposição pré-verbal do objetivo. No reverso da representação objetiva, é a lógica do coração que corresponde ao dizer do re-cordar. Em ambas as regiões, que são determinadas metafisicamente, impera a lógica, pois a re-cordação deverá criar uma segurança (*Sicherheit*) a partir do próprio ser desabrigado, fora de todo abrigo. Tal salvaguarda diz respeito ao homem enquanto essência (*Wesen*) que possui a linguagem (*Sprache*)."[10] Essa passagem sumariza a crítica heideggeriana da metafísica no que concerne a sua base lógica e vice-versa. Todo o meu esforço será torná-la clara.

O § 235 de *Contribuições* examina esquematicamente a nova forma de pensar (*Erdenken*) a lógica que prenuncia o novo início. A metafísica trata do ser como entes à sua maneira. Quando extremada, essa maneira faz de cada ente um ente qualquer, em resumo, uma variável. Por meio de uma interpretação do ser como *idea*, o *noein* de Parmênides se converte no *dialegesthai* de Platão. O *lógos* de Heráclito se torna o *lógos* enquanto enunciado, ele se torna o fio condutor das categorias. O acoplamento nos dois na *ratio*, isto é, a concepção correspondente de *nous* e *lógos*, se prepara em Aristóteles. A *ratio* se torna matemática desde Descartes, o que foi possível porque essa essência matemática estava estabelecida desde Platão e fundada como possibilidade na *alêtheia* da *physis*. O enunciado se torna o fio condutor do pensamento. Na preparação do outro início, a essência da filosofia volta a questionar o ser, mas ainda na sua ambiguidade: questão sobre a verdade do ente, que não deve ser confundido com um único ser fundamental, e questão sobre a verdade do seer, isto é, a essencialização do seer, desligada do *koinon* e *da idea*.[11]

10. "Wozu Dichter?", em *Holzwege*, p. 287; trad. port., p. 337; trad. fr., p. 254.
11. *Beiträge*, pp. 456 ss.; trad., pp. 439 ss.

A partir de Aristóteles, a lógica tende a retirar das palavras sua relação com o seer, ainda que as divida segundo as categorias, pálida lembrança de seus princípios. A linguagem se torna então a morada do ser entificado, e o pastor tende a empurrar as palavras para o curral do qualquer. A linguagem atual, abusada e desgastada, não tem como dizer o seer, explicitar como ele se essencia, dizer sua verdade. Do ponto de vista do outro início, o silenciamento, "que tem leis mais elevadas que qualquer lógica [...] emerge da origem essenciante da própria linguagem". E: "A experiência fundamental não é o enunciado, a sentença e, de acordo com isso, o princípio, seja ele 'matemático' ou 'dialético', mas o manter-se em si da retenção, contra o recusar-se hesitante na verdade (clareira do encobrimento) da *indigência*, da qual emerge a necessidade da *decisão*". E se "essa retenção ganha *voz*, o dito é sempre a retenção do acontecimento apropriador".[12]

Em contrapartida, continuar se debruçando sobre a prevalência do pensar convertido em representação indica que a interpretação da entidade do ente mostrou que este se tornou cada vez mais objetualizado, afastando-se da verdade do próprio seer. Para voltar a repensar o ser é preciso mostrar o pensar carecendo do seer; de forma alguma procurando identidades, mas sublinhando que sendo o mesmo nas suas diferenças no âmbito da mesma universalidade, as determinações se convertem em puros modos de determinar, sem determinação fundante. "O fato de a essência do seer nunca se deixar dizer definitivamente não significa nenhuma falha, mas, ao contrário, o saber não definitivo mantém precisamente o abismo (*Abgrund*, o sem-fundamento), e com isso a essência do seer. Essa manutenção do abismo pertence à essência do ser-aí como a fundação da verdade do seer."[13] E, logo em seguida:

12. *Beiträge...*, p. 80; trad., p. 81.
13. Ibid., p. 460; trad., p. 444.

"mediante essa 'definição' do pensar por meio daquilo que ele 'pensa' realiza-se a completa negação de todo interpretar 'lógico', dessa 'brincadeira' que nunca se apodera de si mesma".[14] O pensar filosófico se libera, assim, dos enunciados e dos conceitos. Heidegger se livra da filosofia da representação e de toda possibilidade de pensar o ente como objeto, por conseguinte como objeto de uma representação e de um representante. Veremos a seguir que se para Wittgenstein as regras gramaticais determinam o caráter dos objetos diversificados segundo jogos de linguagem, as representações não são apenas de um sujeito mental, mas vivências ligadas por semelhança de família, semelhança que depende de um "ver como" e de um "pensar" técnico auxiliar. Para esse "retorno" a Aristóteles foi preciso transformar a alma numa entidade meramente gramatical, e a reminiscência, que ligava as ideias em Platão, no jogo de ver a própria mudança de aspecto.

O *Dichter*, o com-positor, por sua vez, pensa na forma mais original, porque pensa o seer abrindo-se historialmente para os homens. Estamos muito longe da linguagem conceitual, mas as coisas não se passam do mesmo modo no pensamento e na representação científica. O que, no pensamento, libera e dá a pensar não é nem o método nem o tema, mas o campo (*Gegend*), que se chama assim porque abre campos. Percorrendo o caminho do campo, o pensamento se atém ao campo. Aqui, o caminho pertence ao campo. Do ponto de vista da representação científica, essa relação não é apenas difícil; sobretudo, é impossível entrevê-la. Ora, ao tratar de pensar o caminho da experiência pensante com a linguagem, não pretendemos chegar a nenhuma discussão metodológica: já estamos andando no campo e no âmbito que nos concerne.

14. *Beiträge...*, p. 461; trad., p. 445.

Que papel desempenha o discurso (*Rede, lógos*) na essencialização da linguagem? E lembremos desde já: essa essencialização será a linguagem da essência. Num comentário muito livre do fragmento 50 de Heráclito[15] encontramos uma das formulações mais belas desse problema. Os dois versos costumam ser assim traduzidos: "Se não haveis escutado a mim mas o sentido (*lógos*)/ É sábio dizer no mesmo sentido: um *é* tudo". Como sempre, pretendendo explorar os significados das palavras gregas como se fosse um pensador grego se dirigindo a um grego, Heidegger passa a enumerar os vários sentidos e contextos significantes em que a palavra "*lógos*" seria empregada. Em resumo, *legein* quer dizer propriamente: pôr e apresentar depois de ter colhido e recolhido outras coisas. São examinadas todas as fases da colheita, do apanhar ao resguardar, para que fique bem patente que antes de tudo se trata de escolhas prévias que resultam num abrigar. As etapas de todos esses trabalhos, de todos os seus traços, porém, não atingem o ser da colheita. Do ente para o seer há sempre uma despedida, a misteriosa passagem da totalidade dos entes para aquela união totalizante do próprio seer quaternizado. Ora, se "*lógos*" está ligado ao exercício de deixar correrem as coisas — no sentido mais amplo dessa palavra — diante de nós para serem recolhidas, elas necessitam estar *presentes, abrigadas,* nesse desvelamento. Esse "estar presente para si diante de…" liga-se à palavra grega "*hypokeimenon*", cujo significado é "servir de base presente", inclusive para uma discussão. Palavra que, como sabemos, vai designar o sujeito da proposição apofântica, esclarecedora. Ora, a dificuldade reside na passagem desses atos significativos para a linguagem em exercício, falada ou escrita.

O que nos ensina essa mudança de sentido e de aspectos naquilo que nos traz presente a palavra "*lógos*"? "O fato de o dizer

---

15. *Vorträge und Aufsätze*, III, p. 3.

dar-se como *legen* [obs.: o verbo em alemão], como de-por e pro-por, e, portanto, o fato de o falar aparecer como *legein*. E tudo isso desde cedo, de modo repentino e como se nada estivesse acontecendo, esse fato produz um fruto estranho. O pensamento humano nem se espantou com tal acontecimento de apropriação (*Ereignis*) e nem percebe nele um mistério, o mistério que traz consigo um envio essencial do ser ao homem. Talvez o reserve para o instante do destino histórico em que a destruição do homem lhe atinge não apenas a condição e a solidez mas em que um desequilíbrio radical lhe põe em perigo a própria essência",[16] quando o perigo, já o vimos, nos abre para um novo início. A pergunta é: de que maneira o sentido próprio de *legein*, o estender, logra chegar ao significado de dizer e falar? Não se trata, como afirma a frase seguinte do mesmo texto, de mudanças nos significados das palavras, pois estaríamos, ainda, apenas nos movendo nos domínios dos significados (*Bedeutungen*). Importa antes de tudo deparar-nos com um acontecimento (*Ereignis*) cuja impropriedade ainda se esconde na sua simplicidade até agora desapercebida. Ignorando esse acontecimento, os analistas da linguagem examinam a constituição dos signos pelos sinais mediante operações representativas da alma — hoje sendo localizadas na mente ou nos procedimentos cerebrais. Heidegger situa o nascimento da linguagem na apropriação do homem pelo *Ereignis,* que assim advém como ser-aí, abrindo a clareira onde se instala a contenda da terra e do céu e colocando-se como mortal diferenciando-se dos imortais. Do ponto de vista metafísico, a linguagem, mesmo quando é *apophainesthai* (reveladora, mostradora), continua a ser entendida dependendo antes de tudo da junção ou disjunção de entes sinalizadores, quando, para Heidegger, o que importa primeiramente é o ser do homem sendo levado, porque é ser, a

16. *Vortrage und Aufzätze*, iii, pp. 8-9; trad., p. 187.

cuidar do mundo e, assim, a participar da *decisão* que desenha a quaternidade do *Ereignis*, configurando seus elementos basilares. A alma, o eu — transcendental ou não — cede lugar para as decisões formadoras da história. Como veremos, se Wittgenstein volta a conferir papel unificador à alma (*Seele*), esta terá uma função estritamente lógica e, por conseguinte, pertencente à própria linguagem, entendida, porém, como cruzamento de jogos de linguagem. Em contrapartida, em vez de jogos de linguagem, de fragmentos dela, Heidegger descreve a experiência da linguagem sendo tal como se consente ao pensamento. Por um lado ou por outro, todavia, a linguagem explode e consiste nessa explosão, muito antes da distinção entre sinal e signo, ou ainda sentido (*Sinn*) e significado/referência (*Bedeutung*).

Não por acaso, no livro em que ocorre a virada da metafísica, *Beiträge zur Philosophie* (*Vom Ereignis*), Heidegger termina com um texto sobre a linguagem. Vale a pena salientar essa passagem que aprendemos a admirar graças ao ensaio que lhe dedicou Marco Antonio Casanova.[17] "Quando os deuses clamam pela terra e no clamor ressoa um mundo...": vemos claramente que a trama do dizer se inicia pelo chamado dos deuses que, mesmo distanciando-se ou afastando-se, atinge a terra sempre em luta amorosa com o céu, aquela se recolhendo, este elevando os entes até o vagar do sol e o lumiar das estrelas. É assim que um mundo se desenha. Nesse mundo o clamor dos imortais atinge os mortais então sendo apropriados pelo seer e se conformando como *Da-sein*, um ser que se joga para o que é, abrindo a clareira onde os entes sendo acontecem para que o próprio seer possa se ocultar, deixando apenas traços de sua dádiva. Nessa essenciação do próprio seer compondo-se pelo *Ereignis,* o ser-aí se encontra com os

---

17. "A linguagem do acontecimento apropriativo", *Natureza Humana*, v. IV, n. 2, jul.-dez. 2002, pp. 315-39.

entes vindo a ser chamados de volta para a terra, atraídos para o céu pelo clamor dos deuses no lusco-fusco do dia e da noite, da abertura do mundo e do fechamento de seu seer. No vir a ser de cada coisa, terra e céu permanecem presentes e assim devem ser guardados pelo *Dasein*. Nessa altura, os entes vindo a ser para um povo que se torna histórico já trazem silenciosamente os moldes, *Worte*, do que serão palavras, termos (*Wörter*), depois de passar pela guarda (*Wahr*) do próprio *Da-sein* epocal encontrando, então, sua verdade (*Wahr-heit*). Heidegger resume os elementos dessa junção do acontecimento apropriador que prepara a linguagem: esclarecimento da terra, ressonância do mundo graças àquela contenda que originariamente abriga a clareira, fosso sem fundamento (*Abgrund*) porque é a rasgadura (*Riss*) onde se localizam terra e céu, mortais e imortais para se abrirem como mundo. O sítio se abre, assim, como história.

À primeira vista, a linguagem falada ou silenciosa parece ser a mais ampla antropomorfização do ente, sempre marcado pelo comportamento do homem. Este, porém, é o ensinamento da metafísica. No entanto, observada mais de perto, a linguagem se apresenta como a desantropologização mais originária de qualquer ente. O próprio ente humano como ser vivo não vem ao *lógos* mediante o ato de sua criação, que lhe imputaria entidade a priori, mas chega a ele porque o *seer* só essencia no exercer do *Ereignis*, e assim está sempre inserido na trama do chamar dos elementos da quaternidade. Conforme vem a ser apropriado pelo seer, o *lógos* chega ao homem: este, como ser-aí, se determina conforme participa da quaternidade. Essas determinações iniciais se correspondem, marcando a essencialização do seer, cada uma respondendo à outra, mas cada resposta (*Antwort*) ainda não traz consigo palavras (*Wörter*) já constituídas — dotadas de sentido (*Sinn*) e significado (*Bedeutung*) —, mas apenas uma marca subsistente, que Heidegger denomina *Anwort*, novo termo designando algo que viria à palavra, como aquele silêncio que corta a conversa e exprime tudo o que precisa ser dito. Nesse nível, o chamar e o responder estão tecendo uma silenciosa saga (*Sage*). Essa palavra é usada por Heidegger lembrando o que proclamam as antigas deusas do destino, mas "*sagen*" simplesmente se traduz por "dizer"; toda a questão é encontrar antes do discurso (*Rede*) a estruturação prévia do querer dizer com ou sem signos. E assim só resta aos mortais encontrar suas próprias medidas iniciais de si como povo histórico, medindo-se pelo pensar flagrado pela *poiêsis* — aquele mesmo que se diferencia ao pensar e/ou criar o belo. "A linguagem possui o homem"; essa frase resume a meditação sobre ela.

II

Cumpre notar desde já que a linguagem se apropria de cada mortal para que cada um a escute conforme participe da quaternidade anunciada pelo *Ereignis* no jogo de espelho do *Zuruf* e do *Anruf*, do aceno e do chamamento, da virada e da contravirada. Deixa para trás o fundamento da vida e mergulha no sem-fundamento (*Abgrund*), no abismo que o conforma como sendo-aí no mundo, coator da essencialização do seer que tanto esclarece como vela. Nossa exposição do jogo dos clamores na quaternidade, partindo da *Kehre*, poderia induzir o leitor a pensar esse jogo de espelho como se fosse constituído por quatro elementos. Nada disso; como veremos, o *Ereignis* é a palavra inicial que, por isso mesmo, se junta à virada e à contravirada. *Ser e Tempo* lança as bases de uma nova hermenêutica, mostrando como os entes, por estarem vindo à mão (*Zuhandensein*), encontram seus respectivos seres graças a uma virada puramente instrumental — o martelo que se faz ser martelo martelando e assim abrindo a trama de certos seres instrumentais de que os termos vão falar. Depois de *Contribuições*, o seer se dá para a guarda dos mortais, que transformam em linguagem *histórica* a trama da quaternidade conforme a apropriação se mostra diversificada segundo o dar-se do tempo epocal.

A quaternidade é o próprio mundo; o que se confirma quando examinamos mais cuidadosamente como os entes chegam ao seer pelo clamor dos deuses — antes, portanto, da constituição das linguagens e das escritas em processo. Note-se que "o clamor dos deuses" é forma de dizer o que vem a nós como um todo. Ao guardar o seer, os homens se posicionam diante da quaternidade "ouvindo" o sagrado, aquilo que não pode ser dito sendo nem não sendo. Krzysztof Ziarek insiste longamente que a moldagem dos quatro, retirando-lhes toda ideia de elemento ou ponto de partida, mostra-se no duplo sentido de *Einfalt*, "não primeiramente dobra única (*onefold*), que se torna tão logo dobrada (*infold*) mediante as dobras que nele se desenvolvem; mas essa dobra única (*onefold*) acontece como dobrado, como indica o termo alemão. O dobrado aqui é anterior à diferença entre um e muitos, não sendo, assim, nem unificado nem múltiplo". E, logo mais: "'Dobrar' (*Folding*) como momento da relação não ajunta relacionados distintos já presentes, mas, introduzindo flexões, inicia dobras mediante as quais ocorrem relações, torções e proximidades".[18] Os quatro se distinguem e se mostram nessas dobras que vão se compondo, como lembra Ziarek, nos modos pelos quais Heidegger machuca as palavras cotidianas mediante hifens, dois-pontos e outros recursos. Não é essa a nova forma do discurso filosófico?

Cabe insistir na completa transformação do conceito de determinação (*Bestimmung*) tão logo perde seu tradicional ponto de

---

18. Krzysztof Ziarek, *Language after Heidegger*. Bloomington: Indiana University Press, 2013, p. 28.

apoio na substância (*ousia*) e na distinção metafísica entre sensível e inteligível. Além de *Bestimmung* continuar se ligando a *Stimmung*, tonalidade do homem vindo a ser aí — que marca seu ser sujeito insistindo no modo de se manter na clareira do seer —, importa ainda sublinhar a transformação por que passa a própria noção de diferença. Na medida em que os seres se essenciam em busca da verdade que, por sua vez, é a verdade da essência, a diferença (*Unter-schied*) deve iluminar, assim como encobrir. Já mencionamos essa ligação da diferença com a partida (*Abschied*), mas só agora podemos voltar a ela e examinar um dificílimo texto de *Ereignis* (§ 184), quando Heidegger examina o vocabulário desse acontecer. Já de início sublinha: "O ser [valendo por seer] não começa e não termina, ele também não permanece 'ininterruptamente' na duração do ente. O ser inicia-se e isso essencialmente: ele *é* o início apropriador".[19] Isso se entende desde que lembremos que o seer não está no tempo, mas se dá como tempo instituinte. "O *Ereignis* é diferenciável, mas mantém veladas a diferença (*Unterschied*) e sua essência. O *Ereignis* inicial da diferença, porém, a partida (*Abschied*), mantém-se completamente no velado. No *Ereignis* que se clareia, contudo, a diferença em relação ao ente ganha a clareira e acontece apropriativamente sobretudo na clareira da partida em meio ao ocaso do início."[20] Mais que as diferenças entre os termos vale o jogo entre "*unter*" e "*ab*" incidindo sobre o verbo *scheiden* (separar). Cabe lembrar que *sich entscheiden* significa decidir-se: se a diferença está ligada a um separar subjacente que logo se manifesta entre os termos, nem por isso esse separar, ligando-se à essenciação na clareira, antes de ser tematizado, precisa perder todo e qualquer apoio, todo "fundamento" (*Grund*), porquanto ele o encontra na verdade do que vem à

19. GA 71, *Ereignis*, p. 147; trad., p. 149.
20. Ibid., pp. 147-8; trad. mod., p. 150.

luz enquanto se oculta. Nessa ocultação é sem fundamento (*Abgrund*), vinculado ao abismo. "O *Ereignis* volta o encobrimento para o interior da partida em relação ao abismo *e* volta ao mesmo tempo a clareira para o interior da diferença em relação ao elemento fundador, isto é, ao ente. A partir dessa virada marcada pelo *Ereignis*, este é recíproco."[21] Em vez de o ser se encontrar no movimento da com-juntação dos sistemas práticos, como já examinamos em *Ser e Tempo*, e visto que o seer está *se dando* na virada e na contravirada, marcando-se pelo *Zuruf* e *Anruf* dos elementos da quaternidade, ele *se dá* (*es gibt*) fundando e desfundando, retirando do seer todo ponto de apoio que escape dessa virada e contravirada. Fora da partida (*Abschied*), a diferença inicial só emerge, "Mas a diferença como tal, isto é, ao mesmo tempo na partida, se clareia, então acontece apropriativamente a transversão da diferença no abismo"[22] — e assim ela se distingue das tradicionais concepções de diferença: uma que a coloca no nível do conhecer, outra que a coloca do lado da entidade e dos entes a serem conhecidos. Ainda que a lógica de Hegel parta da mesmidade do ser e do nada, nem por isso ela escapa da trilogia fundadora do Espírito Absoluto, que percorre o caminho de suas sínteses e antíteses sendo e estando lá como um "mesmo" (*Selbst*) que trata de superar suas determinações limitantes. Para fugir desse círculo de círculos, o marxismo, assim como Sartre e seus herdeiros, não retrocedeu à dualidade do representar e do representado? Ou do simples observar dos fenômenos? Em contrapartida, o *Ereignis* se essencia como o *entre* do tempo-espaço, o aí acontecendo apropriativamente e o ser-aí mostrando-se como a essenciação da virada, isto é, a verdade do ser como a essência da verdade. Se isso se encobre no esquecer do questionamento do ser, cabe ao pensamento ex-

21. *Ereignis*, GA 71, p. 148; trad., p. 150.
22. Ibid., pp. 148-9; trad. mod., p. 151.

plorar as limitações da metafísica até encontrar o fundamento e o abismo que marcam o ser histórico, sempre temporal. Mas então é a própria linguagem que não pode mais ser pensada como transfiguração de sinais em signos; ela necessita recuperar os caminhos do campo (*Holzwege*), as veredas que se perdem com o próprio caminhar, mas sempre mantendo com o início um abrir-se que se esconde. A linguagem só pode ser vista a partir de seu próprio exercício, hermeneuticamente, antes de se configurar em discursos. É a partir dela que falamos inclusive sobre ela mesma. No entanto, como veremos, ela sempre se esconde se mantivermos no horizonte o esquema representacional.

Voltemos ao ensaio de Marco Casanova já mencionado. Para sublinhar a positividade própria da diferença e da retração, a dinâmica da realização da abertura, ele lembra, por exemplo, como ao vir à tona na quaternidade a terra não é apenas uma possibilidade do mundo, mas traz em si mesma o aceno às outras três possibilidades — ela se diferencia junto à diferenciação e identificação dos outros polos do *Ereignis*. Cita um trecho de Michel Haar diferenciando *physis* e terra: a terra não nomeia o solo sobre o qual andamos ou o planeta que habitamos, mas indica a vigência irrepresentável da retração. Essa vigência repercute em si a recusa constitutiva do seer em todo desvelamento, assim como transpassa originariamente sua força de mostração. Desse modo, o clamor pela terra requer a superação da mera disponibilidade dos entes presentes em sua aparição e a conquista de uma escuta em relação ao que se cala em toda fala dos entes.

A essencialização do seer desenha a abertura e o aparecimento de uma medida vinculando os procedimentos do *Dasein,* como a retração do que está sendo enviado para tal constituição. Essa retração não é um não ser absoluto, pois, enquanto negação do ente, o nada só pode ser experimentado a partir desse ente: no acontecer do *Ereignis,* na sua virada e contravirada, por conseguinte na própria saga, na linguagem antes de ser falada; na retaguarda, o nada reside no dizer silencioso, no "entre" em que se exerce a quaternidade: "Todo dizer do seer [...] precisa denominar o acontecimento apropriador, aquele *entre* do entrementes de deus e ser-aí, de mundo e terra, sempre elevados ao cerne da obra afinadora com uma *clareza intermediária* e de maneira decisiva o fundamento-entre como a-bismo. Esse dizer nunca é inequívoco no sentido da inequivocidade do discurso habitual, mas ele também não é como esse discurso apenas plurissignificativo e multissignificativo. Ao contrário, é unicamente denominador, de maneira juridicional, daquele entre do acontecimento querelante da apropriação".[23] Essa dupla apropriação ecoa o fragmento 67 de Heráclito: "Deus é dia e noite, inverno e verão, guerra e paz, saciedade e fome"; e o homem se torna ser-aí ao guardar o próprio seer no tempo-espaço de seu "entre" desenhando-se historicamente. Desde que essa apropriação se teça antes da palavra, a linguagem se funda no silêncio.

III

A caminho da linguagem foi publicado em 1959;[24] reúne textos produzidos naquela década. No primeiro ensaio, "Die Sprache", Heidegger examina um poema de Georg Trakl, sublinhando, de início, a peculiaridade de seu ponto de partida: a ênfase no que é puramente falado (*rein Gesprochenes*), o que simplesmente fala (*spricht*). Se o poema descreve uma tarde de inverno, não é por isso que os nomes funcionam como se fossem substitutos das coisas. Esse "nomear" não é distribuir títulos, não aplica termos

23. *Beiträge*, p. 484; trad., p. 468.
24. *Unterwegs zur Sprache*; cf. *A caminho da linguagem*.

(*Wörter*, vocábulos), mas chama/invoca (*ruft*) para a palavra (*Wort*): "Nomear (*nennen*) chama (*ruft*). O chamar (*Rufen*) aproxima seu chamado (*Gerufenes*)".[25] Reencontramos a distinção entre "*Worte*" e "*Wörter*", a palavra no seu nível mais elementar invoca silenciosamente, não está de modo algum previamente ligada a um estado de coisa, não aproxima as coisas do círculo de presença (*Bezirk des Anwesenden*) para substituí-las. O chamamento (*Ruf*) por certo chama para junto de. Assim, traz junto à presença. Como veremos, *Anwesen*, aqui, está indicando uma presença ligada à essência, à vigência do próprio seer: aquilo que antes não tinha sido chamado. Mas chama porque já chamou o chamado. De onde? No longe, onde o chamado se recolhe como ausência.[26] Para que a nomeação venha a ser, chegue a se essenciar, carece de seu lado velador. Ao ligar o poema ao desvelar e ao velar do processo da verdade, Heidegger cruza o questionamento da essência do falar poético com o questionamento do ser. Em que medida poetar e pensar são a mesma coisa?

No poema as coisas não são invocadas como se estivessem ali para ser utilizadas por nós, disponíveis para esta ou aquela prática. Sem dúvida concernem aos homens, mas não o fazem como se estivessem à mão (*Zuhandensein*) ou simplesmente ali (*Vorhandensein*); são convidadas a ser coisas vindo a ser coisas e, como tais, participando do chamamento cruzado dos pontos da quaternidade, isto é, do mundo. "As coisas deixam a quaternidade dos quatro nelas perdurar. Esse deixar perdurar em reunindo é o que faz das coisas coisa. Mundo é o nome que damos à quaternidade de céu e terra, mortais e divinos que perdura como unidade no fazer coisa das coisas."[27] Divergindo totalmente das concepções

25. *Unterwegs zur Sprache*, p. 21; cf. trad., p. 15.
26. Ibid.; cf. trad., pp. 15-6.
27. Ibid., p. 22; trad., p. 16.

tradicionais, mundo agora passa a ser entendido como a trama onde as coisas se fazem coisas perdurando nos quatro "polos" do *Ereignis* e lhes dando suporte. E como no antigo alemão a palavra *"austragen"* (dar suporte) está ligada a *"bern"*, *"bären"*, que formam *"gebären"* (gestar) e *"Gebärde"* (gesto), todas essas significações apenas insinuadas sugerem que "Fazendo-se coisas as coisas dão suporte ao mundo" (*Dingend gebärden sie Welt*).[28]

Separando-se ao se interpenetrarem, coisa e mundo dimensionam um meio, um entre, por conseguinte um corte (*Schied*): na intimidade do mundo e da coisa vigora a diferença (*Unterschied*). As línguas latinas pensam a diferença de outro ponto de vista: a palavra *"differentia"* se liga ao verbo *"fero"* — levar, trazer, mover, apresentar —, de modo que sugere movimento e dispersão. Em alemão, a palavra se liga ao ato de cortar e, como já vimos, diferença e partida se entranham, o vigorar se liga ao ocultar, mas nesse nível, ao dimensionar mundo e coisa. "A di-ferença não é nem distinção nem relação. A diferença é no máximo dimensão para mundo e coisa. Sendo assim, 'dimensão' não mais significa um âmbito simplesmente dado em si mesmo, onde isto e aquilo se estabelecem. Medindo o que lhes é próprio, a di-ferença *é* a dimensão."[29] O nomear consiste num chamamento (*rufen*) que, tecendo a saga do dizer, chama o mundo; por sua vez, o dizer confia o mundo às coisas que, assim, são abrigadas no brilho do mundo: "Coisas gestam (*gebären*) o mundo. O mundo concede (*gönnt*) coisas".[30] A virada e a contravirada se travam pelo *Zurufen* e *Anrufen*, pelo jogo do espelhamento de cada ponto nos outros três da quaternidade, sendo, por conseguinte, jogo significante. Mas a contenda entre terra e céu faz transparecer o mundo de que

28. *Unterwegs zur Sprache*, p. 22; cf. trad., p. 17.
29. Ibid., p. 25; trad., p. 20.
30. Ibid., p. 24; trad. mod., p. 19.

os mortais cuidam coisificando coisas nos limites sugeridos pela aproximação ou fuga dos deuses — os quais funcionam, já o vimos, como os antigos transcendentais. Nesse cuidar, os mortais são apropriados pelo seer, que lhes impõe uma dimensão histórica, e assim mundo e coisas entram na dança do habitar e do pastorear do dizer. Linhas antes, Heidegger já escrevera: "A di-ferença para o mundo e para a coisa *apropria* as coisas nos gestos (*Gebärde*) do mundo, *apropria* o mundo no conceder (*Gönnen*) das coisas".[31] Note-se essa mútua apropriação dos chamados: "A linguagem fala deixando vir o chamado coisa-mundo e mundo-coisa no entre da di-ferença".[32] Mesmo sem termos lido o início do poema de Trakl, convém reter a última estrofe, onde isso mostra se essenciando:

> *O viandante chega quieto*
> *A dor petrificou a soleira.*
> *Aí brilha em pura claridade*
> *Pão e vinho sobre a mesa*[33]

O viandante encontra a soleira petrificada pela dor daquilo que já é diferenciando-se coisa e mundo: o entre dos batentes sustenta a porta como um todo, assegurando o entre separando o exterior e o interior, o sair e o entrar. Aprofundando esses reflexos, Heidegger pode dizer: "A terceira estrofe recolhe o chamar (*Heissen*) das coisas e o chamar do mundo. É que a terceira estrofe evoca (*ruft*) originariamente a partir da simplicidade de um chamado íntimo. Esse que evoca a di-ferença sem dizê-la. Evocar

---

31. *Unterwegs zur Sprache*, p. 25; trad. mod., pp. 19-20.
32. Ibid., p. 22; trad., p. 22.
33. "*Wanderer tritt still herein;/ Schmerz versteinerte die Schwelle./ Da erglänzt in reiner Helle/ Auf dem Tische Brot und Wein*".

no sentido originário de deixar vir à intimidade do mundo e da coisa é propriamente chamar. Esse chamar é a essência do falar. No dito do poema, vigora o falar. É o falar da linguagem. A linguagem vem a ser (*Die Sprache spricht*). A linguagem se exerce, se essencia, deixando vir o chamado, coisa-mundo e mundo-coisa no entre da diferença.[34] Note-se que esse chamar, antes de dar nome aquietando o mundo como mundo e as coisas como coisas na di-ferença, na repartição originária, porque participa da quaternidade, é uma convocação (*Ruf*) originária do *Ereignis*. A essência da linguagem, como estamos vendo, se desdobra a partir dessa convocação que se apropria do homem para que ele possa *ser aí* (*Da-sein*), cuidando desse aí para que nele o seer se abrigue. Mas essa essência não é dita pela diferença entre ser e ente, mas no interior do re-partir do próprio seer. Daí o emprego da tautologia para que o dizer da saga seja ouvido e falado.

Esse dizer originário, como já vimos, é chamado de "saga". Embora a palavra usualmente se refira aos contos nórdicos, aqui indica a linguagem se essenciando, o caminho pelo qual ela nos vem ao encontro e, por isso, evoca tanto o dizer como o dito sem palavras faladas ou escritas, enfim, tudo o que significa e tudo o que é significado em vista de mostrar o próprio mundo: "Dizer, *sagan,* significa mostrar, deixar aparecer, liberar, clareando, encobrindo, ou seja, propiciando o que chamamos de mundo".[35] E cabe não esquecer que "declaração", "afirmação", "depoimento" são palavras que traduzem "*Aus-sage*". Num texto posterior, Heidegger explora outro lado: "Saga é a história vocabular do seer na palavra do *pensar*. Chama-se saga o seer inicialmente decidido a partir de sua essência, sem que ele, como na metafísica, alcance mais tarde o ente já posto somente graças ao resíduo deste, e sem

34. *Unterwegs zur Sprache*, p. 28; trad. mod., p. 22.
35. Ibid., p. 200.

270

que ele proponha, por outro lado, o ente como condição esclarecedora".[36] A saga nomeia o seer — nomear que equivale a um chamamento do que é no mundo — essenciando-se na quadratura, no jogo de apelos que configura a contenda entre a terra o céu, capturando o homem mortal para que ele possa guardar o seer mediante o cuidar da abertura da sua verdade se essenciando, se abrindo e se fechando.

Esse espelhamento da história do seer não é pacífico, é uma "luta (*Kampf*) sem guerra e sem paz entre o *vir-ao-encontro* (*Entgegnung*) [...] e a *contenda* (*Streit*)". O primeiro é "a decisão essencial (*Wesensentscheidung*) entre a divindade que se assinala apropriativamente dos deuses e a humanidade do homem", isto é, a separação constituinte dos deuses ou do deus, ou seja, do sagrado, do imortal, configurando por contraposição a mortalidade dos homens. A segunda, a "*Contenda* é o assinalamento apropriativo da essência de mundo e terra".[37] Importa que o acontecimento apropriativo faz com que o seer "se dê" articulando a quaternidade de modo que o homem habite o mundo contencioso relacionando-se positiva ou negativamente com o sagrado, marcando uma epocalização do seer.

Como esse "dar-se" (*es gibt*) característico do seer se dá na linguagem? Na língua alemã o exercício (uso de "*Sprache*") se diz "*sprechen*"; como em português não existe essa correspondência, não temos o verbo correspondente a "linguagem" — diremos tão só que a linguagem se exerce, lembremos, como sua verdade. Dado que dizer não é o mesmo que falar, pois é possível falar sem

---

36. "*Die Sage ist die worthafte Geschichte des Seyns im Wort des Denkens, Die Sage nennt das Seyn, anfänglich aus seinen Wesen entschieden, ohne es, wie die Mataphysik, von einem schon gesetzten Seienden aus nur als dessen Abhub nachträglich zu erreichen und dem Seienden als erklärende Bedingung wiederum anzutragen*"; cf. *Zum Wesen der Sprache und zur Frage nach der Kunst*, GA 74, pp. 9-10.
37. Cf. *Besinnung*, GA 66, p. 84; trad., p. 80.

dizer nada, o próprio dizer se "apoia" na saga. Daí a importância da escuta. Usar a linguagem (*sprechen*) é por si mesmo escutar. O uso da linguagem se dá a partir da escuta.[38] Para trazer a linguagem à experiência ela é questionada a partir de si mesma, indaga-se por sua essenciação, por sua verdade, por seu desdobramento temporal histórico, isto é, como e quando igualmente se dá apropriando e experimentando seu retraimento. A análise hermenêutica já pressupõe a prática da linguagem, sem que dela se afaste, e assim supõe que todo discurso se arme a partir da articulação de linguagem e mundo. Não é assim que tenta fugir dos liames da metafísica, que faz da linguagem um visar de entes transformando os vocábulos nas suas imagens indicadoras? A essa articulação, contudo, pertence o silêncio.

Nesse recolhimento da linguagem sobre si mesma, que recusa todo ponto de vista limítrofe a partir do qual se possa falar dela, as tautologias mostram o chamar e o chamado operando no *Ereignis*, e a nomeação invoca algo nele. A saga está inteiramente desvinculada de todo compromisso com o entendimento declarativo, com a comunicação ou com outra função que lhe possa advir de seu exterior. Nesse dizer ela se abre para um modo do seer. Em alemão o verbo *dichten* significa tornar denso (*dicht*); *Dichtung* diz tanto o adensar, o calafetar, como o poetar. O poetar, a poesia, ao adensar a linguagem cotidiana, termina revelando a essência da linguagem, que se adensa para que algo se mostre sendo; desvelando, revelando a clareira onde opera o pensamento, resistindo assim à tendência normal do revelar que também escurece. Para ir além dos sentidos cristalizados na fala corrente e no esforço técnico da comunicação, as tautologias e as contradições se tornam recursos indispensáveis. Mas agora, em vez de simplesmente indicar limites, elas ecoam e nos incitam a experi-

---

38. *Unterwegs zur Sprache*, p. 234.

mentar a linguagem enquanto processo total, que se nos apresenta antes de que seus elementos — nomear, invocar, mentir etc. — sejam analisados. Desse novo ponto de vista, arte e filosofia se cruzam para trazer a saga do dizer para o nível do falar, do discurso (*Rede*), a despeito de seus procedimentos radicalmente diversos. Escapando das peias da metafísica e da filosofia da representação, o pensar filosófico se apoia na saga mas, em vez de trazer o "Pão e vinho sobre a mesa" para a claridade luzindo o que são, como faz a arte, fala desse estado de coisa indicando como ele torna presente esquecendo de seu modo de seer historial.

É nesse contraponto que o filósofo Heidegger se interessa pelos poetas, em particular por Hölderlin, o poeta predileto que faz de sua poesia a busca pela essência dela. Inicia um de seus estudos sobre "Hölderlin e a essência da poesia" selecionando contradições: se a palavra é um jogo inocente, também é o mais perigoso dos bens; se é um discurso eficaz, não se reduz a uma ação que morda o real, que o transforme e assim por diante. A filosofia se transforma, então, num jogo pensante de palavras, inteiras ou recortadas, a indicar o andamento de um surgir. Por isso é preciso suspender as formas tradicionais de pensar e apenas "acompanhar a marcha de um mostrar".[39] Não, contudo, um mostrar qualquer, mas aquele que conforma a própria linguagem: "A tarefa da linguagem é revelar o ente obrando e o garantir. Pela linguagem pode se exprimir o que há de mais puro e mais absconso, assim como o confuso e o comum. Ainda é preciso que a palavra essencial, para ser compreendida e assim se tornar propriedade da comunidade, se torne comum".[40] Esse papel configurante da palavra em

---

39. *Tempo e Ser*, trad. Ernildo Stein, Coleção Os Pensadores, p. 455.
40. "Hölderlin und das Wesen der Dichtung", em *Erläuterung zu Hölderlins Dichtung*, GA 4, p. 37; *Approche de Hölderlin*. Collection Tel. Paris: Gallimard, 1996, pp. 46-7.

relação ao ente se exerce porque guarda seu ser. O nome, podendo ser repetido inúmeras vezes, está sempre segurando o que o ente é. Quando Georg Trakl escreve "Na janela a neve cai/ Prolongado soa o sino da tarde", essa fala nomeia a neve que, à tarde, no fim do dia, cai na janela junto com o soar do sino. Nessas condições, vejamos novamente um trecho citado antes: "Nomear não é distribuir títulos, não é empregar/ aplicar vocábulos (*Wörter*), mas evocar para a palavra (*Wort*). O nomear chama. O chamar aproxima seu chamado. Não obstante, esse aproximar não cria o chamado a fim de firmá-lo e submetê-lo ao âmbito do presente (*Anwesen*). O chamar chama por certo. Desse modo traz para o presente o não--chamado para uma proximidade".[41] Antes de tudo, o nome não é um sinal e o nomear não é escolher entre as palavras cotidianas (vocábulos, *Wörter*) uma que convenha à coisa. Processa-se no nível da saga, quando palavras (*Worte*) são usadas para fixar o evocar e o evocado dos entes do mundo na proximidade da presença. Mas esse invocar, situando-se na virada e na contravirada, tanto congela a presença como invoca a ausência.[42] Sobre essa base das palavras é que as línguas naturais se constituem.

Páginas adiante nesse texto sobre Hölderlin e a essência da poesia, encontramos outra passagem que elucida o processo de "con-solidação": "A linguagem não é apenas um instrumento que o homem possui junto de muitos outros, a linguagem, antes de tudo, garante a possibilidade de se encontrar no meio da abertura do ente. Somente onde há linguagem há um mundo, isto é, esse círculo continuadamente mutável de decisão e obra, de ação e responsabilidade, mas também de arbitrário e de tumulto, de queda e de enganos. E somente onde há um mundo há história".[43] Ao fi-

---

41. *Unterwegs zur Sprache,* p. 21.
42. Ibid.
43. "Hölderlin und as Wesen der Dichtung", p. 37; trad. fr., pp. 46-7.

xar o ente no seu ser, a linguagem o revela na sua interlocução com outros entes, constituindo, por conseguinte, um mundo: este é mais que o conjunto das coisas, mais que o reunir dos seres vivos, pois inclui de-cisões e de-terminações pelas quais os homens fazem história, auscultando o seer tal como ele se re-solve, se mostra e se despede.

Os poetas, além do mais, desempenham papel crucial nos tempos de carência. Para Hölderlin, depois que os deuses fraternais — Hércules, Dioniso e Cristo — deixaram o mundo, este se inclina para a noite mais escura. Essa falta de Deus é epocal, independente das experiências de cada indivíduo: "A falta de Deus significa que nenhum deus vem juntar clara e visivelmente, em si mesmo, os homens e as coisas, ordenando assim, a partir de tal reunião, a história do mundo e a morada dos homens nessa história. Nessa falta de Deus, algo pior ainda se anuncia. Não somente fugiram os deuses e o Deus, mas, na história do mundo, apaga-se o esplendor da divindade".[44] Lembrando passagens de *Contribuições*, é como se o último deus se ausentasse aparentemente para sempre. Assim, passa a faltar o fundamento do mundo como o sem-fundo fundante. "O abismo (*Abgrund*) originalmente significa o solo e o fundamento em direção ao qual, na medida em que é o mais profundo, algo depende ao longo do declive".[45] Essa total falta de fundamento — como já sabemos — configura o mundo da técnica, mas abre uma vereda para o fundo que os muito especiais alcançam, e assim podem explorá-lo e, talvez, anunciar a reviravolta provocada pela insurgência de um novo deus. No entanto, se o perigo traz consigo indícios da salvação, cabe aos mortais situarem-se diante de seu próprio seer. Já que atingem mais rapidamente o abismo que os seres celestiais, já

44. *Holzwege*, p. 248.
45. Ibid.

que espreitam o abismo que tudo contém, estão abertos para os sinais desse abismo. Dioniso anuncia essa possível aproximação dos homens e dos deuses, pois celebra a videira e seu fruto, o recíproco pertencimento da terra e do céu. "Os poetas são os mortais que, cantando seriamente o deus do vinho, pressentem a pista dos deuses fugidios, nela permanecem, e assim traçam para os mortais, seus irmãos, o caminho da reviravolta (*Wende*)."[46]

Aos filósofos cabe a tarefa complementar de pensar a linguagem no contexto do *Ereignis*. Trazer "a linguagem como linguagem para a linguagem" é dela ter uma experiência totalizante que a mostre desde o início como nossa fala. A essa fala pertencem os que estão prontos a falar e assim se tornam presentes (*Anwesen*) para aquilo e para aqueles com quem falam. Nesse jogo estão os outros seres humanos e as coisas, falando e falados de diversas maneiras, apresentando e se apresentando e deixando no horizonte quem pode falar, quem não o pode, e o que pode ser dito, ainda que numa simples tentativa.[47] Essa unidade reunidora da essencialização da linguagem é algo que o pensamento não pode captar como um todo, a não ser que ele seja antes de tudo alusivo, *poiético*. Por isso ele se apresenta como rasgo (*Riss*), riscado da essencialização da linguagem, a articulação de um mostrar em que os que falam e a sua fala, o que se fala e o que aí não se fala, o que se encobre, ambos reclamando-nos. Esta é uma descrição inicial, que somente ganha pleno sentido no prosseguimento da análise. Importa, no entanto, desde já assinalar que esse vir à tona da linguagem, do falar e do falado, se apresenta estilhaçando justamente o que vem à tona, mostrando sua diversidade e seus recolhimentos. Como isso funciona?

46. *Holzwege*, p. 250.
47. *Unterwegs zur Sprache*, p. 250; trad., p. 200.

Num texto posterior,[48] Heidegger lembra que as seis páginas do § 34 de *Ser e Tempo,* embora precisem ser rejeitadas por causa de suas confusões metafísicas, não deixam de salientar a importante diferença entre *Sprache* (linguagem) e *Rede* (discurso). Encontrar-se (*Befindlichkeit*) e compreender (*Verstehen*) são, como já vimos, dois existenciais básicos do *Dasein.* O compreender articulado e marcando a tonalidade do ser-aí é o discurso, que se abre para o dizer, ouvir e calar e assim abre o espaço da linguagem, mas sempre marcando-a a partir de um ponto de vista: "O discurso é a articulação significacional (*bedeutungsmässig*) da inteligibilidade (*Verständlichkeit*) do encontrar-se no ser-do-mundo. A ele pertencem, como seus momentos constitutivos, o sobre-o-que do discurso (aquilo acerca do que ele discorre), o dito discursivamente como tal, a comunicação e o anúncio".[49] No contexto da virada e da contravirada, essa base comunicativa do discurso é remetida para o fundamento *abissal* do ser-aí se abrindo conforme vem a ser apropriado pelo *Ereignis.* E assim perde aquelas significações articuladas e tonalizadas pelo compreender. Nessas novas condições, o que pode significar ter uma experiência da linguagem? Cabe lembrar, antes de prosseguirmos, que a diferença entre sentido (*Sinn*) e significado (*Bedeutung)* aparece em *Ser e Tempo* somente depois que os entes instrumentais (*Zuhandenseiende*) se transformaram em entes simplesmente à mão (*Vorhandenseiende*), meros correspondentes das nomeações. Nesse novo plano do discurso, o significado sempre está ligado a uma coisa invocada, no amplo sentido que essa palavra coisa agora adquire. Como a palavra "diferença" não mais significa uma distinção entre dois objetos nem tampouco se resume numa relação

48. *Zum Wesen der Sprache und zur Frage nach der Kunst,* GA 74, p. 108.
49. *SuZ,* p. 162.

entre mundo e coisa, agora até um deus é uma coisa.[50] As coisas são gestos do mundo, "A di-ferença de mundo e coisa *apropria* as coisas no gesto de um mundo, *apropria* um mundo concedendo coisas".[51]

IV

Como era de esperar, a essência da linguagem vai se mostrar a linguagem da essência. Obviamente "essência" aqui nada tem a ver com ideia, forma, conceito etc. e outros modos de pensar ligados à filosofia da representação a serviço da apreensão das coisas. "Essência" é simplesmente o vigorar do que está vindo a ser, segundo seu modo e sua participação na abertura do mundo. Se ela se recusa à representação e ao método, há de fugir dos simples enunciados. "Nesse caso então não deveríamos mais dizer que a essência da linguagem é a linguagem da essência, a não ser que a palavra 'linguagem' tenha outro sentido na segunda formulação, a saber, o resguardo da essência da linguagem."[52] No entanto, além dos grandes pensadores, também os poetas se apresentam como responsáveis por essa guarda. E, claro, Hölderlin, em particular: "O que permanece, porém, inauguram/fundam os poetas".[53] Desde que as palavras não sejam tomadas como garras abraçando coisas, e sim indagando o que elas são, impõe-se uma vizinhança entre pensamento e poesia. Não daquele pensamento que se consolida no método, mas aquele que abre sulcos no agro do seer, que abre campos, que pensa o mundo e os destinos dos homens.

50. *Unterwegs zur Sprache*, p. 164.
51. Ibid., p. 25; trad., p. 20.
52. Ibid., p. 144.
53. *"Was bleibet aber, stiften die Dichter".*

Cabe não confundir o nomear com um designar, como se ele consistisse num colocar sinais sobre as coisas. Na citação feita anteriormente, "O que é esse nomear? Será apenas atribuir palavras de uma língua aos objetos e processos conhecidos e representáveis, como neve, sino, janela, cair, tocar? Não. Nomear não é distribuir títulos, não é atribuir palavras. Nomear é evocar pela palavra. Nomear evoca. Nomear aproxima o que se evoca. Mas essa aproximação não cria o que se evoca no intuito de firmá-lo e submetê-lo ao âmbito imediato das coisas vigentes".[54] Mas se esse nomear fosse, antes de tudo, evocar, a linguagem não escaparia da força unificante do *lógos* para cair numa decadência dispersiva? Trazer a linguagem como linguagem para a linguagem implica revelar sua essência, seu vigor, no limite mostrar o fio vermelho que a alinhava e assim experimentá-la na proximidade do pensar e do poetar. O exercício de trazer a linguagem para a linguagem, entretanto, se exerce como *nosso falar*, aquele que inicialmente é de um povo histórico vindo a ser. A fala pertence àqueles que estão a falar, que ao falar se fazem vigentes e presentes.[55] Essa vigência é um diálogo, um estar com os outros, falando isto e aquilo de muitas maneiras. Na essência, no vigor da linguagem, uma multiplicidade de elementos e outras referências se mostram. "Percorrendo-as, ou seja, contando-as no sentido originário de contar (*Zählen*), que não calcula números (*Zahlen*), mostrou-se o anúncio de um mútuo pertencer (*Zusammengehören*). Contar é contar contos (*Erzählen*), um ver antecipado o que, no mútuo pertencer, constitui o elemento reunidor sem que, no entanto, possa trazê-lo para um aparecer".[56] Contar, aqui, não significa enumerar, mas contar histórias, alinhavar eventos num escoar de sentidos.

54. *Unterwegs zur Sprache*, p. 21; trad., p. 15.
55. Ibid., p. 250; trad., p. 200.
56. Ibid., p. 251; trad., p. 200.

Desse modo, o pensamento do *Dichter* — podemos traduzir, do com-positor —, ao contar o conto da linguagem, ou melhor, sua saga, abre uma clareira, uma abertura, um campo onde se *pode* dizer falando ou não falando. Heidegger nomeia, isto é, invoca esse campo pelo nome "rasgadura" (*Aufriss*), vocábulo cuja raiz, *riss*, aparece em termos como *Grundriss*, compêndio, plano, *Abriss*, esboço, e assim por diante. Mediante esse rasgo (*Riss*), o filósofo invoca os sulcos que abrem a terra de maneira a abrigar a semeadura e o crescimento. "A rasgadura é o todo dos rasgos daquele riscado que articula o entreaberto e o livre da linguagem",[57] conforma assim o âmbito do dizer falado ou não falado. Rasgadura e saga (*Aufriss, Sage*), duas palavras mágicas, carregadas de sentido constituinte, evocam o âmbito de dizer com sentido, mesmo que isso seja ouvido mediante tautologias e contradições inspiradas.

"Como, porém, são pensados o exercício da linguagem e o que nele é falado (*Sprechen und Gesprochenes*) no curso desse breve conto da essencialização (*Wesen*) da linguagem? Eles já se mostram como tais através e onde algo vem à linguagem, isto é, vem a aparecer *na medida em que algo se diz.*"[58] O mostrar da linguagem fica na dependência de poder trazer *algo* para o nível dos fenômenos, para o que aparece mediante o exercício físico da voz. Algo que está no mundo, por isso mesmo junto da quaternidade, que se nos apresenta na técnica e na sua essência. De um lado, a linguagem invoca, de outro, se apropria dos homens históricos para que eles possam dizer algo. Dizer no sentido mais cru da palavra, emissão da voz, abrir um silêncio, iniciar um gesto. Não é à toa que linguagem também se diz língua. No entanto, em vez de ajustar a esses movimentos corporais uma dimensão espiri-

57. *Unterwegs zur Sprache*, p. 252; trad., p. 201.
58. Ibid.; trad. mod., p. 201.

tual, Heidegger trata de juntar esses dois elementos da filosofia da representação em modos e caminhos mais ou menos distantes da apresentação do seer.

O *Dichter*, o com-positor, pensa na forma mais original porque pensa o ser se abrindo historialmente para os entes. "O acontecimento apropriador (*Ereignis*) reúne a rasgadura da saga do dizer, desdobrando-a na articulação de um mostrar. O acontecimento apropriador é o mais imperceptível dos imperceptíveis, o mais simples no simples, o mais próximo no próximo, o mais distante no distante, onde nós, mortais, sustentamos nossas vidas.[59] A linguagem é mostrante de um campo que o pensador pensa conforme se abre tendo no horizonte os eixos históricos da quaternidade na medida em que se dão.

A linguagem é o próprio caminho do dizer. Não cabe perguntar de onde se movimenta o mostrar, pois ele se mostra a si mesmo no mostrar a vigência e a ausência, o mais cedo e o mais antigo: "Nomeá-lo é só o que podemos, porque aqui não há o que discutir".[60] A força que movimenta a saga é um apropriar-se. O tornar próprio não é uma força de uma causa nem a consequência de um fundamento. "Tornar próprio trazendo cada um, apropriar, é mais propiciador do que qualquer efetivar, fazer e fundamentar. O que se apropria (*Das Ereignende*) é o acontecimento apropriador (*Ereignis*) ele mesmo, e nada mais. O acontecimento apropriado, antevisto na saga do dizer, não se deixa representar nem como processo, nem como evento, podendo somente ser experienciado no mostrar do dizer como propiciação. Ele não concede nada a que o acontecimento apropriador pudesse ser reconduzido e a partir do qual pudesse ser explicado. O tornar próprio não é o resultado de outra coisa, mas a con-cessão, cujo alcance de

---

59. *Unterwegs zur Sprache*, p. 259; trad., p. 207.
60. Ibid., p. 258; trad., p. 206.

doação propicia algo como um "isto se dá", de que o ser ainda necessita para alcançar o vigor/ presença (*Anwesen*) de seu próprio.[61]

Um acontecimento apropriador que se instala na *physis*, no *eidos, no ente criado ou até mesmo* na *vontade de potência* chega à linguagem para que ela possa encontrar seu fundamento abissal a partir do qual tudo o que é dito e ganha sentido se articula num fluxo apropriador. A linguagem é essencialmente historial; se vem a ser articulada pelo acontecimento apropriador, *Ereignis*, nem por isso poderia se fundir numa única linguagem originária. Disso não decorre que uma língua não seja compreensível por outra, mas todo processo de tradução, que é transliteração, traz ganhos e perdas. A linguagem técnica do presente abrange o passado e abre as portas do futuro, mas tudo quer salvar num único procedimento linguístico. Contudo, na maior alienação, já o sabemos, reside a salvação. E assim se fica à espera de que o seer se resolva de outro modo, articulando de outra maneira a quaternidade do céu e da terra, dos homens e dos deuses, talvez permitindo que um deus se aproxime dos homens tresloucados de hoje.

A nós importa considerar que o tempo temporalizando faz surgir o que há de ser, o que já foi e o presente, simultâneos articulados numa simultaneidade que nos abrange. "Nesse arrancar e trazer o tempo en-caminha o que a simultaneidade entreabre: o tempo-espaço. No todo de sua essência o tempo não se move. O tempo repousa quieto."[62] O mesmo cabe dizer do espaço que entreabre, libera e concede lugares, assumindo o simultâneo. De ambos os lados se forma uma mesmidade que alinhava os quatro campos do mundo: terra e céu, deuses e mortais. Em vez da contenda da terra e do céu, em vez da proximidade ou da distância dos deuses que são e não são, graças à saga que conta e em-cami-

61. *Unterwegs zur Sprache*, p. 258; trad., p. 207.
62. Ibid., p. 213; trad., p. 169.

nha, tudo se pacifica numa mesmidade entre coisas que se aproximam: enquanto saga que encaminha o mundo, a linguagem é a relação de todas as relações.[63]

Ao interpretar um poema de Stefan George publicado em 1919, Heidegger dá um passo importante em sua investigação sobre a linguagem. O poema, significativamente, chama-se "A palavra". Temos condições de examinar apenas os dois versos finais, mas são conclusivos: "Triste assim eu aprendi a renunciar:/ Nenhuma coisa seja onde a palavra falta".[64] Quando a palavra se rompe, nenhuma coisa pode vir ou continuar a ser. No entanto isso só pode ser dito depois do aprendizado de uma renúncia que possui sua história contada pelo poeta. Ele vai até as margens de sua terra, onde habita a deusa do destino, Norn, e pergunta a ela o nome de uma joia que carregava com cuidado. Depois de muito procurar, ela responde que não o encontra, desconhecendo a razão de seu insucesso. A joia lhe escapa da mão e o tesouro nunca mais foi encontrado. Importa aqui aquilo a que o poeta aprende a renunciar. Isso não é expresso mediante um enunciado que informe que uma coisa não existe quando lhe falta um nome. A proposição apofântica não lhe traria experiência alguma com a linguagem. Apenas relacionaria o ente nome com outro ente coisa.

O poeta tristemente aprende que, quando a palavra se rompe (*bricht*), nenhuma coisa é dada. A palavra é doadora, não é um dado que possa ser encontrado num dicionário; ao dar-se ela dá o ser, como uma árvore que, em determinada época, dá seus frutos. A nomeação não junta ente com ente, mas invoca, acena para o que vem a ser. Por isso o poeta, ao renunciar ao acesso direto ao ente, ainda pode cantar, expor a experiência que ele e todos nós temos com a palavra, um apontar para isto ou aquilo para cantar o que vem a ser.

---

63. *Unterwegs zur Sprache*, p. 214; trad., p. 170.
64. "*So lernt ich traurig den verzicht:/ Kein ding sei wo das wort gebricht*".

Cabe ter todo o cuidado para não confundir a experiência poética da linguagem com aquela que o pensamento perfaz. As duas experiências caminham paralelas como duas retas que nunca se encontram a não ser no infinito. Uma existe sempre acenando para a outra, e assim desenham aquela mesmidade que lhes assegura a partida da diferença. A poesia e o pensamento são modos da saga que se faz dizer nos modos mais diferentes, até mesmo no modo do discurso técnico e no da própria técnica em que a saga se encobre.

"Trazer para a linguagem a linguagem como linguagem" é sempre um ir além que, se transforma a hermenêutica num círculo, é porque esse círculo dos círculos não chega a seu termo, como na *Fenomenologia do espírito* hegeliana, abraçado pelo si mesmo (*Selbst*) do Espírito Absoluto. É sempre um ir além, *epekeina*, cujo caminhar se desfaz como temporalidade doada pelo seer se apropriando do homem de tal modo que ele mesmo venha a ser na abertura do mundo. A palavra "ser" não mais designa o ser do ente na sua totalidade, mas como seer está se integrando no *Ereignis*, esse *singulare tantum* que se mostra e se esconde no dizer da saga do mundo histórico. "O dizer é somente humano como re-dizer (não no sentido de uma simples duplicação do Dizer, mas no sentido do *homologein* heraclitiano), e o falar humano não é compreendido a partir dos órgãos da palavra, mas como aquilo pelo que a linguagem pertence à terra enquanto Dizer do pertencimento mútuo do céu e da terra, que não são opostos como o sensível e o não-sensível, mas remetem um ao outro como o aberto (do céu) que demanda para aparecer a obscuridade daquilo que se retira em si (a terra): é essa diferença (*Unter-schied*) originária cujo acontecimento dizia o *Poema* de Parmênides."[65] Como o dia e a noite constituem um mesmo para que possam se

65. Françoise Dastur, *Heidegger*, p. 252.

diferenciar, a saga do dizer se abriga na fala do homem na medida em que este se abre para o céu que se alarga pisando a terra, forçando para que esta recue no escuro, mas de tal modo que ela mesma possa florescer. Se, de um lado, o dizer se duplica na mesmidade da fala, do discurso, de outro, radicaliza sua diferença como o ser recusa o não ser. Resulta disso a diminuta importância do questionamento do ente na sua totalidade, o mais forte alimento da metafísica, que passa a ser substituído pela reflexão sobre a coisa no seu hábitat, isto é, o mundo: "O mundo é a verdade do desdobramento do ser. Assim caracterizamos o mundo em relação ao ser. O mundo é, assim representado, subordinado ao ser, enquanto, em verdade, do ser somente se desdobra a partir do mundializar escondido no mundo". E, logo abaixo: "Quando o mundo vem a ser próprio pela primeira vez, o ser se dissipa, e com ele também o nada, no mundializar".[66] O mundo se resolvendo no seu próprio advir histórico é o próprio ser na sua quatripartição. A linguagem silenciosamente há de capturar fragmentos, tópicos desse acontecer, que se põem em palavras mediante o pensar dos filósofos, dos artistas e dos estadistas que logram ser o que hão de ser. A metafísica se efetivará explodindo o ser "*visto e fundador*", desemperrando o mundializar do mundo. Tudo, porém, depende do clamor de um deus doado por um *Ereignis*, finito mas na sua "mesmidade".

---

66. *Bremer und Freiburger Vorträge*, GA 79, p. 47; cf. Françoise Dastur, *Heidegger*, p. 204.

6. Passando pelo *Tractatus*

I

Para quem percorreu as páginas anteriores, chegar ao *Tractatus* é um choque. É como se voltássemos a repensar a lógica a partir de seus problemas tradicionais. Desse ponto de vista, o círculo hermenêutico é um não-senso. No entanto, Wittgenstein já limita o conhecimento ao domínio do que se pode constatar, separando assim o pensável do impensável, o que pode e o que não pode ser dito. Se o discurso continua dogmático, vem a ser eminentemente crítico, distinguindo o que pode ser dito — quando à proposição pode corresponder um fato — daquilo que não pode ser dito por estar cometendo desvios na figuração do real. E a moral e a estética se reportam a esses não ditos. Embora, como nota Bertrand Russell num infeliz comentário ao *Tractatus*, Wittgenstein acabe dizendo muita coisa sobre o que não pode ser dito, toda a antiga problemática transcendental, como indicam os comentadores, se transforma numa "crítica da linguagem pura". No entanto, questões éticas, se não podem ser formuladas com sentido, não deixam de atravessar nossas vidas e conversas filosóficas. Aqui, ao distinguir o *como* e o *que* de toda linguagem — questão a ser tratada no final deste capítulo —, já é possível inaugurar uma conversa entre Heidegger e Wittgenstein. Em certas circunstâncias a palavra "ser" pode ter sentido, mas não a pergunta da metafísica "o que é o ente (ser)", pois, como veremos, o que existe, o que é, é um fato, por conseguinte sempre um composto. E o mundo é a totalidade de fatos. Nessas condições a palavra "ente" deixa de ser diretora, voltando a ter importância "objeto" e "vivência". Trataremos de examinar como essas duas palavras perdem seu peso metafísico para ganhar outro no quadro de uma análise gramatical.

II

Não faremos uma análise minuciosa do *Tractatus*; abordaremos apenas alguns temas cuja reformulação encaminha certas teses do pensamento maduro de Wittgenstein nas quais o questionamento do ser, embora não tendo cabimento, ressoa como um limite na desconstrução-construção da noção de certeza. E, como era de esperar, são temas herdados de Aristóteles, em particular de *De interpretatione*, vistos agora sob a luz das obras geniais de Frege e das investigações recentes de seu amigo Bertrand Russell. A partir delas, Wittgenstein tenta uma solução global e muito peculiar para questões da lógica e da filosofia contemporânea. Ele tem no horizonte o princípio de que essa lógica poderia traçar o mapa completo da linguagem, não como construção hipotética, sempre pronta a ser substituída por outra, conforme a produção de novos dados críticos. Não se deixa levar pelos paradigmas científicos, mas pretende apresentar os meandros estruturais subjacentes ao exercício da fala, da escrita e do pensar; enfim, a base de uma estrutura simbólica qualquer. Pressuposto esse aspecto totalizante da sintaxe lógica, não é de estranhar que os estudos de Wittgenstein se abram para acolher as estruturas de todo acontecer que possa ser visto a partir do interior da própria linguagem: "Sim, meu trabalho se estendeu dos fundamentos da lógica para a essência do mundo", escreve ele nos seus *Diários*.[1] Essa prioridade do questionamento da essência do mundo é evidente na composição do *Tractatus* — mas será permanente ao longo do pensamento de Wittgenstein? Ela marca, por exemplo, a investigação sobre a certeza, quando esta depende de uma *Lebensform* ou de um *Lebenswelt*? Ou a totalidade do mundo fica então subordinada ao próprio funcionamento da linguagem, que deixa de ligar-se à *posição* que se exerce na proposição apofântica, tal como pressupôs toda a filosofia da representação?

Por enquanto, voltando aos textos de juventude, cabe observar que eles são alimentados por uma concepção muito peculiar da totalidade. O cálculo proposicional moderno nos ensina a compor proposições a partir de outras mais simples, empregando conectivos inteiramente determinados pela combinação dos valores de verdade das proposições componentes. Assim, a proposição composta pela conjunção "p e q" passa a ser verdadeira se "p" e "q" forem verdadeiras e falsa quando valem as outras combinações. Os lógicos mostraram que todos os conectivos "e", "ou" inclusivo ou exclusivo, a implicação "p implica q" etc. podem ser compostos pelo conectivo da dupla negação: "nem p nem q". Desse modo, toda proposição resulta da aplicação sucessiva da dupla negação sobre proposições elementares (*Tractatus Logico-Philosophicus*, proposição 6; doravante *T*. 6), o que transfere para essas proposições todo o peso do sentido. Como já Bertrand Russell percebera na "Introdução" que escreveu para o *Tractatus* (que

---

1. 2 ago. 1916; *Schriften*, I, p. 172.

tanto desagradou a Wittgenstein), esse método universal de construção das proposições tem consequências importantes, em particular simplifica de maneira surpreendente a teoria da inferência. Note-se ainda que, se uma proposição é sempre função de verdade de proposições atômicas, então se p se segue de q, o significado de p está contido no significado de q, de sorte que p não é atômica.

Nessa combinatória a tautologia e a contradição ocupam um lugar muito especial: para qualquer valor das proposições componentes, a primeira é sempre verdadeira e a segunda sempre falsa. Tautologia e contradição montam, assim, uma totalidade que se isenta dos valores particulares das proposições constituintes, ressaltando desse modo que a unidade da proposição tautológica ou contraditória resulta de um jogo que anula as peculiaridades dos vários componentes. Obtém-se com isso uma totalidade que anula suas diferenças anteriores, portanto uma totalidade que não se constrói pela denotação de seus singulares, mas, sendo sempre verdadeira, se *mostra* mediante o jogo dessa anulação — o resultado da contradição é semelhante. Como na matemática, a universalidade de que precisamos nas proposições lógicas não é acidental, por isso as proposições lógicas são tautologias (*T.* 6.031; 6.1).

De certo modo a interpretação que Heidegger dá às tautologias é inversa àquela desenvolvida por Wittgenstein. Para este elas consistem numa junção de proposições cujos valores de verdade sempre se combinam para resultar no valor verdadeiro. Sem diferença intrínseca nada podem afigurar e, por isso mesmo, revelam estruturas lógicas da linguagem. Para Heidegger, ao contrário, porque se resolvem numa relação especialíssima de mesmidade do predicado com o sujeito, elas terminam simplesmente circunscrevendo o modo de ser de uma entidade cuja essência se anuncia ao exercer-se em seus estritos limites. Não é assim que funcionam

"*Die Welt weltet*", "*Die Sprache spricht*"? Se para o primeiro, que recusa a noção de essência, o vazio mostra os andaimes da linguagem e do mundo, para o segundo, em contrapartida, o mesmo delineia um terreno em que um modo de ser se exerce.

A lógica generaliza procedimentos em que os possíveis singulares se neutralizam para desenhar totalidades estritamente formais. Estas são, pois, independentes tanto de qualquer procedimento indutivo como de qualquer processo criativo a partir de uma potência global ou transcendental, como o eu do idealismo alemão, vontade de potência e assim por diante. Compreendemos por que Wittgenstein se interessa cada vez mais pela interface entre lógica e ontologia. Ao aceitar como significativas somente proposições empíricas cujos casos são totalizados no mundo, o *Tractatus* pode explorar as proposições formais da lógica e até mesmo seus contrassensos, movendo-se num nível fechado sobre si mesmo. Por isso a lógica pode cuidar de si mesma; em contrapartida, o mundo, sendo um conceito formal, não tinge a pureza de seus andaimes abstratos com as minudências do real: "O mundo é determinado pelos fatos e por serem *todos* os fatos" (*T.* 1.11); totalidade cujo império é reafirmado no aforismo posterior: "Pois a totalidade dos fatos determina o que é o caso e também tudo o que não é o caso" (*T.* 1.12). Ao estudar esse caminhar da lógica para o estudo formal do mundo, Wittgenstein deixa transparecer traços de sua formação como cientista e engenheiro, embora compensada por seu fascínio por Arthur Schopenhauer, que o protege tanto do idealismo de Frege como do empirismo dos ingleses. Todos esses traços ganham matizes diversos na medida em que o filósofo mantém uma concepção muito peculiar de forma, que trai uma concepção curiosa da combinação da representação com a vontade. Se ele sempre junta, de um ou de outro modo, representação e vontade, é para que essa combinação seja abraçada por uma forma combinatória *esvaziada, embora mostradora,* que põe no centro da investigação a visibilidade do *eidos* de um modo muito diferente do da tradição platônica.

Convém ressaltar que durante toda a sua vida, Wittgenstein nunca duvidou que o exercício da linguagem se move no interior de sua própria estrutura. Estamos acostumados a situá-lo entre a mente e os comportamentos mundanos; uma teoria da alma nos permite separar os canais do perceber e do percebido, do pensar e do pensado — por fim, do raciocinar e do raciocinado, abrindo três vias para que os seres humanos tenham acesso ao mundo e a si mesmos. *Ser e Tempo* rompe com essa tradição na medida em que percepção, juízo e articulação racional precisam ser explicitados a partir do exercício de cada ente humano no cuidar de seu próprio ser. No primeiro Heidegger, o questionamento do ser desenha a matriz do perceber, do falar e do pensar. A despeito de provir de uma tradição completamente diversa, o primeiro Wittgenstein pretende resolver todos esses procedimentos de acesso ao real no âmbito e nos arredores da própria linguagem.

Os construtores da nova lógica matemática alimentavam a esperança de montar a árvore matriz de todo e qualquer simbolismo, uma carta ordenada de todos os conceitos, que cobrisse as formas do conhecimento em geral e indicasse seus próprios limites. Sabemos que esse projeto de Frege sofre profundo abalo quando Bertrand Russell aponta que paradoxos podiam ser formulados na nova linguagem. Mas esse mesmo autor trata de remendar o projeto elaborando sua teoria dos tipos incumbida de sanar as falhas da cartografia fregeana. A teoria proíbe, antes de tudo, que uma função proposicional tenha a si mesma como argumento, o que implica uma distribuição dos objetos predicáveis, conceitualizáveis, em categorias diferentes. A relação entre essência e indivíduo passa a admitir, então, apenas uma interpretação extencional como aquela da regra e seu caso. Por exemplo, a proposição "A classe dos leões é um leão" é julgada absurda porque o predicado "leão" só pode ser dito de indivíduos. O *Tractatus* se propõe a resolver essas questões desenvolvendo uma concepção peculiar dos princípios reguladores das estruturas linguísticas, formas comuns à linguagem e ao mundo. Mas para tanto precisa encontrar pontos comuns em que essa comunidade possa ser pensada por cada um de nós. Um novo jogo entre o dizer e o mostrar vai cumprir essa missão. A *apophansis* que Aristóteles encontrava em toda proposição veritativa vai se entranhar na bipolaridade que cada uma deve desenvolver.

III

Um dos pontos mais surpreendentes do *Tractatus* é a análise da proposição, explorando ao máximo o aspecto figurativo de sua bipolaridade. Enquanto os nomes somente indicam objetos num contexto proposicional, as proposições são bipolares, verdadeiras e/ou falsas. A interpretação mais fraca desse princípio leva em conta que há proposições verdadeiras e há proposições falsas. Costuma-se considerar a proposição como um símbolo que significa na medida em que privilegia um entre os dois polos do verdadeiro e do falso, de tal modo que se um apresenta o real, o outro indica o inexistente, o negativo, ou vice-versa. O *Tractatus* retira da negação todo conteúdo real, de sorte que esta opera exclusivamente no nível do sentido da própria proposição. Passa, assim, a inverter seu sentido, mas desse modo toda proposição pode ser tanto verdadeira como falsa. O que habilita uma proposição a representar um fato possível também habilita sua negação a desempenhar o mesmo papel, apenas com o sentido inverso. "Ao ganhar condições de verdade, uma proposição ganha, como o reverso da mesma moeda, condições de falsidade. Tudo o que uma proposição apresenta como real pode não ser real. Tudo o que uma proposição descreve é logicamente contingente; se efetivamente é real, poderia não o ser."[2]

A proposição passa, com isso, a ser entendida como uma daquelas figurações ou imagens que construímos naturalmente, embora num contexto muito particular. Em geral lidamos com coisas e objetos no enquadramento de suas formas, tais como o espaço, o tempo e a cor, isto é, ser colorido; vale dizer, possibilidades de se vincularem com outros numa certa dimensão. Os objetos ou ações, por sua vez, podem ser retratados por figuras formadas por sinais que se relacionam entre si segundo seus traços formais. Uma placa retangular postada numa esquina onde se vê um triângulo, no qual uma figurinha anda sobre uma faixa de listas brancas, está indicando que os pedestres devem atravessar a rua por aquela passagem. O pictograma afigura comportamentos devidos graças às articulações do espaço comum à placa e aos fatos possíveis. A articulação do espaço na placa serviu para afigurar, simbolizar segundo suas formas, fatos que podem acontecer naquele local. Obviamente outras formas — cor, sons — podem enriquecer a figuração simbólica.

A figuração linguística, porém, é mais complicada. É possível construir uma figuração utilizando diferentes formas dos objetos desde que articuladas por uma dimensão, uma forma peculiar comum: "O disco gramofônico, a ideia musical, as ondas sonoras, todos mantêm entre si a mesma relação interna afiguradora que existe entre a linguagem e o mundo" (*T*. 4.014). O disco, o tema, as ondas, cada um emprega um método de projeção ligando representação e fato, mas todos mantêm entre si a mesma forma lógica, aquela que dá a este disco condições de tornar presente

---

2. Cf. L. H. dos Santos, "A essência da proposição e a essência do mundo", em Ludwig Wittgenstein, *Tractatus Logico-Philosophicus* (doravante *T*.). São Paulo: Edusp, 1993, pp. 55 ss., texto a que esta exposição muito deve.

uma sonata correta ou incorretamente. "O que toda figuração, qualquer que seja sua forma, deve ter em comum com a realidade para poder de algum modo — correta ou falsamente — afigurá-la é a forma lógica, isto é, a forma da realidade" (*T.* 2.18). Qualquer complexo de sinais que se pretenda afigurante, valendo, pois, como símbolo, passa pela necessidade de ser avaliado como verdadeiro não sendo falso, ou falso não sendo verdadeiro. Como a bipolaridade da proposição pode dizer o verdadeiro, se não se confunde com a bivalência excludente?

Assim como os sulcos do disco, as marcas digitais no DVD e os sons de uma sonata devem se processar segundo uma mesma dimensão ligada ao som, as figurações, que valem antes de tudo por ser verdadeiras e falsas, isto é, as proposições, precisam ainda se situar num espaço em que *todas* elas se acham tão só como verdadeiras ou falsas, em suma, no espaço lógico. Cada sinal composto passa a ser um símbolo, em especial uma proposição, na medida em que determina *apenas um* lugar numa totalidade que abraça os possíveis lugares de todas as proposições possíveis, isto é, de proposições que venham a funcionar. Ao consistir numa figuração do real, ela também determina todo o espaço lógico. Se isso não acontecesse, novos elementos estariam sendo introduzidos no sistema mediante a negação, a soma lógica e os demais conectores. Isso inviabilizaria a própria figuração (*T.* 3.42).

A imagem no espelho afigura porque o espelho captura raios de luz e momentos de sombra que os objetos rebatem, mas uma proposição somente pode afigurar uma situação na medida em que vem a ser articulada por um método de projeção que mostre que seus elementos estabelecem uma relação com os elementos do estado de coisa enunciado. O método de projeção transforma os sinais em símbolos na medida em que articula imagem e real, impondo uma lógica aos dois lados inicialmente desconectados. Ele deve ligar as partes da proposição e as partes do fato, atingindo os objetos como antenas que tocam suas bordas, montando uma estrutura cuja possibilidade é a forma de afiguração presente na imagem e no real. Entre o projetar e o projetado não podem subsistir zonas de indeterminação. O sentido (*Sinn*) de cada proposição, exprimindo a possibilidade de um estado de coisa, deve ser perfeitamente determinado (*T*. 3.23). Os elementos da figuração devem estar uns para os outros de maneira *bem definida*; esta é uma condição necessária para que possam representar claramente as coisas estando *assim* uma para as outras. Por isso, para que a estrutura de cada fato possa ser *completamente* afigurada, isto é, presente na combinação de seus elementos ouvidos ou vistos sem ruídos intervenientes, é preciso, primeiramente, que cada instância da proposição seja constituída por elementos compostos segundo uma forma, a possibilidade de sua estrutura, que venha a ser a mesma do fato afigurado. Cada modo de afiguração — sonora, espacial, colorida e assim por diante — tem sempre algo em comum com uma parte do real para poder representá-la correta ou incorretamente. Mas o que cada figuração de forma qualquer deve ter em comum com a realidade para poder afigurá-la por completo é a forma lógica. Toda figuração é também lógica, mas nem toda figuração é, por exemplo, espacial.[3]

Como figuração, como signo proposicional, a proposição desenha uma possibilidade afigurante que a situação satisfaz ou não. Esse é o seu sentido (*Sinn*). E para se exercer apenas na linguagem, ela não pode funcionar como fotografia do real. Não é "*a*R*b*" que se projeta para a situação, mas "*a*", um nome indicando um objeto, entra na relação R com o nome "*b*" indicando outro objeto. A imagem como tal não afigura, a não ser que seus elementos sejam destacados (interpretados) para poder fazer parte

3. *T*. 2.15 ss.

do método de projeção. Já não percebemos aí os primeiros traços da atividade de pensar?

Tocamos num ponto delicado, em que o conceito forte de bipolaridade da proposição se distingue claramente do da bivalência. Este, como vimos, ensina que uma proposição é verdadeira *ou* falsa, enquanto aquele ensina que toda proposição pode ser verdadeira e também falsa. Nesse caso o "ou" é inclusivo. Isso resulta do caráter afigurante da proposição, ligado ao mistério da negação.[4] Wittgenstein ainda anota: "Pode-se negar uma *imagem* (*Bild*)? Não. E nisso reside a diferença entre imagem e proposição. A imagem pode servir como proposição, mas então é preciso acrescer-lhe algo para que possa *dizer* algo. Brevemente: só posso negar o que a imagem dispõe, mas não posso negar a imagem".[5] Se no *Tractatus* a proposição é *Bild* [para marcar a diferença, traduziremos essa palavra por *figuração*] é porque suas partes estão sendo trabalhadas pelo método de projeção inscrito nela. A simples imagem de uma proposição, numa língua que desconheço, nada me diz. Isso fica ainda mais claro no parágrafo seguinte do texto: "Quando organizo as partes de uma imagem em objetos, *mediante isso* represento um estado de coisa que concorda ou não concorda com ela. (Por ex., a imagem representa o interior de um quarto etc.)". Mas para isso cabe separar na proposição "*a*R*b*" o "*a*" e o "*b*", a fim de que, ao serem relacionados, possam oferecer uma matriz a que a realidade possa ser comparada.

Nesse nível da investigação, vale a pena lembrar um comentário de Wittgenstein: "Minha tarefa *inteira* consiste em esclarecer a essência da proposição. Isso significa indicar a essência de todos os fatos cuja imagem a proposição *é*. Indicar a essência de todo

4. *Diários*, 14 nov. 1914; *Schriften*, I, p. 119.
5. *Diários*, 26 nov. 1914; *Schriften*, I, p. 122.

ser (*Sein*). (E aqui ser não significa existir (*existieren*) — pois isso seria absurdo)".[6] Na medida em que a proposição *vem a ser*, isto é, vem a ser uma figuração dos fatos conforme objetos são *substituídos* por signos,[7] cabe então encontrar o que está determinando o fato como existente, efetivo (*wirklich*). Por exemplo, o que faz o metro servir para metrificar este *determinado* objeto e assim *dizer* seu tamanho em metros? Esse ato de medida é mais que simplesmente justapor a fita de um metro sobre um objeto. Sem esse suplemento ligado ao método de projeção, diz a nota seguinte, Frege pode reduzir a afirmação do real à posição (*Annahme*) do nome (a morte de Sócrates) transformado em proposição (Sócrates é mortal). No que consiste, porém, esse suplemento? Antes de tentar responder a essa questão, precisamos examinar com mais cuidado o que o *Tractatus* entende por objetos e como eles compõem as proposições elementares.

No entanto, é conveniente desde já notar que em "*aRb*" o "*a*", o "*b*", em suma, as partes da figuração se singularizam e se identificam em vista do processo projetivo. Do lado das proposições são os nomes, do lado dos fatos, os objetos. Se uma proposição ainda se reporta a uma síntese, não é mais aquela de um algo que é abraçado e determinado por outro algo, mas de um relacionar-se de assim como assim. O fato indicado pela proposição "A rosa é vermelha" não é a rosa se dando como vermelha, mas, ao ser assim dita, mostra-se que está assim sendo afigurada como vermelha. O ser da rosa e o ser do vermelho, passando a ser determinados por suas possibilidades afigurativas, devem se reduzir às condições mínimas que asseguram o caráter determinado de cada coisa no seu papel figurativo. Vem a ser o que pode ser configurado.

6. *Diários*, 22 jan. 1915, p. 129.
7. *Diários*, 25 dez. 1914, p. 127; *T.* 4.0312.

IV

É básico para Wittgenstein que as "constantes lógicas" não substituem, que a lógica dos fatos não se deixa substituir (*T.* 4.0312). Vale dizer, "*e*", "*ou*", "*se...* *então*", e assim por diante não possuem sentido, pois cada um desses elos expõe tão só uma particular combinação de valores de verdade, o verdadeiro e o falso das proposições ligadas. Estas devem, pois, em última análise, ser compostas por proposições elementares, aquelas que não contêm conectivos lógicos e que afiguram estados de coisa.

A coisa, o objeto, só pode existir no estado de coisa, de sorte que a possibilidade do estado de coisa já deve nela estar prejulgada (*präjudiziert*), isto é, passível previamente de ser julgada como tal (*T.* 2.012). A lógica não trata desses *fatos* como possibilidades objetivantes? Por isso mesmo, cada coisa é autossuficiente, na medida em que pode aparecer em todas as situações possíveis. Autossuficiência, porém, que depende de poder estar num determinado estado de coisa. Por isso "coisa", "objeto", é um conceito formal, que não diz algo de algo, mas tão só indica um modo de ser num complexo. A possibilidade de aparecer em estados de coisa é a forma do objeto, por isso a totalidade dos objetos demarca a totalidade de todas as situações. E assim os objetos constituem a substância do mundo (*T.* 2.021). Note-se o sentido muito peculiar dessa substância: não é uma instância sub, provida de propriedades materiais, pois essas, sendo constituídas apenas pelas diversas configurações dos objetos, são unicamente representadas pelas proposições. A substância do mundo não é formada pela soma dos objetos; ela constitui uma totalidade das diversas formas de isto estar se relacionando com aquilo, mas desprovidas de força de produzir a junção ou a separação, pois tais procedimentos são estritamente aleatórios, vale dizer, não são procedimentos, mas acasos, cuja forma já está determinada, formando casos. A forma é sempre possibilidade da estrutura inscrita em cada objeto. Um objeto se distingue de outro porque cada um se define pelo perfil de suas possibilidades subsistentes na junção com outras possibilidades. A totalidade dos objetos, a substância do mundo, é o que subsiste independentemente do que seja o caso (*T*. 2.024). Por certo o caso depende dela, mas como uma conexão de computador que se singulariza porque *pode* juntar este com aquele etc., mas não aquele outro com este outro. "O objeto é o fixo, o subsistente (*Bestehende*), a figuração é o variável, instável" (*T*. 2.0271), e por isso mesmo o efetivo (*wirklich*) do ponto de vista do real empírico. O histórico não é o ser se dando, mas a mera variação de combinações de elementos simples. E a história é meramente descritiva, sendo irrelevante para a lógica.

Na sentença "O quadro é preto" o nome "quadro" pode se ligar a vários nomes, entre os quais "preto", na medida em que a proposição nomeie um dos valores de verdade. O *Tractatus* ensina que, nas proposições elementares, os nomes se juntam ou se separam segundo as propriedades internas dos objetos simples correspondentes. A insaturação dos objetos simples é projetada no enquadramento dos nomes na proposição. Assim, a proposição *diz* que o fato é um caso, o que pode ser verdadeiro ou falso.

Nessas condições, os objetos simples formam a substância do mundo, como se fossem partículas coloridas capazes de formar certas figuras num caleidoscópio, excluindo outras tantas. Essas partículas já trariam em si suas formas, ou seja, suas possibilidades e impossibilidades de vincularem-se a algumas outras. Vimos que, interpretada, a estrutura de uma sequência de sons ou fonemas representa, no espaço lógico, uma situação possível, de tal modo que a estrutura da fala e a estrutura da situação possível tenham a mesma forma lógica. A forma lógica é a forma da realidade. Os sinais se transformam em símbolos na medida em que se reportam ao real possível, passando pela intermediação da forma da afiguração. Os símbolos nomes só denotam, pois, no contexto da proposição, mesmo quando compostos, a exemplo de "couve-flor"; eles se reportam a um objeto que está fazendo parte de um estado de coisa possível. Nessas condições, o nome é tão insaturado quanto o objeto referido.

Não se misturam, pois, condições de sentido e condições de verdade das proposições. Suponhamos que a proposição p tenha, entre suas condições de sentido, a verdade de q. Isso pressupõe que a configuração da possibilidade do estado de coisa indicado por p depende da realização das condições da verdade de q. Se estas não o são, o que p diz como podendo ser real não o é. Então p é falsa, ou seja, ela não é bipolar. Essa brecha entre condições de sentido e condições de verdade nos obriga a admitir proposições elementares, que não se compõem com outras proposições e que são totalmente independentes umas das outras, embora sempre determinando um lugar no espaço lógico.

v

A proposição como figuração requer que os objetos sejam substituídos por sinais e, já que se as constantes lógicas como "e", "ou" etc. não substituem, a lógica dos fatos não se deixa substituir. Daí a necessidade de distinguir o que for possível quer na proposição quer na situação representada, de sorte que ambas devem possuir a mesma multiplicidade lógica (matemática) (*T.* 4.0312; *T.* 4.04). A classe dos leões não possui a mesma multiplicidade da soma dos leões. Multiplicidade que, no fim das contas, apenas se mostra.

Percebemos que a proposição só pode ser assimilada a uma figuração (*Bild*) na medida em que suas partes valham exclusivamente por suas formas, isto é, por suas possibilidades de vínculo com outras num sistema projetivo. Por isso, se de um lado ela depende de objetos simples formando a substância do mundo, de outro ainda deve marcar um lugar, um estado de coisa possível, num espaço configurando todos os estados de coisa elementares possíveis. Cada uma delas, sendo verdadeira ou falsa, afigura um estado de coisa positivo ou um estado de coisa negativo. Essa figuração depende, pois, da articulação de um espaço lógico, o espaço formal a que todas as proposições estão ligadas para poderem ser verdadeiras ou falsas.

Do outro lado dessa rede estritamente formal está o objeto. Este é o "fixo, subsistente, a configuração é o variável, o instável" (*T.* 2.0271). Mas no plano da lógica os objetos só podem ser reconhecidos como variáveis, sendo, pois, um contrassenso falar do número de todos os objetos (*T.* 4.1272). O mesmo vale para outros conceitos formais como "fato", "função, "número" etc.; isto é, conceitos que não indicam como o conceituado vai participar do processo de afiguração.

Lembremos que a noção de existência passa a estar ligada ao simbolismo inscrito na própria linguagem, aparecendo no jogo do mostrar e do dizer inscrito em cada proposição, no balanço entre seu sentido (*Sinn*) e seu significado, sua referência (*Bedeutung*). Difícil é entender a natureza de um fato que pode ser positivo ou negativo se ainda pensarmos a determinação como uma predicação. A síntese predicativa se dá quando a coisa dita pelo sujeito revela suas propriedades segundo sua essência, suas situações peculiares ou, conforme uma interpretação mais idealista, quando a coisa-sujeito é abraçada, determinada, pelo que vem a ser dito pelo predicado. Segundo o *Tractatus*, unicamente o método de projeção, assegurado por todos os seus requisitos formais, garante a significabilidade das proposições. Nessas condições, não se encontra nexo causal entre os fatos, de modo que somente são significativas as proposições empíricas, aquelas que apenas afiguram combinações que ocorrem junto com aquelas que não ocorrem. A lógica cuida de si mesma, do mundo apenas podemos traçar figurações, falar do que acontece nele, sem que possamos intervir nele, no seu conteúdo — inclusive não podemos alterar o lado mental ou factual de nossos comportamentos. Por sua vez, proposições como "A acredita que p", "A pensa p", "A diz p" e assim por diante, têm todas a forma de "'p' diz p", proposição que coordena fatos por meios de seus objetos (T. 5.542). O estado mental afigura como qualquer outra proposição dita. Nessas condições, cabe indagar: o que estamos fazendo por aqui neste mundo? Veremos que Wittgenstein termina encontrando uma fórmula de dizer muita coisa sob uma forma que não poderia ser dita.

Antes de aproximar-nos dessa questão é preciso continuar examinando o que uma proposição pode exprimir. Ela mesma é um pensamento, não mero estado psicológico, mas signo proposicional empregado, pensado, cujo sentido depende de um modo de projeção ligando palavras e coisas — mas tudo isso permanece oculto. "O homem possui a capacidade de construir linguagens com as quais se pode exprimir todo sentido, sem fazer ideia de como e de que cada palavra significa — como também falamos sem saber como se produzem os sons particulares" (T. 4.002). E o mesmo aforismo ainda explicita que a linguagem é um traje que veda o pensamento. Não esta ou aquela língua, mas a linguagem, aquilo que vem a ser comum a todas elas, a sintaxe lógica, que garante que suas proposições tenham sentido. Além do mais, se transformarmos em variável uma parte constituinte de uma proposição — numa partilha que depende, aliás, de uma convenção — obteremos uma classe de funções proposicionais. Se, porém, transformarmos em variáveis todos os sinais cujo significado foi arbitrariamente determinado, ainda assim continua havendo uma classe, independente das convenções, mas ainda ligada à da natureza da proposição. Essa classe corresponde a uma forma lógica, a um protótipo lógico da figuração (*einem logischen Urbild*) (*T*. 3.315).

É muito peculiar esse processo de abstração. Na proposição "A rosa é vermelha" podemos substituir "rosa" por outros termos, desde que os objetos possam ser coloridos. A expressão "A fúria é vermelha" não tem sentido perfeitamente determinado e escapa da forma dos objetos coloridos. A abstração dessas formas circunscritas a um modo de categorização tão só ligado ao conceito formal de objeto liga multiplicidades do real a multiplicidades figurativas, deixando para a aplicação da lógica a tarefa de configurar os singulares. Não é à toa que as leis lógicas são tautologias.

Retomemos as linhas mestras de nosso percurso. A mesma estruturação lógica dos fatos marca o pensar: "Pensamento é a figuração lógica dos fatos" (*T*. 3). Como acabamos de ver, o fato psíquico é como um fato afigurante qualquer, mas o pensar, a despeito de ser vedado pela linguagem, nela opera conformando o sentido das proposições, estas ligando-se aos fatos pelo método de projeção, mantendo a forma lógica na figura e no afigurado (*T*. 4.002). O pensamento não pensa em especial o ser, mas apresenta o sentido mostrando-se na articulação material e formal das proposições — desde que a determinidade dos sentidos seja sempre respeitada. "Requerer a possibilidade de signos simples é requerer a determinabilidade do sentido" (*T*. 3.23). Como não podemos, além do mais, especificar o número dos nomes com significados diferentes, também não podemos especificar a composição de cada proposição elementar. Somente a aplicação da lógica vai permitir que saibamos quais proposições elementares existem (*T*. 5.557). Como a lógica cuida de si mesma, como o "princípio básico é que toda questão que se possa decidir pela lógica deve poder se decidir de imediato" (*T*. 5.551), deixando, portanto, de levar em consideração toda particularidade dos fatos, as condições de sentido, preparando as condições de verdade, não permitem determinar se uma proposição é verdadeira ou falsa. Essa dualidade só pode ser cortada quando se compara a realidade com a proposição (*T.* 4.05). Somente a proposição lógica mostra sua verdade na articulação de seus sinais em símbolos.

"A *proposição mostra* como estão as coisas se for verdadeira. E *diz que* estão assim" (*T.* 4.022).[8] Logo de início se observa na estruturação dos sinais o desaparecimento da cópula "é", e com isso a iluminação de algo como algo enquanto sendo. Mas o que significa esse "*es verhält sich*"? Reflete a forma geral da proposição: "*Es verhält sich so und so*" (*T.* 4.5). O próprio Wittgenstein propõe a Ogden que traduza essa expressão por "*Such and such is the case*",[9] acentuando, assim, que isto e isto estão se entremeando para formar o caso de uma regra afigurativa, marcada pela forma lógica correspondente. No alemão corrente "*Verhalten*" quer dizer conduta, procedimento, mas "*es verhält so*" exprime que isso está assim. A expressão não indica, pois, o *como* entre dois algos anteriormente ligados, mas apenas o como na qualidade de vínculo daqueles objetos se juntando e se desjuntando para criar situações que possam se ajustar nos andaimes da totalidade do mundo. Por meio da proposição, toda a realidade fica restrita a um sim ou não, tornando-a inteiramente descrita por sentenças que se limitam a descrever um estado de coisas possível. Por isso cabe ver nela como tudo o que é lógico se relaciona, desde que venha a ser verdadeira. As proposições da lógica são recursos que mostram, assim, os andaimes do mundo. Passam a ser ditas para se consumir num mostrar-se — o mesmo que a matemática faz com as equações. Como já percebemos, as tautologias e as contra-

8. "*Der Satz zeigt, wie es ist verhalt, wenn es wahr ist. Und es sagt, das es sich so verhält*".
9. Wittgenstein, *Letters to C.K. Ogden*. Oxford: Basil Blackwell, 1983, p. 42.

dições desempenham papel fundamental, pois, embora sejam combinações de proposições, o choque de seus valores de verdade foi esvaziado.

Como fica uma dedução? Consideremos o *modus ponens*, isto é, a expressão estoica que ainda hoje nos serve para indicar uma das fórmulas da dedução. Costuma-se formulá-lo da seguinte maneira: dada a proposição p e também sendo dado que "p implica q", então é possível aceitar "q" como sendo verdadeiro. Ao lidar com essas notações, percebemos que a verdade de q se segue da verdade de p (*T.* 6.1264). "Que a verdade de uma proposição se siga da verdade de outras, vê-se (*ersehen*) pela estrutura das proposições" (*T.* 5.13), no caso pela distribuição de seus valores de verdade, que impede que F implique V. Note-se que ressaltam elementos de uma multiplicidade.

Tautologia e contradição sempre desempenharam papéis importantes na lógica dos sentidos, sem nenhum reflexo no real. Pertencendo ao simbolismo proposicional, não são absurdas, embora nada configurem; graças ao jogo dos valores verdadeiro e falso, não representam nenhuma situação possível: a tautologia, todas elas em bloco; a contradição, nenhuma (*T.* 4.402). Trata-se, assim, de combinações estritamente formais. Outra será a posição de Wittgenstein nas *Investigações filosóficas*, quando reconhece um "estatuto civil da contradição" (*bürgerliche Stellung des Widerspruchs*). Por exemplo, duas pessoas discordam radicalmente sobre a avaliação de uma obra de arte, ou assumem diferentes pontos de vista morais, mas continuam a conviver pacificamente. Do ponto de vista do *Tractatus* nada dizem que possa ter sentido, mas do das *Investigações* configuram uma situação em que convivem numa forma de vida tolerante. Seja como for, o *Tractatus* não prepara uma lógica da verdade, cuja configuração será dada apenas pelo sentimento místico. Nem por isso, todavia, é possível descrever a realidade unicamente mediante proposições negativas. Estas somente conservam o sentido das positivas, embora invertendo-o. Ambas, "p" e "~p", dizem o mesmo, o sinal "~" a nada corresponde na realidade (*T.* 4.0621). Nesse nível a força do negativo está na vontade inexprimível de negar o dito anterior.

No entanto, se para decidir se uma proposição empírica é verdadeira ou falsa é preciso que a realidade seja comparada com ela, essa realidade, o fato, não pode se reduzir a um complexo de objetos. A forma lógica comum à representação e ao real, como vimos, não se dá por espelhamento, mas confere a cada sinal e a cada objeto um espaço de possibilidades e impossibilidades. O fato de "R" ocorrer entre "a" à sua esquerda e "b" à sua direita está *mostrando* uma articulação do real que vem a ser aquela *desse* fato. Sob esse aspecto, o símbolo proposicional já deve conter o modo de articular o próprio fato.

É o que se percebe numa imagem que serve para esclarecer o conceito formal de verdade. Imaginemos uma mancha preta sobre um papel branco. Podemos descrever a forma da mancha indicando se um ponto é preto ou branco. A cada ponto preto corresponde um fato positivo, a cada branco, um negativo. Ao designar um ponto qualquer, é como se fizéssemos uma suposição (*Anhame*) sobre o que vai ser julgado. No entanto, para poder dizer que um ponto é preto ou branco (*que* Sócrates é mortal ou não) devo de antemão saber quando um ponto é preto ou quando é branco. Do mesmo modo, para poder dizer que uma proposição é verdadeira (ou falsa), preciso ter determinado *em que circunstâncias* chamo essa proposição de verdadeira, determinando assim o sentido dela. Esse símile da teoria da verdade, contudo, faz água quando notamos ser possível apontar para um ponto no papel sem saber se é branco ou o preto. Devo saber como o chamo assim ou assado, ainda que desconheça a linguagem, a gramática, das cores. Por isso, "o verbo de uma proposição não é 'é verdadeiro' ou 'é falso' (como acreditava Frege), mas o que 'é verdadeiro' já deve conter o verbo" (*T.* 4.063).

Não convém, por exemplo, dizer "'Esta rosa é vermelha' é verdadeira" como se "... é verdadeira" fosse um predicado de algo — que é uma rosa e vermelho — nomeado pelo nome "rosa vermelha". Na proposição o sinal "... é verdadeira" é como "a" ou "b" no exemplo anterior, que se articula na representação *e* no fato, mostrando o critério para separar a articulação correta da incorreta. Por isso o fato afigurado pela proposição "A rosa é vermelha" é "Que a rosa é vermelha". A teoria da verdade do *Tractatus* nada tem a ver com a teoria tarskiana da verdade.

Como estamos percebendo, a noção de forma recebe uma interpretação muito sofisticada. Demoremo-nos nos aforismos 2033 e seguintes. A forma é *possibilidade* — e não mais que isso — da estrutura; por sua vez, a estrutura de cada fato subsiste nas estruturas dos estados de coisa. A totalidade dos estados de coisa subsistentes, vale dizer, a forma, a *possibilidade* de tudo o que é o caso, por sua vez, é o mundo. Essa possibilidade trava numa totalidade todos os fatos subsistentes; por sua vez, *esta* totalidade dos *subsistentes* também determina aqueles estados de coisa que não existem, ditos fatos negativos. Essa conjunção, esse ajustamento do que é subsistente e do que não é subsistente é a realidade efetiva (*Wirklichkeit*). A realidade na qual convivemos não possui nenhum travejamento que ligue necessariamente um fato a outro. Não se configura, porém, como a soma lógica da totalidade dos estados de coisa subsistentes e a totalidade dos estados de coisa não subsistentes. É a primeira totalidade, aquela dos casos, que determina a segunda — esta é como um reflexo daquela. Por isso "A realidade efetiva total, inteira (*gesamte Wirklichkeit*) é o mundo" (*T*. 2.063).

A totalização não é soma do que é e do que não é subsistente; confere vida ao que subsiste, ligando-o à substância do mundo, à possibilidade de o todo subsistir podendo ser afigurado. Por sua vez, "o singular mostra-se repetidamente como desimportante, mas a possibilidade de cada singular nos ensina uma lição sobre a essência do mundo" (*T.* 3.3421). Como mais tarde veremos melhor, "Na lógica, portanto, não podemos dizer: há no mundo isto e isso, aquilo não" (*T.* 5.61), mas não é por isso que os fatos comportariam singulares equiponderantes. A lógica, assim como a matemática, descreve as estruturas do mundo. Ao permitir o desenho de como os estados de coisa estão se ligando, desenha em negativo o como dos objetos que não foram conectados em estados de coisa, continuando à disposição como possibilidades diferenciadas. Por certo cada estado de coisa independe de todos os outros, mas não se conclua daí que a totalidade dos fatos positivos possui a mesma forma da totalidade dos fatos negativos, pois esta é determinada por aquela, por fora, por seus limites. Uma proposição elementar com sentido é verdadeira e/ou falsa. Aquela que se revela verdadeira diz um fato positivo ou um fato negativo, por exemplo o não relacionamento de dois objetos. Mas só pela aplicação da lógica posso esperar saber se isto é ou não um objeto. Sei, por exemplo, que o castanho não se combina com o azul — o que se mostrará um problema para a teoria figurativa da proposição. Mas se ao dizer "Esta página não é castanho-azulado" a proposição é verdadeira, nem por isso marca um lugar na totalidade dos casos, isto é, no mundo. Para que a realidade efetiva venha a ser o mundo, é como se os fatos negativos revelassem sua afigurabilidade negativa. Não é somente assim que o mundo poderá ser identificado à própria vida?

Não basta ler o primeiro aforismo do *Tractatus*, "O mundo é tudo o que é o caso", e logo interpretá-lo como se ser o caso significasse simplesmente existir como um ente fora de toda caracterização. Num seminário realizado no vilarejo Le Thor em 1966, Heidegger nota: "Para nós [modernos], o ente no seu todo — *ta onta* — é apenas uma palavra vazia. Para nós não há mais aquela experiência do ente no sentido grego. Ao contrário, está dito em

Wittgenstein: 'Wirklich ist was der Fall ist' (o efetivo/ real é o que é o caso, o que significa: aquilo que cai sob uma determinação, o que se deixa constatar/ fixar, o determinável). Verdadeiramente uma frase fantasmagórica".[10] Heidegger sempre manteve distância da lógica formal, na medida em que esta, insistindo que o mostrar da proposição se faz no contexto de uma combinatória, reduz a questão da forma a uma determinação técnica. Um exemplo perfeito, característico de nossa época de decadência. Wittgenstein seria um exemplo extremado desse engano, contudo considera que "o que cai sob uma determinação" está sendo entendido por um eu que não é apenas determinável, mas, conforme veremos, determinante não do mundo, mas de seus limites. Por sua vez, o conceito de um objeto simples logo se torna problema para Wittgenstein. Estamos muito longe da indiferença do objeto técnico tal como pensa Heidegger, não só porque este está fora da figuração entre palavras e fatos, como porque o objeto simples, para Wittgenstein, se define por *todas* as suas possibilidades de se vincular e não se vincular com os outros.

VI

Convém voltar ao conceito formal de totalidade. Já sabemos que as proposições empíricas são as únicas que possuem sentido, pois, em última instância, expressam ligações entre proposições elementares que ligam objetos simples formando estados de coisa, fatos positivos a que se contrapõem fatos negativos. No entanto, certas expressões, como as tautologias, embora nada digam sobre o mundo, continuam a ser proposições e acabam informando-nos sobre certos aspectos dos andaimes de nossa linhagem.

10. *Questions III et IV*, p. 416.

Afirmar, por exemplo, que as proposições "p" e "~p", na ligação "~(p.~p)", formam uma tautologia, mostra que a combinação de seus valores de verdade sempre resulta num valor. Que tipo de atividade podem representar as contradições e as tautologias para poderem traçar os andaimes do mundo?

Poderia a lógica, ainda segundo a tradição, apresentar-nos algum traço de informação científica? As demonstrações científicas lidam com proposições com sentidos, cada uma enunciando, no fundo, como uma coisa está assim e assim, e todas se confirmam como verdadeiras. Podem se ligar segundo o *modus ponens* que, embora não possa ser dito por uma proposição, vem a ser reconhecido no exercício dos símbolos exercendo-se como atuais enquanto atos existentes no mundo. A "verdade" de uma proposição lógica se mostra no movimento dos sinais sendo transformados em símbolos: "Toda proposição da lógica é um *modus ponens* representado em sinais. E não se pode exprimir um *modus ponens* por meio de uma proposição" (*T*. 6.1264). Sem perceber esse "trabalho" dos sinais se transformando em símbolos, as proposições da lógica não podem ser entendidas. É-nos possível até mesmo passar sem as leis lógicas, desde que, numa notação conveniente, se reconheçam "as propriedades formais das proposições mediante a mera inspeção (*Ansehen*) dessas proposições" (*T*. 6.122). A dificuldade reside em compreender o alcance dessa inspeção, sendo vã toda tentativa de apresentá-las apenas como mera evidência, simples iluminação de sinais. "Mas é notável que um pensador tão exato como Frege tenha recorrido ao grau de evidência (*Grad des Einleuchtens*) como critério da proposição lógica" (*T*. 6.1271). Se "A lógica não é uma teoria, mas uma imagem especular do mundo" (*T*. 6.13), como essa imagem se apresenta no limite da afiguração proposicional?

Convém dar um passo adiante para ressituar-nos. Construímos figurações do real sem poder nós mesmos afigurar essa atividade construtora. Enquanto atividade se exercendo no mundo, ela se configura como qualquer fato cuja representação se limita a combinar proposições elementares situadas na totalidade dos fatos positivos e negativos pipocando no espaço lógico. Cada uma dessas proposições elementares afigura um estado de coisa tendo por base a ligação daqueles objetos simples que fazem parte do estoque composto pela substância do mundo. Embora cada estado de coisa esteja se formando no contexto de todos os outros que estão ocorrendo no espaço lógico, ele é absolutamente autônomo, seus vínculos causais com outros sendo um mito conveniente. Todos eles, entretanto, somente podem ser afigurados e pensados porque a mesma forma lógica — isto é, a possibilidade de suas estruturas — se apresenta no fato e na figuração correspondente, seja qual for o método de projeção que os liga.

Por sua vez, as ditas proposições da lógica são tautologias — deixemos de lado que podem ser expressas também por contradições — que anulam as possibilidades de descrição das proposições com sentido, estas apresentando o subsistir e o não subsistir dos estados de coisa. Conforme já vimos, a proposição mostra, se for verdadeira, *como* estão as coisas (*wie sich verhält*) e diz *que* estão assim (*T.* 4.022). Esse jogo entre o *mostrar como* e o *dizer o que* opera em qualquer proposição, a qual, por sua vez, termina fixando a realidade na dualidade do sim e do não. Desse modo, todos os fatos podem ser representados pela linguagem. Se a descrição de um objeto o descreve por suas propriedades externas, a proposição descreve a realidade pelas propriedades internas que esta possui; daí a conclusão: "A proposição constrói um mundo com a ajuda de uma armação lógica e, por isso, pode-se muito bem ver na proposição como está, *se* ela for verdadeira, tudo o que seja lógico"[11] (*T.* 4.023). Uma proposição, *se* ela for verdadei-

---

11. "*wie sich alles Logische verhält, wenn er wahr ist*".

ra, mostra, em virtude de sua posição no espaço lógico, toda a armação lógica da linguagem. Mas no que consiste esse mostrar que não se reduz a uma iluminação reveladora?

A realidade empírica é limitada pela totalidade dos objetos, limite que reaparece na totalidade das proposições elementares. Cada proposição elementar é composta por nomes. Numa proposição qualquer, importa antes de tudo o seu sentido; o que nela é essencial se reproduz em todas as proposições que exprimem esse sentido. Do mesmo modo, essencial no símbolo é em geral o que ele tem em comum com os outros símbolos que podem cumprir o mesmo fim. Daí ser possível afirmar que o nome propriamente dito é o que todos os símbolos que designam o objeto têm em comum (*T.* 3.34 ss.). "Um modo particular de designação pode não ter importância, mas é sempre importante que seja um modo *possível* de designação. E isso se dá na filosofia em geral: o singular se mostra repetidamente como algo sem importância, mas a possibilidade de cada singular nos ensina uma lição sobre a essência do mundo" (*T.* 3.3421), retomando uma passagem citada acima. A totalidade lógica sempre desenha apenas a possibilidade de cada singular; mas como este deve estar no espaço lógico, nos ensina sobre a essência do mundo. A totalidade dos objetos só se determina pela *aplicação* da lógica (*T.* 5.557), pelo exercício daquelas figurações que fazemos dos fatos. Assim, a totalidade dos objetos se esconde para nós, mas cada um de nós, em particular eu mesmo, passa a afigurar os fatos segundo os limites das totalizações com que está operando sua linguagem. De um lado, a linguagem que eu entendo, de outro, os fatos totalizados projetando-se na totalidade do mundo. Mas os instrumentos lógicos não singularizam. Isso as proposições empíricas podem fazer, mas sendo estruturadas segundo possibilidades lógicas desenhando o arcabouço do mundo. Este pode ser descrito completamente por uma rede de determinada finura. Não é assim que procede a mecânica (*T.* 6.342)? No entanto, esse procedimento, como qualquer outro que afigura o mundo, em suma, como qualquer outra língua, está sempre sendo processado por alguém, em última instância por mim mesmo. A descrição efetiva do mundo, sempre aplicando o arcabouço desenhado pelas leis lógicas, está se enraizando no meu ato de entender a linguagem. Não é à toa que "Construímos figurações dos fatos"[12] (*T.* 2.1). Essa construção, essa atuação, está limitada, de um lado, pela imagem especular do mundo desenhada pela lógica, tendo como assento as proposições elementares e a substância do mundo; de outro, pelo ponto volitivo configurado pelo eu. Não qualquer pessoa que participa do mundo passível de ser descrito por proposições empíricas, mas o sujeito que, embora não pertencendo ao mundo, marca seu limite (*T.* 5.632) e faz com que ele seja meu (*T.* 5.641).

Somente tendo em vista esses dois limites é que podemos ler algumas anotações dos *Diários* a respeito da generalização da forma lógica da proposição. Não aparecem no *Tractatus*, talvez para não empanar a força do aforismo 5552: "A 'experiência' de que precisamos para entender a lógica não é a de que algo está assim e assim (*dass sich etwas so und so verhält*), mas a de que algo *é*: mas isso *não* é experiência. § A lógica é *anterior* a toda experiência — de que algo é *assim*. É anterior ao como, não é anterior ao quê". No entanto, como essa apreensão do que vem a ser o místico não se reduz a uma pura evidência de um *que* enchendo o olho a ponto de ofuscá-lo? "A intuição (*Anschauung*) do mundo *sub specie aeterni* é sua intuição como totalidade — limitada" (*T.* 6.45). No que essa intuição *limitada*, também dita sentimento (*Gefühl*), se distingue de uma evidência? Que papel perturbador provoca essa limitação? Como podemos intuir uma totalidade limitada?

12. "*Wir machen uns Bilder der Tatsachen*".

Vejamos rapidamente como funciona essa atividade do eu. "A proposição é uma figuração da realidade; pois sei qual é a situação por ela representada, se entendo a proposição. E entendo a proposição sem que seu sentido me tenha sido explicado" (*T.* 4.021). Entender uma proposição não implica saber juntar um predicado com um sujeito ou saber combinar funções proposicionais, basta que esse meu pensamento, mental ou falado, me mostre, por exemplo, *como* "a", "R" e "b" estão afigurando o estado de coisa "*a*R*b*". Assim estou *vendo*, na proposição, *se* ela for verdadeira, como está a situação junto com tudo o que é lógico, sem que para isso esteja representando a forma lógica dessa proposição. Por sua vez, tudo o que é lógico se exprime na tautologia "*Wie sich alles verhält*", mas ao exprimir essa totalidade pensável claramente, cabe lembrar que esse pensável é meu pensar numa língua que só eu entendo. Compreende-se como se torna possível generalizar a forma geral da proposição, passar de "*Es verhält sich so und so*" para "*Wie sich alles verhält*". À proposição como conceito formal não corresponde a classe de todas as proposições, mas essa totalidade se torna presente quando eu entendo uma proposição significativa, e toda a estrutura lógica da realidade se me torna então acessível, mostrando o mundo como a realidade inteira da totalidade dos fatos positivos determinando a totalidade dos fatos negativos. A totalização explorada a partir da forma geral da proposição me leva, assim, a explorar o significado do mundo. Note-se que essa exploração não pode ser *pensada,* pois movendo-se no plano do todo perde o espaço em que a figuração pode ocorrer. A totalidade resultante da generalização da forma geral da proposição não desenha *de fato* uma armação lógica da linguagem. O que se diz dela apenas sugere, é como aquela escada que se deve deixar quando se alcança a altura desejada. Mas no ponto mais alto da altura, a escada ainda é vista?

Passemos a falar então por contrassensos. A tautologia, sendo sempre verdadeira, não diz nada, mas apresenta um lugar onde as coisas *podem* estar assim ou assim. A lógica, como discurso, faz o inventário dessas combinações de sinais em signos que, embora tenham seus sentidos esvaziados porque são tautologias, terminam apontando para os andaimes de tudo o que acontece. Assim ela abrange tudo e espelha o mundo, considerado *tudo* que é o caso — caso de alguma regra. Os fatos se entrelaçam, pois, numa rede extremamente fina, como um grande espelho (*T.* 5.511). Ao marcar os andaimes, por conseguinte os limites do mundo, as fórmulas da lógica se entranham nele sem perder sua autonomia. Esse procedimento não tem alguma semelhança com a maneira pela qual um número irracional limita o conjunto dos números racionais? Uma simples partição sem substância? O símile falha, porém, quando lembramos que não há distância entre o número racional e o irracional. Note-se, ademais, que a matemática cumpre a mesma função mostradora da lógica, utilizando, em lugar das proposições, equações sempre operáveis. Sublinhemos, proposições tautológicas mostram na medida em que a transformação concreta de seus sinais em símbolos esvaziados desenham os limites de *atividades* afigurantes e pensantes.

A coisa (*Ding*) nomeada consiste numa síntese de objetos simples, conforme eles se juntam e se separam num fato dito por uma proposição, cuja forma geral — "As coisas estão assim" (*Es verhält sich so*) — sempre as situa num espaço lógico. Por isso, falar e pensar encontram sempre no horizonte algum piso para iniciar o processo de identificação. Espaço, tempo e cor (ser colorido) são formas dos objetos (*T.* 2.0251), isto é, suas possibilidades de ser. Uma coisa, porém, pode ser vista sob um tempo congelado, *sub specie aeternitatis*, como se estivesse sempre no presente. Não está fora do tempo, mas o abarca por inteiro. Não é afigurada, não se representa — e por isso não vem a ser na linguagem, embora continue sendo uma expressão. Não é o que acontece com a obra de arte? Esta, assim como a vida moral, não está no tempo e no espaço, mas *com* o tempo e o espaço, e Wittgenstein conclui: "A coisa vista *sub specie aeternitatis* é a coisa vista com todo o espaço lógico".[13]

A forma generalizada *"Wie sich alles verhält"* se liberta de todo singular, inclusive da singularidade da forma lógica, tocando assim os limites do mundo, embora apareça como a trava dos possíveis procedimentos de afigurar. Não é isso o que apresenta como um objeto de arte? Continua objeto, mas visto *sub specie aeternitatis,* tendo o mundo e a totalidade do espaço lógico como pano de fundo. É assim que o agir se abre para a totalidade. "Como coisa entre as coisas, é cada coisa igualmente insignificante (*unbedeutend*), como mundo, cada uma é igualmente significante (*gleichbedeutend*)." § Contemplei o fogão e assim me é dito: mas agora você conhece apenas o fogão, em consequência meu resultado aparece mesquinho. Então se apresenta como se tivesse estudado o fogão entre muitas, muitas coisas do mundo. Mas então contemplei o fogão, assim *ele* era meu mundo, e todos os outros, em contrapartida, empalidecem. § (Muitas coisas [são] boas a granel, mas no singular [vem a ser] má).[14] Ao perder a significação mundana, a obra de arte se coloca além do mundo, mas como se fosse um mundo. O mesmo não acontece com o ato moral?

Cabe refletir sobre o paralelo que se estabelece entre o *limite* da linguagem e do pensar, do mundo e da vida: limite que vem a ser aquele de qualquer estruturação, do *como,* mas que, ao apresentar uma *totalidade limitada,* invoca uma limitação limitante em ato, seja Deus, seja o eu transcendental. Nenhum deles se apresenta no mundo, são barreiras do ponto de vista mundano,

13. *Diários,* 7 out. 1916; *Schriften,* I, p. 176.
14. *Diários,* 8 out. 1916; *Schriften,* I, p. 176.

mas forças, vontades puras enquanto capacidade de ampliar ou diminuir as "figuras" de que se compõe a rede que envolve o existente efetivo.

Podemos agora entender todo o alcance da nota de 1º de agosto de 1916, dos *Diários*: "O que tudo está assim (*Wie sich alles verhält*) é Deus. Deus é como tudo está assim. Apenas a partir da consciência da *unicidade de minha vida* surgem religião — ciência — e arte".[15] A generalização da forma geral da proposição mostra um absoluto não afigurante, conservando, porém, a matriz da figuração. Logo em seguida Wittgenstein nos informa ainda que se falamos de uma vontade comum ao conjunto do mundo, "Mas essa vontade é, num sentido superior, *minha* vontade. Assim como minha representação é o mundo, assim minha vontade é vontade do mundo (*Weltwille*)".[16] Vontade que não é causa da ação, mas a própria ação de um sujeito que vem a ser sujeito querente. E lembremos: "O ato da vontade não é a causa da ação, mas a própria ação. Não se pode querer sem fazer".[17] A vontade como fenômeno interessa apenas à psicologia (*T.* 6.423), mas não deixa de ser o esteio do mundo. Não como causa, mas como rede que "atua", alterando os limites da linguagem e do mundo sem mudar suas formas. Ao transformá-las em totalidades limitadas, impõe-lhe um sentido meu, meu de raiz, mas que vale para todos, na medida em que eles também são raízes de vontade. As relações intersubjetivas são mundanas, exceto em sua dimensão amorosa. "'Amar seu próximo', isso significa querer."[18]

Essa total generalização da forma geral da proposição nos permite saltar do âmbito da figuração, isto é, da linguagem, para

15. *Diários*, 1 ago. 1916; *Schriften*, i, p. 171.
16. *Diários*, 17 out. 1916; *Schriften*, i, p. 178.
17. *Diários*, 4 nov. 1916; *Schriften*, i, pp. 180-1.
18. *Diários*, 29 jul. 1916; *Schriften*, i, p. 170.

mergulhar numa experiência que, não sendo lógica, não mais ligada ao *como* da proposição, nos coloca diante de um *que*, motor da vontade do mundo enquanto atividade transcendental da religião, da ciência totalizante e da arte. Portanto de uma atividade apresentando o mundo como valor da vida, que no seu absoluto é minha, ainda que seja de todos. O que o solipsismo e o extremo realismo pretendem dizer sem o lograr, a vontade do mundo, equivalente da vontade da vida, mostra-se no objeto de arte, na ação moral e, até mesmo, nos contrassensos do *Tractatus*.

"O querer (*Wunsch*) antecipa o acontecimento (*Ereignis*), a vontade o acompanha."[19] Querer levantar meu braço é como esperar que o braço se levante e, se de fato isso acontece, não há ligação intrínseca entre o desejo e o ato. Mas o ato de vontade é a própria ação ligando-se a um objeto no mundo, ação intencional (*beabsichtige Handlung*), que se apropria de si mesma e de seu objeto para dele tornar-se responsável. Observe-se que o ato de vontade não é uma experiência:[20] ele se junta a ela para que seja minha e de minha responsabilidade. E, assim, minha vida passa a ter sentido (*Sinn*), mesmo que eu não saiba o que *seja* minha vontade. Não é um ser representativo para que eu possa saber dela, mas se apresenta para mim ao marcar meus limites, o *que* do qual dependo. E Wittgenstein chama de Deus, ou divindade, todo e qualquer *que* de que eu dependo e que foge de minha vontade querente, mas que me perpassa inteiramente.

Entender a pergunta pelo sentido, pelo valor da vida, isto é, do mundo, equivale a acreditar em Deus. Nesse plano superior, minha atuação se mostra concordância com uma vontade superior. E, assim, opero a vontade de Deus, mas de tal forma que essa operação se totaliza limitada por duas divindades: o mundo e

19. *Diários*. 4 nov. 1916; *Schriften*, i. p. 181.
20. *Diários*, 9 nov. 1916; *Schriften*, i, p. 182.

meu eu independente[21] cruzando-se numa vontade transcendental que é minha sendo do mundo. Sinto-me vinculando-se ao Absoluto que não se manifesta no mundo, mas acompanha todas as minhas ações que vão além do querer representante. Não se trata de uma vontade de potência que se lança além de si mesma como modo de querer mais ao querer o retorno do mesmo, mas de uma vontade de ampliar os limites de tudo o que vem a ser, para que eu mesmo possa ser isento das atribulações do mundo. E tocar nos limites é ser atraído para o conhecimento. Um dia Wittgenstein se pergunta: "Como o homem em geral pode ser feliz onde não pode afastar a miséria deste mundo? Justamente através da vida do conhecer. A boa consciência moral (*Gewissen*) é a felicidade que assegura a vida do conhecer. A vida do conhecer é a vida que é feliz a despeito da miséria do mundo".[22] E assim Wittgenstein ainda se filia à tradição grega que define o Ocidente, mas fugindo da oposição tradicional entre sujeito e objeto, isto é, muito longe da filosofia da representação.

Ampliando a posição de Schopenhauer, Wittgenstein vê a experiência ética ou estética do valor como a contemplação da forma inteligível comum ao pensamento e ao mundo.[23] Forma que vai além das *ousiai*, continuando, pois, meta-física, deixando para os "pensadores" a tarefa de ampliar os limites e as delícias da vida.

---

21. *Diários*, 8 jul. 1916; *Schriften*, I, pp. 166 ss.
22. *Diários*, 13 ago. 1916; *Schriften*, I, pp. 173-4.
23. Cf. L. H. dos Santos, "A essência da proposição e a essência do mundo", op. cit.

7. Lógica das vivências

I

Já no início dos anos 1930, tão logo volta à prática da filosofia, tão logo abandona a teoria figurativa da linguagem, Wittgenstein trata de ligar o sentido da proposição às possibilidades de que ela seja verificada. No entanto esse princípio verificacionista, que os lógicos do Círculo de Viena levarão ao extremo, precisa ser empregado com muito cuidado. Em vez de a forma da proposição primitiva se identificar a uma combinação de objetos simples no espaço lógico, ela toma como ponto de partida modelos de linguagem delineados por regras que estipulam ações em que os atores e os objetos estão previamente determinados como se configurassem tão só para cumprir tais regras. São exercidas *como* num jogo em que o resultado depende de agentes sendo treinados para reconhecer objetos e atuar com eles, de modo que regra e caso deixam de atuar como a forma se imprime na matéria, pois o resultando não está prefixado antes de a partida ser jogada. Isso obviamente altera a noção de certeza, por conseguinte a de juízo e de lei natural, que não pode mais ser comparada a trilhos sobre os quais os trens seguiriam até o infinito. E toda a linguagem estaria alinhavada por esses modelos e seus pressupostos. É o oposto do positivismo lógico, desde logo fascinado pelo ideal de uma linguagem universal. No jogo de linguagem nº 2, das *Investigações filosóficas*, um pedreiro pede a seu auxiliar que lhe traga cubos, colunas, lajotas. O jogo ilustra a tese que sustenta ser a nomeação o ponto de partida da linguagem, como ensina Santo Agostinho, apontando ao mesmo tempo para seus limites. O modelo *mostra* como os agentes devem ser treinados para seguir certas regras e como os próprios objetos passam a ser configurados pelo exercício do próprio jogo, o que se esconde na uniformidade da nomeação. E assim se torna evidente que essa concepção de linguagem, além de deixar de lado a diversidade dos reguladores gramaticais tradicionais, liga os novos às práticas cotidianas. Agostinho não explica como a linguagem, graças a seu próprio exercício, se move em circunstâncias que lhe aparecem como pré-determinadas, o que a vincula a certos modos de vida. Wittgenstein cria assim modelos para elucidar condições elementares do funcionamento do falar, fugindo de uma leitura claustrofóbica desse exercício. É como se o método mostrasse à mosca a saída da garrafa em que ela está presa, sem pretender desmontar e remontar a morfologia desse inseto a partir de uma síntese particular eleita por este ou aquele ponto de partida. Daí que a própria filosofia "não é a [mera] descrição dos usos da linguagem, mas pode-se aprendê-la mediante o observar constante de todas as exteriorizações vitais (*Lebensaüsserungen*) da linguagem".[1] Em suma, é preparação para a vida.

No jogo proposto, a palavra "lajota" não parece um grito? Como ela se diferencia das outras? O privilégio que a tradição concede à proposição apofântica depende de uma concepção de

---

1. *Bemerkungen über die Philosophie der Psychologie*, 121, p. 368, Werkausgabe 7.

verdade muito peculiar, que consistiria na adequação da linguagem ao real graças às suas proposições bipolares — verdadeiro e/ou falso — compostas de partes ligadas pela predicação e por conectivos lógicos como "e", "ou", "se... então" etc. Tão logo essa concepção de verdade é deixada de lado, outras formas linguísticas passam a ser vistas como funcionando em mesmo pé de igualdade. Não é possível descrever uma paisagem na base de perguntas e respostas? Todas as proposições ainda devem resultar de uma síntese? Onde se encontra essa síntese semântica em "Chove"? E se a linguagem não nasce da passagem do sinal para o signo, cai por terra aquela diferença estabelecida por Saussure — que ainda nos parece natural —, entre *langue* e *langage*, *parole* e *mot*, entre o ato da fala e uma estrutura projetada na comunicação dos falantes. "Para nós, a língua (*Sprache*) não se define como uma organização que preenche um determinado objetivo [por exemplo, a comunicação]. A 'língua', para nós, é antes um nome para uma coleção (*Sammelname*) e entendo por isso o alemão, o inglês etc., e ainda vários sistemas de signos que têm mais ou menos afinidades com essas línguas."[2] Um e outro se ligam por semelhanças de família, não formam uma totalidade enumerável nem dependem de uma única matriz. Porque Wittgenstein não constrói a linguagem a partir de sinais que se transformam em signos, vivemos em seu interior e não podemos pular para fora dela. Para entender seu funcionamento, articulamos modelos linguísticos em que as palavras estão ligadas a ações correspondentes e vice-versa; desse modo pressupomos que esse jogo, assim como outros jogos, estão se incorporando ao nosso agir cotidiano. E passamos a integrá-los, separando-os, chegando a uma visão da linguagem que não atribui a esta uma estrutura única e uniforme. Assim escapamos de uma filosofia da representação

2. *Zettel*, 322, em *Schriften*, 5, p. 355.

sempre ancorada na "relação" sujeito/ objeto, por conseguinte, na dependência de uma única matriz intencional. Se um jogo de linguagem se reporta a um campo de objetos — inclusive ações "objetivadas" —, se a gramática correspondente determina, conforme veremos, as objetualidades visadas, a relação entre o dizer e o dito se espraia de tal forma que as palavras da metafísica — como "ser", "ente", "sujeito", "objeto" e assim por diante — passam a ser entendidas como fragmentos funcionando entre jogos. Não é assim que se nos dão as palavras de um dicionário, indicando apenas sentidos parciais, que somente se completam ao se integrar, pelo uso, pela ação, em jogos simples ou complexos, determinando o que podemos e o que não podemos fazer?[3] Por isso toda explicação tem seu fundamento no treinamento (*Abrichtung*),[4] que ensina a falar significativamente, a pensar, a raciocinar, a poetar e assim por diante. Além do mais, "um jogo de linguagem engloba o uso de *várias* palavras".[5] Mesmo que quiséssemos dizer o ser, seria preciso juntar diversas palavras para lhe armar um sentido. Observe-se, por fim, que muitas vezes uma palavra aparece como imagem verbal[6] que pode, como mostra o *Tractatus*, levar-nos a confundir imagem e sentido.

Jogos de linguagem se exercem entre indivíduos que operam junto àquelas indeterminações expressivas e comportamentais que, mesmo quando enfeixadas por conceitos, estão ligadas ao espaço significativo e vivo em que os falantes agem. Como veremos logo mais, não tratamos os falantes como autômatos. Esses jogos são

---

3. *Zettel*, 345, *Schriften*, 5, p. 360.
4. Ibid., 419, p. 372.
5. Ibid., 644, p. 415.
6. "Das Innere und das Äussere", em *Letzte Schriften über die Philosophie der Psychologie (1949-1950)*, Frankfurt: Suhrkamp, 1993, p. 32 (doravante *Inn/ Äuss*); *Últimos escritos sobre a filosofia da psicologia*. Lisboa: Fundação Calouste Gulbenkian, 2007, 144, p. 271.

muito próximos dos pensamentos, expressos ou não, mas não se confundem com eles: "'Falar' (*Reden*) (em voz alta ou em silêncio) e 'pensar' (*denken*) não são conceitos do mesmo gênero, embora estreitamente conectados".[7] Se diante de um pôr do sol exclamamos: "Que sol magnífico", estamos falando sem pensar. Mas isso mostra que já aprendemos português e só há aprendizado quando se pensa, implícita ou explicitamente. Daí a estreita conexão entre falar e pensar, a despeito das diferenças sutis. "Só no fluxo do pensamento e da vida as palavras têm significado".[8] Antes, Wittgenstein já anotara: "'Pensar', um conceito longamente ramificado. Um conceito que liga em si muitas exteriorizações da vida. Os *fenômenos* do pensamento estão bem longe uns dos outros".[9] Deixando de ser imantado por um único ponto de convergência, "pensar" passa a significar antes de tudo os movimentos de um agente a fim de ajustar uma situação para aplicar nela uma regra, *decidindo* criar um caso. No entanto, a regra aprendida pode ser aplicada automaticamente, sem ser pensada. Nesse contexto, o significado, a referência (*Bedeutung*), nem sempre imanta o sentido (*Sinn*) para focar um ponto único. Dizemos em português: "Ele chega às cinco horas" e o interlocutor responde: "Não, às cinco e dez". O *diálogo* não está necessariamente pressupondo a hora efetiva da chegada, mas ajustando o que os interlocutores tomam por *certo*. Mas, desde que ele seja possível, o significado é variante: "Eis por que sentido e referência são conceitos vagos".[10]

Tanto o conceito de linguagem como o de proposição, de pensamento, e assim por diante, são, quase sempre, interligados

---

7. *Philosophie der Psychologie* (antiga parte II das *Investigações filosóficas*), II, XI, 281, ed. revista. Oxford: Wiley-Blackwell, p. 228.

8. *Zettel*, 173, p. 322.

9. Ibid., 110, p. 311.

10. Ibid., 154, p. 319.

por semelhanças de família. Até mesmo jogos simples como o nº 2 das *Investigações*[11] pressupõem que as pessoas não ajam mecanicamente. O aprendizado de um jogo consiste num complexo de técnicas em que os atos passam a ser intencionais, ganham sentido, podendo ser sopesados, isto é, pensados em vista da obtenção de determinado efeito e compreendidos para que as decisões sejam corretas ou incorretas.

II

Se semelhanças de família articulam jogos e jogos de linguagem, não há como questionar o ser, mas apenas o sentido do que as pessoas estão falando e o saber (*wissen*) a que podem chegar. Já o *Tractatus* limitava a linguagem à expressão do *como*, sendo o *que* unicamente objeto de crença, estando, por conseguinte, fora de toda conciliação discursiva. Não é o que indicam as lições sobre a crença religiosa? Se eu perguntar: "O que *é* um martelo?", não estou me apegando ao seu uso que o *Dasein* acolhe com-juntando as várias coisas marteladas ao ser do martelo se exercendo, como pretendeu Heidegger em *Ser e Tempo*; nem é uma coisa que *acontece* temporalmente no cruzamento dinâmico de terra, céu, mortais e imortais, e assim recebe um nome, como o mesmo filósofo explicita depois dos anos 1930. O último Wittgenstein recusa todo traço da teoria da verdade como adequação. A *decisão* a respeito de se uma proposição é verdadeira ou falsa depende exclusivamente de como levamos em conta os determinantes de seu jogo de linguagem, de como o focalizamos no seu pormenor e ressaltamos a situação em que vem a ser dito. As *Investigações fi-*

11. *Zettel*, 99, pp. 308-9.

losóficas[12] distinguem as regras de um jogo de linguagem e seus meios de apresentação — como se determina, por exemplo, qual jogador fica com as peças brancas. Em textos anteriores, dei muita ênfase a essa separação, na medida em que ainda considerava o jogo de linguagem e a própria linguagem como um sistema se enraizando no exterior. Agora percebo que a opção por um dos valores de verdade depende sobretudo de como se observa o funcionamento do próprio jogo em suas situações. Isso se torna muito claro nos primeiros parágrafos de *Sobre a certeza*.[13] Importa, antes de mais nada, a diferença entre critério e sintoma, o que separa um caso de uma regra de outros casos de outras regras, ou aquilo que apenas invoca o caso. Se perguntamos, por exemplo, "O que é o vermelho", respondo que é uma cor, mas para que seu significado possa ser entendido no contexto de uma gramática das cores, aprendemos que *pode* repousar no fato de que, quando digo falsamente que algo é vermelho, esse algo ainda assim não é vermelho. E quando quero explicar a alguém a palavra "vermelho" na frase "isto não é vermelho", para esse fim aponto algo vermelho.[14] Este último funciona como padrão e, como tal, faz parte dessa língua. A aplicação do critério consiste numa justaposição de um metro a uma coisa, mas num jogo que estipule quando o dito é correto ou incorreto. Em vez do desvelar velando para o *Dasein*, sempre pressupondo a abertura de uma clareira, a verdade está ligada ao próprio jogo do *dizer* das cores, que falha no falso e elege um exemplo como critério para outros juízos. A existência é sempre aquela de um caso apontado junto ao sistema de regras, não de uma coisa, mas daquilo a que as palavras se referem num lance de um jogo em determinadas circunstâncias discursi-

12. *Philosophische Untersuchungen*, 50, p. 28.
13. *Über Gewissheit/ On Certainty*. Nova York; Londres: Harper Torchbooks.
14. *PhU*, 429, p. 135.

vas. A linguagem, porém, não é um emaranhado de jogos? Como, nela, funciona a dualidade "verdadeiro e/ou falso"?

Lembremos que já em Kant a experiência é formada por juízos que ligam os dados sensíveis para que se apresentem como coisas. Wittgenstein, conforme veremos, minimiza o lado sensível atuando na formação das palavras e sentenças, reforçando o papel de seus respectivos usos e modos de escolha, configurando técnicas que, por sua vez, articulam juízos práticos. Esses juízos funcionam no contexto tramado por outros, alguns apoiados em situações inquestionáveis, formando o leito fixo por onde corre o discurso. Quando Moore escolhe frases como "Esta é minha mão", sobre as quais não cabem dúvidas, no fundo está apontando para essa base tácita, figuração do mundo (*Weltbild*); muito diferente, por conseguinte, da imagem de algo, mas próxima de uma mitologia que todo um grupo dá por evidente.[15] Wittgenstein compara essa mitologia a um leito de rio que, embora sofra mudanças causadas pela corrente mais ou menos forte, continua sendo o mesmo. A melhor imagem, parece-me, é aquela de uma bola que, ao girar, cria polos fixos em torno dos quais circulam os meridianos. Assim, um ponto antes fixo pode ser posto em movimento conforme o giro da bola. Voltaremos a essas questões logo mais.

A experiência não figura, pois, o fundamento de nosso jogo de julgar.[16] Se ela nos ensina a separar o verdadeiro do falso é porque se trata de um processo vindo a ser coletivo de decisão, baseado, conforme vemos, ao montar uma "imagem de mundo" (*Weltbild*). Estamos longe da teoria da verdade como adequação: "O uso de 'verdadeiro e falso' de certo modo conduz a erro quan-

15. Über Gewissheit, pp. 93 ss.
16. Ibid., p. 131.

do se diz 'concorda ou não com os fatos' e o que se questiona é o que aqui faz a concordância (*Übereinstimmung*)".[17]

O que, então, significa afirmar que é *certa* (*gewiss*) a verdade de uma proposição?[18] Se ela não nos desperta dúvida, trata-se de uma certeza *subjetiva*, e só passa a objetiva quando não for possível um erro. Mas isso apenas de um ponto de vista lógico? Num jogo de linguagem, um engano, um erro, está ligado a um processo *decisório* a favor ou contra a proposição. A dificuldade reside em encontrar o *fundamento* dessa decisão. Posso encontrar este ou aquele, mas, no final das contas, os fundamentos se apoiam no jogar dos próprios jogos, no agir que tem por trás uma "imagem do mundo".[19] Por isso não é preciso que o mesmo fundamento assegure o falso ou o verdadeiro. A decisão pelo falso pode seguir trilhas diferentes daquelas que levam ao verdadeiro. Mas para que a fala não exploda em todas as direções, um "fundamento", vale dizer, certas práticas e crenças fundamentais devem ser comuns a todos os seres humanos: "O homem racional *não* tem certas dúvidas".[20] Continuo a traduzir "*vernünftig*" por "racional", pois "razoável" serve para distinguir certos dizeres prováveis daqueles logicamente corretos. Para Wittgenstein, o lógico, o racional, está, conforme veremos ao longo deste texto, na estruturação da linguagem como sistemas situados de jogos. E a lógica se resume na descrição de jogos de linguagem, de seus movimentos e de seus apoios. Não podemos perder de vista que essa descrição tem por base a ação, tal como lembra Goethe num conhecido verso do *Fausto*. No entanto, a ação humana mais sofisticada é o falar, que desde o início une diferenciando.

17. *Über Gewissheit*, p. 199.
18. Ibid., p. 193.
19. Ibid., pp. 204-9.
20. Ibid., p. 220.

Voltemos, porém, a examinar a noção de paradigma, agora tomando a máquina como afiguração de seus próprios movimentos. Ao fazer isso, porém, deixamos de lado seu funcionamento real que, algumas vezes, entorta a peça a ser produzida e impede que ela venha a ser o caso da regra. A máquina não se confunde com todas as possibilidades corretas de seus movimentos, mas consiste num modo de agir que às vezes não dá certo. A verdade do caso nunca estaria ligada à clareira e ocultação de seu ser, mas tão só ao espaço dos movimentos previstos, contanto que não apareça uma disfunção.[21] Do mesmo modo, o significar, o querer dizer (*meinen*), não pré-determina todos os seus casos, porque o caso resulta de um agir segundo critérios, cada tipo de ação envolvendo um halo próprio de indeterminações. Um jogo de linguagem, como já foi dito, é caracterizado pelo que podemos e não podemos fazer.[22]

Outro exemplo: parece ter sentido perguntar se a sequência "7777" aparece ou não nos desdobramentos do número π, primeiramente definido como a relação numérica entre o perímetro de uma circunferência e seu diâmetro. Esse número não pode ser enunciado como fração, de sorte que só podemos saber o sucessor da fração calculada caso a caso. Não sendo determinado o antecessor da sequência "7777", não existe critério para afirmar se ela é ou não o caso desse número irracional. Parece que compreendemos a questão, mas de modo falso, pois entendemos o questionado como se fosse algo, e a regra como sementeira de seus casos.[23]

Critérios semelhantes tendem a se juntar num conceito que busca o que lhes é comum. Os primeiros estão ligados ao sentido

21. *PhU,* 193 ss., pp. 83 ss.
22. *Zettel,* 345, p. 360.
23. *PhU,* 516, p. 149.

de pensar, de elaborar conceitos, de conhecer (*wissen*), que por si mesmo tende a se comprimir.[24] Mas convém não esquecer que isso ocorre com o aprendizado das linguagens,[25] de modo que o próprio "'Conceito' é um conceito vago".[26] E, nesse caminhar para a unidade, o conceito também esconde os jogos que o formam.

De saída cabe salientar que a reflexão filosófica se torna sobretudo lógica, mas lógica da linguagem, pois não há como escapar dela a não ser mediante seus interstícios. Como a lógica da linguagem não separa claramente linguagem objetal e metalinguagem e como, além do mais, não é possível construí-la a partir de atos de nomeação cujo funcionamento precisa ser aprendido (conforme mostra a crítica ao paradigma agostiniano), cabe estudá-la construindo modelos linguísticos do dizer significativo que mostrem como, em certas circunstâncias, palavras, coisas e ações vão sendo interligadas para exprimir, pensar, invocar certas situações, conformar objetos e assim por diante. Cada palavra significa (*meint*) junto a processos de seguir regras segundo critérios ligados a seu uso; regras estabelecidas e aprendidas para apresentar, invocar ou rejeitar coisas, situações, vivências, pensamentos, pessoas etc., configurando situações de mundo. E assim a realidade se tece junto ao significar falado ou tácito, sem poder ser projetada num mundo paradigmático fundante, ou aflorar num desabrochar semelhante à *physis* dos antigos. Se o caminho é passar da lógica para o mundo, como Wittgenstein descobre desde a juventude, agora esse caminho se emaranha, porque lógica e mundo perderam sua unicidade enquanto ser. As veredas da floresta não levam a lugar nenhum, mas também não estão marcadas por retenções e epocalidades que desenhem a história do ser.

24. "Ein Begriff drängt sich auf", *Philosophie der Psychologie*, xi, 191, p. 215.
25. *PhU*, 384.
26. *Bemerkungen über die Grundlagen der Mathematik*, 6, p. 433.

À primeira vista as reflexões de Wittgenstein retomam, a seu modo, os enganos fundamentais que Heidegger critica no pensamento atual: esquecimento da problemática do ser, redução do ente a uma objetualidade e uma concepção estreita da historicidade. Ambos apenas concordam na crítica da civilização contemporânea que se resume a denunciar o niilismo e a maquinação. Mais ainda, se a proposição apofântica deixa de orientar a investigação lógica, nem por isso o juízo, entendido como aquisição de uma técnica, perde seu privilégio de ser fonte de investigação não da lógica, mas da linguagem. Não há, porém, caminho algum que possa levar a uma hermenêutica. No entanto, nesse plano, o da essência da técnica, da armação (*Gestell*), os conceitos passam por vigorosa revisão que transforma a crítica do Wittgenstein tardio num novo modo de des-fazer filosofia. Por isso precisamos atentar cuidadosamente para os novos modos de formação dos conceitos.

Antes de tudo se amplia o próprio universo da linguagem, pois a ela agora pertencem tanto uma flecha posta para indicar um caminho como um código secreto, o verso de um poeta e assim por diante. Essa forma de pensar marca os textos de Wittgenstein de modo muito especial, pois se apresentam quase como um diálogo em que teses afigurariam jogos cujas regras e cujos campos precisariam ser destrinchados para mostrar a unilateralidade que as aprisionam. Os atos de falar estão, pois, sempre seguindo regras situadas. As dificuldades aparecem quando examinamos o concerto dessas regras a seus casos e a seus pressupostos. Lembremos que, para o primeiro Heidegger, posta a questão do ser, a investigação deve ser antes de tudo fenomenológica, isto é, fixar o *ente* que será primeiramente interrogado: como vimos, aquele ente que se ocupa de seu ser sendo aí. Essa precedência ôntico-ontológica do *Dasein* lhe faculta um prévio entendimento do ser que se desperta com a chegada dos entes que lhe vêm ao encontro. Visto que sempre está no mundo, o modo pelo qual esse mundo se torna mundo requer uma análise dos diversos modos dos entes se com-juntarem exibindo seus próprios modos de ser. Por isso o ser-aí é ele próprio um compreender (*Verstehen*) das múltiplas ligações de algo como algo. A linguagem se sobrepõe a essa estruturação da mundanidade. Se depois de *Ser e Tempo* Heidegger abandona essa concepção complementar da linguagem, nem por isso ele deixa de lado a prioridade da questão de como o ser se dá, na medida em que a linguagem assume a função de guardar o ser.

Ao partir diretamente da linguagem, ao pensá-la como o exercício aprendido de certos conjuntos de regras situadas como jogos de linguagem, Wittgenstein deve elucidar o próprio sentido de compreender no interior do processo de seguir regras ligadas aos mesmos jogos de linguagem. No lugar da determinação do ser, cabe mostrar o modo de determinação e indeterminação de certas situações. O aprendizado da regra desenha um campo do mundo em que os falantes se movem e se ajustam, mas nada garante que eles sempre teriam *compreendido* algo de antemão, como se o seguir a regra aprendida trouxesse ao falante um *prévio* ter, ver e conceber (*Vorhabe, Vorsicht* e *Vorgriff*) de um ente vindo a ser. Na medida em que para Wittgenstein o jogo de linguagem se torna primário, intenções, pensamentos, sentimentos e assim por diante funcionam conforme a especificidade do próprio jogar. Até mesmo a palavra "significado" (*Bedeutung*) tão só explicita o uso que se faz dessa palavra; não requer a presença da coisa, indicando apenas como se enfeixam os modos de referi-la e apresentá-la. E a história antes de tudo aparece internamente quando a explicação dos sentidos e dos conceitos invoca fatos naturais extraordinariamente gerais, quase nunca mencionados por causa dessa sua extrema generalidade,[27] mas que forma o esqueleto de

27. *PhU*, ad. 142, p. 62.

nossas ações significantes. Tudo passa a depender, pois, do aprendizado de técnicas diferenciadas ligadas a simples formas de vida, técnicas que se exercem e ajudam a *decidir* deste ou daquele lado e que, no fundo, se revolvem num complexo aprendizado de juízos corretos: "Não se aprende uma técnica: aprendem-se juízos corretos".[28] O ajuizar, contudo, como veremos, se resume a um complicado ajustamento a certas situações linguísticas e comportamentais, entre as quais aquelas que herdamos sem duvidar.

Seguir uma regra gramatical se resolve, pois, no exercício de uma técnica apreendida que lhe permita ser dito correto ou incorreto, no sentido mais amplo. No entanto, esse dizer só pode funcionar apoiando-se em situações que escapam dessa bipolaridade. Além do mais, como ainda veremos, se tais situações forem ditas, o serão por expressões monopolares. Desse modo amplia-se, e muito, a noção de proposição, seja do ponto de vista sintático, seja do ponto de vista semântico; aliás, essa diferença nem sempre será bem determinada. Frege podia configurar claramente uma proposição supondo nela um conteúdo (*Annahme*) substantivado para ser afirmado ou negado, em suma, asserido, pois ela ainda era concebida como junção ou separação de partes a corresponder a um dos valores de verdade. Ora, questiona Wittgenstein, assim se pressupõe que toda asserção tenha a forma "'que isto e isto seja o caso' (*das und das der Fall ist*), mas essa não é uma sentença de nossa linguagem — nem um *movimento* de um jogo de linguagem".[29] Em contrapartida, o ato de significar segue regras como as de um jogo de xadrez, e a elas se chega das mais variadas maneiras. O sentido de uma proposição só depende de sua associação a valores de verdade explicitados no próprio jogo, escapando, pois, da apreensão *necessária* de algo, de uma

28. *PhPsy* xi, 355, p. 239.
29. *PhU*, 22, p. 14.

presença que se dá. Até mesmo é possível construir uma linguagem mediante comandos e informações, ou perguntas e respostas. Em resumo: se a intuição é um recurso inútil,[30] "representar uma linguagem significa representar uma forma de vida (*Lebensform*)",[31] isto é, uma forma coletiva de agir, sendo a fala uma das mais refinadas. Ela sempre arma modos de ação que tomam por inteiro agentes e a situação interveniente. Nem por isso eles são apenas falantes.

Até agora vimos o exercício da linguagem, ou melhor, dos jogos de linguagem desdobrando seu próprio mundo desde que tome assento em suas beiradas. Ao perguntar pela existência de uma sequência no desdobramento de π, notamos que essa sequência pode ser construída, embora não tenha sentido indagar pela figura do algarismo que o precede sem fazer o cálculo que chegue até ele. Como é falar de algo sem poder representá-lo? Em suma, o que significa esse representar? O ponto crucial é determinar a junção do representar com o representado na multiplicidade de seus casos. Wittgenstein se reporta a um diálogo entre Sócrates e Teeteto. O primeiro pergunta: "E quem representa (*vorstellt*), não representa algo (*etwas*)?". O outro responde: "Necessariamente". Sócrates continua: "E quem representa algo, este algo não é real (*Wirkliches*)?". Teeteto vacila; "Assim parece". Se a representação funciona como imagem, continua Wittgenstein, logo se coloca o problema de saber se estamos nos referindo à própria imagem ou ao imageado. Daí a dificuldade de saber como funciona o lado representativo da regra. Esta pode, além disso, ser vivenciada ou não. Um jogador de xadrez bem treinado pode ter sucesso sem ter formulado expressamente as regras desse jogo, mas está certo, seguro (*sicher*) de seus atos. Do outro lado, o representado não pre-

30. *PhU*, 213, p. 90.
31. Ibid., 19, p. 11.

cisa ser um algo, como veremos ao longo de nosso estudo, o que complica a certeza (*Gewissheit*) do apresentado. Seja como for, cada jogada, cada ato de fala sempre traz na sua singularidade uma referência aos outros que precisa ser analisada conforme espécies diferentes de jogo. Não há um *Mitsein* (*Ser com*) prévio, pois os fatos muito gerais que marcam toda linguagem são "reinterpretados" por cada uma delas. Nesse contexto, recorrer a uma intuição é uma escapatória desnecessária.[32] No exemplo mais acima, o apontar para o vermelho está ligado ao pressuposto de que a coisa vermelha não desbote. O ser vermelho está numa coisa, que não vale por se com-juntar àquilo que se indica como o ser dessa cor, mas se põe apenas como coisa *usada* para que sua cor distinga cores de outras coisas. Nada tem a ver, pois, com uma desocultação pré-verbal num contexto ocultante, conforme ensina a hermenêutica. Certeza e verdade devem ser tratadas no nível do funcionamento dos próprios jogos de linguagem. Mais adiante estudaremos o entrelaçar do estar seguro (*sicher sein*) com o estar certo (*gewiss*), ou melhor, a gramática desses dois verbos ligeiramente diferentes. Convém desde já adiantar que não se passa de um para outro de modo contínuo, como se um mingau fosse engrossando na medida em que pertencem a categorias diferentes; a primeira diz respeito apenas a um estado psicológico, a segunda liga-se à questão do conhecimento.[33] A crítica de Wittgenstein ao tradicional conceito de verdade como *adequatio* recorre a proposições que parecem empíricas, mas, sendo absolutamente certas, contribuem para montar o arcabouço da linguagem.

Em resumo, a linguagem é sempre instrumento a ser testado, no mais amplo sentido dessa palavra, e os conceitos são diretrizes

---

32. *PhU*, 213, p. 90.
33. *Über Gewissheit*, 308.

de investigação,[34] sem que se leve em conta sua origem, mas sim seu funcionamento. Por sua vez: "A pergunta pelo modo e possibilidade da verificação de uma proposição é apenas uma forma particular da pergunta 'O que você quer dizer (*meinst*) com isso?'. A resposta é uma contribuição para a gramática da proposição".[35] Ora, se nessa "relação" oscilante entre significação e significado os homens pensam e compreendem, a gramática do verbo "pensar" e a do "compreender" devem igualmente diversificar-se para comportar casos em que se pensa sem falar e se fala sem pensar; assim como a "compreensão" não necessita estreitar-se a fim de poder ser dominada por uma determinação especialíssima de um ser especialíssimo que vem a ser o homem. Essa perspectiva exclui toda hermenêutica que revele uma camada de sentidos antes da linguagem; nela os sentidos se articulam junto do fluxo do pensamento e da vida. "Como tudo o que é metafísico, a harmonia entre pensamento e realidade deve encontrar-se na gramática da linguagem".[36]

Nessas condições, se "A essência (*Wesen*) é expressa na gramática",[37] ela não pode configurar, como em Heidegger, uma *Wesung*, um determinar regulador de um modo de ser explicitando-se e ocultando. A regulação passa a residir agora no exercício e na trama dos próprios jogos configurando um modo de viver. Ao determinar casos válidos, configura objetualidades: "A gramática diz que modo de objeto algo é. (Teologia como gramática)".[38] Inclusive, como vemos, a "algoidade" de Deus, que nada tem a ver com a fé, porquanto esta, como dizia Lutero, se encontra "sob a mama esquerda".

34. *PhU*, 569-70, p. 159.
35. Ibid., 353, p. 119.
36. *Zettel*, 55, p. 311.
37. *PhU*, 371, p. 123.
38. Ibid., 373, p. 123.

Para Wittgenstein não tem cabimento indagar pelo sentido do ser ou da diferença ontológica; somente se essas palavras, "ser" e "diferença", forem apresentadas pelos jogos respectivos. Perguntar: "Por que o ente (ou o ser) e não o nada?" lida com as palavras "ente", "ser", "nada", como se elas não devessem participar de jogos de linguagem, quando estão sendo usadas entre jogos, isto é, à procura de uma situação linguística em que ganhariam sentido. Que sentido pode ter a afirmação de que a essência (*Wesen*) se exprime na gramática? Antes de tudo porque não cabe perguntar pelo ser do significado de uma palavra ou de um conceito quando nos movemos numa linguagem entendida como um entrelaçamento de jogos, o qual, por sua vez, não há de se afunilar numa única interpretação. Em vez de perguntar, por exemplo, o que são representações (*Vorstellungen*), ou o que se passa quando alguém se representa algo, convém indagar tão só como essa palavra é usada.[39] Nem por isso a análise deve restringir-se apenas às palavras. Em geral, quando se fala, por exemplo, de representação, lida-se com imagens e se espera que a essência seja mostrada nela, às vezes como um super-retrato. O uso da palavra, pelo contrário, a introduz nos seus jogos de linguagem possíveis, obrigando-nos a comparar representações, as minhas e as dos outros, tal como eles as *dizem*. E nessa comparação, a representação (*Vorstellung*) também se dá como apresentação (*Darstellung*) num meio determinado.[40] Examinando os múltiplos usos de "representação", passamos a reconhecer suas semelhanças de família e, como veremos mais adiante, de que forma essa especial semelhança está ligada à percepção da mudança de aspecto. No entanto, isso não basta: além da mutação da imagem, torna-se necessário examinar os jogos de linguagem ligados ao verbo "ver", em particular ao "ver

39. *PhU*, 370 ss., pp. 123 ss.
40. Ibid., 397, p. 127.

como". Isso vale para todos os verbos, em especial para os verbos psicológicos, sem que tenhamos das outras pessoas alguma experiência especial a não ser a de parceiros ou não de certos jogos que formam uma língua: "Quer dizer: até o que ocorre nele é um jogo, e a dissimulação não está *presente* nele como um sentimento, mas sim como um jogo".[41] Logo em seguida o texto ainda se explicita, pois também o que ocorre no interior só tem significado no fluxo da vida.[42] De agora em diante uma de nossas principais tarefas é tornar essa tese compreensível e plausível. Daí a necessidade de uma análise atenta dos verbos psicológicos, o que iniciaremos logo mais.

Antes, porém, notemos que a relação do eu com os outros, sendo mediada pela linguagem, deve construir e atravessar uma ponte entre esse eu e os outros que sempre termina levando em conta essa diferença na conjugação dos verbos psicológicos entre a primeira e a terceira pessoa. O outro é sempre uma presença que foge, porque logicamente conta com a possibilidade de dissimular, e eu mesmo limito certas experiências de mim, pois, se penso, não posso geralmente afirmar "Sei o que penso". A consciência de si e a alteridade se tornam problemáticas. Heidegger não enfrenta essa dificuldade. Embora não recorra a uma função sintética do eu transcendental — é bem verdade que ele renova a função kantiana da imaginação transcendental —, o *Dasein* é sempre *Mitsein*, de sorte que a alteridade está posta antes da própria linguagem.

A noção de jogo de linguagem subverte o conceito tradicional de necessidade, pois cada caso de uma regra, consistindo num lance de um jogo, conjuga determinação e indeterminação de modo muito especial. No jogo de tênis, até onde cada lance deve ser

41. *Inn/Äuss*, ms 169, p. 47; trad., p. 286.
42. Ibid., p. 46; trad., p. 285.

determinado para valer tais e tais pontos? Não importa em que altura a bola passa pela rede, mas que se choque na raquete ou num ponto da quadra. Sua natureza fica mais clara se imaginarmos outro jogo semelhante, mas sem bola. Os jogadores se movimentariam como num jogo de tênis normal, como se a bola tivesse provocado suas reações. O árbitro decide conforme critérios que lhe parecem semelhantes a um jogo com bola. Note-se que os jogadores podem divergir até mesmo a respeito do percurso da bola no ar, e assim muitas vezes podem não estar seguros quanto à correção do lance. A despeito de toda semelhança com o anterior, este novo jogo é fundamentalmente diferente,[43] mas nos leva a refletir sobre jogos parecidos, como o falar sem som e a leitura labial.[44] A reflexão lógico-filosófica não é uma espécie de jogo de tênis sem bola, porquanto também ela não toma distância do fluxo da vida? Não lhe cabe evitar que erros gramaticais levem a pensar em algo cuja objetidade escape das gramáticas que regulam o seu dizer? "O que quero ensinar é passar de um não-senso (*Unsinn*) não óbvio para um não-senso óbvio."[45] Um ensino, porém, que nos livra dos falsos arranjos da linguagem responsáveis pelos erros comuns do pensamento filosófico. Wittgenstein não teria, contudo, caído nas teias de uma filosofia da vida tão em voga no começo do século passado? Tudo vai depender de como sua análise da linguagem transpassa a relação tradicional entre sujeito e objeto, representante e representado, renovando até mesmo o conceito de sensação. E se liga, como veremos, a visão da mudança de aspecto e a representação, não é por isso que entende os "sentidos tácitos" sendo determinados por camadas significan-

---

43. *Letzte Schriften über die Philosophie der Psychologie*, iii, 854, p. 460; trad. port., 854, p. 216.
44. *Inn/Äuss*, p. 44.
45. *PhU*, 464, p. 141.

tes anteriores ao funcionamento da linguagem natural. Não aceita a possibilidade de uma investigação hermenêutica.

III

Precisamos ainda detalhar o sentido de seguir uma regra, examinando as variações do compreender. Em primeiro lugar, cabe insistir que as regras não se dão da mesma maneira, nem convergem para um ponto ou um plano explicativo. É possível até mesmo participar de um jogo sem conhecer todas as suas regras. O enunciado de uma regra só é compreendido por aqueles que, ao menos, podem tentar operar conforme o que está sendo dito ou manifestado mediante comportamentos convenientes. Como em qualquer caso, uma expressão dita, a não ser em casos excepcionais, sempre contém um grau de indefinição que vai sendo coberto conforme o agente aprende a técnica correspondente. E a aplicação permanece critério da compreensão. Se eu estiver ensinando a um aluno o sentido de número par e enuncio "2, 4, 6...100", e num determinado momento ele diz "compreendi", continuando, "102, 104" e assim por diante, acredito que esteja bem treinado, mas nada impede que, em outra ocasião, depois de dizer 1000, ele diga 2000, 4000 e assim por diante.

O aprendizado não é um fato bruto, por isso a gramática da palavra "compreender" está ligada àquela de "poder", "ser capaz". De modo nenhum se aprende uma língua nomeando objetos, mas lidando com eles e, principalmente com palavras, de tal modo que ganhem sentido se com-juntando praticamente com outras, na medida em que passam a poder ser ditas de maneira válida e inválida. Isso em situações que, quando expressas, fogem das bipolaridades conquistadas.

Daí a importância de distinguir critério e sintoma, pois só o primeiro estabelece parâmetros para avaliações, enquanto o segundo apresenta a regra sem explicitar seu funcionamento. Mas o uso do critério nem sempre apresenta algo: ele simplesmente explicita como alguém está empregando signos de modo significativo, isto é, precisando traços da gramática do que está sendo dito.[46] Se aqui nos interessa tomar distâncias do método fenomenológico, cabe, em vez de descrever e elucidar possibitações de um ser-aí, examinar como são *ditos* os estados de sentir, de perceber, de entender, de pensar e assim por diante; enfim, demarcar as determinações específicas de como são expressos, exteriorizados, estados psicológicos e, a partir de suas gramáticas, configurar a natureza de suas referências. Os fenômenos psicológicos em geral e os modos pelos quais eles são ou não vividos por cada um de nós no fluxo da vida só podem se apresentar segundo os modos pelos quais são identificados e ditos conforme critérios conceituais objetivos. Mas se isso desenha uma região de entes, a lógica não trata deles como a psicologia, isto é, pressupondo o campo que sustenta os usos de suas variáveis. Note-se, por fim, que uma gramática é sempre descritiva; ela diz como as expressões linguísticas devem ser construídas e como os objetos devem ser configurados, mas essa descrição não esgota o *uso* efetivo dos signos,[47] pois o emprego os marca com um halo pessoal indeterminado. Do saber ao fazer há sempre um salto[48] indicando um estilo.

Muitos consideram Wittgenstein uma espécie de behaviorista. Vejamos essa questão no pormenor. Diante de um ponto luminoso movendo-se sobre uma tela, podemos anotar várias de suas propriedades: luminosidade, rapidez, curvas etc. Não é o que acon-

46. *PhU*, 353, p. 119.
47. Ibid., 496, p. 146.
48. Ibid., 505, p. 147.

tece quando o psicólogo examina um comportamento (*Benehmen*) humano, em particular suas exteriorizações (*Äusserungen*)? "Mas *essas* não são seu comportamento."[49] Ao tratar das exteriorizações dos agentes, o filósofo deixa de se ocupar com meros comportamentos mas investiga "ambos, não um junto ao outro, mas um através do outro".[50] Interessa-nos, em particular, essa mediação interna entre comportamento e exteriorização.

Em que medida eles se distinguem? Coçar o rosto pode ser exemplo de um comportamento, mas um grito de dor exterioriza um sentimento que nele se manifesta. E ao dizer "dói" em vez de simplesmente gritar, a criança manifesta sua dor numa linguagem particular que seus próximos lhe ensinaram. Ora, a linguagem está ligada ao aprendizado de técnicas, vale dizer, a juízos práticos situados — isto é, práticas linguísticas — que ligam, direta ou indiretamente, toda expressão a exteriorizações aprendidas; a dificuldade, porém, é marcar o sentido desse julgar. E lembremos que, para que essas técnicas ganhem significado (*Bedeutung*), é preciso que elas sejam *vividas* (*erlebten*) e, como veremos, que o falante esteja treinado a ver mudanças de aspecto.[51] Muitas dessas exteriorizações se ligam a fatos da natureza tão gerais que por isso mesmo passam desapercebidas. No uso normal e oscilante do falar, "*Äussegung*" serve para Wittgenstein marcar o lado anímico do comportamento. Isso muitas vezes se perde nas traduções inglesas que costumam traduzir "*Äusserung*" por "*avowal*". Como o verbo "*to avow*" significa declarar francamente, admitir etc., a ênfase no cruzamento do comportamento com o significar costuma ser relegada para o segundo plano. A exceção é Norman Malcolm, no livro *Nothing Is Hidden*, que muito me ensinou.

49. *Letzte Schriften über die Philosophie der Psychologie*, MS 169, p. 13.
50. MS 169, p. 5.
51. *PhPsy*, Fragment XI, 234, *Philosophixche Untersuchungen*.

Nos comportamentos, o psicólogo observa fenômenos sem examinar a dualidade do interior/exterior tal como é costurada pela gramática da linguagem que fala deles. Atribui-lhes o estatuto de fatos, e nestes procura suas *determinações* gerais. Wittgenstein se interessa pelas diversas formas de ação nas quais a linguagem se desdobra, mas para ele é só no fluxo do pensamento e da vida que as palavras têm significado,[52] encontrando-se situadas, cruzando, pois, *determinações* e *indeterminações* que, de um modo ou de outro, podem voltar-se para um ponto de vista e, como logo veremos, interiorizações e exteriorizações de cada pessoa. As ações intersubjetivas bordejam as indeterminações de cada eu. Não agimos em relação aos outros como se os outros fossem seres inanimados, nem mesmo tratamos um mosquito da mesma maneira como tratamos um cachorro familiar. E basta relacionar--nos com seres vivos mais complexos para mergulhá-los num terreno indeterminado como aquele em que se move nossa própria linguagem.[53] Nossos comportamentos são voluntários ou involuntários, sendo diferentes as conclusões que podemos tirar de cada um conforme privilegiemos estes ou aqueles traços. Embora eu não *saiba* se *este dado* movimento é involuntário, esse seu caráter se manifesta em sua *exteriorização*; "Como sei que este movimento foi voluntário? — Não o sei, eu o exteriorizo".[54] Cabe ter sempre presente essa marca ligada à vontade no ato de falar, e quando se imagina que a conduta não está ligada à alma, não é que ela perca a graça, mas os jogos ganham outro sentido. Nossa atitude para com o vivo não é a mesma que para com o morto.[55] Como entendê-la em toda a sua amplitude? É preciso caminhar

52. *Zettel*, 5, 173, p. 322.
53. Ibid., 326, p. 356.
54. Ibid., 600, p. 407.
55. *PhU*, 284, p. 104.

passo a passo e, em especial, examinar os verbos usualmente empregados nessas ocasiões.

Para falar do que se exterioriza num fenômeno psíquico é preciso descrevê-lo, atentando para o fato de que nem sempre regra e casos possuem perfil definido, pois é possível aplicar a regra num caso particular sem uma guia determinada.[56] Observo minha dor. Posso simplesmente generalizar o que observei. Ao conversar, porém, sobre certos dados sensíveis, é como se cada um de nós estivesse observando uma caixa na qual estaria o que vamos chamar de "besouro". Ninguém pode olhar para dentro da caixa alheia, mas cada um sabe o que *é* um besouro apenas por ter olhado o *seu*. Imaginemos que cada um tivesse um animalzinho diferente em sua caixa, ou até mesmo que cada animal se modificasse continuamente. Que significado pode ter a palavra "besouro" nessas condições? "A coisa (*Ding*) na caixa não pertence, de modo algum, ao jogo de linguagem nem mesmo como um *algo* (*Etwas*): pois a caixa poderia estar vazia. — Não, por meio da coisa na caixa o jogo pode ser 'abreviado': seja o que for, ele é suprimido."[57] O que se encontra na caixa, seja o que for, pode ser cancelado, mas não como costumamos cancelar variáveis inúteis numa equação, pois tudo agora depende de um ponto de vista. A dor não é um caroço que, de vez em quando, cada um pode ter dentro de si. E isso pode ser ampliado: "quando se constrói a gramática da expressão da sensação segundo o modelo de 'objeto e designação' (*Bezeichnung*), o objeto cai fora da designação como irrelevante".[58] Não se está negando que a dor exista, mas seu estatuto ontológico precisa ser investigado no tecido da fala. Se eu disser "Estou com dor de dente", não é o dente que sente a dor,

56. *PhU*, 292, p. 106.
57. Ibid., 293, p. 106.
58. Ibid., p. 107.

mas eu mesmo, que me apresento doente, num estado semelhante ao de outros que sentem a "mesma" dor.

O sujeito, porém, não tem acesso privilegiado às suas vivências? Wittgenstein lembra que, assistindo a uma discussão a respeito de tais assuntos, alguém bate no peito e exclama: "Mas o outro não pode de maneira alguma ter ESTA dor".[59] A ênfase não nos dá o critério que nos permite ressaltar as determinações dessa dor singularizada: a familiaridade é apenas um ponto de partida. O critério para identificar "ESTA dor" demanda que se mostre como este caso está sendo encaixado numa regra exteriorizante, sendo *determinado* por ela, do mesmo modo que outros casos o poderiam — no exemplo, o bater no peito. Ora, a determinação necessita ser configurada em vista das determinações e indeterminações correspondentes durante o processo de dizê-la. E isso só pode ser feito examinando o sentido comum da palavra dor ao ser pronunciada, projetando esse sentido em jogos de linguagem particulares; não na relação do sujeito consigo mesmo ou com seu mundo, mas conforme ele surja nos múltiplos jogos de linguagem em que a palavra "dor" compareça.

Para evitar esse engano — projetar no real afigurações de uma gramática que não lhe cabe —, convém aprofundar a crítica wittgensteiniana à noção de intencionalidade, o que se mostra claramente na análise de alguns verbos psicológicos. Já vimos que alguns deles, em condições normais, não podem ser usados corretamente na primeira pessoa, como é o caso de "saber". Se digo "Sei que tenho dor", eu mesmo não posso verificar se tenho dor, pois simplesmente tenho dor. Não tem sentido perguntar "Como eu sei que tenho dor?". No sentido do verbo "saber" está inscrito que essa vivência não pode ser comprovada no ato de dizer a pro-

59. *PhU*, 253, p. 97.

posição. Daí, se eu disser "Eu sei que tenho dor", isso simplesmente equivale a dizer "Tenho dor".[60]

Nessas frases, o saber de uma vivência (*Erlebnis*) própria perde seu sentido, precisamente porque não pode se contrapor a um não saber dela. Em que medida isso anula a introspecção? Toda vivência é minha, claro. Mas o que motiva a observar a si mesmo, a colocar-se numa posição em que facetas de si se revelam? Ora, observar não é apenas ver, é um situar-se para ver mais e melhor; observar cumpre funções diferentes do simples olhar. Suponhamos que em uma vez seja para controlar-nos ou planejar nossos comportamentos, em outra para nos exprimir melhor, em outra ainda para dedicar-nos aos estudos e assim por diante. Qualquer das atividades apontadas está se sedimentando e se configurando no uso da linguagem. E tal uso não pode ser estritamente privado; mesmo que criássemos uma linguagem própria, estaríamos usando critérios exteriores para estabilizar seu sentido.[61]

Não nos cabe desenvolver aqui toda a argumentação de Wittgenstein na defesa desse ponto de vista. Lembremos apenas que se estou observando um estado meu qualquer para saber se é o mesmo que já senti anteriormente ou vou sentir mais tarde, necessito de um ponto fixo a partir do qual posso reconhecer seus casos. O eu transcendental, que serve para Kant assim como para o Wittgenstein do *Tratactus* resolverem essa dificuldade, aqui deixa de ter cabimento, pois, se posso observar-me a mim mesmo é porque aprendi a variar minhas posições para ver melhor; aprendizado que requer, para sua avaliação, critérios objetivos. Além do mais, o pronome "eu" não cumpre tal missão, pois preciso de um critério que me indique se este caso é o mesmo do outro. Em ou-

---

60. Uma ótima apresentação dessa questão se encontra em Norman Malcolm, *Nothing Is Hidden*, cap. 8, Oxford: Basil Blackwell, 1986, pp. 133 ss.
61. *PhU*, 580, p. 161.

tras palavras, preciso de um critério que me mostre que estou seguindo, *praticando*, a mesma regra. Ora, *acreditar* que estou seguindo uma regra não é segui-la. Por isso não posso seguir uma regra privadamente.[62] E o ponto fixo deve estar, de um modo ou de outro, ligado ao exterior.

IV

Vimos que no *Tractatus* a teoria figurativa identificava a forma lógica da proposição elementar àquela do fato elementar, o estado de coisa. Por sua vez, os conectivos lógicos, desprovidos de sentido, serviriam para compor proposições moleculares. As proposições intencionais, como "Alguém vê p" ou "Alguém pensa p" e assim por diante, têm como esquema "'p' diz p". Sendo p uma proposição, o ato mental que a vê ou a pensa etc. simplesmente é reduzido a uma citação de p, isto é "p"; o ato mental significante funcionaria apenas como se fosse um enunciado qualquer projetando-se para seu dito. No entanto, essa citação funciona diferentemente se dita por mim ou por outrem depois que o dizer deixa de estar ancorado pela combinação de objetos simples.

No entanto, como temos visto, palavras como "porta", "anda", "alegre" e tantas outras parecem-nos ter sentido como se estivessem cruzando diversos jogos de linguagem. Como elas significam, se estão entre jogos? E se considerarmos ainda que a mesma palavra, ao ser repetida várias vezes, acaba perdendo seu significado, somos obrigados a admitir que as palavras ditas ou imaginadas também costumam ser *vividas*. Em que sentido? Comer e andar são reações muito elementares do corpo humano, são paralelas às atividades dos animais superiores desprovidos de linguagens

62. *PhU*, 202, p. 87.

complexas. No entanto, existem certas vivências pré-linguísticas, como a alegria, a dor e assim por diante, que encontramos apenas em animais superiores. Como se ligam, porém, tais comportamentos vividos com as palavras "alegre", "dói" etc.? No caso da dor, uma criança, aos poucos, aprende a substituir o grito por uma expressão, "dói", por exemplo. Firma-se, assim, uma diferença, no mínimo, entre chorar e dizer. Esse ensino ostensivo das palavras já é treinamento em que a nomeação, ligando palavras e coisas (ou estados mentais), logo se instala numa situação adequada: "dói" ainda pode ser dito de modo dissimulado. O simples nomear uma sensação já ocorre num contexto linguístico: "E quando dizemos que alguém dá um nome à dor, a preparação (*das Vorbereitete*) aqui é a gramática da palavra 'dor'; ela indica o posto em que a nova palavra é colocada".[63] A procura das estruturações mais simples da linguagem, justamente aquelas que em geral são ensinadas diretamente, não implica, porém, que o método seja histórico-genético. O método é sempre descritivo, escolhendo situações simples para que seja possível, a partir delas, obter uma visão panorâmica dos múltiplos aspectos do uso da linguagem — e isso exige o recurso a várias palavras. No entanto, desse modo, mesmo quando se ensina a criança a substituir o grito por "dói", não se está desenhando um lugar para a linguagem no espaço do mundo? Um grito expresso como "dói" passa a ser aprendido, a depender de agentes que já possuem uma linguagem. O que esteve fora da linguagem se integra no seu movimento extremamente diverso e complicado e passa a ser determinado por ele. Se há uma diferença entre verbos expressivos e verbos descritivos, essa diferença é nuançada e oscilante.

Wittgenstein procura, assim, mostrar que toda expressão, interior ou exterior, já se estrutura como jogo de linguagem, isto

---

63. *PhU*, 257, p. 98.

é, associando sinais, regras e práticas. Se um desses jogos pode ser jogado sozinho, como o da paciência, é porque se lhe confere uma identidade, na medida em que qualquer de nós pode jogá-lo seguindo as mesmas regras. Não se conclua daí, entretanto, que essa consolidação de um estado mental como caso de uma regra objetiva o torna impessoal. Mesmo que o dizer de um estado psicológico possa ser extraído de seu contexto intencional, ele não necessita *ser de alguém*? Em resumo, a introspecção dos filósofos entendida como via de acesso a sua própria subjetividade é um mito, pois, ao me observar, emprego uma linguagem que, de um lado, não é privada e, de outro, nela cada frase tem seu lado exteriorizante e seu lado interiorizante.[64]

Note-se o estatuto muito peculiar de nossa investigação. Falar em filosofia da psicologia pode levar a enganos. Wittgenstein não está tratando de fenômenos já delineados do ponto de vista de uma ciência; visa apenas examinar a gramática dos conceitos psicológicos e de alguns termos cotidianos a eles associados, aqueles que dizem respeito às vivências e ao anímico. Sua perspectiva é puramente lógica. Os conceitos e termos estudados são os da língua cotidiana e não os que se amarram ao jogo das hipóteses e suas verificações: "[Sobre a] genealogia dos conceitos psicológicos: *não* ambiciono *exatidão*, mas uma visão sinóptica",[65] que abranja o lado da vivência assim como o do vivido. Para obter essa visão panorâmica é preciso situar cada conceito na teia de jogos de linguagem situados em que funcionam e pensar diferentemente o que vem a ser vivência e o que vem a ser o vivido.

Como já vimos no caso de "doer", os verbos psicológicos mostram uma assimetria muito peculiar. Basta examinar com cuidado as variações de sentido de "ter dor" e "duvidar ter essa

---

64. Cf. *Zettel*, 590, pp. 405 ss.; *Bemerkungen über die Philosophie der Psychologie*, I, 838, p. 155, *Schriften*, 7.
65. *Zettel*, 464, p. 381.

dor" para que se perceba que faz sentido dizer "duvido que ele tenha dor", mas não "duvido que eu tenha dor". Esta última frase equivale a "tenho dor". Neste jogo não há lugar para que eu duvide estar com dor. Não cabe dizer, então: "Creio que tenho dor". A questão da crença merece atenção especial, pois parece apresentar um caminho peculiar que nos leva a observar e a falar de nós mesmos, cada um de nós percorrendo sua vereda para chegar ao mesmo resultado. Este não é um pressuposto do método da introspeção? O paradoxo de Moore configura um obstáculo a essa esperança. Wittgenstein o apresenta a seu modo: "A exteriorização 'eu creio que isto está assim' é aplicada de modo semelhante à afirmação 'isto está assim', contudo a *suposição (Annahme)* de que creio que isto está assim não é empregada do mesmo modo que a suposição de que isto está assim".[66] Note-se que ele emprega "isto está assim" (*es verhält sich so*), que indica, no *Tractatus*, a forma geral da proposição, e que muitas vezes é traduzida simplesmente por "isto é o caso". É importante notar que a frase é posta como exteriorização (*Äusserung*), equivalente, pois, a um comportamento expressivo. Parece que a afirmação "Eu creio" não afirma a asserção suposta na própria frase, pois se dirige à crença e não ao que é acreditado. Do mesmo modo, se eu disser "acredito que vai chover", a palavra "acredito" parece possuir o mesmo uso, o mesmo sentido, que aparece na expressão "Acreditei que ia chover". Triste engano, que Wittgenstein compara ao sentido de -1, que permaneceria o mesmo na fórmula de sua raiz quadrada ($\sqrt{-1} = i$), ainda que saibamos que $-1 \times -1 = +1$: "É preciso que a $\sqrt{-1}$ signifique para -1 o mesmo que a $\sqrt{1}$ significa para 1! Isso não quer dizer absolutamente nada".[67]

66. *Philosophie der Psychologie* (antiga parte ii das *Investigações filosóficas*), ii, x, 87, pp. 199 ss.
67. *PhU*, Parte ii, x.

Não cabe, pois, imaginar que "Eu creio…" funcionaria como uma fotografia, que tanto apresenta o imageado quanto a imagem. Para isso a fotografia teria que ser boa e não permitir interpretações diversas. Já no início das *Investigações*,[68] Wittgenstein critica a divisão da proposição em suposição e asserção proposta por Frege: ela se baseia na possibilidade, inscrita em nossa língua, de escrever cada uma delas sob a forma "Afirma-se que isto e isto é o caso". Mas "isto e isto é o caso" não é nem uma proposição nem momento de um jogo de linguagem, apenas um dos possíveis esqueletos de uma sentença. A suposição fregeana é como um radical de frase, ou como aquela fotografia de um boxeador na qual ele pode ser visto em diversas posições: ao dar um golpe, em defesa ou no ataque, desanimado ou cantando vitória e assim por diante. Não cabe, pois, na proposição "Sócrates é mortal" separar o aspecto "a mortalidade de Sócrates" para, em seguida, afirmá-lo ou negá-lo. Do mesmo modo, não cabe afirmar que "Eu creio…" apresenta um estado mental para em seguida apontar para seu objeto.

"Eu creio…" não comporta a negação "Creio falsamente…", pois seria como se duas pessoas falassem por minha boca. Comparemos ainda "Chove e eu não creio" e "Chove e ele não crê". A primeira frase é ininteligível, a não ser em situações especialíssimas. Por exemplo, depois de uma seca terrível, dormindo, ouço o barulho de chuva e exclamo a frase em questão: o não crer é como uma exclamação de surpresa. A segunda, porém, é inteiramente normal, pois ao afirmar minha crença na chuva, um amigo mergulhado na televisão não dá crédito à boa notícia. Em resumo, a gramática do verbo "crer" não permite que a crença funcione como uma espécie de dobradiça que ora se dirige para o exterior, ora para o interior com o mesmo poder descritivo. Por isso cabe admirar e refletir sobre o fato de que verbos como "acreditar",

68. *PhU*, 22, p. 14.

"desejar", "querer" mostram a mesma forma gramatical de "cortar", "mascar", "correr" etc., sendo que estes últimos falam de uma atuação sobre algo. Essa uniformidade é quebrada quando certos verbos podem ser usados para examinar o falante em vez do falado, como o professor que examina a inteligência do aluno pelo que ele fala, ou ainda o topólogo que mede uma dada distância apenas para testar seus instrumentos. No entanto, nem sempre isso é possível, como estamos vendo no caso do verbo "crer".[69] Não é essa confusão que me permite pensar que a crença vem a ser um estado mental, anímico,[70] independente do jogo de linguagem em que se expressa?

Proposições do tipo "chove e não acredito" se tornam absurdas, não porque afirmo seu conteúdo como sendo afirmado e negado ao mesmo tempo, como acontece na lógica formal, mas tão só porque "esse conteúdo é afirmado e negado a partir da *mesma perspectiva da primeira pessoa no indicativo presente*". Desligado dessa perspectiva, desaparece o paradoxo. O notável nele é sublinhar a assimetria que ressalta entre o uso dos conceitos e verbos em que a primeira pessoa se exprime e os outros não expressivos como comer e sentar. Verbos como "doer" parecem seguir a mesma gramática de "comer a sopa" ou "fugir do frio", como se um sujeito se reportasse sempre a algo objetivo. Mas o dizer da vivência inclina o sujeito em relação aos outros, o que nos prepara para compreender que minha atitude diante de minhas próprias palavras muito difere daquela que assumimos diante delas num discurso geral.[71]

---

69. Cf., para uma interpretação distinta da nossa: António Marques, "Vivência e significados: Introdução", em Wittgenstein, *Últimos escritos sobre filosofia da psicologia*, pp. 13-4.

70. "Zustand der Seele", *PhPsy*, 102, p. 201.

71. *PhPsy*, x, 103, p. 201.

Apresentado o paradoxo de Moore, o texto retoma[72] essa separação, para sublinhar que nas palavras "supondo que eu creia..." já está inclusa toda a gramática da palavra "crer", segundo o uso habitual dominado por nós. Não se supõe um estado de coisa que, por assim dizer, estivesse claramente diante dos olhos por meio de uma imagem, o que permitiria que à suposição fosse acrescentada outra afirmação diferente da habitual. A suposição não estaria delineada se o emprego de "crer" já não fosse familiar. Posto no uso, o conteúdo visado pela proposição — quando, por isso mesmo, toda a gramática de seu verbo já deve ter sido apropriada pelo usuário — torna evidente que a frase "eu creio", tal como está sendo empregada no paradoxo, tanto descreve um acontecimento como um estado de alma, alternância que depende de como essa frase passa a ser empregada. Quase sempre "Creio que está chovendo" equivale a "Está chovendo", por isso a frase quase nunca é dita desse modo. Mas se eu estiver numa sala fechada e ouvir um barulho parecido com o da chuva, tem sentido dizer às minhas visitas "Creio que está chovendo", pois não estou certo de que está chovendo e exprimo minha incerteza. Em resumo, em geral o paradoxo de Moore se arma nas condições usuais do exercício da linguagem, podendo ser desarmado em outras circunstâncias.

O paradoxo mostra ainda que o uso de uma proposição se parece com o uso de uma imagem. Nesta, sempre é possível focar a própria imagem ou o imageado. Ao se descrever uma fotografia ou bem se fala da própria fotografia ou do que é fotografado, desde que a foto seja boa. Qual é, porém, o alcance dessa variação de leitura no uso e significado das frases? Se, como vimos no *Tractatus*, a totalidade dos casos de uma regra não forma uma classe, agora o caso muitas vezes passa pelo jogo da exteriorização e da interiorização sem que os polos devam ser dados objetivamente.

72. *Fragment* x, 87, p. 199.

Relembremos que verbos como "acreditar, "desejar", "querer" etc. parecem possuir as mesmas formas gramaticais de "cortar", "mastigar", "correr", embora os primeiros possam variar a orientação para o interior ou para o exterior, e os segundos, a não ser em casos excepcionais, quase sempre se voltam para o exterior. A assimetria entre a primeira e a terceira pessoa dos verbos psicológicos ressalta as duas direções inferidas de suas intenções, uma privilegiando a caminhada para o interior, outra para o exterior. No entanto a linguagem cotidiana encobre as práticas características dos diversos jogos e, assim, aproxima "crer" de "cortar" e de outros verbos como se todos fossem objetivantes. A crença num fantasma não lhe confere objetividade semelhante àquela de uma fatia de pão. Não convém confundir uma afirmação tímida com a afirmação da timidez. Assim sendo, uma análise mais fina do paradoxo de Moore não nos leva a refletir sobre o jogo do exteriorizar e do interiorizar? Onde reside o nó da questão?

No entanto, convém insistir num ponto essencial. Uma frase pode ter uso expressivo, descritivo, interrogativo e assim por diante. Não devemos, porém, considerar esse uso como uma determinação geral, pois cada um de nós o marca à sua maneira; daí a impossibilidade de assinalar fronteiras nítidas entre o uso expressivo e o uso descritivo. É possível dizer "duvido que ele esteja apavorado", enquanto não é possível afirmar "duvido que eu esteja apavorado", pois neste caso não cabe tal dúvida a meu respeito. Não se segue daí, entretanto, que por contraste "'eu estou tremendo', que é uma descrição e não uma *exteriorização*, possa ser substituída pela asserção da terceira pessoa 'ele está tremendo' sem qualquer modificação de sentido".[73] Discordando do mestre, eu lembraria, em primeiro lugar, que a frase na terceira pessoa im-

---

73. António Marques, *O interior: Linguagem e mente em Wittgenstein*. São Paulo: Loyola, 2012, p. 61.

plica estar jogando um jogo descritivo diferente daquele jogo atuando nas frases das outras pessoas. Émile Benveniste é mestre nessas diferenciações. Em segundo, que, na situação em que um soldado fosse instigado a atirar no inimigo e dissesse "Estou tremendo", esta é uma descrição que exterioriza o medo de cumprir a ordem. Cabe examinar essa frase no contexto de seu exercício, quando poderá significar tanto "Estou tremendo de medo" quanto "Estou tremendo de febre". Não se segue daí que eu esteja voltando a privilegiar a linguagem privada nem que devo descrever a alma — e não a mente, cujo sentido está ligado à sua contraposição ao corpo — como uma caixa fechada. Digo tão só que cada um de nós tem com suas palavras um viés peculiar, que só pode ser entendido quando estiver ligado a uma vivência. O sentido dessa vivência precisará ser ampliado, assim como a noção de significado (*Bedeutung*) haverá de estar muito próxima da de representação (*Vorstellung*), questões que implicam retomar dificuldades ligadas à percepção, à gramática do verbo "ver", em particular ver a própria mudança de aspecto, cuja centralidade no pensamento do último Wittgenstein não canso de apontar. Essas são questões que estarão no centro de nossos próximos passos.

V

Num de seus últimos textos, Wittgenstein esboça um plano para tratar dos conceitos psicológicos; nesse texto, anota que os verbos psicológicos são caracterizados pelo fato de a terceira pessoa do presente dever ser verificada pela observação, o que não acontece com a primeira. "Proposições na terceira pessoa do presente: comunicação (*Mitteilung*). Na primeira pessoa do presente: exteriorização (*Äusserung*). (Não está sempre certo.) Primeira pessoa do presente aparentada à exteriorização."[74] Esse casamento da primeira pessoa com a exteriorização indica que a linguagem como um todo, a despeito de se institucionalizar objetivamente, de estar sempre procurando critérios objetivos situados, sempre comporta uma dimensão interiorizante que se joga e se diversifica apresentando sujeitos. Outro ponto a ser relembrado: na medida em que uma proposição passa a ter sentido como lance de um jogo de linguagem, não há razão alguma para privilegiar a bipolaridade do verdadeiro e falso em contraposição a outras formas de acerto e desacerto de cada lance. O tradicional conceito de forma, de origem platônica, passa a ser entendido como regra a ser seguida bipolarmente — o caso é aceito como correto ou incorreto, ou ainda como adequado ou inadequado, e assim por diante. Observe-se que se dizemos "O lance é adequado", "mais ou menos adequado", ou "inadequado", a avaliação intermediária depende de que os outros dois polos já tenham sido ativados. Do ponto de vista formal, uma lógica plurivalente pode ser tão válida quanto a bivalente, dependendo do interesse do analista. Isso não acontece do ponto de vista gramatical, dos jogos de linguagem, quando valor e práxis estão ligados indissoluvelmente, pois a decisão se exerce privilegiando este ou aquele lado. A indecisão tem sentido diante de uma escolha a ser feita, mas pode se esconder ao longo do "juízo prático".

Um lance correto segundo as regras do jogo de xadrez pode levar à derrota ou a um empate, a regra válida bloqueando o próprio jogo. Esse bloqueio provindo do funcionamento do próprio jogo conforme exterioriza ou interioriza não torna impossível separar radicalmente comunicação, exteriorização, invocação etc.? Pensar em termos de jogos de linguagem implica a impossibilidade de estabelecer fronteiras rígidas entre o uso expressivo, o co-

74. *Zettel*, 472, p. 383.

municativo e o descritivo da linguagem, ou ainda outros mais como querem certos autores, em particular quando pretendem tratá-los do ponto de vista de um sistema formal próprio. Já no nível do conhecimento, a verdade não tem o mesmo sentido na matemática, na física, na história, na psicologia e assim por diante. Isso, sobretudo, porque, do ponto de vista dos jogos de linguagem, a cada uma dessas *determinações* correspondem, como continuaremos a insistir ao longo de nosso texto, diferentes zonas de indeterminação significativa situada. Em particular a psicologia como ciência — seja ela do comportamento, da mente ou do que for — atribui ao fato psicológico um estatuto diferente do que lhe confere a lógica, isto é, a gramática das expressões mentais. Seja qual for a ciência, ela constrói hipóteses e trata de confirmá-las, ou seja, de mostrar que suas expressões são ou não verdadeiras no sentido particular que a verdade assume em cada uma delas. A neurociência ou qualquer ciência da mente em geral não contribui em nada para a descrição da gramática dos nomes e dos verbos psicológicos, para seu momento puramente exteriorizador.

"Conhecimento" tem múltiplos sentidos. A lógica dos jogos de linguagem constrói modelos práticos para que se percebam e se aprendam os usos diferenciais de cada frase, desenhando assim formas de dizer e de considerar objetos. É a gramática que articula a ontologia, mas o estudo de cada ciência está sempre pressupondo sua própria ontologia, a não ser quando essa passa por uma crise de seus fundamentos e dá margem para uma grande revolução nos seus conceitos. A psicologia, no entanto, se encontra numa situação muito peculiar. Aplica métodos experimentais, mas nem por isso se torna comparável à física em seus primórdios. Seu estado atual está marcado antes de tudo por *confusões conceituais*,[75] o que resulta numa mistura de esferas em que os

---

75. *PhPsy*, XIV, 371.

conceitos ganham sentidos supostos, por conseguinte confundindo "ontologias regionais". E a primeira distinção que o filósofo deve fazer para evitar tais enganos é sublinhar que todos os "fenômenos" psicológicos estão ligados a comportamentos, exteriorizações e pessoas cujas identidades são lógicas, tecidas pela gramática segundo a qual elas falam — e não pela certeza pela qual cada um afirma sua identidade. A questão do ser não unifica.

Imaginemos que, num dado momento, eu esteja esperando por uma explosão. Se alguém estranha meu comportamento, digo que a estou aguardando. Como, porém, esse processo de esperar se distingue de outros — observar um sinal de trânsito, por exemplo? Este indica, suponhamos, a proibição de estacionar. Porque sei que a explosão tem consequências imprevistas e que não tenho dúvidas a esse respeito? E para explicar minha inquietação, não digo que estou atento a meu estado mental, afirmo simplesmente "Espero uma detonação a qualquer momento", e essa afirmação é "a exteriorização (*Äusserung*) da expectativa". E Wittgenstein prossegue: "A reação verbal é o movimento do indicador que mostra o objeto da expectativa".[76] Reação muito distinta do grito da palavra "dói": esta substitui o gemido, mas aquela não deixa de ser também uma exteriorização, na medida em que a expressão se articula, junta suas palavras e gestos, para *externar a antecipação do acontecer* da explosão. A expectativa e o fato não se ajustam como um sólido que viesse ocupar um espaço oco correspondente. A mera descrição do processo nos mostra que, "na medida em que se ajustam, *uma única* descrição é válida para ambos":[77] quem vê a expectativa realizada vê "o que é esperado".[78] Quando se verifica o sentido dessa frase? Quando a explosão fi-

76. *Zettel*, 53, p. 300.
77. Ibid., 54, pp. 300-1.
78. Ibid., 56, p. 301.

nalmente acontece, não é apenas uma explosão qualquer, mas aquela que vem cumprir meu comportamento de espera, a despeito de suas indeterminações. E quando descrevo uma intenção, faço-o de um ponto de vista específico e com o *auxílio de imagens*: "Descrever uma intenção significa descrever o que aconteceu a partir de um ponto de vista determinado, com um objetivo determinado. Pinto um retrato determinado do acontecimento".[79] A imagem serve para descrever o acontecido, mas não é sempre que dirige a ação para ele.

Ao afirmar que Pedro virá, espero por um fato, pela vinda de uma pessoa, mas a realização da expectativa não é a presença de Pedro, e sim *que ele tenha vindo,* a presente disposição em que eu e ele estamos. Por isso Wittgenstein precisa lembrar: "Como tudo o que é metafísico, a harmonia entre pensamento e realidade deve encontrar-se na gramática da língua".[80] Na medida em que a expectativa e com ela os atos intencionais estão se exteriorizando nesses comportamentos muito especiais que são os atos de fala, ela não se resume a uma vivência minha: também se articula nos comportamentos acompanhantes, no meu andar para lá e para cá, no meu sentar e pegar um livro para me distrair, em aguçar meu ouvido ou ligar a televisão para dar espaço à espera. "A realidade não é uma propriedade que ainda falta ao que é esperado e que se acrescenta quando a expectativa se concretiza."[81] Na própria espera se desenha *o que* vai acontecer. No *Tractatus*, o fato, o caso da regra, não é a explosão da bomba, mas "que a bomba exploda". A partir das *Investigações*, ele está sendo previamente dito pelos comportamentos entrelaçados que podem culminar em

79. *Zettel*, 23, p. 293.
80. Ibid., 55, p. 301.
81. Ibid., 60, p. 302.

uma expressão do tipo "Espero a explosão da bomba". Noutras palavras, a expectativa reside numa situação entranhada de linguagem, no que é dito e não dito, por conseguinte também nos seus modos de apresentação, no contexto linguístico e comportamental em que meu sentimento se enraíza, podendo assim se exteriorizar numa frase. O erro nasce quando se imagina que o surgir de algo equivale ao surgimento de um acontecer, como se algo se juntasse à situação em que estamos. "É difícil libertar-nos da comparação: o homem [Pedro, no nosso exemplo] surge — o acontecimento (*Ereignis*) surge. Como se o acontecimento já se encontrasse pronto, à porta da realidade e, logo mais, entrasse ou surgisse nela, como num quarto."[82] Um asteroide que andasse pelo espaço antes da existência da humanidade não é um fato em si mesmo: ele é considerado como existente em vista de poder ser dito a partir de indicações presentes. É o poder efetivo de dizê-lo que transforma esse asteroide num fato passível de ser *expresso*. Não há como retirar da objetividade dizível do fato a situação de seu dizer e a contrapartida de seus meios de apresentação inscritos nas presentes técnicas coletivas do falar. Mas isso nos induz a cometer o erro de dizer que verdadeira é a proposição que está conforme ao fato visado *por ela*. Note-se que o juízo (teórico ou prático) afirma ou nega o fato, não o ente.

Por isso mesmo: "A antecipação como sombra do fato consiste em que podemos agora pensar que *isto* vai acontecer somente se *for acontecer*. Ou, como se diz, induzindo ao erro, que agora podemos pensar *isto* (ou nisto) somente *se for* acontecer".[83] O

---

82. *Zettel*, 59, p. 301.

83. Ibid., 62, p. 302; cf. o original: "*Das schattenhafte Antizipieren der Tatsache besteht darin, dass wir jetzt denken können, dass das eintreffen wird, was erst eintreffen wird. Oder, wie es irrenführenderweise heisst: dass wir jetzt das (oder an das) denken können, was erst eintreffen wird*".

pensamento somente invoca algo situado, ligado a um contexto no qual ele surge. A realização da expectativa, por exemplo, a explosão, não é uma terceira coisa que viria se juntar ao esperado, mas se resolve na própria realização do que foi e está situado. O que acontece é sempre um fato, como no *Tractatus* — agora, porém, como lance de um jogo envolvendo muitos fatos. Ressaltar nele um ente é separá-lo de sua facticidade. A verdade do fato nunca pode ser pensada como desvelamento/velamento porque a abertura não pressupõe o mundo, mas uma situação mundana.

Algumas pessoas acreditam que a expectativa seja tão só um pensamento, mas cabe lembrar que o processo de pensar pode ser muito variado. Já nas *Observações filosóficas*, de 1930, Wittgenstein comentava: "Mas só podemos construir um modelo de um fato *no* mundo em que vivemos. Isto é, o modelo deve ter na sua essência a relação com o mundo em que vivemos e, por certo, indiferentemente de ser verdadeira ou falsa".[84] O modelo do fato faz parte das maneiras pelas quais nos intricamos no mundo *em que vivemos*.

A expectativa está ancorada numa situação em que o seu dizer desenha apenas um dos aspectos dela. Ela se realiza ou não, conforme a situação se transforma. O acontecimento de algo que não esteja tecido nela provavelmente lhe será indiferente. Aqui Wittgenstein toca num ponto nevrálgico, herdado da filosofia grega. Como vimos, ele próprio cita sua origem num diálogo em que Sócrates leva Teeteto a aceitar que uma ideia sempre será de algo e que este sempre será real.[85] No entanto, se um fato projeta sua sombra, nem por isso esta se torna fato individualizado. Wittgenstein, à diferença de Husserl, diria que essa sombra é, por cer-

---

84. *Philosophische Bemerkungen*, 34, p. 71, *Schriften*, 2.
85. *Zettel*, 69 ss., pp. 303 ss.

to, inteiramente intencional, mas que seu cumprimento não é preenchimento, e sim um rearranjo da própria situação de espera, quando o estado de consciência e os comportamentos se conformam numa disposição de cada agente na situação. E assim o que cumpre a intenção não é algo, embora também não seja nada, mas uma nova situação em que os agentes se encontram e passam a falar a mesma linguagem, *ajuizando* nos seus termos.

Estamos diante de um dos momentos mais felizes da análise gramatical das vivências desenvolvida por Wittgenstein. A intencionalidade não se resolve como um traço da consciência atravessada pelo intentar o intentado, nem vem marcada pelo determinar do *Dasein* que, ao projetar-se no mundo, se alinhava como um anteprojeto, mas atravessa o falar do início ao fim, *exterioriza* como os homens falam, pensam, sentem, em suma, vivem, cada um recuando para seu lado perspectivo e *agindo* à sua maneira. Por caminhos muito diferentes, Wittgenstein se aproxima de Heidegger nesse aspecto, pois a coisa está ligada a um habitar, mas um habitar sempre ligado à fala. Se o pensar difere muito do falar automático e do psitacismo, não é por isso que sempre deva caminhar na mesma direção. Para que uma frase tenha sentido, é preciso que ela opere coletivamente e seja vivida segundo suas mudanças de aspecto, tanto dirigindo-se para um mundo que é nosso quanto voltando-se para o ângulo que eu sou. Essas duas direções ocorrem quando o simples falar significante (*meinende*) se insere numa situação em que os comportamentos do falante se articulam coletivamente em vista do desenho do esperado, que não é, por exemplo, o desenho de uma pessoa isolada, mas que ela venha ou se ausente para mim e para outrem, do mesmo modo que outra *pode* fazer isto ou aquilo. E o fato de ela vir não cumpre a intenção, como uma rolha tampa uma garrafa, isto é, como se expectativa e fato fossem dois fatos.

VI

Para melhor entender essa estranha relação entre a intencionalidade da regra e os fatos que a cumprem, vale a pena enveredar por um desvio e examinar, sempre de modo muito rápido, de que forma essa concepção de linguagem como jogo afeta a análise dos conceitos matemáticos, os mais objetivantes de todos. Sabemos que em seus últimos anos Wittgenstein trabalhou intensamente em três direções: tratando dos fenômenos psicológicos, tratando da gramática das cores e criticando cerradamente a idealização dos conceitos matemáticos, seu desligamento de toda prática possível. "Para a matemática cabe uma investigação bastante semelhante à investigação filosófica da psicologia. Ela é tão pouco matemática como a outra é psicológica. Nela não se calcula, não é logística. Pode merecer o nome de uma investigação sobre 'os fundamentos da matemática'." E, logo adiante: "O que um matemático, por exemplo, está inclinado a dizer sobre a objetividade e a realidade dos fatos matemáticos (*Objektivität und Realität der mathematischen Tatsachen*) não é uma filosofia da matemática, mas sim algo que a filosofia deveria *tratar*".[86] Também suas estruturas não deixam de estar ligadas a ações. Por exemplo, quando se afirma o fato de que "2 e 2 são 4", duas coisas junto a outras duas coisas reúnem quatro coisas, isso corresponde à igualdade aritmética "2 + 2 = 4". Não se está enunciando, no primeiro caso, uma expressão matemática e nem, no segundo, que tipo de objeto os números revelam conforme são ditos. É o filósofo que, diante da estrutura, trata de procurar os jogos de linguagem em que esse dizer e esse pensar se encaixam para ganhar sentido e, em particular, apontar os jogos de linguagem que são mobilizados para que uma expressão matemática encontre um significado no con-

---

86. *PhU*, 254, pp. 97-8.

texto do discurso cotidiano. Problema, obviamente, muito distante das preocupações de um matemático. A interpretação do filósofo, por sua vez, visa mostrar como expressões matemáticas estão ligadas aos jogos de linguagem. Isso fica muito claro quando lemos, por exemplo, a parte VII das *Observações sobre os fundamentos da matemática*, escrita em 1941 e 1944. Tais fundamentos dizem respeito a possíveis jogos de linguagem, por exemplo aquele em que uma expressão — "12 polegadas = 1 pé" — pode ser inserida. Não trata de ver o que ela tão só diz, mas como resume e antevê determinadas técnicas. Nesse caso, faz-se a previsão de que todas as vezes em que a medida for 12 polegadas estará sendo obtido o mesmo número de quando a mensuração for feita com o padrão pé.

Outro exemplo muito interessante é examinado nas *Fichas* (*Zettel*). Vamos supor que temos dois sistemas de medir comprimento; o primeiro toma o pé como unidade, o segundo, algo que vamos chamar de "W": "1 pé = 1W, mas 2W = 4 pés, 3W = 9 pés e assim por diante. Então a proposição 'esta vara mede 1 W' diz o mesmo que 'esta vara mede 1 pé'. Em ambas as proposições 'W' e 'pé' têm o mesmo significado?".[87] Os dois sistemas não indicam a mesma regra, a despeito da coincidência na unidade do padrão utilizado.

A expressão aritmética se retira, pois, das ações e vale como linguagem autônoma independente de vivências e atos de quem fala. Por isso ela aparece, em certos jogos de linguagem, como regra de apresentação (*Regel der Darstellung*), isolando-se do perigoso domínio das mensurações. Esse domínio da apresentação pressupõe uma concordância na aprovação do que está sendo dito. Todos devem concordar que as funções de um presidente da República devem ser estas ou aquelas, mas nem por isso estão

87. *Zettel*, 141, p. 317.

julgando como age um determinado presidente. Não é porque lidam com linguagens formais que os matemáticos pouco disputam entre si?[88]

Wittgenstein está, pois, tentando ligar uma expressão matemática a uma proposição vinculada à práxis humana. Antes de tudo, devemos lembrar sua advertência: "De modo algum a empiria, mas o realismo na filosofia, isto é o mais difícil".[89] A análise gramatical procura os diversos sentidos atuantes de uma frase e as regras que os determinam para que indiquem seus casos, isto é, para que a frase possa ser verdadeira. Mas uma regra reconhecida socialmente não se confunde com uma regra apenas imaginada, aceita sem se relacionar com seus casos. No entanto, há regras que valem por sua representação, que são meramente pensadas sem ser confrontadas com seus resultados práticos. E isso se torna viável porque uma proposição matemática, embora não seja experimental, traz consigo representações de uma multiplicidade possível de fatos configurada em regras. Daí "o duplo caráter da proposição matemática — como *lei* e como regra",[90] isto é, configuração de casos e montagem deles, embora essa configuração, como muitas vezes na teoria dos conjuntos, por exemplo, nos cause vertigens.

A propósito, evocamos uma nota de Wittgenstein sobre um lógico matemático que lhe foi muito próximo, influenciando particularmente seu discurso, mas de cuja lógica ele progressivamente se afastou. Estudando as diferenças entre o pensar e seus efeitos, Wittgenstein comenta uma afirmação de Frege a respeito daqueles "que, como nós, em vez de apreender (*einsehen*) imediatamente certas verdades, talvez dependam do caminho mais moroso da

---

88. *Bemerkungen über die Grundlagen der Mathematik*, 6, pp. 355 ss.
89. Ibid., 6, 23, p. 325.
90. Ibid., 6, 21, p. 235.

indução".[91] Mas o que me interessa, observa Wittgenstein, é essa imediata apreensão (*Einsicht*) ser uma verdade ou uma falsidade. E pergunta: qual é o comportamento característico dos homens que apreendem algo imediatamente — não importando qual o resultado prático desse apreender? Enfim, não importa nem a intuição imediata nem a indução que se faz a partir de casos intuídos. E prossegue: "A mim não interessa a apreensão imediata de uma verdade, mas o fenômeno (*Phänomenon*) do apreender imediato. Não (certamente) como um fenômeno (*Erscheinung*) psíquico particular, e sim como um fenômeno no agir dos homens".[92] Ao contrário de Frege, Wittgenstein não se debruça sobre os pensamentos considerando-os idealidades fora da ação: o que o interessa é como essa captura se encontra no seio dela e como se armam enquanto jogos de linguagem.

Uma proposição como "2 e 2 são 4" diz um fato matemático. Ora, para que isso aconteça como tal, torna-se preciso, por exemplo, que não se esteja se referindo à colheita de sacos de arroz, porque seria a expressão de uma ação da colheita. Para que ganhe autonomia deve-se atentar somente para a *ação* de contar isto ou aquilo, para o cômputo. Se dissermos "2 coisas mais 2 formam 4 coisas", esse fato resulta da aplicação da regra de somar coisas a coisas, mas a expressão matemática "$2 + 2 = 4$" mostra um caso da regra de contar, não uma situação de coisas. Quando pode ser falsa? Não quando estamos lidando com coisas que desaparecem ou se multiplicam muito rapidamente, mas quando alguém erra o cômputo. Os jogos de linguagem em que se inscrevem as fórmulas matemáticas dizem respeito a cálculos que se processam na geometria ou na álgebra etc. E, assim, parece que não tratam de ações humanas, revelando apenas estruturas tão só formais. Daí

91. *Bemerkungen über die Grundlagen der Mathematik*, 6, pp. 240-1.
92. Ibid., 6, p. 241.

que "somente reconhecemos a proposição matemática *enquanto* lhe viramos as costas".[93]

Que tipo de proposição é "Não podemos *errar* em 12 × 12 = 144"? Deve ser uma proposição da lógica — mas então ela seria igual a "12 × 12 = 144". É incorreto perguntar pela regra que deveríamos estar seguindo, pois não se trata de regra e caso, e sim do cálculo que aprendemos a fazer. "*Isto* é calcular." Note-se que quando repetimos um cálculo feito mentalmente, não estamos nos assegurando da existência do número buscado, mas apenas verificando se seguimos as regras corretamente. Trata-se de uma lógica que não nos é ensinada mediante o aprendizado de proposições, como acontece quando aprendemos francês ou inglês, mas de técnicas situadas onde a segurança (*Sicherheit*) é constituinte, e a dúvida só diz respeito ao cálculo, isto é, se foi bem ou malfeito.[94]

Durante séculos, filósofos procuraram princípios a partir dos quais todos os outros conhecimentos pudessem ser deduzidos mediante longas cadeias de razões. O problema foi invertido: é o próprio exercício da linguagem que está se assentando em situações inquestionáveis que, quando ditas, se assim o forem, o serão mediante proposições monopolares. Trata-se de uma espécie de pascalianismo invertido. O fragmento 282 dos *Pensamentos* nos diz: "Conhecemos a verdade não só pela razão, mas também pelo coração; é desta última maneira que conhecemos os princípios, e é em vão que o raciocínio, que deles não participa, tenta combatê-los". "Coração", aqui, diz respeito a uma luz natural segundo uma tradição que remonta a São Paulo.[95] Para Wittgenstein não se trata de raciocínios, mas do próprio encadeamento de palavras que buscam significado, segurança e certeza. E o "coração", em lugar de estar no princípio, está no fundo.

---

93. *Bemerkungen über die Grundlagen der Mathematik*, 6, p. 243.
94. Cf. *Über Gewissheit*, 44-55, Werkausgabe Band 8.
95. Cf. Gérard Lebrun, *Pascal*. São Paulo: Brasiliense, 1983, pp. 38-9.

Voltemos aos nossos problemas. Não há diferença essencial entre o cálculo escrito e o cálculo mental. Daí ser tão difícil "separar a relação interior da relação exterior — e a imagem do dizer antecipante (*Vorhersagen*).[96] O cálculo pensado e mudo é tão cálculo quanto o falante, mas a intervenção da memória matiza as certezas. E podemos então aceitar que não é possível ir muito além no cálculo apenas pensado. Algumas páginas adiante Wittgenstein escreve: "O problema filosófico é: como podemos dizer a verdade e *dar sossego a* esses fortes pré-juízos (*starken Vorurteile beruhigen*)?".[97] Mas para isso também é preciso sermos capazes de nos mover na quietude de nossos pensamentos, ou seja, como podemos vivenciá-los. Quando se passa da análise dos símbolos para o campo das ações, percebe-se que tais símbolos permitem evidências práticas entranhadas no fazer, sendo passíveis de ser remetidas a critérios, portanto juntando regras a vivências.

Todo conceito possui uma aura de indefinição na qual incide a diversidade dos usos e dos aspectos pelos quais o conceito é apreendido, e não há razão alguma para imaginar que toda essa diversidade do uso da *palavra* "número", por exemplo, não esteja ligada a usos e critérios. Um número racional pode ser usado praticamente e ser definido porque pode ser posto sob a forma de fração. Uma impossibilidade prática — a raiz quadrada de 2, por exemplo, que não pode ser posta sob a forma de fração — leva à criação dos números irracionais, que se juntam aos números racionais e são então definidos como números reais etc. Um obstáculo no cálculo cria um novo conceito, cujas indefinições fazem nascer outros conceitos e assim por diante.

Se o limite da empiria é a "formação de conceitos",[98] nem por isso, entretanto, o conceito claramente formado deixa de lançar

---

96. *Bemerkungen über die Grundlagen der Mathematik*, 6, 21, p. 235.
97. Ibid., 6, 34, p. 242.
98. Ibid., 6, 29, pp. 237 ss.

luz sobre o que está fora dele, em particular pressupondo essas zonas de certeza. Mas as palavras escapam de seus jogos de linguagem e migram para outros em formação. Não é o que acontece quando uma palavra como "cubo" sai de um discurso matemático para o discurso da arte, do cubismo, por exemplo, que não transforma todas as formas em cubos? Não é por isso que a linguagem é como uma caixa de ferramentas em que nenhuma delas desempenha papel fundamental?

VII

Estamos percebendo que os verbos *"meinen"* (querer dizer, dar sentido, dar significado), *"beabsichtigen"* (intencionar, ter a intenção) e *"erleben"* (vivenciar) não são conceitos do mesmo gênero. As vogais não estão para mim associadas a cores, mas "a" pode ser amarelo para alguns. Nem sempre se afirma que "amarelo" não está sendo aplicado em seu sentido primário quando se diz, por exemplo, que "o ladrão amarelou". A vogal "a", para alguns, é amarelo no sentido normal, o que mostra como esse sentido vem a ser aplicado segundo seus aspectos. Ao contrário do que acontece com as formulações matemáticas, em que formulação e conceito caminham basicamente juntos, o conceito de vivência está ligado a ver aspectos diferentes. Como isso se exerce? Nas duas frases "Vamos sentar nesse banco" e "Eu te encontro no banco", a palavra "banco" tem sentidos diferentes conforme o contexto do que foi dito. Distinguir o banco de sentar do banco instituição financeira, assim como outras palavras que mudam de sentido conforme o contexto, é uma necessidade para mantermos nosso modo de vida. No que consiste, porém, esse contexto?

Um conceito significa na medida em que se exerce num jogo de linguagem; sua indeterminação varia conforme variem os jogos. Para que se diga que a cor amarela se aplica a uma vogal é preciso que o agente aprenda um sistema de cores e saiba jogar com suas determinações e indeterminações. Em resumo, para empregar a mesma palavra com sentidos divergentes ele precisa aprender a vivê-la de maneira variada, e nesse caso o substrato da vivência é o domínio de uma técnica.[99]

Notemos agora uma peculiaridade do sentido de "intencionar" (*beabsichtigen*). A intenção que "acompanha" a ação não se confunde com o pensamento que "acompanha" a fala. Se dissermos *silenciosamente* "João", ambos pensamos nele. Em que situação a palavra é dita em silêncio e qual caminho ela deve percorrer para que o dizer silencioso de duas pessoas se concentre em "João"? A situação deve ser a mesma e as pessoas devem ter sido treinadas de modo semelhante etc. E proferem o nome como *germe* do que virá depois? A palavra deve, contudo, pertencer a uma linguagem e a um contexto para ser realmente o pensamento daqueles indivíduos. Sem esses intermediários não haveria passagem do significar ao pensar. Por isso Wittgenstein pode dizer que nem Deus olhando nossas almas poderia ver nelas de quem estávamos falando.[100] Na alma não estão presentes todos os laços que ligam a palavra ao pensamento, inclusive seus meios de apresentação e situações.

Não deixa de ser estranho esse íntimo vínculo entre o pensar e as exteriorizações da vida. Se uma exteriorização consiste basicamente na substituição de uma reação corporal por uma palavra, por uma expressão (*Ausdruck*), como ligá-la a um pensamento? É indispensável que essa exteriorização esteja ligada a um jogo de linguagem que delimite o campo de suas determinações e indeterminações. No entanto, é fácil escapar dessa zona mal circunscrita.

99. *PhPsy*, xi, 222, p. 219.
100. Ibid., 284, p. 288.

Digamos: "Uma criança recém-nascida não tem dentes", "Um ganso não tem dentes", "Uma rosa não tem dentes" — esta última frase, observa Wittgenstein, é evidentemente verdadeira. Mas os dentes precisam ter seus lugares pré-determinados. Poderíamos imaginar dentes no bico de um ganso se ele fosse devidamente serrilhado. Mas numa rosa? Só se algum energúmeno dissesse que a rosa foi estercada pelos excrementos da vaca que resultam de alimentos devidamente mastigados. Não se chega a um absurdo, pois desde o início está indeterminado onde estariam os dentes da rosa. Ele pode me dar essa explicação e assim pensar nela. Mas eu mesmo não sei o que pensar, embora entenda seu discurso. É de notar que um jogo de linguagem se liga a outros, sem contudo superar uma das fendas estruturantes da linguagem: "Posso saber (*wissen*) o que o outro pensa, mas não o que eu penso".[101] Mas no caso, se penso nos dentes da rosa, esse pensamento não se liga a um saber.

Não me parece tratar-se aqui dos meros limites dos verbos psicológicos, como vimos no exemplo da impossibilidade de saber se o outro está ou não a dissimular. Posso saber o que o outro pensa, por exemplo, quando ele me informa a esse respeito. Falo nos dentes da rosa, mas não posso pensar a rosa com dentes, pois, do contrário, estaria cometendo o erro filosófico de exprimir algo independente do jogo de linguagem que lhe dá sentido. Se posso dizer verdadeiramente "Sei o que pensas" e não "Sei o que penso", todo o falatório sobre a consciência de si cai por terra. E Wittgenstein anota lapidarmente: "Uma nuvem inteira de filosofia se condensa numa gotinha de gramática".[102] No entanto, um verso pode brilhar se o poeta disser: "uma rosa denteada".

---

101. *PhPsy*, xi, 315, p. 233; *PhU*, p. 565.
102. Ibid.

Não é essa expansão da determinação existencial do pensar que permitiu a Heidegger entendê-lo antes de mais nada como *poiêsis*? Se o pensamento originalmente pensa o ser, a mera evocação tonalizada do ente sendo pode criar um pensamento, como mostra o lindo e conhecido verso de Gertrude Stein: "Uma rosa é uma rosa é uma rosa". No entanto, se essa tautologia para Heidegger nos apresenta o ser da rosa, para Wittgenstein ela chega aos limites da linguagem, sugerindo experiências não linguísticas.

Falar e pensar se cruzam de várias maneiras. Vejamos outro exemplo que vai em direção diferente: "Pensar é falar (*reden*) sob determinadas circunstâncias e outras que lhes correspondem".[103] Ao pensar que a casa caiu, não posso duvidar de que estou pensando que a casa caiu, portanto a expressão "Sei que penso que a casa caiu" equivale a "Penso que a casa caiu"; o "eu sei" nada diz de fato. Em contrapartida, ao ajustar peças de um aparelho, estou sempre verificando se o ajuste é correto ou incorreto para tomar as decisões cabíveis no momento. Assim, estou pensando silenciosamente. Muitos filósofos, em vez de examinar o modo pelo qual esse pensar está sendo dito no seu contexto ativo, ligam-se ao *que* esse pensar está visando, muitas vezes numa imagem fixada e, pairando nessa generalidade abstrata, podem então afirmar que "Sei o que penso" vindo a ser considerado um juízo a priori, puro momento em que a consciência encontra um saber auto-fundante, terreno firme no qual viessem assentar-se todas as outras formas de saber. Essa reflexão fundadora se baseia no engano de se atribuir à palavra "sei" um sentido que dispensa todo critério exterior de verificação fora de qualquer contexto. No entanto, "Sei o que penso" pode vir a ser um juízo a posteriori quando for inse-

103. *Bemerkungen über die Philosophie der Psychologie*, i, 836, pp. 154-5, *Schriften*, 7.

rido num jogo de linguagem muito particular. Suponhamos que, numa aula sobre Descartes, um estudante conteste a maneira pela qual estou ligando a expressão do *Cogito* à minha existência. Posso responder-lhe: "Ora, moço, sei o que penso". A palavra "sei" ganhou o sentido de um saber, suponhamos, apoiado em meus anos de trabalho ou em minha prepotência. Apelo para o contexto sem enfrentar a verdadeira questão.

Se a linguagem está sempre procurando critérios exteriores para se completar, nem por isso as palavras não precisam ser vividas. Basta lembrar que uma palavra dita automaticamente perde o sentido. Mas isso não significa que temos acesso direto ao meu interior. O que me leva ao interior é a própria incerteza do que se passa no outro, havendo sempre a possibilidade de dissimulação, como já dissemos, e de esvaziamento de sentido, por exemplo do verbo "saber", quando digo em condições normais: "Sei que tenho dor", que equivale a dizer: "Tenho dor". "Não é a relação do interior com o exterior que explica a insegurança (*Unsicherheit*) da evidência, mas, ao contrário, essa relação é apenas uma apresentação pictórica de tal insegurança."[104] Antes de tudo, pois, importa a insegurança de certas evidências psicológicas. Vivemos no mundo com mais ou menos vida interior, mas apresentando, como horizonte prático determinante, nossa linguagem.

Daí a originalidade de Wittgenstein quando atribui a cada um de nós uma alma. Dizemos comumente que cada um tem consciência, mas vale a pena não perder de vista o outro lado: "Ver um homem vivo como autômato é análogo a ver uma figura como caso-limite ou variação de outra, por exemplo uma armação em cruz da vidraça como uma suástica".[105]

104. *Inn/Äuss*, ms 171, p. 93; trad. mod., p. 333.
105. *PhU*, 420, p. 133.

VIII

Como já vimos, ao apelar para fatos muito gerais da natureza conformando certos arcabouços de nossa linguagem, isso não quer dizer que a análise gramatical passe a depender de fatos empíricos. A análise não é empírica nem genética. Porque o sentido das palavras reside no uso, cabe notar que muitas vezes esse uso se articula a partir de elementos que se mostram na fronteira da própria linguagem, situações muito simples em que o significado se determina quando brota e inicia contatos com outras determinações. Certos conceitos passam então a se alinhar a fatos muito gerais da natureza, que desenham os pilares de nossas crenças e nossas formas de vida.[106] A lógica, porém, não é um saber empírico nem genético, e as referências a fatos primitivos que se realizam fora da linguagem servem apenas para indicar como a linguagem esbarra em seus próprios limites. Esses limites, contudo, são dela mesma.

Uma palavra solta, tal como aparece nos dicionários, como "mesa" ou "azul", ao mudar de aspecto se apoia numa imagem de mesa ou de azul que permita ser vista como possuindo significados variantes. Exemplo: "A mesa d'água dessa piscina é muito luminosa". Em contrapartida, às vezes temos uma palavra na ponta da língua sem poder afigurá-la. Wittgenstein lembra que William James considerava esse fenômeno uma extraordinária vivência, a de uma presença ausente.[107] Mas seria ela, de fato, propriamente uma vivência? E de que tipo? A frase "Tenho na ponta da língua" se assemelha a "Agora sei continuar", no exemplo dos números pares citados acima. Indica comportamentos especiais e várias vivências características; isto é, o estar na ponta da língua se conec-

---

106. *Fragment* xi, 3345, p. 238.
107. *PhPsy, Fragment* ix, p. 299.

374

ta a uma trama de intenções e comportamentos que marcam a intencionalidade do discurso. E uma palavra que nunca saísse da ponta da língua não pertenceria a uma linguagem.

Soltas no discurso ou entre jogos, dadas às variações inerentes de significado, as palavras se dão como espécies de imagens representando algo. Este não é um dos pontos em que o *Tractatus* se apoia para formular sua teoria figurativa da linguagem? Não é por isso que aceita a existência de objetos simples? Ter a palavra na ponta da língua e poder encontrá-la leva-nos a examinar certa "*vivência germinal,* uma representação, sensação, que depois, pouco a pouco, se *desenvolve* até a completa explicitação. E poderíamos dizer que se trata de um germe *lógico,* algo que tinha de crescer assim com uma necessidade *lógica*".[108] Observe-se que essa necessidade deve sempre ser interpretada do ponto de vista gramatical, que vai trazendo à tona o jogo de suas determinações e indeterminações.

O desprezo desses movimentos das palavras no seu uso é responsável por transformar a análise gramatical numa combinatória. Não é o que acontece com o silogismo? 'Todos os homens são mortais, Sócrates é homem, então Sócrates é mortal': cada uma das proposições é falada fora do contexto intencional em que se processa, e não fica claro como e sob que condições elas devem ser aplicadas."[109] Para além das limitações instaladas pelo jogo de linguagem, o silogismo somente é científico se for da primeira figura e o termo médio pertencer ao mesmo gênero que os extremos.[110] Não se duvida da importância da silogística elabora-

---

108. *Bemerkungen über die Philosophie der Psychologie*, 7, iii, 843, pp. 458 ss.; trad., p. 212.
109. Ibid., 835, pp. 456-7; trad., p. 211.
110. Cf. Aristóteles, *Segundos analíticos*, i, 9, 76a 8; 6, 75a 35 ss.; cf. ainda Pierre Aubenque, *Le Problème de l'être chez Aristote*, p. 216.

da por Aristóteles, que abre janela para a invenção e o estudo dos sistemas formais, cujas aplicações extraordinárias hoje conhecemos em abundância. O que não cabe é tomá-la como se estivesse regulando o discurso conclusivo e nos desse a chave para penetrar no obscuro universo das relações da linguagem e do pensar o real. Para isso convém voltar-se para o funcionamento da língua cotidiana, atentando para suas determinações associadas a suas indeterminações, como se situam em seus respectivos espaços intencionais, tanto visando o funcionamento do verbo "ver" como se reportando aos modos de apresentação de cada jogo.

As três sentenças do silogismo, ao contrário, valem apenas como se os nomes fossem variáveis: "Todos os h são m, s é h, então s é m". As sentenças teriam seus sentidos *formalmente* determinados pelos quantificadores, mas sem jogo. Em contrapartida, os sentidos se completam, por exemplo, quando elas passam a ser proferidas num drama teatral, em que as circunstâncias são controladas em vista do texto sendo dito. No drama, todos os meios e modos de apresentação do falar cotidiano foram modificados. Sob esse aspecto, as formalizações cortam e separam as palavras de seus contextos, criando linguagens formais que ampliam o horizonte do real e, partindo de alguns dados, constroem mundos que foram, são e poderão ser. Mas não capturam os matizes de uma conversa, as passagens de um romance, a tremulação de um poema. A formalização deixa de lado a vagueza com que cada palavra encontra seu significado no decorrer do discurso. Androides poderão ser construídos, mas somente sonharão com carneiros ou serão amados quando um raio de incerteza cortar suas vidas. No entanto, nessas condições, a alma não vem a ser sobretudo um conceito lógico, isto é, gramatical?

Se, como acompanhamos antes, uma exteriorização (*Äusserung*) funciona como uma espécie de germe lógico, algo que, no desdobramento da linguagem, haveria de crescer como necessidade lógica, convém voltar a ela para dar mais um passo na compreensão do conceito de alma. Vimos que a criança, que ainda não aprendeu a falar e a dissimular, grita de dor e, no convívio da família, aprende a utilizar a palavra "dói". No entanto, esse comportamento não se esgota em si mesmo, ele exterioriza a situação da pessoa que fala. Nem por isso, porém, a palavra passa a apresentar o conteúdo dessa sensação. Pelo contrário: "a expressão verbal da dor substitui o gritar, mas não o descreve".[111] Explicitando: "Um grito não é uma descrição. Mas há transições. E as palavras 'tenho medo' podem estar mais próximas ou mais afastadas de um grito".[112] Isso vai depender da ênfase com que se pronuncia a frase e de seu contexto. Essa variação chega a um de seus limites quando o grito pode até ser usado descritivamente, não da situação, mas do interior do agente: "O problema é então o seguinte: o grito, que não podemos denominar uma descrição, que é mais primitivo que qualquer descrição, serve, todavia, como uma descrição do estado de alma".[113] Isso em particular, porque se alguém grita diante de mim, não o considero um autômato. "Minha atitude para com ele é uma atitude para com a alma. Não sou da *opinião* de que ele tenha uma alma."[114] Não me importa o que seja essa alma, se é mortal ou imortal e assim por diante; apenas que ela, a despeito de seu lado vivencial derrapante, possua funções determinantes do correto e do incorreto: "alma" designa um conceito lógico, gramatical, função de unidade que visa tanto exteriorizações e expressões como aquele viés que joga o dizer para o fluxo das vivências pessoais: "'Anímico' não é para mim um epí-

111. *PhU*, 244, p. 95.
112. *Fragment* ix, 83, p. 198.
113. Ibid., 82, p. 198.
114. *Fragment* ii, iv, 22, p. 187.

teto metafísico, mas lógico",[115] vale dizer, gramatical. E por isso mesmo está afastada de saída a possibilidade de partir de uma descrição do próprio sujeito para entender essa subjetividade. O maior perigo é tentar partir de uma descrição de si mesmo, pois tal descrição já é um emaranhado de jogos de linguagem. Cabe selecionar aqueles dentre eles que vão nos apresentar, descrever e fazer sentir as peculiaridades do anímico.

Operando no cruzamento do interior e do exterior, a exteriorização se situa no relacionamento entre pessoas, mas podendo se enviesar para o lado do próprio *falante*. "Tenho uma atitude para com minhas palavras que é completamente diferente da dos outros. [...] Não as escuto e aprendo delas algo a meu respeito."[116] Afastando-se dos ideais propostos pela lógica aristotélica, que projeta o ato de fala numa combinatória de expressões esvaziadas de seus conteúdos circunstanciais e vivenciais, Wittgenstein é então levado a examinar várias direções do dizer.

Tocamos num dos pontos nevrálgicos da questão: seja qual for a formação de um termo ou de um verbo psicológico, ao ser usado como grito, como exteriorização, ele passa a exprimir um momento pessoal sem que a unidade da pessoa seja questionada, embora não seja totalmente delineada. Por isso seu sentido não se desenha por inteiro quando o verbo vem a ser submetido a uma descrição fenomenológica. Os sentidos dos verbos psicológicos se mostram no seu uso cotidiano e coletivo, de modo comunicativo num momento, expressivo noutro, e assim por diante, marcados pela diferença entre seus usos na primeira e na terceira pessoa. No entanto, para preparar suas ligações com a alma, é preciso considerar outros pormenores e voltar ao início.

115. *Inn/Äuss*, 16, p. 87; cf. ms 169, p. 21. A indicação do número do manuscrito e do parágrafo permitem comparação com a tradução citada acima, publicada pela Fundação Calouste Gulbenkian, p. 327; cf. ainda *PhU*, ii, 501.
116. *Inn/Äuss*, ms 169, p. 21; trad., p. 259.

IX

Não deixa de ser difícil dar sentido a essa exteriorização linguística substituinte e compreender seu alcance. Suas fórmulas simples são compreensíveis: substituem um comportamento corporal simples por uma palavra; mas seria válido afirmar que uma expressão complexa como "Eu creio que você está me perturbando" ainda seja uma "*Äusserung*"?

Nossos comportamentos são voluntários ou involuntários; são diferentes as conclusões que podemos tirar de cada um deles conforme privilegiemos este ou aquele lado. Embora eu não *saiba* se tal dado movimento vem a ser involuntário, esse seu caráter se manifesta em sua *exteriorização*; "Como sei que este movimento foi voluntário? — Não o sei, eu o exteriorizo".[117] A vontade não é uma espécie de marcador de direção para o sim ou para o não. Cabe apontar para essa marca ligada à vontade no ato de falar que aparece espontaneamente.

A análise da linguagem captura a exteriorização da dor e a situa na chave interior/ exterior, em que a unidade da alma é lógica, sem ser *lógos*, na medida em que cada um abre um vazio regulador de sua fala, já que se move no tapete da vida. Expressões mais longas podem então funcionar como exteriorizações, desde que sejam ditas involuntariamente. Isso, porém, não basta.

O behaviorista, como outros psicólogos, examina os processos psíquicos unicamente como fenômenos naturais, deixando de perceber que nas *exteriorizações* (*Äusserungen*) o comportamento é o de uma pessoa que lhe empresta um viés próprio, que permite a ela até mesmo dissimular. Ela pode sentir dor sem dizer nada. Mas nem por isso a expressão necessariamente se reflexiona e passa a indicar um sujeito delineado. Se eu disser "Sinto dores",

---

117. *Zettel*, 600, p. 407.

não chamo atenção para minha pessoa já individualizada e identificada, mas tão só para "mim", que não está ali como coisa. "Eu" e "pessoa" não se equivalem. As pessoas que numa sala podem sentir dores serão identificadas por diferentes critérios: aquela que está quieta no canto, aquela outra que apalpa o próprio dedo e assim por diante. Mas se quero confortar uma delas, não me refiro à cabeça ou ao dedo, apenas a ela mesma.

Não há um critério único que identifique a referência da palavra "eu", tão logo ela deixe de estar sobretudo ligada à sequência dos pronomes pessoais. "Eu" não se refere à "pessoa que agora está falando", pois é possível dizer "o professor agora está falando", sem que aqui se possa substituir "eu" por "pessoa" *salva veritate*. Em compensação, quem sofre de amnésia pode empregar corretamente a palavra "eu", sem saber quem é, embora reconheça que esteja falando de si mesmo. Não tenho dúvida ao dizer "Eu me chamo J. A.", mas esse nome identifica minha pessoa graças aos critérios exteriores empregados para que eu possa ser nomeado como indivíduo conhecido por outros. Desse modo, eu mesmo logro nele me reconhecer como pessoa. Mas a palavra "eu" não encontra critérios semelhantes.

Como entender a exteriorização, se ela não for aquela de um eu cuja identidade está assegurada? Será de uma pessoa? Mas "pessoa" nomeia tanto minha pessoa como qualquer falante e pensante. Cabe então mostrar que se desenha *primordialmente* num contexto em que predomina um espelhamento entre o interior e o exterior, articulando um feixe de comportamentos e de silêncios próprio dos falantes. Mas para chegar a esse resultado precisaremos passar em revista vários conceitos assemelhados, vagar por um labirinto até encontrar sua saída.

Naquele plano, já citado, para o tratamento dos conceitos psicológicos, publicado nas *Fichas* (*Zettel*), Wittgenstein estrategicamente estreita a investigação para que ela se atenha a um estado da língua no qual ainda não comparece o conceito geral de sensação, embora ele já comporte palavras como "ver", "ouvir", "provar". Isto é, não existe nem mesmo um conceito geral para todos esses fenômenos. Wittgenstein repete o movimento que o leva dos conceitos gerais para o campo dos jogos de linguagem mais primitivos. Ora, as exteriorizações são, em princípio, expressões ligadas *diretamente e de imediato* a uma ação. No entanto a palavra "dói", pronunciada *por um ator* em cena, como comportamento exterioriza uma informação, um sentimento etc., mas da personagem, não do comediante. E exprime essa dor num contexto determinado pela peça. Por isso vem a ser no palco que os sentidos das palavras têm as suas determinações mais completas: a atmosfera intencional foi deslocada da situação cotidiana, valendo apenas aqueles traços em que o texto está sendo dito. Lembremos ainda, em contrapartida, que uma construção linguística comunicativa muitas vezes pode ser utilizada como exclamação. A frase "Que vergonha" pode dar uma informação sobre meu estado de espírito, mas se eu a gritar diante de uma situação escabrosa, será uma exteriorização direta visando um estado de coisa.

Vejamos ainda uma peculiaridade da referência da palavra "dói" dita em condições normais. Se o referido é um sentimento *interior* enquanto caso do verbo doer, essa regra deve ter sua identidade definida por um critério *exterior*.[118] O falante emprega a palavra "dói" usando a língua portuguesa que aprendeu. Mesmo querendo inventar uma linguagem privada para dizer o que sente, terminaria por recorrer a um repertório que domina, como tantos outros. A utilização privada de um signo depende da memória e de uma vontade não fenomênica, e ambos não asseguram a mesmidade do que foi pensado antes e está sendo pensado agora. Seguir uma regra é uma técnica, mas esta se aprende em

118. *PhU*, 580, p. 161.

geral, também, conforme se ajuíza adequadamente, separando o agir adequado do agir inadequado. Convém sempre lembrar que "não se aprende uma técnica: aprendem-se juízos corretos".[119] Juízo no sentido amplo, de desenhar casos para um sistema de regras que está sendo aprendido por uma pessoa totalmente envolvida e situada numa situação lógica dizível, quando o for, por expressões monopolares e valendo para muitos. Essa estreita vinculação do exercício da bipolaridade a uma base que, quando dita, o é por proposições monopolares, cria uma zona de indefinição para o exercício da regra que nenhuma lógica formal pode apreender. Uma técnica incorporada *ecoa* uma dimensão pensante, vivencial, que lhe dá vida e joga a expressão para o lado do existente. Mas qual é o sentido desse "ecoa"? Além do mais, toda correção, toda concordância entre as palavras e as coisas depende do recurso a um critério, que nunca pode ser unicamente subjetivo. E não cabe confundir critério com causa. Convém examinar, então, com mais cuidado, esse jogo de espelho entre o exterior comum e o interior individualizado.

Ao dizer "dói", palavra da língua portuguesa, estou *exteriorizando minha* sensação, atuo como pessoa, mas com isso não determino que o referido seja um objeto. Se a psicologia assim o vê, já que trabalha no nível das posições das ciências — ela se refere à dor como fenômeno —, nem por isso, todavia, esse seu estatuto de objeto estará definido. A análise lógica, isto é, gramatical, examina a palavra "dor" no seu uso linguístico cotidiano, nas situações mais simples, reportando-se a um comportamento de alguém que diz "dói" ou expressões semelhantes. Por isso começa privilegiando os verbos que exprimem as vivências mais simples.

A psicologia considera "dói" como expressão da dor, fenômeno revelando uma maneira de o homem sentir; a lógica, em

119. *Fragment* xi, 355, p. 239.

contrapartida, se ocupa dessa palavra no seu uso, com o intuito de compreender um tipo peculiar de uso regulado da linguagem no qual certas palavras ganham funções em grande parte expressivas, exteriorizando vivências que não se dão para o falante tal como se apresentam para os outros. A dificuldade reside em encontrar o critério da identidade tanto dessas sensações como da pessoa falante. Mas para isso cabe não tomar o conceito de vivência possuindo o mesmo tipo de ambiguidade daqueles de sensação ou de pensamento. E estamos dando ênfase a essas ambiguidades e indeterminações para marcar como os conceitos nos seus usos peculiares estão ligados a seus modos de apresentação, isto é, como se situam na vida cotidiana.

Como outros conceitos semelhantes, este tem funções particulares em nossa existência: "A dor tem *esta* posição na nossa vida, tem *estas* conexões. (Quer dizer: apenas chamamos 'dor' o que tem *esta* posição, *estas* conexões)".[120] A expressão de dor, como é dito logo a seguir, só existe "no meio de determinações normais da vida", na maneira pela qual ela abre um lugar onde — também no contraste da dor com outros sentimentos — convivemos com *exteriorizações* que se manifestam em sutis diferenças de comportamento. Conforme veremos, uma variação constituinte de modos de vivenciar se deixa *exprimir* por diferentes formas de falar alinhavadas por diferenças gramaticais modificando suas expressões. E assim se arma um jogo entre a exteriorização (*Äusserung*) e a expressão (*Ausdruck*) de uma vivência, cujos caminhos haveremos logo de estudar.

---

120. *Zettel*, 533, p. 395.

8. A indeterminação lógica
do outro

I

Antes de examinar essa indeterminação do outro, cabe apro-fundar o que Wittgenstein entende por determinação lógica e epis-temológica. Já sabemos que ele entende por lógica a descrição de jogos de linguagem, de sorte que uma proposição só pode ser com-preendida desse ponto de vista se for examinada no contexto de tais jogos. Isso afeta, é claro, toda expressão que afirme a existência de um objeto físico. No jogo de linguagem nº 2 das *Investigações*, o pedreiro não poderá dizer "Isto é um tijolo"; ele aprendeu a distin-guir o tijolo de outros materiais, está seguro (*sicher*), mas não tem o saber (*wissen*) de que a frase é verdadeira e de que aquilo é um tijolo. A questão vem a ser minuciosamente estudada no texto so-bre a certeza, *Über Gewissheit*, quando Wittgenstein examina as teses de G. E. Moore a respeito da proposição "Esta é minha mão". A crítica é muito simples: a apresentação da mão depende do tipo de jogo de linguagem em que isso se dá e de seus meios de apresen-tação no sentido mais amplo, articulados numa *Weltbild*.

A nós importa compreender essa crítica: a palavra "ser" só pode ser entendida num jogo de linguagem ou no seu contexto. Primeiramente cabe notar que sentenças empíricas podem apresentar a certeza de uma expressão aritmética: "Todo jogo de linguagem se baseia em que palavras e objetos possam ser reconhecidos. Aprendemos com a mesma inexorabilidade que isto é uma cadeira e que $2 + 2 = 4$".[1] Se, ao sentar diante de meu computador, eu perguntar: "Isto é uma cadeira?", não exprimo uma dúvida, pois menciono a cadeira a toda hora. Tendo aprendido certos jogos de linguagem, não só estamos seguros (*sicher*) como também certos (*gewiss*) quanto ao modo de exercê-los e ao que é necessário para seu exercício, ainda que não saibamos seu nome. Aprendemos a escrever as formas básicas das letras e somente depois podemos variar a caligrafia, ou seja, a estabilidade das coisas como normas, para em seguida aprender suas variações. Minha cadeira, contudo, funciona como se fosse nome de meu sentar. Agimos então quase como um animal que tem motivos para variar o comportamento, sem levar em conta os fundamentos: a linguagem está mais próxima de nossos instintos do que de nosso modo de raciocinar (*Raisonnement*).[2] A segurança (*Sicherheit*) pode ser subjetiva ou objetiva, e se distingue da certeza (*Gewissheit*) mesmo quando se apoia numa *exteriorização* pessoal aceita e pensada normalmente pelo grupo, valendo como um saber tácito: "'Estou certo (*weiss*)' só tem sentido quando alguém a exterioriza. Mas então é indiferente se a exteriorização é 'Estou certo...' ou 'Isto é...'?[3] Naturalmente, podem surgir questões sobre a existência. "Existem livros na casa da praia?", "O unicórnio existe (*es gibt*)?" etc. No entanto, tais questões só podem ser levantadas se o exer-

---

1. *Über Gewissheit*, p. 455.
2. Ibid., p. 475.
3. Ibid., p. 588.

cício correto de certos jogos de linguagem não produzir o efeito esperado. Não é como se, num estádio repleto, um jogador de futebol chutasse para o gol e, de repente, desaparecessem as traves e o próprio goleiro? Ou a fermentação da uva resultasse em água pura? A questão da existência e da não-existência surge de uma falha no funcionamento de uma parte da linguagem, embora não se resolva apenas encontrando novas articulações para ela. Não é porque uma segurança (*Sicherheit*) se torna objetiva que ela se converte num saber (*wissen*) ligado à certeza (*Gewissheit*). A passagem requer pensamentos, expectativas de comportamentos, de modos de existir na natureza etc., e pode terminar em conhecimentos (*Erkenntnisse*). Isso já não basta para marcar a impropriedade da questão do ser? "Por que o ente e não o nada?" pressupõe que todos os jogos de linguagem possam ser suspensos de uma só vez, *uma epochê* total. A metafísica aristotélica seria possível sem um Deus que só pensa a si mesmo?

II

Considerar a linguagem um tecido de jogos de linguagem obriga a refletir sobre posições e papéis que cada um de nós, ao falar, ocupa e cumpre numa forma de vida (*Lebensform*); em particular, considerar o viés que nos confere uma posição diversificada quando empregamos verbos expressivos. Como já vimos, quem usa um desses verbos pode duvidar que outros tenham certas vivências de que eles próprios não podem duvidar. Nunca se pode estar inteiramente seguro de que o outro não está dissimulando. O dizer "Sei que tenho dor" geralmente equivale a dizer "Tenho dor", pois o verbo "saber" nada acrescenta ao que estou dizendo e disso não duvido. Mas se eu disser "Ele tem dor", somente em casos muito especiais estou absolutamente seguro de que isso está acontecendo. Nem sempre posso, todavia, aceitar como certa a proposição "Tenho dor" enunciada por outro, pois está sempre no horizonte a possibilidade de ele estar dissimulando. Essas são virtualidades inscritas na própria linguagem, pois a dissimulação não está *presente* nele como um sentimento, mas sim como um jogo.[4] Ou ainda: "O fingimento e o seu contrário só podem existir num complicado *jogo de expressão*. Tal como um movimento errado ou correto que apenas existe *num jogo*".[5]

À diversidade dos jogos de linguagem correspondem diversos tipos de critério que marcam o certo, o errado e o indubitável. Certeza é um conceito diversificado que caminha em várias direções. Uma se inclina para o lado subjetivo, outras para o lado objetivo,[6] o tipo de segurança dependendo do tipo de jogo de linguagem em uso. No entanto, se examinamos esses jogos de linguagem como se estivéssemos observando quadros num museu, perdemos os matizes de sua liga com seus atos. Posso predizer minha ação; digo: "Às 17 horas irei para casa", predição que pode ser falsa, se meu chefe já decidiu que devo trabalhar até as 18 horas. Predigo falsamente o que o outro sabe realmente que acontecerá: "Dois pontos, contudo, são importantes: primeiro, que o outro, em muitos casos, não pode predizer minhas ações, enquanto eu as prevejo em minha intenção. Segundo, que minha predição (na expressão de minha intenção) não se baseia no mesmo fundamento de sua predição de minha ação, e as construções a tirar dessa predição são inteiramente diferentes".[7] Note-se a que ponto já estamos longe da lógica aristotélica.

Em que sentido "estar seguro" (*sicher*) e saber (*wissen*) se entrelaçam? Logo no início de seu livro sobre *A certeza*, o próprio

---

4. *Letzte Schriften...*, MS 169, p. 47; trad. port., 226, p. 286.
5. Ibid., III, 946, p. 473; trad., p. 235.
6. Ibid., 951, p. 473; trad., p. 236.
7. *Philosophy of Psychology: A Fragment* XI, 329, p. 235.

autor esclarece: "A diferença entre o conceito de '*saber*' e o conceito de '*estar seguro*' não é de grande importância, a não ser quando '*Eu sei*' (*weiss*) deve dizer: não *posso* errar. Num tribunal, por exemplo, em cada testemunho poderia ser dito, em vez de 'Eu sei', 'Eu estou seguro'. Sim, seria possível pensar que o 'Eu sei', ali, seria proibido".[8] A diferença não só está inscrita nos sentidos dos dois verbos, como em certas situações em que são usados. Ora, essa impossibilidade de errar não é um estado mental, uma convicção que se fortalece, mas uma situação objetiva em que o discurso se desenvolve.

Essa pequena diferença de sentido nos leva a reconsiderar a concepção wittgensteiniana da verdade. Logo percebemos que ela vai sendo tecida coletivamente pelo entrelaçamento de juízos práticos; estes, conforme o caso e a situação, armam a constância dos dados conforme certas situações ritualizadas em que nem todas as formas de dizer são aceitas e assim por diante. Compreende-se por que descarta toda intuição como "fundamento" da verdade; recorrer a isso não passa de escapatória desnecessária;[9] muito distante, pois, daquele conteúdo capaz de preencher a intencionalidade da consciência ou da frase. E estamos muito longe também da intuição categorial husserliana que tanto interessou a Heidegger. Wittgenstein considera que um acordo de juízos travado pelos homens há de *decidir* o que vem a ser verdadeiro ou falso, quebrando assim a bipolaridade formal da proposição. Acordo que se tece, porém, num processo complexo de julgar e decidir, dependendo de usos particulares da linguagem e do aprendizado de técnicas coletivas, reafirmando por conseguinte uma determinada coletividade humana. E, assim, retomando no pormenor

8. *Über Gewissheit*, p. 8.
9. *PhU*, 213, p. 90.

aquele processo apoiado num campo que, ao ser dito, o é de modo monopolar, apresentando uma forma de vida.[10]

A despeito das tênues indeterminações que marcam a diferença entre o sentido (*Sinn*) de uma frase e o significado (*Bedeutung*) de suas palavras, nem por isso essa diferença deixa de desempenhar um papel crucial no exercício da linguagem. A palavra solta, à procura de um jogo de linguagem, somente conforma sua referência junto a práticas e vivências que passam a rodeá-la e *assegurá-la*. Como foi dito antes, a mesma palavra, repetida automaticamente, perde seu significado. Lembremos que se um jovem não distingue "ora", do verbo "orar", do substantivo "hora", e ainda os confunde com a disjunção "ora", não poderá fazer seus trabalhos escolares. Esses exemplos mostram que as palavras significantes vividas nas frases buscam unidades projetadas: é primitivo o conceito de "significado" (*Bedeutung*); a ele pertence a forma "A palavra significa isto", mas logo o conceito se estende e aparecem dificuldades[11] — e nem sempre isto é algo.

Claro, nossa própria natureza falante serve de base para distinguir o que é caprichoso ou não nas frases e nos modos de dizer. E como conceito primitivo, o significado está inicialmente ligado à explicitação: "A palavra significa (*bedeutet*) isto".[12] Ou seja, um mostrar para..., sem que esse isto deva ser dado por uma evidência ou pela apresentação de um ente. Esse mostrar, necessariamente ligado ao sentido de outras palavras, não é sempre um mostrar disso determinado, mas pode se mover em diversas direções para o exterior e, sendo vivenciado, para o interior. Como veremos, essa variação de aspecto se encontra muito próxima do conceito de representar (*vorstellen*), criar voluntariamente ima-

10. *PhU*, 241, p. 94.
11. *Letzte Schriften...*, iii, 326, p. 395; trad., p. 118.
12. Ibid., 332, p. 396; trad., p. 118.

gens. Dar sentido e representar estão ligados por semelhança de família. Visto que podemos considerar a linguagem de diversos pontos de vista — expressivo, descritivo, interrogativo, imagético, poético e assim por diante — sem que um seja dominante, esses pontos se espelham no respectivo conceito de "significado".[13] Não é à toa que as palavras somente têm o seu significado no fluxo da vida.[14] É nela que a gramática consegue desenhar as objetualidades referidas, inclusive aquela dos sujeitos falantes. Por isso mesmo, além de depender do movimento exteriorizante de cada um conforme participe desse fluxo — busca de critérios objetivos para seu dizer, por conseguinte aprendizado de técnicas articulando juízos coletivos —, ainda depende dos processos de singularização de cada falante, desde logo porque vivencia suas falas. Se o autômato pronuncia palavras mortas, o ator as fala no seu sentido mais preciso, na medida em que as isola de seus meios de apresentação e reduz, por isso mesmo, suas ambiguidades inerentes quando o que é dito está imerso no fluxo de vida. Nessa ambiguidade nos debruçamos para o exterior, em busca de critérios objetivos. Se vivemos no mundo, também aprendemos a lidar com a indeterminação do outro. A fala é um comportamento entre outros, entretanto o mais sofisticado e por isso vai além do agir simples, cada um de nós marcando sua singularidade ao viver o que falamos, incorporando-se num coletivo e sendo incorporado por ele. Por certo, quando filosofamos, gostaríamos de projetar tudo no interior, pois assim escaparíamos da dificuldade de descrever o campo da frase.[15] Não é o que fizeram os filósofos que tomaram o eu ou a consciência como ponto inicial? Em contrapartida, se todos os atos de fala ficassem dependurados em es-

13. *Letzte Schriften...*, iii, 816, p. 454; trad., p. 207.
14. Ibid., 913, p. 468; trad., p. 228.
15. *Inn/Äuss*, em *Letzte Schriften...*, ms 174, pp. 110-1; trad., pp. 352-3.

truturas meramente objetivas, como postula a lógica formal, não entenderíamos como as frases germinam e criam seus campos de inteligibilidade.

Voltemos ao exemplo do jogo de tênis sem bola. Esse jogo seria semelhante ao tênis, mas muitíssimo diferente, pois os critérios do acerto e do erro seriam outros, na medida em que dependeriam do olhar e das experiências do juiz e da aceitação dos jogadores.[16] Wittgenstein ainda observa como esse jogo se diferencia do falar na representação (*Vorstellung*), na imagem representacional (*Vorstellungsbild*), pois nesta está implícito que aquilo que se disse em silêncio pode ser comunicado depois. O tênis sem bola também possuiria critérios objetivos, aceitos pelos jogadores e pelo público, mas seriam critérios muito fluidos, pois o árbitro goza de liberdade decisória inédita. Esse jogo produz outra teia de juízos, por conseguinte outra espécie de segurança e certeza. Mesmo assim continuaria sendo um jogo, a despeito de suas regras nebulosas dependendo de imprevisíveis, sutis e *importantes* silhuetas do comportamento.[17] Por isso mesmo, está muito distante das estruturas formais marcadas por regras impessoais, que lembram idealizações falsas, como talvez sejam as ideias platônicas.[18]

O jogo de tênis sem bola não é o oposto da situação de um tribunal? No primeiro, o árbitro decide conforme regras que muitos conhecem, mas cujo caso só ele domina sem a menor possibilidade de ser questionado; isso não acontece no tribunal, pois a sentença será confirmada ou suspensa pelas instâncias superiores. A afirmação de uma testemunha, porém, figurando nos autos, pressupõe que essa testemunha esteja *certa* (*sicher*), embora seu testemunho possa ser uma mentira e contrastar com outros testemunhos.

16. *Letzte Schriften...*, iii, 854, p. 460; trad., p. 216.
17. Cf. *Inn/Äuss*, ms 173, p. 90; trad., p. 330.
18. *Inn/Äuss*, ms 169, p. 66; trad., p. 306.

III

"'*Wissen*' e '*Sicherheit*' pertencem a *categorias* diferentes."[19] Importa, agora, prossegue o texto, mostrar a diversidade de planos em que essas palavras funcionam. Note-se desde já que a palavra "dúvida" possui um papel lógico ao apontar como o saber (*wissen*) tende a se objetivar. Participando de um jogo de linguagem, ele se exerce em circunstâncias em que os agentes atuam tacitamente e de modo natural. Quando essas circunstâncias forem descritas pelos próprios jogadores, o serão por proposições monopolares, como já dissemos. Isso nos mostra que, para haver saber e conhecimento, certas proposições empíricas devem parecer indubitáveis, pois só assim os jogos se exercem, ou seja, juízos são produzidos. Seriam elas ainda empíricas, embora fujam da dualidade do verdadeiro e falso?

Assim como examino uma fotografia tanto para avaliar a qualidade da imagem como para descrever aquilo que ela apresenta, o jogo de sentidos (*Sinnen*) da frase tanto lança ventosas para fatos, significados, referências (*Bedeutungen*), como desperta vivências, por exemplo na diferença entre "ora" do verbo orar e "hora", unidade de tempo. A velha questão na homonímia é retomada, agora ligada à mudança de aspectos, o que nos leva a uma análise muito peculiar da representação (*Vorstellung*). É preciso, contudo, pôr o carro em marcha lenta.

Tendo jogos de linguagem como modelo, a análise perde o velho recurso da intuição, apresentando ou a coisa ou a intuição categorial do ser dela. O falar deixa assim de ter como modelo o pensar, as junções ou disjunções de palavras elementares ligadas a objetos simples, carecendo de uma explicação do balanço de suas referências e vivências. E a questão da singularização do re-

19. *Über Gewissheit*, p. 308.

ferido, do significado, termina nos levando ao estudo da gramática do verbo ver, assim como às modalidades do "ver como". De que forma estas, em particular, se ligam a pensamentos? Aristóteles podia dispensar essa questão, na medida em que a linguagem se reportaria às "*ousiai*"; o sensualismo inglês necessita do hábito; Kant, do juízo de percepção; Wittgenstein, porém, de situações tácitas prévias subjetivas e objetivas.

Já analisamos o novo conceito de pensamento. "Esperemos um contorno macio e regular, mas o que nos é dado ver é esfarrapado."[20] Por isso somos obrigados a examinar em pormenor a questão da variação de aspecto sem pressupor a identidade do objeto, como se esta sempre pudesse ser dada — daí, justamente, a importância do conceito de variação de aspecto.

Sem o constante balanço para o exterior e para o interior da linguagem, o pensamento tende a ser pensado como flecha dirigindo-se para o alvo, para o fato, mergulhando nele sem deixar traços relevantes ou consumindo o próprio fato no pensar que se estrutura a si mesmo. De um lado os entes, as cadeias finitas, de outro a ideia, a representação ou o conceito invocando o ser das coisas e assim por diante. A metafísica tratou de explorar essa dualidade entre ser e ente, que explode, por exemplo, quando Hegel esfarela a coisa finita, dá nova definição de conceito e confere sentido à contradição. Não temos condições de examinar em pormenor como a contradição foi pensada por Hegel, Heidegger e Wittgenstein, mas precisamos evocar certos detalhes para poder esclarecer esse novo encaminhamento da lógica.

Começaríamos lembrando pontos quanto aos quais o próprio Heidegger, em *Identidade e diferença*, ressalta a distância que o separa de Hegel. Primeiro: qual é o objeto do pensamento? Para Hegel, o ser do ente sendo pensado do ponto de vista do Absoluto,

20. *Zettel*, 111, pp. 311-2.

ou seja, do pensamento que se pensa a si mesmo. Isso desde o momento em que o ser equivale ao nada, passando aos poucos a ganhar novas determinações conceituais, até seu objeto vir a ser pensamento absoluto como conceito absoluto, vale dizer, Espírito Absoluto. De novo, cabe lembrar que para Aristóteles Deus pensa a si mesmo. Já para Heidegger, o objeto do pensamento, designado provisoriamente, é a diferença *enquanto* diferença; o Ser evitando toda entificação. Segundo: Hegel dialoga com a história do pensamento abrindo caminho no que foi pensado desde os primeiros pensadores até seus antecessores no idealismo alemão, procurando os degraus que o levem ao Espírito Absoluto. Como se trata de um processo dialético-especulativo, ele é necessariamente gradual. Para isso, cada momento, mais que encontrar sua independência distanciando-se ou sendo *posto* pelo outro, é entendido como suprimindo-se a si mesmo: "... A oposição não pode, pois, permanecer no seu ser, mas sua essência é a inquietude absoluta de se suprimir. Seu ser seriam seus membros, mas estes são enquanto reportados a um outro, isto é, eles não são para si, somente são como suprimidos; o que são para si e de não serem para si".[21] Heidegger, por sua vez, ensejando um passo de volta, procura no pensado, principalmente nos pensadores ditos pré-socráticos, o impensado que foi encoberto pela tradição metafísica. "Na medida em que o passo de volta determina o caráter de nosso diálogo com a história do pensamento ocidental, o pensamento conduz, de certo modo, para fora do que até agora foi pensado pela filosofia. O pensamento recua diante de seu objeto, o ser, e põe o que foi assim pensado num confronto em que vemos o todo dessa história e, na verdade, sob o ponto de vista daquilo

---

21. *Jensener Logik*, ed. Georg Lasson. Hamburgo: Felix Meiner, pp. 31-2; cf. Gérard Lebrun, *La Patience du concept*, p. 297, magistral livro de um amigo querido, a quem muito devo.

que constitui a fonte de todo esse pensamento, enquanto lhe prepara, enfim, o âmbito de sua residência."[22] Logo adiante, torna explícito que cabe pensar o *esquecimento* da diferença. Não é por isso que, em vez da contradição, importa sobretudo a tautologia? Tautologia que o último passo da metafísica realiza conformando todo ente numa variável produzida e reproduzida pela técnica?

Esse panorama apenas pincelado nos basta para indicar a posição de Wittgenstein. Palavras como "ser" e "ente" se esvaziam quando retiradas de seus jogos de linguagem. Um nome sempre prepara uma descrição. Se eu disser "O saci existe", como não possuímos critério algum para assegurar existência do saci, a frase se reduz a invocar um significado; o objeto significado não arregimenta indicações de sua existência. Lembremos o tipo de existência que possui o metro-padrão de platina instalado em Paris. Como elemento simples ele não tem um metro, pois não se mede a si mesmo, existindo tão só como meio de apresentação (*Mittel der Darstellung*):[23] não diz o que metro *é*, tão só como funciona esse jogo de linguagem de medir. Palavras como "ser" e "ente", ditas isoladamente, apenas prefiguram sentidos. Perguntar por que o ente (ou o ser) e não o nada, para Wittgenstein, é indagar por meios de apresentação, no sentido mais amplo: por certas condições tácitas do dizer. Já para Heidegger a pergunta pelo seer indica como se doa o tempo histórico que grandes filósofos nomeiam como *eidos*, *energeia*, Espírito, vontade de potência ou ainda, hoje, o império da técnica. Wittgenstein, por sua vez, entende as palavras "ser", "ente", "nada", como qualquer outra presente num dicionário à espera de ser articulada num jogo de linguagem, ou no emaranhado deles. Ora, nesse emaranhado, encontram-se si-

22. *Identität und Differenz*, 1957, p. 46; *Identidade e diferença*, trad. Ernildo Stein, Coleção Os Pensadores, p. 390.
23. *PhU*, 50.

tuações que não podem ser postas em dúvida e que servem de apoio para que o jogo do verdadeiro e falso possa funcionar, sendo ditas como se fossem proposições empíricas indubitáveis, de modo que poderíamos afirmar que "usamos juízos como princípio(s) de juízos".[24] Juízos muitas vezes tácitos, que afiguram uma situação e, no extremo, o próprio mundo pressuposto, ou, melhor dizendo, uma *Weltbild*. Não se trata de uma foto do mundo, mas de um modo de afigurá-lo que se desenha na prática de juízos e do falar com sentido, em última instância, num modo infundado de agir.[25]

Para chegar, contudo, a um entendimento mais preciso desse movimento da própria linguagem, precisamos esclarecer como a gramática de cada palavra, em lugar de, no seu fundo, apelar ao ente como ente, configura objetos, deixando, pois, de lado o significado unívoco de ente. Para Heidegger isso se faz pela historialização do ser, conforme cada *epochê* histórica recebe dele seu modo de ser. Para o lógico Wittgenstein, ao contrário, importa primeiramente a diversidade das linguagens e em seguida como elas emperram quando são postas para funcionar. Estabelecemos regras, uma técnica para jogar um jogo, e de repente, no seu próprio exercício, os procedimentos não funcionam como previsto. Não é o que acontece ao enfrentar uma contradição quando, na sua forma mais simples, um juízo tem sua amplitude cortada por outro? Não se trata aqui de uma proposição contraditória, mas de uma situação em que se fala contraditoriamente. O núcleo do problematizar filosófico se revela: "O estatuto civil da contradição (*Die bürgerliche Stellung des Widerspruchs*) [...], este é o problema filosófico".[26] E logo aprendemos a conviver com ela, quando

24. *Über Gewissheit*, p. 124.
25. Ibid., p. 110.
26. *PhU*, 125.

alguém me diz, por exemplo, que detesta um dos quadros que mais admiro. No entanto já não começamos assim a dar importância às diferenças nas apreciações pessoais? "Se tudo segue a via normal, ninguém pensa no acontecimento interno que acompanha a fala."[27]

IV

Os significados das palavras se alinhavam por semelhanças de família. Isso nos obriga a finalmente examinar os dois sentidos centrais do verbo "ver", "Vejo *isto*", seguido de uma descrição, um desenho etc., ou "Vejo uma semelhança nestes dois rostos", esperando que meu interlocutor veja os rostos tão claramente quanto eu mesmo. De que modo a tradição interpreta esses dois sentidos? Na linha da lógica de Aristóteles, encontrando no segundo a forma do primeiro, a que se soma uma interpretação, ou seja, atos do entendimento. No fundo ela está pressupondo que haja uma matriz psicológica comum aos homens, organizando a determinação dos sentidos das palavras: "Mas as próprias afecções de que essas palavras são primeiramente os signos são as mesmas para toda a humanidade, assim como o são também os objetos de que essas afecções são representações ou semelhanças, imagens, cópias".[28] Mas uma vez que o número das palavras é finito e o número das coisas infinito, como evitar os equívocos da "homonímia" (a semelhança no nomear), que nutre aquelas ambiguidades tão exploradas pelos sofistas? Por isso Aristóteles, logo no início das *Categorias*, trata de distinguir "homonímia" de "sinonímia". A primeira se arma quando o mesmo nome se reporta a coisas cujas

---

27. *Bermerkungen über die Philosophie der Psychologie,* 120, p. 368, Werkausgabe 7.
28. *De interpretatione,* 30a 8.

definições — isto é, o dizer da essência (*lógos tes ousias*) — são diferentes. Por exemplo, damos o mesmo nome a um homem e ao seu retrato. A segunda ocorre quando, além de as coisas terem o mesmo nome, esse mesmo nome se reporta àquilo que captura esse dizer da essência, sua definição, isto é, o mesmo nelas. Isso acontece, por exemplo, quando chamamos de animal tanto o homem como o boi. Daí a importância da diferença específica, capturada pelo discurso ao localizar a diferença entre um e outro.

Costuma-se traduzir "*homônômia*" por "equivocidade" e "*synônimia*" por "univocidade", mas para nós importa sobretudo marcar que se trata do uso de nomes. Dado isso, convém ainda lembrar que para Aristóteles a significação única do nome dito e pensado reflete a essência: "Por significação única entendo o seguinte: se *homem* significa tal coisa e se qualquer ser é homem, *tal coisa* será a essência (*ousia*) de homem".[29] E na análise do *lógos* importa, sobretudo, a captura dessas essências. No caso de Wittgenstein, já que as essências se determinam nas regras do jogo de linguagem, nunca poderemos sair do *lógos*/ação, mas elas necessitam da cumplicidade dos comportamentos e da diversidade "ontológica" dos casos.

É bem verdade que no *Tractatus* ainda encontramos traços da antiga tradição. No entanto, depois de abandonar a teoria figurativa e com ela o postulado do espaço lógico desenhando os lugares das combinações possíveis entre funções nominais configurando os estados de coisa possíveis, Wittgenstein precisará examinar a oposição entre o *como* e o *que* do discurso no interior dele mesmo, conforme este se diversifica ao participar de jogos de linguagem diferentes, embora as palavras ainda possam manter traços de algum sentido atravessando tais jogos. Ao leitor, por sua vez, cabe atentar para as diferenças entre os exemplos montados,

29. *Metafísica*, 1027b, pp. 25 ss.

tendo o cuidado de ver nessas diferenças o "mesmo diferenciando-se" que nelas desponta. Na lógica aristotélica a ambiguidade sofística desaparece quando a multiplicidade das significações se vê limitada, na medida em que a análise, além de cuidar dos nomes, se completa mostrando que o inquiridor e o inquirido precisam dirigir seus espíritos para a *mesma coisa*, em resumo, manter o alvo da comunicação.[30] Quando a linguagem deixa de ser vista a partir desse ângulo, como assegurar que, ao falar de algo, estamos todos visando *esse* algo? Mas "esse algo" pode ser tanto um objeto como a própria semelhança de família entre eles. E não há por que pressupor que o primeiro caso explicite o segundo. Na medida em que o papel do objeto pressuposto, configurado por sua essência, foi colocado à margem, passa a ter importância o *como* cada pessoa, ao *falar* da mudança de aspecto, *vive* essa própria mudança. Se, diante de um desenho, digo "Vejo um rosto", não é preciso que vivencie esse dizer; mas se disser "Vejo semelhanças entre o pai e o filho", necessito vivenciar essas semelhanças, o que para o interlocutor é indiferente. Voltamos para os domínios da lógica dos conceitos psicológicos, mas, como vimos antes, levando em conta que a intencionalidade dos atos mentais não se afunila apenas na visada do objeto, mas igualmente trata como o contexto da ação é trabalhado e vivenciado para tanto.

Tudo isso só ficará mais claro se, por uns momentos, caminharmos rente aos textos. Em primeiro lugar, Wittgenstein aponta a dualidade de sentido da palavra "ver", isto é, tanto o "ver *isto*" como o "ver a semelhança", suponhamos, entre dois rostos. Em seguida passa a examinar "a diferença categórica (*kategorische*) de ambos os "'objetos' do ver". Isso o obrigará a reinterpretar as relações entre estados mentais, vivências e objetos vividos.[31]

---

30. Cf. *Tópicos*, I, 108a 17/18.
31. Em *Apresentação do mundo* (Companhia das Letras, 1995), salientei o lado exteriorizante desse processo; agora é preciso ressaltar como essa exteriorização

Diante do desenho que pode ser visto ora como um cubo de vidro, ora como uma caixa virada e assim por diante, costumamos afirmar que vemos a figura conforme a interpretamos.[32] Essa explicação depende de uma descrição *indireta* muito peculiar da experiência imediata da vivência do ver. Mas ao dizer que "Vejo a figura como caixa" eu estaria afirmando que tenho uma determinada vivência que vai a par de uma interpretação da figura como caixa, ou como cubo de vidro etc. Essa minha relação indireta com a vivência passa a ser condição daquele tratamento da ambiguidade que privilegia a pergunta pelo ser do que é visto. Lembremos que também para Heidegger, em *Ser e Tempo,* o questionamento do ser é prioritariamente examinado pela descrição fenomenológica das determinações do ser-aí, vale dizer, de suas possibilidades de ser. Consequentemente a linguagem fica sobreposta a esses determinantes, posição que o filósofo mais tarde foi obrigado a abandonar.

Wittgenstein, em contrapartida, tenta mostrar que o *dizer* do ato de *ver como* sempre engloba várias experiências diretas, entre as quais ver a própria mudança de aspecto. Daí a importância da figura ambígua do pato/lebre que lhe permite distinguir, de um lado, a "visão permanente de um aspecto", de outro, o "despontar", o "raiar" (*Aufleuchten*) do próprio aspecto. Ora, em geral se pensa o aspecto como aspecto de algo. Dada uma coisa, sempre posso ressaltar este ou aquele dentre seus perfis, por exemplo a forma e o tamanho. Mas diante de um desenho ou de uma fotografia, a primeira coisa que digo é que vejo, por exemplo, um rosto. Daí a conveniência de introduzir desde logo o conceito de obje-

---

tem o lado interior vivenciado; minhas análises podem, talvez, se completar, embora necessitem de muitos ajustes. E, à época, não tinha entendido em pormenor a crítica da concepção da verdade como adequação.

32. *Philosophy of Psychology: A Fragment* xi, 116, p. 203.

to figurado (*Bildgegenstand*). Observe-se que não importa, como para Aristóteles, que o objeto figurado e o traçado tenham essências diferentes: tão só as diferenças constantes no modo de dizer refletindo-se na diversidade dos comportamentos. A partir desse novo ângulo ancorado no uso das palavras cabe, então, notar que, diante da figura pato/lebre e indagado sobre o que vejo, eu tenderia a dizer que vejo um pato ou uma lebre figurada. Outra pessoa, porém, teria dito: "Ele vê a figura como figura *P*". Como acontece com os verbos psicológicos, o outro é que tende a exprimir o *como*. Dizer eu mesmo que vejo a figura como pato seria tão estranho quanto se dissesse que vejo este talher como faca. Essa exteriorização não seria compreendida. Por isso o "como hermenêutico" dos fenomenólogos não se encontra originalmente na linguagem. E o próprio Heidegger descobriu ser impossível a passagem direta de um para outro sem o travejamento quaternário do *Ereignis*.

A dificuldade reside em aceitar que, ao perceber a mudança de aspecto, sou obrigado a dizer uma contra-dição: "A expressão da mudança de aspecto é a expressão de uma *nova* percepção, ao mesmo tempo [acompanhada] da expressão da percepção inalterada".[33] A expressão do novo contra-diz a expressão do velho. Contra-dição — contra dizer —, porém, repleta de sentido, porque uma determinação passa para a oposta quando dita por indivíduos diferentes. Em vez da soberania do juízo kantiano da percepção, que reúne as sensações na percepção de uma coisa, encontramos diversos tipos de síntese, uma delas a contra-dição no próprio nível do dizer dessa percepção; contradição que para Wittgenstein há de possuir um estatuto civil. Note-se que deixou de ter sentido a sequência: percepção, entendimento, razão.

33. *Fragment* xi, 130, p. 206.

A análise sempre se desdobra no nível das expressões; só que em geral recorrendo a uma imagem interior, como se cada um falasse a partir dela, o que leva a enganos, pois o conceito de "imagem interior" tem como modelo o de "imagem exterior". Ora, o emprego desses conceitos psicológicos é muito especial e diferenciado, sempre levando em conta a disparidade entre a primeira e a terceira pessoa de seus verbos. Juntá-los é como se quiséssemos dizer que um número é um algarismo ideal. Quando sei que há diferentes aspectos de um esquema de um cubo, caso pretenda saber se outrem também os vê, posso pedir que essa outra pessoa construa ou mostre um modelo do que é visto, além da cópia que já havia desenhado. Mas isso desloca o dizer do ver algo para o ver a própria mudança de aspecto. Agora as cópias e os modelos se tornam inúteis para a explicação do conceito: é preciso exprimir a mudança como um ver e também como um não ver e, igualmente, como um ver assemelhado a um pensar. O que importa não são as contradições ou as junções, mas a especificidade das diferentes visões do próprio aspecto focando uma diferença.

Segue-se no texto uma série de exemplos que não funcionam, como eu mesmo já pensei, para ressaltar o que é comum entre eles; pelo contrário, ela serve para tornar evidente a zona de indeterminação na qual se exerce cada aspecto do próprio conceito. Imaginemos que diante de um desenho, ao me perguntarem o que vejo, eu responda: "Uma lebre"; mas, ao contemplar uma paisagem, se de repente uma lebre salta diante de meus olhos, poderei exclamar: "Uma lebre!". A mesma frase traz consigo expressões que dizem respeito à percepção e à vivência visual, mas a exclamação não é propriamente uma comunicação ela nos escapa; em suma, é *como* uma exteriorização (*Äusserung*), *como* o grito de dor discutido anteriormente. Esse duplo caráter da expressão faz com que ela tanto descreva uma percepção como pareça revelar que o falante, num instante, *pensou* no que viu: "É por isso que o despontar do aspecto aparece metade vivência visual, metade um pensamento",[34] ou ainda, "Um pensamento ecoa no ver".[35] Ao contrário da percepção da mudança de aspecto da figura pato/lebre, explicitada quando me reporto aos patos e a suas figuras e às lebres e a suas figuras, voltando-me, pois, para o exterior em busca de relações internas entre objetos, agora, além de indicar o objeto, também exprimo a vivência do ver, caminhando para mim mesmo. O *ver como* não pertence propriamente ao âmbito da percepção: descrevo o visto como se o objeto se alterasse diante de mim. Por isso "A mesma expressão é tanto informação do visto como agora uma exclamação do reconhecer".[36] Note-se que, se em certos casos Wittgenstein lança a visão do aspecto para o lado exteriorizante da linguagem — a busca do objeto —, noutros a exclamação invoca seu vetor interiorizante, a vivência do reconhecimento inclinada para um sujeito. No despontar do aspecto, é mais importante examinar como o pensamento vivido *parece* se juntar ao ver algo, num processo de interiorizar e exteriorizar o dito, do que simplesmente associar sensação e pensamento como se ambos só se reportassem a algo. Não é esse o defeito das explicações usuais, que apenas juntam a interpretação ao ver algo, sem levar em conta as circunstâncias linguísticas e representativas que rodeiam esse algo?

Já sabemos que para Wittgenstein o conceito de pensar é muito esgarçado. Posso estar pensando sem falar quando ajusto uma peça em outra procurando os encaixes adequados, assim como estar falando sem pensar ao reproduzir de cor a demonstração de um teorema. Ao afirmar que, ao reconhecer a lebre de supetão, como se fosse uma exteriorização, nesse perceber está

34. *Fragment* xi, 140, p. 207.
35. Ibid., 235, p. 221.
36. Ibid., 145, p. 208.

ecoando um pensamento, Wittgenstein está simplesmente questionando: como se juntam essas duas dimensões da fala? E são elas propriamente duas? Por isso, trata logo de indagar o motivo dessa forma de expressão: "*Por que* se quer dizer isso?". E continua: "a mesma expressão *comunica* o que é visto e *exclama* o reconhecimento", por isso esse reconhecimento é vivido. Cabe então perguntar: Qual o critério da vivência visual? Resposta: "a apresentação (*Darstellung*) do 'que é visto'". Mas o conceito de apresentação do que é visto "é muito ambíguo, e *com ele* o conceito do que é visto". A tarefa consiste, pois, em explicitar essa íntima conexão dos dois conceitos, embora esta não implique que sejam semelhantes.[37] O sorriso de Mona Lisa é apenas um sorriso?

Seguem-se vários exemplos de como o próprio ver algo vem quase sempre acompanhado de outros fenômenos. Quando se percebe um objeto, sua espacialidade está sempre presente? Diante de um sorriso, todos o veem como tal? Até quando a inversão de uma figura altera sua interpretação? Convém sublinhar que, na passagem da visão do pato para a lebre, de modo geral, de uma figura para outra e vice-versa, não importa apenas a possibilidade de pular de uma descrição para outra, mas que passamos a ter nova vivência visual ligada a fenômenos muito diversos, em particular ligando sucessivamente a figura a patos e lebres reais ou imaginados. Dada essa figura, sua cópia de certo modo a descreve de forma mais ou menos perfeita, segundo as circunstâncias. Mas descreve o desenho ou o despontar do aspecto para este ou para aquele lado?

A dificuldade está em aceitar as indeterminações que entranham o conceito de "ver", que nos confunde. "Como o que vemos pode nos parecer completamente fragmentado! E observe agora o que significa 'descrição do que é visto'! [...] Não há um só caso

37. *Fragment* xi, 144-7, p. 208.

original e regular de tal descrição — e o restante é ainda obscuro, aguarda por esclarecimento, ou deve ser simplesmente varrido para o canto como um lixo."[38] Mais adiante, Wittgenstein ainda explicita: a grande dificuldade é considerar a vivência visual, a despeito de suas flutuações, como *única*. Desde que nos convençamos da necessidade de abandonar o engano tradicional que imagina ser possível examinar essa vivência em cada um de nós para em seguida voltarmos para a análise intersubjetiva do discurso, então se torna possível desenhar o conceito dessa vivência no cruzamento entre o que as pessoas dizem e o que é dito. A diversidade dos casos somente se vê transpassada se incorporarmos no seu conceito suas indeterminações e seus aspectos contraditórios. Eu poderia ter visto uma figura como algo específico, mas logo depois diria a mim mesmo: "Ah, são dois hexágonos". A mudança de aspecto não prova que vi algo determinado. Importa nessa experiência de ver o raiar do aspecto a ocorrência de *uma* vivência, mas a investigação não é meramente descritiva, pois cabe deixar-nos levar pelas imposições do próprio conceito.[39]

Por isso mesmo essa solução caminha no sentido inverso daquela proposta pelos psicólogos da teoria da *Gestalt*; estes sustentam ser o próprio ver a imagem que completa as falhas do desenho. Cabe, ao contrário, explicitar o sentido dessa complementação, em particular no raiar do aspecto, em que pensamento e vontade estão presentes. O que acontece quando vemos a figura de um animal atravessado por uma flecha? A pessoa *vê* a flecha ou *sabe* simplesmente que os dois pedaços vistos devem representá-la por inteiro? Nem um nem outro, mas ocorrem combinações sui generis do ver e do saber que, como logo constataremos, alteram os conceitos tradicionais de sensação e de vivência. *Em que medida*

---

38. *Fragment* xi, 160, p. 210.
39. Ibid., 183, p. 214.

vemos no desenho simplesmente um animal flechado? Importa como continuamos a falar dele. É assim que todos nós tratamos a figura, e não é a partir desse tratamento que as particularidades do ver se configuram? Diante do desenho pato/lebre, as imagens de cada um desses animais se alternam para que o raiar dos aspectos possa funcionar. Esse caso se distingue do mero entrelaçamento da cruz branca e da cruz preta, ambas inclusas num hexágono cuja variância até uma criança percebe. Outro caso limítrofe: diante de um triângulo desenhado, posso ver nele uma seta, um buraco no papel, um triângulo assentado na sua base maior e assim por diante. Por fim cabe ainda salientar aqueles casos em que a mudança se funde numa imagem: "Os aspectos na mudança de aspecto são *aqueles* que a figura (*Figur*) poderia, conforme o caso, ter *permanentemente* numa imagem (*Bild*)".[40] Todas essas maneiras de ver dependem, pois, de uma capacidade de representar (*Vorstellungskraft*).[41] Encontramos a tradicional imaginação criadora privilegiada pelo kantismo, agora funcionando no curso da própria linguagem, conforme a mudança do aspecto se integra na continuidade do discurso. O engano reside em querer dissolver a ambiguidade na própria figura ambígua, esquecendo que a ambiguidade sempre faz parte de jogos de linguagem.

V

Percorrendo todas essas variações importa-nos, sobretudo, reiterar que é o próprio conceito de sensação (*Empfindungbegriff*) que está sendo modificado.[42] Uma página vermelha me parece vermelha e é vermelha e assim por diante, mas no caso da revela-

40. *Fragment* xi, 166, p. 211.
41. Ibid., 217, p. 218.
42. Ibid., 321, p. 220.

ção do aspecto não percebo uma propriedade de um objeto, mas tão só ora a própria relação interna mantendo-se entre ele e outros objetos, ora dois hexágonos entrelaçados etc. Por certo cada caso articula sua própria relação interna que se consolida na fala. Como acabamos de ver, na figura pato/lebre a relação é com patos e lebres *figurados* ou não. Outra é a relação de duas cruzes desenhadas, uma branca e outra preta, inseridas num polígono, os aspectos A, como os designa Wittgenstein. Eles são comunicáveis pelo simples fato de que o observador aponta de modo alternado para uma cruz branca isolada ou para uma cruz preta isolada. E o apontar é significativo. Por isso podemos aproximá-los de uma reação primitiva de uma criança no início de seu desenvolvimento. Essa simplicidade dos aspectos A[43] os aproxima das exteriorizações, esses sedimentos mais simples descobertos no interior da linguagem, próximos do simples agir. Do ponto de vista do uso da palavra, vale dizer, do ensino, um aspecto A poderia ser aprendido junto da ação de apontar. Como sempre, não se trata aqui de uma gênese psicológica, mas de um traço conceitual que marca o aspecto A com o timbre da simplicidade. Nisso ele é parecido com os "aspectos de organização" (*Aspekte der Organisation*), quando, por exemplo, diante de uma sequência de pontos equidistantes, a criança aprende a juntá-los três a três.

Note-se que a propriedade que passa a uni-los no falar é a simples semelhança familiar, portanto distante daqueles traços (*Merkmale*) que, segundo a lógica tradicional, caracterizavam os conceitos. Além do conceito de sensação, é a própria noção de conceito que se modifica. Não topamos aqui com um exemplo de um novo conceito de abstração, apoiado, como já vimos, em técnicas apreendidas, juízos tácitos ou explícitos? Lembremos ainda que numa demonstração, por exemplo ver um desenho de um degrau

---

43. *Fragment* XI, 215 ss., p. 218.

ambíguo sempre como convexo, é condição para que o raciocínio não interrompa seu curso. A familiaridade com a figura convexa passa a ser um de nossos critérios da certeza do pensar, como se estivéssemos "entendendo disso". Ora, manifestamos esse entendimento nas nuances de nosso comportar durante a demonstração. "Sutis matizes do comportamento"[44] se tornam, pois, indícios da boa fala e compreensão, principalmente porque situam a palavra ou a frase num contexto comportamental em vias de se organizar.

Lembremos que "matizes" traduz aqui "*Abschattungen*", silhuetas, sombras projetadas. Na enorme multiplicidade dos casos de *ver como*, Wittgenstein privilegia aqueles mais elementares, rentes aos comportamentos simples nos quais a expressão das vivências pode ser afigurada, capturada e conceitualizada no curso das mudanças de aspecto, não só por mim, mas por qualquer analista. E tais matizes do comportamento, na medida em que são apreendidos, mostram que o substrato dessa familiaridade com o emprego das figuras — que nos permite ver isto agora deste modo, agora de outro — está ligado ao domínio de uma técnica,[45] por conseguinte de um *saber fazer*. Por isso, como continuaremos a frisar, é mais que um *ver*.

De novo, uma condição lógica parece ficar na dependência de um aprendizado empírico. Esse aprendizado se revelou, porém, condição da estruturação gramatical conforme a própria linguagem foi explorada nos seus elementos, naquelas partes em que ela mesma se revela como um comportamento expressivo, exteriorizante/interiorizante. Não se trata de apontar apenas para um modo de apresentação da expressão, mas de capturar e afigurar o movimento expressivo em que ele se situa. Lembremos da indica-

---

44. *Fragment* xi, 180, p. 213.
45. Ibid., 222, p. 219.

ção: "Falamos, fazemos exteriorizações (*Äusserungen*) e somente *depois* obtemos uma imagem da vida delas".[46] A imagem é sempre posterior, ao contrário do que ensina a psicologia da sensação.

Consideremos ainda que esses exemplos de *ver como* somente se exercem se forem vividos de modo específico, vivência que depende de cada um ter aprendido a técnica capaz de despertá-la. Por certo não se diz que "tem dor de dente" quem se comporta normalmente. Se a vivência das mudanças de aspecto depende de técnicas aprendidas, que se mostram em finos matizes de comportamento, é porque somos obrigados a modificar o conceito antigo de vivência, embora um e outro sejam aparentados: não se trata mais de um estado mental em si mesmo, mas de um estado se conectando ao se objetivar, assim como se salientasse a peculiaridade de seu ponto de vista. Esse conceito modificado de vivência, capaz agora de ligar o despontar do aspecto a imagens e nuanças do comportamento, permite-nos detectar em certas coisas estruturadas, em particular nos seres vivos, atitudes e modos de ser que, de outra forma, deveriam ser unicamente esperados nos modos de ser de um ator, isto é, de um ser vivo apenas afigurante. A atitude tímida de minha vizinha não faz parte da sua anatomia, mas do modo pelo qual ela articula seu corpo — seus olhos, suas mãos, seus lábios, seu jeito e assim por diante —, de forma que todos esses pequenos matizes de comportamento estejam sendo *vistos como* exprimindo *seu próprio* sentimento. Esta expressão não se assemelha à diferença entre os tons maior e menor que, além de possuir valor emocional, serve para descrever uma estrutura musical percebida? Note-se que a tonalidade efetiva heideggeriana, em vez de ligar-se a um ser que se lança no mundo antevendo-o, passou a estar ligada a uma técnica vinculada à linguagem como modo de vida.

46. *Fragment* xi, 224, p. 220.

Levando em conta tudo o que esmiuçamos até agora, convém voltar a examinar aquela junção tradicional do ver onde ecoa um pensamento. Por ser um eco, já rompe com a explicação clássica que incumbe ao juízo a tarefa de determinar os dados sensíveis. Insistir que esses dados são interpretados não equivale a manter a tradicional predominância do juízo como atividade da consciência? Antes de tudo porque "Interpretar é um pensar, um agir, [enquanto] ver é um estado (*Zustand*)".[47] Na interpretação clássica, fazemos hipóteses e as verificamos apontando para sua veracidade ou falsidade. Em contrapartida, ver um aspecto está mais próximo de "ver um vermelho brilhante". Muito próximo de um estado de ver, contudo, o *ver como* alinhava aspectos sem que estes sejam necessariamente *aspectos de coisas configuradas.* Pelo contrário, ele muitas vezes as configura. Ao dizer "vejo isto agora como..." é quase como se dissesse "agora me represento *isto*", tenho isto diante de mim. Por exemplo, ver a cruz branca logo mais aparecendo como cruz preta e vice-versa: ambos são modos de representar a cruz. "Representar" no sentido mais simples de colocar diante (*Vor-stellen*). "O conceito de aspecto é parente do conceito de representação (*Vorstellung*). Ou: o conceito: 'eu vejo isto agora como...' é parente de 'eu agora me represento *isto*'."[48] A representação não significa colher faces de vários objetos, mas se arma quando se instaura uma relação visível interna entre eles, fazendo dessa *relação interna uma referência ao isto*, aquilo que está sendo apresentado, *como se estivesse numa figura.* Por isso, uma representação não é substituir algo por algo, mas algo que passa a configurar relações internas entre aspectos de uma multiplicidade. E assim se dá o primeiro passo para que se entenda como a representação disto encaminha a representação *disto,* is-

47. *Fragment* xi, 248, p. 223.
48. Ibid., 254, p. 224.

to é, como a representação singulariza. Na medida em que é parente do despertar do aspecto — isto é, são aprendidas paralelamente —, representar *isto* requer que o isto referido mantenha relações internas identificadoras e diferenciadoras com isto, aquilo, aquele outro etc., apresentando-se no mundo. "O brilhar (*Aufleuchten*) dos aspectos é aparentado ao imagear representativo (*Vorstellungsbildern*)."[49]

Uma observação: sempre traduzimos "*Vorstellung*" por representação, às vezes forçando o texto em português. Os tradutores em geral traduzem essa palavra por imaginação ou vocábulos semelhantes. O próprio Wittgenstein escreve: "*Eine Vorstellung ist kein Bild, aber ein Bild kann ihr entsprechen*" ("Uma representação não é uma imagem, mas uma imagem pode lhe corresponder").[50] A nova edição desse livro, revista por P. M. S. Hacker e Joachim Schulte, a que nossas referências estão remetendo, traduz de modo pouco feliz: "*What is in the imagination is not a picture, but a picture can correspond to it*".[51] O que nos parece de suma importância é a semelhança de família anunciada entre "representação" e "ver a mudança de aspecto", pois essa semelhança indica um aprendizado simultâneo. Dado isso, a representação nunca funciona como um conceito que se mostra por feixes de determinações que o atravessam inteiramente. E se um outro conceito vem a ser representante é porque ele é complexo. Acreditamos, além disso, que "*Vorstellung*" tem no horizonte as lições de Schopenhauer, cujo livro básico se chama *Die Welt als Wille und Vorstellung* (*O*

49. *Inn/Äuss*, ms 169, p. 25.
50. *PhU*, 301, p. 108.
51. Cf. o Prefácio dessa edição, p. xv: "Assim, também, *Vorstellung* e seus cognatos apresentam dificuldades formidáveis ao tradutor, que nós, por vezes, solucionamos de modo diferente ao de Anscombe". O espectro de soluções da tradução anterior de Anscombe também sofria por ser demasiado vasto: "*representation*", "*mental image*", "*imagination*" etc.

mundo como vontade e representação), e que teve influência enorme no jovem Wittgenstein. O representar está ligado à vontade, mas o que lhe importa é o representar como afigurante, ele próprio consistindo numa relação de família, isto é, os dois conceitos são apreendidos conjuntamente, como a visão da *mudança* do aspecto. A representação *configura* imagens e não apenas utiliza aquelas que encontra; ao retratar, introduz a visão da mudança de aspecto. Na citação anterior, "O conceito de aspecto é aparentado ao conceito de representação (*Vorstellung*): o conceito 'Eu vejo isto como...' é aparentado a 'Eu agora represento *isto*'", cabe notar que as duas frases indicam conceitos, isto é, formas de pensar, nesse caso, como indica o próprio Wittgenstein, ligadas à vontade. No entanto, a passagem de ver um aspecto, algo, como figura que mantém relações significantes com outras e outros objetos, para a representação de *algo*, essa passagem é como se recortássemos esse algo do contexto da visão do aspecto para a apresentação de algo como se fosse um ente. Note-se ainda que a cegueira para o aspecto, aparentada ao representar isto, abre caminho para a análise das vivências dos significados (*Bedeutungen*) das palavras.

Por isso, além de estar ligada à vontade, está montando ligações de semelhança de família fundamentais para as projeções que desenham o mundo, como logo veremos, *Weltbild* ou *Weltform*. Fórmula que, de certo modo, ecoa Kant quando introduz o conceito de imaginação transcendental, constituinte de imagens e não apenas coletora delas, para completar o trabalho objetivante da razão pura.

VI

Voltemos, porém, aos nossos problemas. Tanto o ver o aspecto como o representar, como momentos de jogos de linguagem, não constituem configurações linguísticas desenhadas tão só a partir do visto e do representado, mas se apresentam como estados mentais afigurantes que se objetivam assim como se subjetivam no falar tácito ou explícito. De um lado, confluindo para o mundo exterior, de outro para a diversidade das pessoas que se singularizam. O ver o aspecto e o representar, situados no tempo e dependentes da vontade, sempre possuem uma dimensão vivencial. "E é por isso que a vivência da mudança de aspecto parece uma vivência, metade visão, metade pensamento"[52] etc., mas nunca devemos esquecer que "interpretar é um pensar, um agir; ver é um estado.[53] De um lado, me dirijo para o objeto pela fala, ocupo-me dele e, além disso, assim sendo, vivencio a mudança de aspecto como espécie de fazer. Em geral as palavras não são ditas mecanicamente, mas no que essa dimensão vivencial contribui para a configuração do significar (*meinen*) e do próprio significado (*Bedeutung*)? Descobrimos o primeiro segredo dessa análise minuciosa do conceito de *ver como*: ela nos prepara para examinar a própria vivência do significado, uma vivência tipicamente linguística na qual ecoa o pensamento. Muito distante, todavia, da junção operada pelo pensamento clássico, que tomava o juízo como um aspirador de sensações, mesmo quando vinha a ser interpretado como reflexionante.

Para avaliar o papel dessa dimensão anímica (lembremos que alma é um conceito lógico) da linguagem, Wittgenstein trata de examinar casos em que os agentes não vivenciam o significado de suas expressões. O caminho continua a ser demarcado pelo parentesco do ver um aspecto e a vivência do significado de uma palavra. O cego para os aspectos não pode ver os aspectos a mudar. Consegue, entretanto, distinguir uma cruz preta nas várias

52. *Inn/Äuss*, ms 169, p. 27.
53. *Fragment* xi, 248, p. 223.

figuras que lhe são apresentadas sobre um fundo branco. Poderá trazer-me algo que pareça com isso, quando o encarrego de tal tarefa. No fundo se comportaria como se fosse desprovido de ouvido musical, incapaz de distinguir os matizes que compõem a boa interpretação de uma peça.

É provável que não soubesse pronunciar "ora" significando num determinado momento um adversativo, noutro, um verbo. Combinamos, eu e ele, que "torre" passaria a significar banco. Se eu lhe disser "Vá agora à torre", ele me compreenderia e agiria de acordo com minha demanda, mas a palavra "torre" ainda não lhe seria familiar em seu novo significado; ele não a teria adotado. O que importa salientar nesses casos é que o significado não está sendo dado apenas pela estrutura da frase nem pela frase solta, mas por todo o contexto falado e comportamental. Se, na sentença "O sr. Machado não é um machado" a localização de "machado" indica que na primeira instância como sujeito "machado" nomeia uma pessoa e na segunda informa a respeito de sua natureza, importa que essa diversidade gramatical venha a ser vivida. Ora, que papel essa vivência pode desempenhar na captura do sentido da frase, se este é determinado por seu uso? Como mais tarde comentará Wittgenstein: "O mais difícil aqui é tornar expressa a indeterminação de modo correto e sem falsificação".[54] Essa observação tem caráter muito geral, pois indica como o sentido das palavras, em vários níveis, se determina jogando com seu indeterminado: "A maior dificuldade nessas investigações é encontrar um modo de apresentar a vagueza".[55]

Se as vivências não determinam o uso, elas o incitam e, ademais, permitem o trânsito de um uso, de um sentido, para outros

---

54. *Fragment* xi, 356, p. 239.
55. *Bermerkungen über die Philosophie der Psychologie*, 347, p. 398, Werkausgabe 7.

aparentados, tais como são configurados por cada jogo de linguagem. Não importa se essas vivências são ou não verdadeiras, mas tão só como tornam vivas as sentenças. Passeando pelos arredores da cidade, posso ter a ilusão de que ela está situada à minha direita, quando de fato está à esquerda. Não tenho nenhuma razão para crer nisso, apenas possuo associações e lembranças que levam minha crença nessa direção, e isso determina todo o ambiente intencional no qual vivo os acontecimentos de meu passeio. Do mesmo modo, pronuncio o nome "Schubert" como se ele estivesse ligado a toda a obra do compositor.[56] A fina audição me mostra que num jogo vivencio a palavra ora de um modo, ora de outro, mas também que posso falar sem a menor vivência dela. Basta, contudo, essa constatação para que precisemos nos perguntar por que continuamos a expressar-nos em termos de vivência da palavra, de "significado" e de "intenção". O importante é que nessa situação passamos de um jogo para outro, pronunciamos a palavra com *tal* significado, retirando essa expressão de outro jogo de linguagem.[57]

Justamente esse lado vivencial da palavra, transitando de um jogo para outro, faz com que uma frase me apareça como imagem desenhada com palavras. A tradição a interpreta desse ponto de vista, e o *Tractatus* leva ao limite tal modo de pensar. Se a ligação do sentido com o uso destrói essa imagem, nem por isso ela deixa de ser vivenciada por nós — e assim podemos entender por que buscamos o sentido das palavras consultando um dicionário. O trânsito das palavras de um jogo para outro nos leva a distinguir significados "primários" e "secundários". Wittgenstein, procurando delinear os conceitos "gordo" e "magro", toma quarta-feira como sendo gorda e terça, magra. Não importam as causas do

56. *Fragment* xi, 270, p. 227.
57. Ibid., 273, p. 227.

fenômeno, porque a tendência subsiste. Nós, brasileiros, somos levados, pelo contrário, a viver a terça-feira como gorda por causa do Carnaval. O que importa, porém, é de que forma um sentido se transfere para novas objetualidades.

A pergunta pelo sentido — "O que estou querendo dizer?", "O que isto está significando?" —, regulada pela gramática do verbo *meinen*, não revela os processos que acompanham a fala. Os sentidos se armam nos usos das palavras e isso basta. O ato de significar, assim como aquele de intencionar (*Beabsichtigen*), busca separar-se das vivências que o cercam. A intenção com a qual se age não "acompanha" a ação, assim como o pensamento tampouco "acompanha" a fala. Intenção e pensamento não estão entrelaçados entre si;[58] a primeira se articula conforme ocorre nas sentenças e nos atos, mas ao ligar-se às exteriorizações que se mostram nas variações dos sutis matizes do comportamento exercendo-se além da consciência singular, também propicia o recuo para os modos pessoais do falar. Embora sendo necessário separar o conceito de falar (em voz alta ou em silêncio) do conceito de pensar, ambos não deixam de estar intimamente entrelaçados nos atos de fala. Este ainda é interiorizante, aquele, mais exteriorizante. É somente nesse contexto que as palavras ganham sentido em expressões mais complexas.

VII

Suponhamos que eu diga para um amigo a frase "um saque de tênis", mas imaginando certas jogadas de um campeão. Se disser ainda "Com estas palavras penso nele", a expressão passa a sig-

---

58. *Fragment* XI, 280, p. 228.

nificar apenas que estou pensando em alguém. Para que o referente esteja individualizando Rafael Nadal, por exemplo, a frase se junta a um tecido tácito pressuposto, combinando todo um circuito de gestos e de sutis matizes de comportamento do atleta, tudo isso completando a referência. O mero enunciar de uma palavra não se refere a um acontecimento no momento do pronunciar. Por isso, Wittgenstein pode afirmar: "Se Deus tivesse olhado em nossas almas, não teria como ver, lá, do que estávamos falando".[59] Deus não estaria olhando para os restos comportamentais expressivos que configuram o significado. Sozinha, a palavra é como um germe. Seu desdobramento ocorre na sequência das palavras, formando um jogo de linguagem, um complexo de comportamentos em que as pessoas se exteriorizam e demarcam suas próprias atitudes, num fluxo que constitui sentidos e significados.

Ao dizer "pensei em...", essa fala é aparentada a "Isto me lembra de...",[60] em resumo, o pensar em algo evoca objetos em situações. Nem por isso, contudo, todo falar está entranhado pelo pensamento de algo. Segue-se uma concepção muito peculiar desse pensamento evocativo. Não é um fenômeno meio escondido: "Não está escondido de todo, mas seu conceito é confuso".[61] Podemos dizer que se trata de um processo articulado, pois tem lugar num lapso de tempo e pode acompanhar um acontecimento "exterior". É quase um processo externo. Sob esse aspecto, Wittgenstein o compara ao jogo de tênis sem bola, já mencionado. Embora muito semelhante ao jogo normal, ele seria diferente na raiz. Diferente é a determinação do critério de quem ganha e de quem perde: fica ao arbítrio do juiz que, observando o comportamento dos jogadores, calcularia mentalmente se a bola chegou ao seu

59. *Fragment* xi, 284, p. 228.
60. Ibid., 287, p. 299.
61. *Bermerkungen über die Philosophie der Psychologie*, 852, p. 459, Werkausgabe 7.

destino ou não.[62] As regras do tênis sem bola poderiam também ser apreendidas por alguém que não conhecesse o outro tênis. Mas sendo pensado como representação do jogo com bola, os participantes estariam sendo treinados para "ver algo como algo". O jogo de tênis sem bola pode se singularizar numa partida, mas em relação àquele com bola, funciona como uma encenação, afigurando. No entanto, só fala na imaginação quem pode falar, por isso o falar imaginário supõe que eu possa falar silenciosamente. É assim que em teoria o tênis sem bola pode ser apreendido por quem não conhece o jogo de tênis normal.[63] E Wittgenstein comenta logo em seguida: é por isso que as diferenças só se configuram quando o emprego das palavras acaba por ensinar-nos os seus significados. Não é nessa mesma linha que se explica como o cálculo de cabeça apenas prolonga por outros meios o cálculo falado ou escrito? Compreendemos melhor o que significa falar representando quando, sem pronunciar um som, reproduzimos mentalmente uma sequência de palavras.[64]

Uma partida de tênis sem bola, ao resumir um tipo de situação, pode complementar-lhe o sentido. No filme de Michelangelo Antonioni *Blow Up*, um fotógrafo flagra, num parque, uma cena de sedução envolvendo um casal. Ao revelar seu filme descobre que o olhar da mulher foca uma direção, cujo objeto, depois que a imagem foi ampliada várias vezes, se revela um cadáver. Está preparando um livro, mas não consegue que seu editor, mergulhado numa festa animada, o acompanhe de volta ao parque. Sozinho ele retorna à cena, descobrindo que o corpo desapareceu. O final do filme explicita esse ver e deixar de ver: um grupo de mímicos, provavelmente saindo de uma festa, invade a quadra de

---

62. *Bermerkungen über die Philosophie der Psychologie*, 854, p. 460, Werkausgabe 7.
63. Ibid., 855, p. 460, Werkausgabe 7.
64. *Fragment* xi, 301, p. 231.

tênis do parque. Um casal de mímicos começa um jogo de tênis sem bola, acompanhado por todos com o máximo interesse. O fotógrafo acaba participando dele quando devolve a bola representada que caíra fora da quadra. Ele, como todos os outros, aprendeu a *ver* o que as ações determinam, mesmo quando objetos já desapareceram. A arte flagra esse esvaziamento do real; os outros até se divertem com ele.[65]

Por isso o falar em silêncio, aquele falar "interior", está sempre determinado por sua possibilidade de exteriorização; ele não está oculto como se estivesse coberto por um véu. "Não está *absolutamente* oculto, mas seu conceito pode facilmente nos confundir, pois caminha um longo trecho rente ao conceito de processo 'exterior' sem se confundir com ele."[66] O processo interior não se confunde com o processo exterior precisamente porque, antes de mais nada, conforma diferentemente suas indeterminações ligadas à alma em lugar de enviesá-las para o mundo exterior, e isso se dá não em cada um de nós, mas em contato com os outros. O que falo para mim mesmo está oculto para outrem, a não ser que eu o diga ou que ele descubra, interpretando meu jeito e meus comportamentos. No entanto, opero mentalmente como se pudesse exteriorizar o que falo. E o estreito parentesco entre o "falar interior" e o "falar" se mostra quando lembramos que aquele pode tornar-se audível, assim como pode ser *acompanhado* por ações exteriores. Não é o que acontece quando falo para mim marcando o ritmo com movimentos da mão?

Não se perca de vista que falar na representação não se confunde com o pensar. Nem por isso, todavia, sempre *sei* o que es-

---

65. Cf. para uma análise em detalhe da sequência acima, bem como da relação mais ampla entre filosofia e cinema: Marcio Sattin, *Imagem da imagem do mundo: Cinema e filosofia em Michelangelo Antonioni, Howard Hawks e Jia Zhang Ke*. São Paulo: FFLCH-USP, 2018, tese (doutorado), pp. 51 ss.

66. *Fragment* XI, 301, p. 231.

tou dizendo. *Sei* no sentido preciso da palavra, isto é, quando penso, conheço excluindo uma dúvida. "'Sei o que quero, desejo, creio, sinto…' (e assim por diante, passando por todos os verbos psicológicos) é ou um não-senso (*Unsinn*) dos filósofos ou *não* é um juízo a priori."[67] Sublinhemos essa alternativa. "Sei o que o outro diz para si mesmo ou pensa" pode ter sentido quando ele me diz o que pensa, quando descubro por sinais exteriores seu pensamento e assim por diante. O que digo para mim mesmo sempre *pode* ser revelado em determinadas circunstâncias diversas. Mas se eu mesmo disser "Sei o que penso", aqui "sei", como vimos tantas vezes, nada acrescenta em situações normais ao sentido de "penso". Posso estar falando mentalmente sem estar pensando, e quando não há dúvida possível não existe saber (*wissen*). Não tem sentido *dizer* que *duvido* do que estou agora falando. A certeza não me vem de uma intuição reflexionante como se eu pudesse, no momento em que falo, falar que falo. O saber dirime uma dúvida e o faz na medida em que se movimenta no interior de um círculo de pensamentos. Tem sentido dizer "A Terra existe há milhões de anos", mas não consigo determinar exatamente o significado de dizer: "A Terra existe há cinco minutos". Não se pode saber o que seria essa Terra e o que significaria aqui a palavra "existir" ao ser pronunciada essa frase.

Visto que é o jogo de linguagem que define o significado das expressões, de que modo uma palavra isolada pode se apresentar como se tivesse um significado? "Quando, porém, uma frase pode me aparecer como uma pintura de palavras e, na frase, uma única palavra como uma imagem (*Bild*), então não cabe estranhar que uma palavra, pronunciada isolada e sem propósito, possa parecer trazer em si mesma um determinado significado."[68] A teoria tra-

67. *Fragment* xi, 309, p. 232.
68. Ibid., 267, p. 226.

dicional da linguagem encontra aqui seu falso fundamento. Mas cabe lembrar que a apresentação como imagem está ligada ao aprendizado de ver a própria mudança de aspecto no contexto de um jogo de linguagem.

Retomemos, porém, nosso caminho tentando resumir os resultados obtidos. A ligação entre ver um aspecto e a vivência do significado de uma palavra se evidencia quando imaginamos os obstáculos enfrentados por quem não é capaz de ver essa mudança. O cego para os aspectos teria certas restrições ao lidar com figuras, não reconheceria uma cruz branca em contraste com uma cruz preta, ambas inseridas num octaedro, mas seria capaz de ver nessa mesma figura uma cruz branca sobre um fundo preto. Conforme dissemos, ao deixar de ver as passagens, é como se perdesse o ouvido musical. Não procuraria o tom certo do compasso de uma canção tal como, ao escrever, não se lançaria à procura da palavra adequada. Não teria estilo. Pior, não notaria que sempre que proferimos a palavra dez, cem vezes seguidas é como se perdêssemos o seu significado e assim elas se tornam um simples som. O que importa na cegueira da mudança de aspecto é o transtorno que isso causa na experiência dos significados das palavras.[69]

Tomemos uma frase qualquer e expliquemos a uma criança o significado de cada palavra: ela aprende tanto a usar as palavras como a própria frase, isto é, o encadeamento das palavras. Isso não aconteceria se tivéssemos escolhido uma frase sem sentido. Se, por outro lado, explicássemos a palavra "é" unicamente como signo da igualdade, ela não entenderia a proposição "a rosa é vermelha".[70] No entanto, na sequência: "a rosa é igual a vermelho", sem dúvida o sentido se desintegraria, mas nem por isso a experiência seria vã. A sequência poderia ensinar que a frase com sen-

69. *Fragment* xi, 261, p. 225.
70. *Fragment* ii, 9, p. 184.

tido não pode ser contaminada por pensamentos que escapam do encadeamento vivido do significar. Quem pronuncia a exclamação "merda" de modo intensivo não está a pensar em excrementos, não deve misturar diferentes linhas de pensar. Em resumo, as vivências dos significados se encadeiam conforme as palavras vão sendo ditas e projetando nas palavras aspectos que as ligam para que signifiquem isto ou aquilo.

Essa análise do *isto* representado — quebrando uma tradição que remonta a Platão — se liga à intencionalidade das expressões, às maneiras pelas quais uma palavra significa algo, ou até mesmo a como uma regra antecipa o caso. Na medida em que o significado da palavra está no seu uso, esse uso se inscreve na apresentação da palavra. É certo que uma palavra somente possui significação primária no contexto de outras palavras num determinado jogo de linguagem. Mas uma palavra pode se apresentar para nós como se estivesse entre jogos.

Se uma palavra, então, intenta algo, nem por isso ela já está sendo pensada. Falar e pensar não são conceitos do mesmo gênero, embora estreitamente relacionados. Pensar está mais para o lado do agir, enquanto o falar, o significar, está mais perto de um estado. Mas o emprestar significado transforma o sinal em signo de...; este se vê situado num determinado contexto vivido por ângulos diferentes conforme cada pessoa assume perspectivas que vão além do que ela pode estar representando. Suponhamos que em silêncio estejamos a dizer "Maria". Pensamos nela, mas cada um de nós num determinado contexto, e nada nos assegura de que estamos falando da mesma pessoa. Sem o *aprendizado pessoal* de ver *isto* como aquilo, sem essa técnica individualizada, cada pessoa não pode falar vivenciando o significado do que diz. Por isso até mesmo a nomeação, que por muito tempo foi tomada como ato original da linguagem, não pode funcionar sem a ambiência atuante e vivida do falante particular, a qual, em última instância, remete a uma forma de vida. O nomear apenas dispõe no tabuleiro as peças do xadrez, mas não configura jogada alguma.

VIII

Essa estrutura extremamente sutil do conceito de "ver o despertar do aspecto" altera profundamente os conceitos tradicionais de percepção, de pensamento e de representação; de um lado, ampliando as formas e os meios da linguagem, de outro, a maneira como se entranham num modo de vida. Já que os sinais se transformam em signos mediante jogos de linguagem, as frases se movem em situações que situam e são situadas num mundo, adquirindo aspectos diferentes conforme passam a significar (*meinen*) para as pessoas segundo determinações próprias, embora marcadas pela indeterminação da alma. Ao dar uma tonalidade vivida a cada signo dito, o falante exercita sua técnica de perceber, pensar, afigurar, representar etc.; enfim, participar de linguagens no convívio social. Por sua vez, todos os passos necessários que o indivíduo foi obrigado a dar para apreender uma língua e nela se expressar, todas as exteriorizações (*Äusserungen*) que aprendeu substituindo diferenças de comportamento por palavras ou sentenças, todo o aprendizado por que passou a fim de poder se reportar a outros indivíduos como dotados de uma interioridade, enfim, tudo o que de fato causou o aprendizado de uma língua passa a interiorizar-se nela como condições de apresentação de suas expressões, efetivando-se como momentos do próprio exercício da fala. Como já lembramos, entretanto, o perigo reside em jogar tudo para o exterior ou para o interior e dispensar, assim, o exame detalhado dos campos das frases.

Em seus primeiros escritos, Wittgenstein deixa muito claro que o sujeito pensante ilusório se confronta com o sujeito volitivo portador do bem e do belo. Schopenhauer está por trás desse esquema. No entanto, depois que a sintaxe totalizante da linguagem vem a ser substituída pelo emaranhado de jogos de linguagem, a vontade-mundo há de ser dissolvida no tumulto das ações que sustentam tais jogos. Enquanto acreditava que toda proposição possuía uma forma lógica, que a existência de uma delas determinava todo o espaço lógico — estando ao mesmo tempo determinada por ele —, a unicidade do *como* projetaria uma unidade no *que*, por mais que este pudesse se impregnar de ares místicos.

Nas *Investigações*, contudo, a vontade se cola ao próprio agir: "'O querer, se não deve ser uma espécie de desejo, tem de ser o próprio agir [...]'".[71] E o texto ainda esclarece que esse agir possui dimensões diversas: desde o falar e o escrever até o representar-se algo. Nessa diversidade o próprio mundo não pode mais se afunilar como vontade e representação. Estas se clivam num jogo de espelhos, sem que por isso a vontade possa vir a ser mero fenômeno, "pois qualquer que seja o fenômeno, ele é algo que *simplesmente ocorre (geschieht wieder nur)*, mas não é algo que *fazemos (tun)*".[72] Passagem que, por ter sido escrita logo após Wittgenstein ter abandonado a teoria figurativa da linguagem, deve ser lida com muito cuidado. Depois que os verbos psicológicos adquirem a importância que já conhecemos, toda a questão da vontade passa a ser estudada a partir da análise do verbo "querer" — análise que escapa dos propósitos deste livro.

Lembremos de uma passagem de Heidegger: "Como para a metafísica a essência é a cada vez o ser-o-que (o *ti esti* do *eidos*), ela busca a representação do aspecto do ente como um ente presente, o que significa, em termos modernos, como um objeto".[73]

71. *PhU*, 615, p. 168.
72. *Philosophische Grammatik*, p. 23, *Schriften*, 4.
73. *Das Ereignis*, GA 71, p. 157; trad.: *O acontecimento apropriativo*. Rio de Janeiro: Forense Universitária, 2013, p. 161.

Perceber o iluminar da mudança de aspecto muda tudo isso, pois o "objeto" indica apenas uma semelhança de família entre certos entes e coloca em xeque a noção de ente no seu todo.

Quando se fala da alma logo se pensa numa espécie de imagem gasosa da pessoa podendo sair do corpo, ir para o céu ou para o inferno ou, até mesmo, voltar para ele. Com o desenvolvimento da neurofisiologia atual é comum mencionar-se o paralelismo mente-corpo. Wittgenstein entende "alma" como um conceito gramatical, ou seja, nascendo a partir dos jogos de linguagem em que a palavra "alma" comparece, fixando-se na diferença entre o dizer automático e aquele vivido, o que nos leva a ressaltar a diferença com que tratamos os corpos mortos ou vivos. Desenhando exemplos de como o dizer natural se arma mediante ações que se cruzam como corretas ou incorretas, tendo por cenário situações que só podem ser ditas de modo monopolar, essa palavra escapa daquelas estruturações de frases que colocam variáveis no lugar das palavras significantes. Nunca pode ser vista funcionando neste ou naquele jogo de linguagem, mas, se reside entre jogos, deve apontar neles um ponto comum, precisamente aquele em que as palavras mostram suas necessidades de ser vividas. Lembremos que já para Aristóteles não há definição genérica de alma capaz de identificar um traço comum entre a alma sensitiva, aquela nutritiva e aquela outra intelectual, pois as almas constituem uma série marcada por elementos anteriores e posteriores, o que impede que constitua um gênero[74] e, por conseguinte, que seja abarcada por uma única ciência.

Para Wittgenstein, que investiga o fato de a filosofia ter sido dominada pela representação marcada pela unidade do *cogito*, importa que o momento indicando a passagem da mente, da consciência, para o mundo consista numa exteriorização (*Äusserung*):

---

74. *De anima*, 415a 2 ss.

aquele aspecto do comportamento em que ele deixa de ser tão só movimento de um corpo para se apresentar como movimento exteriorizante de algo que, além de estar vivo, é falante e, por isso mesmo, ao falar se interioriza. Isso se mostra, como temos visto, particularmente na assimetria no emprego de certos verbos psicológicos na primeira e na terceira pessoa. Para poder desenvolver essa diferença, a criança, conforme aprende a falar, desenvolve técnicas de diferenciação, juízos práticos comuns que estão na base do dizer o certo e o correto para um grupo de falantes.

Vimos que "Eu sei que tenho dor" equivale a "Tenho dor", enquanto na frase "Ele sabe que eu tenho dor" o verbo saber tem sentido, podendo ser verdadeiro ou falso conforme eu esteja ou não dissimulando ou numa situação em que isso se torna impossível. Essa assimetria, como já foi apontado, vem a ser encenada numa situação em que cada um de nós só poderia mirar o interior de sua própria caixa, onde se esperaria que houvesse um besouro, mas o conteúdo de fato pode se diversificar ou até desaparecer. Relembrando o comentário final do exemplo: "A coisa (*Ding*) na caixa não pertence, de modo algum, ao jogo de linguagem nem mesmo como um *algo* (*etwas*): pois a caixa poderia estar vazia. — Não, por meio da coisa na caixa o jogo pode ser 'abreviado': seja o que for, ele é suprimido".[75] No entanto, ninguém desse grupo deve saber que sua caixa está vazia, a não ser que esteja dissimulando, o que é outro jogo se os membros apostam na certeza de que cada caixa está cheia. É a objetualidade da coisa que fica indefinida. É um saber condicional desse jogo.

Nessas condições, o anímico deve ser um conceito gramatical relativo ao funcionamento dos jogos de linguagem e que só pode ser evocado a partir deles. Contudo, ele já se mostra no tratamento diferente que damos ao corpo vivo: capaz de falar, de se

75. *PhU*, 293, p. 106.

exteriorizar pelas palavras e por gestos mais sutis — sinais que desaparecem quando se está morto. Seria a tonalidade efetiva (*Stimmung*) do ser-aí se o próprio *Dasein* marcasse por ela sua diferença com os outros entes. Mas o significado da palavra "alma", em Wittgenstein, recusa toda algoidade.

IX

O manuscrito 173, de 1950,[76] trata desse assunto de maneira surpreendente; texto muito difícil, mas que compensa todos os esforços que requer para ser entendido. Passo a expor o que pude compreender. Ele visa antes de tudo estabelecer o *conceito* de anímico, *o que* o distingue de outros fenômenos. Obviamente temos de procurar a resposta nos jogos de linguagem nos quais a palavra "anímico" pode ter sentido. Podemos saber se alguém se alegra de modo autêntico, mas nem por isso sempre conseguiremos descrever efetivamente essa alegria. Um sorriso, mesmo tendo em vista suas expressões, pode não ser qualificado nem como autêntico nem como dissimulado, pois nos falta o padrão para lidar com ele. Conhecendo o caráter da pessoa, numa dada situação poderíamos assegurar a validade de nossas avaliações. Sempre haveria, contudo, a possibilidade de surgir uma brecha no que se está assegurando. Noutras palavras, estamos procurando regras que nos mostrem que certos enunciados sobre as vivências nos dariam critérios que assegurassem sua verdade. No entanto, não conseguimos. Por certo o interior não se confunde com o exterior, "mas deixou de haver para nós evidência direta interna e evi-

---

76. *Das Innere und das Äussere*, pp. 85 ss.; *Últimos escritos sobre a filosofia da psicologia*, p. 325.

dência indireta externa do anímico".[77] "Mas há decerto 'evidência para o interior' e 'evidência para o exterior'",[78] pois do contrário se tornaria vã a procura por esse conceito.

Ao longo das *Investigações filosóficas* Wittgenstein nos mostra que a palavra "essência" deve ser entendida no seu uso cotidiano, condição sem a qual algo não poderia existir. Nem todas essas condições são causas, promotoras desse algo. Certos comprimentos de onda são causa de minha sensação de vermelho, mas não fundam o que digo dela. Em particular quando admiro o vermelho em objetos diferentes, separando assim a cor da diversidade de seus suportes. Falo de vermelho na minha língua, conheço seu sentido, mas admiro o vermelho de uma frase escrita em árabe, língua que ignoro. A palavra árabe para vermelho possui os mesmos matizes da minha? A essência do vermelho dita em português é condição para os falantes dessa língua, mas se distingue de sua causa. E um conceito, a despeito de ser vago, indica a essência para os falantes de uma língua ou de outras assemelhadas.

O sentido do que chamamos vivência decerto há de sofrer variações de uma língua para outra. Mas as variações de seu conceito são diferentes. "A questão da evidência do vivido (*Erlebtes*) tem de estar ligada à segurança (*Sicherheit*) ou insegurança de uma previsão do comportamento de outrem. Mas não é inteiramente assim que as coisas se passam. Quero dizer que a imprevisibilidade (*nicht-Vorhersehbarkeit*) tem de ser *uma* propriedade essencial do anímico. Tal como a variedade infinita da expressão (*Ausdruck*)."[79]

Vejamos o esquema da argumentação. Nos comportamentos, o filósofo ressalta as exteriorizações que, propriamente, não

---

77. *Inn/Äuss*, p. 86; trad., p. 326.
78. Ibid.
79. Ibid., pp. 89-90; trad. mod., 29, pp. 329-30.

se reduzem a comportamentos. Os falantes se referem, entre outras coisas, aos outros, mediante verbos que, quando ditos por uma terceira pessoa, trazem consigo a possibilidade de estarem dissimulando, de sorte que vivem mais ou menos seguros do que está sendo dito. Essa imprevisibilidade marca os falantes de qualquer língua natural. Por isso podemos dizer que eles têm alma; esta não é um ser mais ou menos sutil, mas traça o lógico do falar humano. Nenhum eu, de fato ou transcendental, determina esse viver — um *Ereignis*, no sentido próximo que lhe atribui Heidegger, mas que se dá no vazio e não sendo pastoreado pelas palavras, a despeito de ser aberto por elas. Também é *Abgrund*, mas não se dá com o tempo. "O comportamento mais sutilmente matizado da pessoa é talvez a linguagem com o tom de voz e o jogo fisionômico."[80] Por isso, quando encontramos alguém que fala uma língua totalmente estranha para nós, logo acreditamos que tenha alma e o tratamos como ser vivo, amigo ou inimigo. Morto, ele abandona nossa "human-idade".

Em várias circunstâncias podemos estabelecer uma ponte entre dentro e fora, mas nos enganando quando lhe atribuímos qualquer objetidade, pois se trata de um movimento inscrito no entendimento das palavras. No entanto, nessa rala atmosfera podemos encontrar conceitos. Não seria por estarmos procurando suas determinações junto aos jogos de linguagem e às regiões do ser onde suas objetualidades estariam se definindo? Caberia então distinguir conceitos interiores dos conceitos exteriores? Todas essas variações levam Wittgenstein a concluir que o interior se distingue do exterior meramente por sua *lógica*. Isso porque ele explica a expressão "o interior" comparando os jogos de linguagem nos quais as palavras "interior" e "exterior" comparecem, evidenciando-se o conceito não só pelo que ele determina, mas tam-

---

80. *Inn/Äuss*, p. 91; trad., 41, p. 331.

bém pela indeterminação que cerca tais jogos: "Não precisamos do conceito de 'anímico' (etc.) para justificar que certas conclusões nossas sejam indeterminadas etc. Mas, antes, essa indeterminação etc. explica-nos o uso da palavra 'anímico'".[81] O conceito se forma pela impossibilidade de encontrarmos uma evidência que nos seja ensinada pela exteriorização (*Äusserung*) psicológica, aquilo que extravasa o mero comportamento do outro.

Se o conceito de alma demarca o espaço no qual vão se precisar as indeterminações em que eu e os outros se alojam, a própria alma há de funcionar como o bordejar das relações determinadas entre eu e os outros enquanto possíveis falantes de uma linguagem. Estas últimas requerem entrelaçamentos de vivências, assim como o poder de observá-las. Observar não é um ver, mas um encontrar uma posição em que o ver e outras vivências podem ser descritas. Desse modo, com o aprendizado da linguagem, forma-se uma rede de técnicas e vivências se exteriorizando nas dimensões mais variadas, conformando a unidade da consciência (ou da mente) de mim, de ti, dele e de todos os outros considerados falantes. Postos de observação precisam ser conquistados ao longo da história da humanidade, ensinamentos sobre as circunstâncias nas quais certa frase pode ser uma comunicação. Por isso, como já temos visto, se um leão falasse não o entenderíamos, pois ele não acumulou experiências semelhantes às nossas. Mas então... poderia ter alma? E se nós, falantes, a possuímos, não é porque cada um de nós conquistou um saber de si, pois a gramática do verbo "saber" é mais complicada que a dos verbos que nos deram o material que permite prefigurar uma primeira consciência. Além das técnicas de observar, ela requer técnicas do juízo que nos levam além dos estados psicológicos.

81. *Inn/Äuss*, p. 87; trad., 12, p. 327.

X

Para que nossa interpretação das travações anímicas possa ter cabimento, necessitamos reexaminar em pormenor de que modo o jogo das seguranças (*Sicherheiten*) subjetivas e objetivas coloca o problema da certeza (*Gewissheit*). Ao falar, estamos nos exteriorizando e nos interiorizando, mas em proporções variadas segundo as circunstâncias. Mesmo uma exteriorização simples como a dor pode comportar partes dissimuladas. Tudo nos parece mais simples se levarmos nossas experiências e evidências para o interior. Alguns filósofos tentaram esse caminho para só depois marcar nossas representações com o selo da exterioridade, *et pour cause*, pois lidando com representações não precisavam levar em consideração o campo delimitado pelas frases. Por outro lado, a própria oscilação entre interior e exterior é parte importante de nossas vidas. Mesmo as evidências dependem de um ensinamento para que possamos dar-lhes o devido valor.[82]

Olho pela janela e digo "O ipê está seco". Seguindo estritamente a teoria da verdade por correspondência para decidir sobre a verdade dessa proposição, eu teria de encontrar um jeito de me assegurar de que o ipê está de fato seco. É o que basta, do ponto de vista estritamente formal. Tanto é assim que ela poderia ser traduzida na conhecida fórmula de equivalência de Tarski: "O ipê está seco" é verdade se e somente se o ipê está seco; o que pressupõe a linguagem clivada em linguagem e metalinguagem. Mas aqui a palavra "seco" é ambígua, pois pode significar tanto que a planta está perdendo suas folhas por falta de água como simplesmente que está morta. O jardineiro pode vir me dizer a mesma frase no contexto de perguntar se deve aguá-la ou cortá-la porque já morreu.

---

82. *Inn/Äuss*, MS 174, pp. 109 ss.; trad., pp. 351 ss.

Importa a Heidegger — que desde *Ser e Tempo* trafega no tradicional nível da "*phronesis*" aristotélica — que o vínculo que a secura mantém com o ipê se mostre aos mortais para que estes, em seu habitar a terra, configurem essa coisa na luta entre a terra que a seca e o céu que a molha. Caso tenha chovido, "seco" significa morto. É com isso em mente como pressuposto silencioso que a frase é dita. Para o último Wittgenstein, em contrapartida, que julga que a verdade da frase reside na teia de juízos coletivos que leva em consideração tanto meu dizer e o do jardineiro como os resultados que cada um de nós e outras pessoas obtenham ao examinar a planta, importa como essa frase se integra no resto de nosso discurso e de nossa prática, em última instância falando em situações pressupostas. Estas, como já sabemos, quando ditas, seriam ditas mediante proposições monopolares. Isolar a proposição de seu contexto prático-verbal é resultado da má influência da lógica tradicional. Já vimos como essa crítica aparece no exame do silogismo; agora ela surge na análise proposicional. Cairíamos no mesmo erro ao perguntar se o cão sentado na porta acredita que seu dono entrará por ela ou se o sabe: "Má influência da lógica aristotélica. A lógica da linguagem é infinitamente mais complicada do que parece".[83] Embora Heidegger e Wittgenstein salientem o lado "prático" da linguagem, o primeiro quer chegar à doação histórica do ser, o segundo ao jogo da bipolaridade e da forma de vida. Por isso convém afirmar que um jogo de linguagem somente se torna efetivo quando alguém confia em algo sem ter necessidade de dizer que confia nesse algo. Esse *fundamento* prático é relativo aos setores da dualidade do verdadeiro e do falso, do correto e do incorreto etc., mas em muitas situações ganha certa autonomia e por isso pode ser *conhecido* como tal. O paradoxo de Moore é enganoso porque ao se contrapor à asserção de que

83. *Inn/Äuss*, ms 169, p. 61; trad., p. 301.

não é possível conhecer isto, afirma "Eu conheço isto".[84] Diante de um desconhecimento geral, reafirma seu privilégio de conhecer tal coisa. Mas o plano da segurança (*Sicherheit*) pode se diferenciar do plano da certeza (*Gewissheit*): este se liga ao conhecer (*wissen*), aos procedimentos de verificar e fundar, aquele a um saber cotidiano permeado pelo desequilíbrio da primeira e da segunda pessoa dos verbos psicológicos, embora o uso dos dois verbos esteja entrelaçado.

Se eu disser: "Sei que isto é manjericão" ao comprar, na feira, aquele maço de folhas miúdas, embora meu ajudante espere que compre aquele outro, de folhas largas (uma alfavaca, digamos), pronuncio uma exteriorização (*Äusserung*), *no fundo* como se estivesse substituindo um grito por uma frase. Mantenho-me assim num nível meramente expressivo, fora do campo de toda verificação articulada: apresento a frase de um só golpe e sem nenhuma dúvida. A essa apresentação corresponde uma segurança (*Sicherheit*), mas não um conhecer (*wissen*), a despeito de muitas vezes usarmos, nesse caso, a palavra "conheço". Não é como se eu dissesse o *nome* de uma coisa? No entanto, ao explicar a uma amiga afirmando "Sei que manjericão moído com nozes dá um bom molho de macarrão", estou afirmando com certeza.

Se as coisas se revirassem totalmente — as vacas se apoiando no chão sobre as cabeças etc. —, caberia ainda dizer "Re-conheço que aquilo é uma vaca"? A expressão parece fundamental, desde que o falso esteja fora do jogo. Beiramos a diferença aristotélica entre a verdade como o autêntico e a verdade ligada ao verdadeiro ou falso. Aqui, entretanto, ela se vincula a uma imagem de mundo (*Weltbild*) e não mais ao ser. Há certas certezas que estão postas como molduras do viver. Se meu nome não for J. A. tudo pode ser falso e não haveria como distingui-lo do verdadeiro. O leito do

---

84. *Über Gewissheit*, p. 521.

rio sobre o qual fluem as águas não seria leito se essas águas nunca viessem, o que não impede que também seja corroído muito lentamente. Encontramos, assim, uma faixa da linguagem em que a dúvida não cabe e o significado das palavras não é apenas conjecturado.[85]

Wittgenstein continua a sustentar que toda intuição fundante é dispensável, mas descobre nos vários sentidos da bipolaridade um assento que, se escapa dela, não existe sem ela, na medida em que faz parte de um modo de dizer coletivo, de um modo de vida. Ele existe, porém, configurando os significados das palavras, em particular dos nomes, formando a base dos processos de nomeação. A linguagem não nasce dela, pois as exteriorizações passam a ser significantes na medida em que participem de jogos de linguagem que ligam o objeto nomeado às ações que fazem dele um objeto. No entanto, por isso mesmo, esses nomes se dão como fundamentos sem os quais uma língua não poderia funcionar.

A enorme dificuldade é entender esse fundamentar ligado às práticas do conhecer (*wissen*). Claro, cabe retomar a ideia de "concordância com a realidade", cuja aplicação, porém, não é nada clara.[86] Ela se exerce mediante juízos, como já nos ensinam as *Investigações*:[87] a prática decisória coletiva levando em conta a estabilidade dos resultados da investigação. Estabilidade essa, porém, que necessita ser referida ao tipo de leito referencial e vital. Não é porque podemos errar um cálculo que cabe afirmar que todo e qualquer cálculo é inseguro (*unsicher*). O cálculo matemático como tal, aquele que se aprende ao lado de uma *certa* técnica, não pode ser posto em dúvida por qualquer pessoa racional — ou razoável; a diferença não importa.[88] Não interessa se emprego

85. *Über Gewissheit*, pp. 519 ss.
86. Ibid., p. 215.
87. *PhU*, 240 ss., p. 94.
88. *Über Gewissheit*, p. 220.

as regras desta ou daquela aritmética, não por tratar com *objetos* formais, mas pelo tipo de cálculo de objetos e *situações* que prefiguram. Para Wittgenstein, tais fundamentos são tão certos quanto a afirmação de que ninguém pode ter ido à Lua.

Quando Lavoisier comprova que a combustão necessita de oxigênio, basta uma experiência para chegar a essa conclusão. Lavoisier se baseia numa continuidade da natureza que integra sua imagem de mundo incorporada desde a infância. Do mesmo modo, Wittgenstein — que nega a possibilidade de o homem chegar à Lua —, se tivesse assistido pela televisão à primeira viagem ao nosso satélite, haveria de reformar sua concepção de mundo.

Do mesmo modo, quando examino por que não duvido do que afirmo ao dizer "Esta é minha mão", esse fato não está ligado a uma crença, mas a um conhecer (*wissen*) entremeado aos fundamentos de toda a minha ação, ligado a uma crença que não é apenas segura (*sicher*), mas subjacente a outras questões e pensamentos.[89] Daí seu caráter de certeza (*Gewissheit*), que aparece numa frase que entremeia outras igualmente certas.

Essa certeza marca o significado (*Bedeutung*) das palavras vinculadas às frases com sentido (*Sinn*), significado que, no contexto, se reporta a uma coisa (*Ding*).[90] Isso fica transparente quando chegamos aos limites de nossa linguagem, por exemplo quando, encontrando-nos num país estranho, de língua desconhecida, para nos fazer entender apontamos coisas. O verbo alemão "*überreden*" (literalmente, ir além do discurso) significa persuadir, convencer. É esse convencimento que Wittgenstein invoca, primeiramente, quando ocorre um conflito entre os fundamentos de nosso dizer e os de nosso agir. Quando tudo o que digo está sendo contradito, então até mesmo os fundamentos de nossos juízos es-

89. *Über Gewissheit*, p. 415.
90. Ibid., pp. 426-7.

tão sendo questionados. Para que se trave uma nova comunicação, certos fatos precisam tornar-se seguros. Eu e, suponhamos, o falante da língua guarani passamos a re-conhecer no apontar a coisa um *fato* que nos parece indubitável do ponto de vista *lógico*, pois sua regularidade está se tornando condição de nosso entendimento. Mas a palavra "água", que digo, se gruda à coisa e se torna um germe lógico de nossa "*Überredung*" quando bebo água e até mesmo digo água em guarani. E assim a coisa se coisifica, não como em Heidegger em seu uso no acontecimento apropriativo, mas no brotar da linguagem que pastoreia o ser depois que certos entes se estabilizam em nossa práxis, tornando-se objetos do significar (*bedeuten*), depois que nossa segurança avança para o terreno da certeza. Não foi à toa que a nomeação foi tomada, por séculos, como o primeiro passo da linguagem.

Alinhavando questões[*]

I

Tentei, como me foi possível, aliviar o pensamento de Heidegger e de Wittgenstein do peso de seus primeiros sucessos, que terminaram bloqueando o entendimento de suas últimas inovações. Os dois se libertaram, a seu modo, do imperialismo da lógica formal como única lógica da verdade, elegendo a linguagem natural como paradigma do pensamento filosófico. As soluções, porém, não poderiam ser mais opostas. Heidegger dela se livra por meio do jogo de espelho (sem espelhos) dos apelos e respostas no âmbito do *Ereignis*. Em vez de pensar o ser como criador ou fundamento, Heidegger o considera um acontecimento que teria se apropriado historicamente dos homens mortais determinando-se, tendo no horizonte os imortais diante da luta entre a terra e o céu. No lugar da causalidade baseada na oposição forma-

---

[*] Parte desta conclusão, em versão modificada, foi publicada em *Novos Estudos Cebrap*, n. 112, set.-dez. 2018, como aperitivo deste livro.

-matéria, o ser tem sua epocalização pastoreada pela linguagem. Wittgenstein projeta pedaços da linguagem em jogos de linguagem nos quais se explicitam os vínculos objetivantes das palavras e das ações. O primeiro abandona de vez a proposição apofântica e o julgar como bússola de sua meditação; o segundo situa o juízo em geral no aprendizado de uma técnica, e com isso se abre na tentativa de acertos e erros, de ajustes; sempre, contudo, fincando pé numa experiência coletiva, pois a bipolaridade do falso e do verdadeiro se associa a uma situação lógica que, quando expressa, o é mediante expressões monopolares.

Nos últimos anos, grande parte da reflexão filosófica tentou escapar desses abismos, mas, em geral, recuando diante deles, levando-nos a repisar terrenos tradicionais. E se a filosofia deixa de se apoiar num fundamento único, fica-lhe difícil validar uma revolução total que nos salve da crise da modernidade e venha a ser capaz de "regenerar o ser humano" como um todo. Por outro lado, a massificação dos estudos filosóficos reforça práticas "moralizantes". No nosso tempo, a meditação filosófica não poderia escapar das exigências do tipo de sociedade em que vivemos: demanda por filósofos de massa cuja presença regular — mensal, semanal, até diária — tende a transformar o pensar num comentário banal do cotidiano. O grosso, porém, da pesquisa filosófica se concentra ainda nas universidades, onde o comentário de texto prevalece, às vezes formando lojas maçônicas em que os membros trocam entre si secretas chaves interpretativas.

A genialidade de um filósofo não o protege de paixões políticas abjetas. Heidegger derrapou nesse desfiladeiro. É bem verdade que o século xx foi muito turbulento: duas guerras mundiais despertaram paixões e conflitos sagrados. Desde o século xix uma contradição sociopolítica sui generis ameaça a unidade da sociedade e do Estado nacional: a produção da riqueza social se faz segundo o modo de produção capitalista, que cria riqueza a partir de certa riqueza já dada, mas que somente se move se tiver no horizonte a possibilidade de aumentá-la. Isso cria riqueza e miséria, desenvolvimento econômico e depressão, expressando-se em conflitos políticos mais ou menos violentos. Seja qual for a interpretação desse procedimento econômico, os vários modelos de seu funcionamento não ensinam como evitar a longo prazo o desequilíbrio social e político que ele produz. São muitos os farrapos humanos vivendo à margem dos mercados de trabalho. Além do mais, todas as formas de superar esse tipo de produção mercantil, que o comunismo ou o socialismo tentaram implantar, criaram contradições, crises violentas que abriram caminho para reinstalar alguma forma de mercado. Desde que não se confunda produção mercantil com produção sob a égide do capital, a unidade do Estado nacional se torna tarefa a ser reposta continuadamente.

Já *O capital*, de Karl Marx, o primeiro e genial exame do modo de produção capitalista, termina num impasse. Tendo no horizonte a lógica hegeliana, Marx esperava que a contradição entre capital total e trabalho total resultasse num conflito cuja radicalidade poderia dar margem à superação do próprio sistema. No entanto, a publicação dos múltiplos manuscritos, utilizados por Engels para dar a redação final ao terceiro volume da obra, mostra que os dados recolhidos caminhavam na direção inversa daquela esperada pelo neo-hegeliano, multiplicando formas de capital e de agir, dissolvendo formas tradicionais de trabalho.[1] Cem anos depois, essa tendência não fez mais que aumentar, desapontando quem ainda espera um conflito religioso perfeito entre o capital e o trabalho, a verdadeira Revolução capaz de cumprir as promessas da "Internacional". A política tende a perder de vez a esperança numa *parousia*. Por isso mesmo, diante dessa contradi-

---

1. Cf., a respeito, os diversos escritos de Michael Heinrich.

ção interna na sociedade civil, prefiro pensar a política a partir da dualidade entre amigos e inimigos, em que o acordo provisório da democracia representativa pode estabelecer situações de diálogo entre representantes das partes, distribuídos entre aliados e adversários. É o que tenho procurado descrever noutros lugares.

Heidegger, como vimos, refletiu sobre os abalos da modernidade influenciado pelos padrões da direita alemã e interpretou as crises do capitalismo ocidental como a crise da própria metafísica, que, esquecida do ser, pensa todo ente como uma variável. A isso não foi levado porque o capitalismo transforma todo produto num objeto intercambiável? Quando se sustenta uma visão técnica do ente na totalidade, isto é, cada ente valendo como qualquer outro, fundo a receber trabalho, leva-se ao limite o esquecimento do ser. No entanto, como a essência da técnica não é técnica, a Revolução deveria surgir de uma nova temporalização — podemos dizer epocalização — do ser, anunciada por um novo deus ainda escondido. Essa interpretação da "crise do Ocidente", a meu ver, não faz mais que generalizar a alienação da mercadoria sem atingir o cerne da produção desigual do capital. Heidegger mergulhou no nazismo, socialismo nacional que se propunha salvar a Alemanha das duas potências técnicas, América do Norte e União Soviética, na esperança de esclarecê-lo. Caberia um exame detalhado de como a maquinação (*Machenschaft*), ao transformar a totalidade dos entes em algo factível, produz uma violência que soterra toda decisão. "A maquinação exige, em muitos mascaramentos da violência múltipla, a calculabilidade de antemão completamente abarcável do apoderamento submissor do ente ao erigir disponível: dessa exigência essencial, mas ao mesmo tempo velada, nasce a técnica moderna."[2] E o texto prossegue, indicando de que forma essa maquinação libera o homem,

2. *Besinnung*, GA 66, p. 17; trad., p. 16.

massificando-o, superpotencializando todas as suas peculiaridades para integrá-lo ao processo como sujeito cofeitor. As contradições do capitalismo (dessa modernidade técnica, diria Heidegger) nasceriam de um modo de o ser doar-se e acontecer.

Por mais escabrosa que a julguemos, a posição política de Heidegger tem seus refinamentos e merece estudo pormenorizado, pois há de revelar aspectos, a meu ver, contraditórios e, às vezes, monstruosos, daquele pensamento político que acriticamente aceita se subordinar a uma missão totalizante e que termina, assim, envolvido numa atmosfera sagrada. O próprio Heidegger nos leva a refletir sobre a presença cotidiana do sagrado sem que essa presença se configure num deus. Nazismo e comunismo exploraram ao limite essa ambiguidade. Basta refletir sobre a morte de grandes líderes autocratas cujo impacto, nunca previsto, inibe a ação. Vista sob esse aspecto, a morte de Stálin é exemplar: o líder cai de supetão, e os camaradas em volta não sabem o que fazer, nem mesmo tocam o cadáver. Outro exemplo é a morte de Getúlio Vargas, que se sacraliza ao suicidar-se e, assim, congela o jogo político no qual continua agindo por vários anos. Esse é um tema que agora foge a nossos propósitos, embora sejamos obrigados a mencioná-lo por estar no limite de nossa investigação. Reconhecer a genialidade de Heidegger, contudo, não significa silenciar sobre os abusos de seu comportamento político-moral. Durante a desnazificação, teve sua atividade de professor suspensa por um breve período; eu preferiria que tivesse sido obrigado a fazer visitas periódicas a Auschwitz.

Wittgenstein nunca se deixou levar pelas missões a que se entrega o mandarinato universitário nem pelas paixões políticas que assaltam os diferenciados. O rico dândi que chega a Cambridge em 1911 para estudar com Bertrand Russell logo se transforma num modesto excêntrico refinado: desfaz-se de sua herança, serve nas forças austríacas da Primeira Guerra Mundial e ao mesmo tempo redige o *Tractatus*. Por uns tempos pretende trabalhar na União Soviética. Seu horror à cultura contemporânea nasce de posições e reflexões sobretudo morais. Mesmo tendo sido amigo de dois grandes intérpretes do capitalismo, Piero Sraffa e John Maynard Keynes, nunca se interessou por questões econômicas. O *Tractatus* pretende resolver de vez questões levantadas pela formalização da lógica e da linguagem, por conseguinte da verdade formal do mundo, mas ele já inicia o livro lembrando que "o valor deste trabalho consiste, em segundo lugar, em mostrar como importa pouco resolver tais problemas". Somente os céticos antigos haviam desprezado a vida intelectual a tal ponto. Embora Heidegger a pratique tenazmente, importa-lhe o modo de viver. É sintomático que em seus últimos anos as reflexões sobre a moral tenham escasseado.

Wittgenstein tentou mostrar como as questões filosóficas se montam a partir de erros gramaticais. Em vez de puxar a linguagem cotidiana para seu abismo (*Ab-grund*) em busca de significâncias não verbais, Wittgenstein, opondo-se a toda forma de hermenêutica, cria jogos de linguagem que espelhem maneiras de dizer coisas e ações nas suas práticas mundanas limitadas. Práticas que decidem ou suspendem decisões dos tipos mais variados e complicados, mas que se ligam, apesar de tudo, a processos de julgar cotidianos, depurando o que vem a ser seguro para um grupo de atores, enfrentando uma oposição entre verdadeiro e falso mas tendo no horizonte situações lógicas indubitáveis, formas de vida que, quando ditas, o são de modo monopolar. A história dessas construções linguísticas fica fora de sua investigação, ou seja, toda consideração que se ocupe da gênese de tais construções é desprezada. Ao contrário, portanto, de Heidegger, para quem "As palavras fundamentais são historializantes",[3] isto é, determinan-

---

3. Heidegger, *Nietzsche* i, trad. fr., Paris: Gallimard, 1971, p. 134.

tes das epocalizações do mundo ocidental: "a meditação sobre a linguagem e sobre sua potência historializante sempre equivale à própria ação de estruturar a existência".[4] Nada a ver com a narração sucessiva dos fatos, e sim com o sentido do ser tal como é configurado em determinada época pelos grandes criadores. Em contrapartida, para Wittgenstein, se as linguagens possuem suas histórias, estas estão cristalizadas nas suas formas gramaticais. E só elas interessam ao filósofo como tal. Por certo, importa-lhe a história da Grécia, do Mediterrâneo ou da sexualidade, quer ela seja global e linear, quer siga os passos de cada instituição, mas isso não se reflete nas articulações gramaticais objetivantes. Remeter a palavra "verdade" ao seu equivalente grego "*alêtheia*" desvenda, para Heidegger, o sentido original desse conceito, que se acoberta no falar. Wittgenstein nunca penetra nos campos da hermenêutica, isto é, dos sentidos pré-verbais, a não ser nas situações de vida que rodeiam o falar e que são ditas, quando o são, de modo monopolar.

Creio que vale a pena ressaltar dois pontos nos estudos sobre os últimos textos de Wittgenstein a que acabamos de aludir. Tentando agarrar estruturas gramaticais que ficam à margem de suas respectivas vivências, esses textos se tornam cada vez mais complicados. Um deles diz respeito à visão da mudança de aspecto, como ocorre na imagem pato/lebre: na imagem vê-se a própria mudança. Em vez da sobreposição de duas imagens, tese ainda defendida no *Tractatus*, este ver a mudança agora é vivenciado (*erlebtet*) por alguém como isto e aquilo, o que implica alterar o próprio conceito de vivência.[5] A nova visão é mais que a soma da percepção e do pensamento, mas, sendo *aparentada* à primeira,

---

4. *Nietzsche* I, p. 134.
5. *Philosophie der Psychologie* XI (antiga parte II das *Investigações filosóficas*), em *Philosophical Investigations*, p. 219.

pertence ao ciclo da representação (*Vorstellung*), que se dá, assim, juntando elementos por semelhança de família, e não mais pela captura de marcas semelhantes reunidas num conceito. A vivência alterada resulta do aprendizado de uma técnica, por conseguinte de um juízo corretamente aprendido:[6] juízo que faz parte de um jogo de linguagem que, como ato, se junta ao estado de vivência, *ecoa* nele, *re-presenta-o*, sem que possamos separar sensação e juízo de percepção, segundo a tradição kantiana.

Esse aprendizado é coletivo e nada tem a ver com atos de um eu transcendental; mistura vivências que cruzam dois vetores — interiorização e exteriorização — marcados pela estrutura meramente gramatical da alma. Daí a importância da distinção entre "*sicher sein*" e "*gewiss sein*", verbos cujas gramáticas, embora muito semelhantes, são diferentes. Vimos que a vivência de estar seguro chega àquela de estar certo ao se fixar mediante técnicas coletivas de *decidir* por *este* ou *aquele* caso, levando em conta os diversos resultados das tentativas feitas. Insisto: esse julgar está ligado ao aprendizado de uma técnica que tanto depende da uniformidade dos resultados como do preparo do falante. Isso não reforça, contudo, o pressuposto de que as regras lógico-gramaticais dependem da práxis? Estão na práxis, mas não se fundam nela, porquanto é a ideia de fundamento que foi alterada. Lembremos a crítica ao silogismo, aliás comum a ambos os autores: o encadeamento dedutivo retira as frases de seus contextos significativos.

O próprio Wittgenstein ressalta que na visão da *mudança* do aspecto estamos diante de outro conceito de vivência (*Erlebnis*), ligado a outro conceito de ver, que lembra o sentimento de vertigem quando estudamos certos conceitos matemáticos (a teoria dos números transfinitos me parece um exemplo clássico); ao texto, porém, segue-se uma frase solta que desnorteia: "Falamos,

6. *PhPsy*, xi, p. 239.

fazemos exteriorizações (*Äusserungen*) e só *depois* temos uma imagem da vida delas".[7] O segredo dessa passagem reside, a meu ver, no conceito de exteriorização: o grito de dor, por exemplo, é substituído pela palavra "dói", que como tal já pertence à língua portuguesa, deixando, pois, de ser mero comportamento. A imagem está ligada à gramática, à regulação do agir, complexo de sintomas, critérios de casos e pontos de referência, mas o entendimento da frase falada ou escrita depende da mudança ao ver o aspecto do som dito ou escrito. E a verdade, mais que se dando na clareira que desvenda e oculta, se processa num acordo de juízos práticos, isto é, aplicações das regras de um ou de vários jogos de linguagem. Lembremos do exemplo ligado à gramática das cores: esse acordo pode repousar no fato de que, quando digo falsamente que algo é vermelho, esse algo não se torna vermelho. E quando quero explicar a alguém a palavra "vermelho", na frase "isto não é vermelho", para esse fim aponto para algo vermelho.[8] Desde que a frase audível ou visível mude de aspecto, sua verdade se liga ao próprio jogo do dizer das cores, que, ao ser falso, não sai de si mesmo, mas, ao ser verdadeiro, necessita tomar algo existente como critério coletivo para outros juízos. A existência é sempre aquela de um caso apontado junto ao sistema de regras, não de uma coisa, mas daquilo a que a palavra se refere num lance de um jogo em determinadas circunstâncias, isto é, de um fato. Se digo "A rosa é vermelha", o fato de que ela "é vermelha" é verdadeiro no escuro? Sim ou não, conforme os propósitos de nosso discurso. Ao dar significado, ao querer dizer algo (*meinen*), estamos sempre pressupondo que os fatos vão seguir, *até certo ponto*, as regras empregadas. As limitações aparecem no dizer e no *ver como* os fatos são. Parece-me que é nessa linha que as vivências mudam de

7. *PhPsy*, XI, 224, p. 220.
8. *Philosophical Investigations*, 429, p. 135.

sentido: meros estados de alma exteriorizados se ligam a uma gramática e a certas imagens associadas. Não é assim que decisões individuais se tornam técnicas e juízos coletivos?

Já vimos que essa possibilidade de ver a própria mudança de aspecto altera o conceito tradicional de representação. Uma firma de São Paulo pode ser representada por outra no Rio de Janeiro. Se eu me referir à "minha fortuna", digo algo que não existe. Mas se disser "vejo esta imagem como aquela de Santo Antônio", o "como" indica "algo" que transpassa esta e outras figuras. Somente assim é possível afirmar: "O conceito de aspecto é aparentado ao conceito de representação (*Vorstellung*). Ou: o conceito 'vejo isto agora como...' é aparentado com 'represento-me agora *isto*'".[9] Essa semelhança aparece tão logo se percebe que o aprendizado dos dois conceitos se faz conjuntamente, de sorte que a técnica de ver como, associando semelhanças de família, torna-se a chave para que se compreenda o conceito de representação de algo e vice-versa. Esse algo não é um conjunto de individualidades marcadas por um traço específico, mas individualidades parecidas. Não é à toa que perceber o iluminar (*Aufleuchten*) do aspecto não é propriedade de um objeto, mas o estabelecimento de relações internas entre ele e outros objetos,[10] e não mais entre suas notas marcantes, como ensinam os manuais de lógica. E, nele, uma parte é vivida.

Trata-se, pois, de enorme engano supor que Wittgenstein, ao usar insistentemente a palavra "*Vorstellung*", retoma a filosofia clássica que junta representação a objetos e nada mais. Também não se pode esconder a dificuldade traduzindo essa palavra alemã por outras ligadas à "faculdade" da imaginação. Ver um aspecto e representá-lo dependem da vontade. E se no ver a mudança de

9. *Philosophical Investigations*, 254, p. 224.
10. Ibid., 248, p. 223.

aspecto ecoa um pensamento, nem por isso um estado e um agir se juntam como duas vivências sobrepostas; uma e outra se interpenetram para ligar o "ver como" à vivência da significação de uma palavra, juntando os planos em que esta passa a ser compreendida. O compreender, além de projetar-se para o mundo, também abre a cesura da interioridade.

"A *essência* (*Wesen*) é expressa na gramática."[11] Para entender essa afirmação, parece-me conveniente lembrar as duas funções que, no *Tractatus* 4022, aparecem atribuídas à proposição: ela *mostra* (*zeigt*) seu sentido, isto é, quando verdadeira *mostra* como é o caso (*wie es ist verhält*). E *diz* que isto é o caso, assim e assim. De um lado, as condições de verdade, de outro, que isto é assim, caso da regra selecionada. Abolido o isomorfismo entre a forma da proposição e a forma do fato, este passando a ser dito num jogo de linguagem, seguem-se ao menos duas consequências. Cada pessoa reconhece a verdade conforme os jogos dizíveis se exerçam configurando o verdadeiro e desenhando-se por juízos coletivos. Por isso o § 368 das *Investigações* prepara a frase sobre a essência imaginando um exemplo. Depois de ter descrito para alguém um quarto, peço-lhe que desenhe um quadro impressionista desse dormitório. Recebo um desenho colorido cujas cores, porém, nada têm a ver com os padrões do impressionismo; mas mesmo assim me declaro satisfeito. O que valeu, na imagem, nessa situação? A posição dos móveis, por exemplo, conforme vou usar a descrição para mobiliar o quarto e assim por diante. Essa estética já não foge da oposição forma e matéria?

Antes de tudo, cabe notar que Wittgenstein não usa a palavra imagem (*Bild*), mas, sistematicamente, representação (*Vorstellung*). Isso não é indício de que o quarto visto e o quarto representado estão sendo ligados por semelhanças de família que

---

11. *Philosophical Investigations*, 371, p. 123.

deixaram de lado os padrões coloridos usados pelos impressionistas? O fato, aceito como correto, foi instalado por traços que não são imagens de um *eidos*, marcas de um carimbo. Apresenta-se como resultante de juízos confluentes que se juntam a representações associadas que *mostram* o modo de ser dos objetos participantes do jogo de linguagem em questão. Segundo a teoria figurativa da proposição, esta mostrava seu sentido, como o caso é caso e dizia que é assim. A partir das *Investigações*, a gramática — as regras de um jogo de linguagem — exprime a essência, como cada lance de um jogo deve vir a ser para manter a integridade do significado, e assim o representar como algo (coisa, ato, mente etc.) ganha sua objetualidade situada. Isso vale mesmo quando a teologia fala de Deus, ou dos deuses.

Heidegger inverte esse movimento: o seer (*Seyn*) determina as figuras da quaternidade, as travações do mundo segundo o *Ereignis*; mas são as palavras doadas que terminam a configuração dos entes como coisas. Durante todo o predomínio da metafísica, dando-se o ser como fundamento, o ente é sempre fundado; de um modo ou de outro a forma conforma a matéria desenhando "sistemas" causais. No entanto, quando Heidegger passa a investigar o ser como seer esquartejado pelo *Ereignis*, quando cabe ao homem a guarda do seer que se dá sem fundamentar ou ser fundamentado, o sistema metafísico da causalidade é substituído pelos acenos e contra-acenos tecidos pela trama da virada. Três verbos exprimem esse novo travejamento: *bauen* (construir), ligado ao habitar, esse habitar (*wohnen*), o modo como os mortais estão sobre a terra, e o pensar (*denken*), já que o próprio habitar consiste num erigir que cultiva o seu redor pensando, no limite, o seer.

Partir, como Heidegger, dos parâmetros da filosofia grega traz graves consequências, nem sempre aparentes. Usar a língua grega como se fosse um grego que, depois de longo treino numa escola de filosofia, fugisse para a Floresta Negra, tinge o pensar com novas tonalidades afetivas: o *Dasein*, o homem entendido como ente que cuida de seu ser, é marcado pela cura, e assim deixa de ser definido como animal racional. Discutir com um colega de Cambridge, mas remoído por fiapos explosivos de filosofia continental que perderam até mesmo a memória de suas origens, empurra os últimos escritos de Wittgenstein para uma crítica desnorteante e surpreendente da dualidade objeto e sua representação. No fundo, os dois filósofos pagaram o preço de não conservar no horizonte os tradicionais marcos de uma lógica formal e os ideais da razão para se meter na aventura de pensar a linguagem, seja pastoreando o ser, seja pastoreando a si mesma. Mas deixaram diante de nós caminhos abertos nunca antes entrevistos.

Segundo Heidegger, a história do ser evoca um novo início para o Ocidente, para os povos que vivem no lado em que o sol se põe. Esse anúncio, porém, pode ser frustrado, pois permanece à espera de uma doação imprevisível do próprio ser. Wittgenstein não lida com a história porque lhe interessam, sobretudo, as marcas que ela deixou no leito do rio onde corre o fluxo das palavras, atentando apenas para os enganos gramaticais que o pensar é levado a praticar ao percorrer seus vários afluentes, filosóficos ou científicos. No entanto, se a esperança heideggeriana só pode ser preenchida por uma dádiva oracular, Wittgenstein espera que os próprios homens, mediante suas ações, consigam se livrar dos horrores provocados pela civilização técnica. Não os fustiga, porém, para armar uma Revolução salvadora. Depois que se perde o ideal da unicidade da razão, já não compete à filosofia traçar o diagnóstico do mundo; só resta a ela voltar a ser o que ela diz que é: amor pelo saber e, nos tempos de hoje, também um amor por aqueles que procuraram raspar até o fundo esses saberes.

A crítica da razão, que acabamos de estudar, não deixa margem para racionalidades fundantes, ainda que limitadas. Ouçamos primeiramente Heidegger: "Precisamos desaprender (*verlernen*) o pensar (segundo efeitos) e o pensamento racional (mediante fundamentos regulados). Pois desaprender não significa apenas terminar e despachar. Desaprender é para nós um aprender de outra sorte, por certo o mais difícil. Aprender significa aqui ensaiar uma experiência do mundo. Essa é uma velha sabedoria que não se pode saber mediante provas. A prova remete continuamente a fundamentos e causas, afasta-se da coisa (*Sache*) e nunca [chega] até ela. Ela já aceitou todos os enigmas".[12] A primeira tarefa da filosofia é mostrar os limites da metafísica, que sempre considera o ser como fundador do ente na totalidade. Quando se estuda o pensamento de Kant, por exemplo, "não está em discussão se Kant fez ou não algo correto ou falso, mas se *nós* conseguimos repensar (*nachdenken*) a *verdade* de seu pensamento, isto é, se *conseguimos co-pensá-la* (*mitdenken*) de maneira mais originária (e não mais correta)",[13] mostrando como ele percorre todos os principais caminhos da metafísica. E desse modo fica evidente para nós que, como metafísico, Kant continua considerando o ser unicamente como ser fundamento, inclusive como *causa sui*, a despeito de essa causa, Deus, estar agora muito longe de uma categoria do entendimento. Esse comum pertencer da ontologia e da teologia continua impensado, porquanto as duas são o mesmo, o ente enquanto tal e o ente supremo.

Ao repensar seu início, ao dar um passo de volta, ao retomar as indicações de Heráclito e Parmênides que mostram a mesmidade do uno e do todo, a reflexão filosófica é levada a reconhecer que ao pensar "o ente enquanto tal, no todo, ela [a metafísica] representa o ente a partir do olhar voltado para o diferente da

---

12. *Anmerkungen* vi-ix (Schwarze Hefte 1948/49-51), GA 98. Frankfurt: Klostermann, p. 63. Devo essa citação a Róbson Ramos dos Reis.

13. *Besinnung*, GA 66, p. 76; trad., p. 74.

diferença, sem levar em consideração a diferença enquanto diferença", pois "O diferente mostra-se como o ser do ente em geral e como o ser do ente supremo".[14] Reconhecido o desdobramento do próprio ser como acontecimento apropriativo, *Ereignis*, quadratura unindo e separando terra e céu, homens e deuses, o ser, agora grifado seer (*Seyn*), é pensado por si mesmo como um dar-se epocal da história e um desenho do mundo no qual habitam homens e deuses — estes, não sendo entes, fogem ou se aproximam. Fora da metafísica, por conseguinte da lógica, a linguagem se liberta para ser *poietica*.

Em contrapartida, quando o último Wittgenstein passa a considerar toda proposição como sendo estruturada apenas por regras gramaticais, esta se apresenta tão só como um lance de um jogo de linguagem resultante de ações coletivas que determinam algo num contexto de indeterminações peculiares ao jogo em questão. O correto e o incorreto dependem de critérios peculiares a cada jogo. Se a gramática determina objetidades, estas passam a ser como tal para os falantes da língua, que as vivem segundo sua biografia e condições de vida. Cada proposição já é identidade e diferença, além do mais criando identidades e diferenças conforme representam situações. Cada fala já é unidade e diferença expressa como lance de um jogo que, mesmo quando correto, não se repete segundo a mesma fôrma. O acerto e o erro dependem de critérios que asseguram o mesmo na diferença.

Wittgenstein tentou mostrar como as questões filosóficas se montam a partir de erros gramaticais. Não havendo, porém, uma linguagem universal, cada gramática só pode objetivar a seu modo. Por exemplo o leque, participando de jogos tão diversos em

14. Heidegger, *Identität und Differenz*. Stuttgart: Günter Neske, p. 68; também em GA 11, p. 76; *Identidade e diferença*, trad. Ernildo Stein, Coleção Os Pensadores, p. 398.

português e em japonês, tanto se junta num mesmo objeto para os que falam ambas as línguas como se diferencia em suas direções divergentes. Os grandes textos de filosofia podem estar montados sobre erros gramaticais, mas é toda a língua que participa da montagem de seus significados. Não é à toa que somos obrigados a lê-los no original. Similarmente, o papa Inocêncio x é o mesmo personagem pintado por Velázquez e Francis Bacon, mas ele mesmo se apresenta tão outro que recua diante da enorme diferença entre as telas. Ainda que aceitássemos a tese de Heidegger, de que os textos da metafísica falam sobre a totalidade dos entes, e não do ser, eles ganham sentido diante da especificidade grandiosa de cada um, de cada livro. Não é como se víssemos o mundo através de óculos com graduação e cores variadas? Esses erros gramaticais engrandecem nossas vidas e relativizam os preconceitos que nos chegam pela linguagem comum. É verdade que a reflexão filosófica se ocupa das gramáticas das línguas cotidianas, extremamente complicadas, como nota o próprio Wittgenstein, mas os enganos filosóficos monumentais conferem amplitude incomum a nossas vidas. Não sejamos, porém, provincianos: o mesmo não acontece com a matemática, a teoria da relatividade, a genética contemporânea e assim por diante? As ciências possuem, contudo, seus campos de objetos possíveis, o que falta à filosofia. Atualmente a vida intelectual é muito diversificada. Todo aquele que nela se mete, se for honesto, procura seu Deus absconso, apostando que ele possa ser na sua imortalidade. E assim nos aproximamos da aposta de Pascal: se não podemos provar a existência de Deus, que apostemos nela. A diversidade, porém, dos grandes textos filosóficos nos induz ao politeísmo, invocando um sagrado que, ao morar unicamente em cada texto, perde sua sacralidade. Nós, historiadores da filosofia, interessados nas diversas maneiras de pensar um real e falar dele, não somos os manipuladores dessa perda de um ponto fixo? Não nos tornamos, assim, pascalianos incréus?

II

Tão logo começa a refletir sobre problemas filosóficos, Wittgenstein descobre que seu interesse pela lógica o levava a perguntar pelo sentido do mundo. Isso já foi examinado em nosso comentário aos *Diários*. Por sua vez, a primeira frase do *Tractatus*: "O mundo é a totalidade dos fatos", ou "O mundo é tudo que é o caso", mostra como essa questão se tornou fundamental na montagem de seu livro. Heidegger a considerou uma frase insana, pois a ideia de mundo está ligada ao ser-aí curador, e não a uma totalidade lógica. Insistir nessa duplicidade não seria um bom indício para encerrar nossas reflexões mostrando como esses dois gênios da filosofia contemporânea poderiam se ver refletindo-se em espelhos côncavos?

Heidegger parte sobretudo do questionar o ser, mas termina pensando-o como um acontecer doador do tempo, *Ereignis*, no jogo da virada e contravirada do desdobrar apropriativo da quaternidade (terra, céu, homens, deuses), projetando um mundo histórico. No *Tractatus* o jovem Wittgenstein fala do mundo, mas termina seu texto mostrando que, sendo a proposição figurativa, tudo o que for dito fora dessa estrutura não passa de sugestão que destrói a si mesma como figura, inclusive seu próprio texto. No entanto, a partir do momento em que o sentido das proposições passa a ser visto como jogo de linguagem, "mundo" vale primeiramente como qualquer outra palavra, e seu sentido depende de como ela se associa a outras inseridas numa trama de regras que determinam seus casos, como numa partida. Toda sequência dos casos, assegurada pela forma como *eidos,* visão divina, fica na dependência das indefinições da partida, da efetividade do jogo.

Em *Ser e Tempo* "mundo" significa o horizonte do próprio *Dasein,* que, vindo a ser aí (*da*) conforme esse ente cuida de seu ser, desenha-se como abertura em que o homem é jogado e assim encontra sua verdade, ou então cai na dispersão do cotidiano. O ente intramundano é projetado na tela do mundo. A temporalização finita marca o sentido do *Dasein*. Este não é apenas temporal; é-o porque está sendo no mundo. Constantemente cuidando de si e dos outros, data essa cura, coletivizando-a pelo presente do agora, que o atrai para a nulidade da vida impessoal. Nesse mundo de todos, o *Dasein* se a-presenta "de pronto e no mais das vezes" numa temporalidade coletiva, calculada. É por isso que, se permanecer irresoluto, "perde seu tempo". O tempo se torna público e total: "Os *modi* da temporalização da temporalidade, postos em liberdade do ponto de vista desses fenômenos, fornecem a base para determinar a temporalidade do ser-no-mundo, que reconduz ao fenômeno do mundo, permitindo uma delimitação da problemática temporal específica da mundanidade".[15] A temporalização do *Dasein* é a mesma da temporalização do mundo, embora esta seja considerada a partir do ser no cotidiano.

Outros caminhos, porém, são explorados, cada um desenhando sua "definição" de mundo. No ensaio de Heidegger sobre *A essência do fundamento* — dedicado a Husserl — importa a história da palavra e como nela se cunha o conceito de aí. No entanto, já num curso de 1929-30 intitulado *Os conceitos fundamentais da metafísica — mundo, finitude e solidão*,[16] esse conceito especialíssimo de mundo aparece ligado ao aprendizado da *de-cisão*: como tomá-la por inteiro de modo que o próprio *Dasein*, vindo a assumir-se por completo, lide com sua liberdade e com seu pertencimento a este mundo. Nesse novo contexto, o vínculo do *Dasein* com o mundo transparece graças à tonalidade afetiva

---

15. *SuZ*, p. 335.
16. *Die Grundbegriffe der Metaphysik: Welt, Endlichkeit, Einsamkeit*, GA 29-30. Trad. Marco Antonio Casanova. 2. ed. Rio de Janeiro: Forense Universitária, 2011.

do tédio profundo (*Langeweile*). Se em *Ser e Tempo* a angústia (*Angst*) corta o *Dasein* da cura, do cuidado, na medida em que tudo lhe parece indiferente e assim pode reconhecer o ente na sua totalidade, vale dizer, o ente como ente, aqui o tédio profundo, por sua vez tendendo a recusar essa totalidade que abala a estabilidade de nossos existenciais, releva nossa finitude, a penúria de nosso ser-aí, e assim o liberta.[17] Além do mais, enraíza-se no *Da-sein* exibindo sua temporalidade, o que nos leva a repensar o próprio tempo. Desse novo ponto de vista, que nem por isso abandona a dimensão "performática" do *Dasein*, a questão do mundo se mostra ligada a nossa finitude e solidão.

A nova linha de investigação é comparativa: a pedra (o material) é *sem mundo*, o animal é *pobre de mundo*, o homem é *formador de mundo*. Tais diferenças têm como critério a *acessibilidade* aberta pela vida: a pedra, por exemplo, não possui acesso à rocha em que repousa; a cobra, por sua vez, explora seu caminho de modo limitado; somente o homem investiga todo o entorno desenhado como seu mundo. A meu ver, a dificuldade reside na aplicação do padrão. Como sublinha o próprio Heidegger, pressupõe-se "*uma certa constituição fundamental da essência da vida e do modo de sua disponibilidade de interpretação/interpretacionalidade (Auslegbarkeit)*".[18] Valem basicamente os modos de *acessar* o mundo, de abrir-se para ele desenhando-o, sem o menor recurso a efeitos psicológicos, como as vivências. Essas distinções têm no horizonte a *essência do animal,* que somente pode ser apreendida pela filosofia fenomenológica, abrindo caminhos nos quais as ciências se perdem. Por mais que filosofia e ciência estejam ligadas, "a filosofia produz conceitos fundamentais e a ciência distribui fatos. Estes são os fundamentos (*Gründe*) existenciais essen-

17. *Grundbegriffe...*, pp. 252-3; trad., p. 198.
18. Ibid., p. 267; trad., p. 233.

ciais para a relação atual entre ciência e filosofia.[19] Como, porém, se exerce essa capacidade de interpretar os comportamentos de um animal?

Aqui não temos condições de nos debruçar sobre análises desenvolvidas por Heidegger a respeito da biologia de seu tempo, em particular seu anti-darwinismo, nem, num plano mais geral, sua crítica à metafísica da vida. Sem perder de vista a dimensão "performática" de seu ponto de partida, convém ater-nos à pergunta final, que configura a acessibilidade do ser vivo a seu mundo. "Para onde (*Wozu*) se comporta o animal e como ele se põe em relação àquilo que procura como alimento, persegue como presa e caça como inimigo?" Deixamos de lado a tradução comum de "*Wozu*" por "para que" para evitar a palavra "que", que poderia dar a impressão de que o animal é tratado como um ente enfraquecido. Apontar uma "direção" no comportamento animal abre espaço para uma descrição fenomenológica de comportamentos anteriores ao exercício de uma linguagem desenvolvida. Como, porém, "*podemos realmente nos transpor para o interior do animal*"?[20] Heidegger explicita: "Transpor-se para o interior desse ente (*Seiende*) quer dizer acompanhar o que esse ente é e como ele é — nesse acompanhamento e quanto ao ente que acompanhamos *assim*, fazer imediatamente a experiência do modo como as coisas estão em relação a ele, prestar informações sobre o modo como ele sente a si mesmo, talvez mesmo visualizar o outro ente mais incisiva e essencialmente em um tal acompanhamento do que consegue visualizar a si mesmo o ente desse gênero".[21] Não me convence essa passagem de nossa observação desse ente para o reconhecimento do "modo como sente a si mesmo". Em *Ser e*

19. *Grundbegriffe...*, p. 281; trad., p. 246.
20. Ibid., p. 295; trad., p. 258.
21. Ibid., pp. 296-7; trad., p. 259.

Tempo um dos momentos fundamentais da descoberta do ser no ente passa pelo processo da com-juntação (*Bewandtnis*) que articula, por exemplo, o martelar do martelo incidindo em várias coisas, com o próprio martelo mostrando assim o seu ser. Ora, para que essa com-juntação possa ser descoberta, é preciso que ela se localize no campo do uso cotidiano, na marcenaria, na oficina e assim por diante, enfim, os modos que pré-figuram seu mundo. Não é por isso que o *Dasein* existe no mundo, preparado pela doação do ser se temporalizando? O comportamento animal, contudo, não passa por essa virada que impõe a consideração do ser do que vem a ser atingido. O animal existe apenas mediante suas aptidões,[22] pois, sendo organismo, está limitado pela estrutura mais originária da animalidade. Mas tais aptidões sobrevivem e se *mostram* conforme o *organismo possui e cria órgãos*. Esse ser próprio, essa propriedade é um pertencer a si mesmo que não se confunde, pois, com a reflexão humana: "A *propriedade*, que consiste em ser pertencente a si mesmo sem reflexão, é, por conseguinte, a *condição de possibilidade da dotação* para aptidões e, com isso, do tomar os órgãos a-serviço-de (*In-Dienst-Nahme*). Consequentemente, o organismo não é nem um 'complexo de instrumentos' nem uma associação de órgãos, e tampouco um feixe de aptidões. Em geral, então, o título 'organismo' não é mais um nome para este ou aquele ente; ao contrário, indica *um modo fundamental de determinação de ser*. Caracterizamos esse *modo de ser* de maneira sucinta ao dizer: *propriedade dotada de aptidões e criadora de órgãos*".[23] Esse *modo de ser* do animal cumpre um dos papéis da com-juntação (*Bewandtnis*), em *Ser e Tempo*. Cabe, pois, levar em conta que o animal em geral possui um modo próprio de considerar o *ente* e determinar o *ser*. A diferença nesse deter-

22. *Grundbegriffe...*, p. 363, trad., p. 318.
23. Ibid., p. 342; trad., p. 300.

minar configura o mundo como parcial em relação ao nosso, pois a "significância" dos entes tomados pelos animais determina numa única direção (criar órgãos), enquanto a nossa abriga diferentes práticas humanas. Tanto o utensílio, no caso do homem, como o órgão, no caso do animal, se dão sendo *para que*, são possibilidades em vista de uso determinado. Mas os modos de oferecer essas possibilidades são diferentes: no caso dos seres humanos é uma *prontidão* para algo — a caneta está pronta para escrever; no caso dos animais, é uma *aptidão* para desdobrar seus órgãos e se reproduzir. A aptidão cria para si seus órgãos determinados. A partir daí, Heidegger pode afirmar que o animal vive num mundo parcial, porquanto a prontidão para algo dos humanos demarca para eles uma atitude em relação a..., o que lhes permite fazer e agir de diferentes maneiras, enquanto os animais apenas se comportam, agem por compulsão, sem reflexão.

Ora, a aptidão para comer isto ou aquilo cria uma boca especializada para comer tais e tais alimentos conforme o ambiente os oferece segundo condições climáticas diferentes. Além do mais, como em geral os animais comem uns aos outros, melhor sobrevivem aqueles que desenvolveram bocas mais eficazes nessa comilança geral. E assim se introduz um processo de seleção natural das espécies, descoberto por Darwin, que Heidegger rejeita porque está ligado a uma visão "econômica" da natureza. A aptidão dos animais para sobreviver e variar de natureza se *mostra* sem que necessitemos colocar-nos no lugar deles.

Vimos que para Heidegger a filosofia produz conceitos fundamentais, enquanto a ciência distribui fatos. Estamos percebendo que nessa distribuição de fatos a genética moderna também cria conceitos fundamentais. Ela também diz que os animais são criadores de órgãos *na medida em que e conforme* desdobram suas cargas genéticas. A determinação fenomenológica inicial, *propriedade dotada de aptidões e criadora de órgãos* — apresentação de um modo de ser de um ente — se transforma em fórmula sumária de distribuição de fatos mediante a apresentação de ligações conceituais. A criação de órgãos se conforma mediante uma carga genética, um código, elementos distribuídos por uma *espécie* de gramática que o animal traz em si desde seu nascimento. Lembremos que o texto de Heidegger foi escrito por volta de 1929-30 e que a estrutura helicoidal do DNA foi descoberta em 1953, mas em 1975 o curso se transformou em livro, em homenagem a Eugen Fink, ignorando a revolução por que passou a genética contemporânea.

Heidegger caiu nos feitiços da hermenêutica. Para que o animal se disponha num mundo parcial, um de seus modos de ser como *ente* deve demarcar seu exercício como delineamento de seu *ser*. Em *Ser e Tempo*, inicialmente a com-juntação desempenha esse papel. A "criação de órgãos" deveria cumprir função semelhante, mas a biologia moderna mostra que essa atividade já é simbólica, determinada pela carga genética do animal, sem que os genes tenham suas significâncias mediante interação própria. Sua linguagem nasce da combinação de "objetos simples". O comportamento de cada espécie depende de sua estrutura genética, da combinação de alguns milhares de DNAs, criando genomas de complexidade bilionária. "A organização dos sistemas vivos obedece a uma série de princípios, tanto físicos como biológicos: seleção natural, energia mínima, autorregulação, construção em 'etapas', por integração sucessivas de subconjuntos. A seleção natural impõe uma finalidade não somente ao organismo inteiro, como a cada um de seus constituintes."[24] Uma bactéria é composta por uma sequência nucleica de mais ou menos um milímetro, a do homem tem um comprimento aproximado de dois metros de DNA em cada célula do corpo. E as células se comunicam das

24. François Jacob, *La Logique du vivant*. Paris: Gallimard, 1970, pp. 321-2.

formas mais diversas, seja por contato direto, seja mediante hormônios, seja pelo sistema nervoso. E as mudanças nessa estrutura são até agora consideradas aleatórias, produzindo organismos diferentes. Entre eles só sobrevivem os mais fortes, mais bem-dotados para enfrentar as ameaças do ambiente, inclusive as de animais que tentam devorá-los. E assim se introduz na evolução das espécies uma dinâmica darwinista que, por seu caráter "econômico", seria motivo de escândalo para o filósofo Heidegger.

Recorrer à *interpretacionalidade* (disponibilidade de interpretação (*Auslegbarkeit*), isto é, ao modo de interpretar nossas condutas com os animais, pode elucidar a variada presença dos animais em nosso mundo, mas não vejo como possamos chegar ao mundo deles. Hoje podemos considerar a imagem do mundo de uma abelha mostrando de que maneira a flor que vejo pela janela se lhe apresenta como algo que faz parte do roteiro do animal, sem que necessariamente sua objetidade seja a mesma da flor vista por nós. A abelha não nos parece um *Da-sein* pequenino e incompleto, e nem a flor, por sua vez, um ente. A linguagem meramente descritiva recupera espaço diante da hermenêutica heideggeriana: a temporalidade do ser dos animais e do próprio homem explode em várias direções. Cada espécie tem sua origem, seu desdobramento e seu fim. O homem não foge dessa história natural que sugere seu fim como espécie. Se a humanidade está clivada por pequenas diferenças genéticas que sustentam diferenças culturais importantes, se cada grupo pede reconhecimento em sua diversidade, fica difícil apostar numa *parousia* — *Aufklärung*, emancipação etc. — cujos fundamentos laicos nunca perderam os traços religiosos iniciais. E nós, que somos capturados pela diversidade dos sistemas filosóficos, desenganados pela promessa do fim da história ou do novo início, somos obrigados a conviver com a diversidade dos mundos em que os humanos vivem, por mais que as novas tecnologias tendam a mascarar tais diferenças. Diversidade que se apresenta já na diversidade das falas, ou melhor, das linguagens. E se, como mostraram Heidegger e Wittgenstein, não há uma razão — uma faculdade de alinhavar argumentos numa única cadeia dedutiva —, somos obrigados a lidar com as diferenças a partir delas mesmas. O lidar *falando*, contudo, não requer, como alguns ainda acreditam, aceitar regras comuns que poderiam ser ressaltadas por uma teoria da comunicação? Mas comunicar não implica representar, o sentido desses precisa ser retrabalhado?

Os dois filósofos que tentamos estudar até agora nos legam uma feroz crítica à representação tal como pensada pelos filósofos clássicos. O representar, desde que foi pensado por Platão, não se ligava a um *eidos*, uma espécie de visão filtrada? Esta é evidente em Heidegger, que a reduz ao cruzamento dos existenciais do *Dasein*. O ser-aí, no exercício de vir a ser, na sua essência, tem no horizonte factual um projeto no qual um próprio ser se dá, e assim se torna *visto* e presente, mesmo quando se manifesta factualmente na dissolução decaída da vida cotidiana. Heidegger ressalta explicitamente que essa *vista* (*Sicht*) não denota ato da visão, mas alude a "uma luminosidade pela qual caracterizamos a revelação do 'aí'",[25] luminosidade panorâmica como um existencial que esclarece cada ente tal como ele é desvelado em si mesmo. E vimos que, depois da virada, essa "luminosidade" está presente no novo jogo dos determinantes do mundo.

Para Wittgenstein, em contrapartida, essa "luminosidade" é muito escorregadia. Desde que o sentido de cada palavra passa a depender do jogo de linguagem em que se insere, a "visibilidade" de toda regra se torna questionável. Por exemplo, os sentidos de "cadeira" — a cadeira da sala, a do dentista, a "cátedra" do professor e assim por diante — se alinhavam por semelhanças de famí-

25. *SuZ*, p. 147.

lia, de modo que dependem tanto de ver o aspecto como de ver a própria mudança desse aspecto. Por isso mesmo, o sentido da palavra "mundo" se associa ao modo de falarmos o "mundo de hoje", o "mundo dos artistas", o "mundo das vacas", "meu mundo". Esta última expressão coloca nossa interioridade diante de uma interioridade alheia cujos limites nunca podemos delinear. É sintomático que a palavra fixe seu sentido no falar de um ator, pois o mundo de Hamlet se desenha apenas pelo que vem expresso no interior da peça. Em contrapartida, a partir do momento em que a própria visão da mudança de aspecto ganha autonomia, em particular quando passamos a dizer que vemos um triângulo como uma seta, quando, por conseguinte, passamos a empregar uma figura ora de um modo, ora de outro, essa familiaridade tem como substrato uma vivência (*Erlebnis*) ligada ao domínio de uma técnica,[26] isto é, a um processo *coletivo* de julgar sempre em andamento. As frases têm sentido enquanto vividas pelo falante e pelos ouvintes sem que um parâmetro de sentido possa fugir dessa convivência. E isso vale tanto para Wittgenstein como para Heidegger. Para este, porém, a linguagem é pastora do Ser e, para aquele, um jogo em que nos perdemos ao encontrar os meandros do cruzamento dos vetores interiorização/ exteriorização.

No entanto, na ponta dessa exteriorização, quando as proposições se apresentam como certas, elas se assentam em situações que valem como bases inquestionáveis do que se fala de modo bipolar. Tal forma da vida (*Lebensform*), que também é imagem de mundo (*Weltbild*), funciona como mitologia inquestionável que assegura os sentidos das palavras conforme elas façam parte de jogos de linguagem e das próprias línguas como jogos — inquestionável para o falante de uma língua, lembrando fatos muito gerais que estruturam a espécie humana. Generalidade, porém,

26. *Philosophie der Psychologie*, xi, 222, p. 219.

que, posta em linguagem, é como se estivesse ligada aos dois polos de uma bola que gira deste ou daquele jeito. O mundo dos humanos falantes de uma língua não é fechado, pois estes vão além dele quando ensaiam comunicar-se com pessoas que não falam seu idioma. Esse mundo se fecha abrindo-se pela *Über*-rede, persuasão, convencimento, como vimos anteriormente. O mesmo não acontece quando penetramos no mundo de um grande filósofo? Se tratarmos o conjunto de seus textos como um universo próprio — no plano mais trivial, que incentiva as bordadeiras da interpretação —, o fato de residir intensamente nele não nos obriga a tatear novos universos significativos para, só assim, viver a filosofia como um filme que ilumina cenas do que vem a ser a própria humanidade?

Num último esforço, vale a pena tentar um raso mergulho no jogo de espelhos em que Heidegger e Wittgenstein se distinguem. Para Heidegger, a história do Ocidente afunda no inferno metafísico do império da técnica. Nada acontecerá de verdadeiramente histórico que permita repensar o ser como acontecimento original se em algum momento o último deus não se aproximar fugindo, deixando-nos a tarefa de construir um novo Ocidente, o lugar de liberdade onde o sol se põe. Por enquanto, o acontecer repetitivo só pode ser pensado de modo tautológico, liberando a linguagem de apresentar só isto ou aquilo. Wittgenstein, por sua vez, considera que tudo o que passou, tudo o que é ou virá, só pode ser dito por jogos de linguagem capazes de aceitar até mesmo contradições que não se resolvem. Mas enquanto representação, esse dizer nos faz conviver com elementos díspares, ligados por semelhanças de família. Quando representativa, a linguagem nos obriga a conviver com a indeterminação dos outros, a viver juntamente, aceitando a diferença. No entanto, conforme o outro é recuperado quando começa a falar, se então os dois lados necessitam se movimentar no que é mais geral e abstrato na constituição dos seres humanos, eles também reforçam as diferenças, pois no plano dessa generalidade não há jogo sem regras tácitas. Desaparece o impasse no qual a filosofia grega nos jogou pensando o sendo mediante a distinção forma/matéria, porquanto o mais geral, o mais formal, só vale nos jogos de linguagem. Neles a oposição paz e guerra tem seu limite na necessidade de preservar o outro, sem o que os jogos não se fazem. Assim, ao nascer da guerra a própria política, esta só se mantém se transformar a oposição amigos/inimigos na oposição representativa aliados/adversários. E como a representação se faz por semelhança de família, ou seja, acolhendo mudanças de aspecto, para tomar decisões sobre nosso destino somos obrigados a considerar destinos alheios.

Cada grande filósofo do passado, ao repensar os temas tradicionais da filosofia, costumava criar seu próprio sistema, um discurso totalizante no qual as palavras passam a ter sentido antes de mais nada no contexto da sistematização. Os céticos, porém, recusaram esse caminho. Nem Heidegger nem Wittgenstein são céticos propriamente ditos. Heidegger nega o discurso da metafísica para ressaltar a linguagem tautológica ou contraditória dos primeiros filósofos gregos, abrindo a possibilidade de pensar o ser como *Ereignis* mediante um discurso poético. Wittgenstein denuncia os antigos temas filosóficos como erros gramaticais, embora os retome pelo avesso. Isso fica muito claro no tratamento do ver, que desde Platão está na raiz do pensar. Já vimos que o ser-aí, em seu exercício de vir a ser, visa um projeto em que o próprio ser se dá e se torna visto, não como ato de visão, e sim como vista (*Sicht*) que remete a uma luminosidade que revela o aí. No lugar dessa luminosidade, Wittgenstein situa no próprio ver a mudança de aspecto como articuladora da representação, o momento em que os jogos de linguagem são apenas falados e vivenciados como discurso. A divindade e a conceptualidade das regras do julgar se assentam de vez no próprio exercício da linguagem.

Índice remissivo

A caminho da linguagem (Heidegger), 266

Abgrund, 143, 200, 211, 216, 227, 230, 239, 255, 260-1, 264, 275, 429

Absoluto, o, 319, 393-4; *ver também* Espírito Absoluto

abstração, 49, 55, 169, 178, 211, 303, 407

adequatio, 113, 335

Adorno, Theodor, 178-80, 182

affirmatio, 74

aforismos, 290, 302, 307-8, 313

Agostinho, Santo, 86, 321

aisthêsis, 29

Alemanha, 140, 157, 170, 174, 188, 440

alemão, idioma, 206, 208

alêtheia, 21, 25, 33-4, 63, 72, 143, 188, 192, 203, 227, 238, 254, 443; *ver também* verdade, a

algoidade, 84, 336, 427

Aliados, vitória dos, 174, 235

alienação, 28, 282, 440

alma, 9-10, 30, 67, 82, 84, 195, 205, 218, 259, 370, 373, 376-7, 413, 425, 430

ambiguidades, 75, 80, 143, 254, 383, 390, 397, 399-400, 406, 441

América do Norte, 157, 172, 440

Andenken, 202

angústia, 30, 36, 55, 85, 87, 91, 103, 105-6, 122, 126, 128, 148, 202, 455

animais, 457-60

animal racional, ser humano como, 8, 10, 53, 141-2, 195, 207, 216, 219, 449; *ver também* seres humanos

anímico, conceito de, 427

Antiguidade, 21, 60, 74, 130

Antonioni, Michelangelo, 418

antropomorfização do ente, 260

Anwesen, 185, 203, 236, 253, 267, 274, 276, 282

Anwort, 260-1

Apolo (deus grego), 83

apophansis, 36, 72, 113, 292; *ver também* proposição apofântica
aprendizado, 340, 342, 408, 422, 444
Aristóteles, 7, 9, 12, 15, 21, 23, 31, 34-5, 40, 45, 47, 50, 53, 58-60, 66, 71, 74, 85, 116-7, 126, 128, 153, 184, 186-7, 212, 218, 222, 241, 248, 251, 254-6, 287, 292, 376, 393-4, 397-8, 401, 425
aritmética, 363-4, 385, 435
arte, 222, 273, 317-8
Arte da Fuga (Bach), 216
Aspectos da modalidade (Reis), 18
Aubenque, Pierre, 185, 187, 248
Aufhebung, 33, 63, 144, 172, 180
Augenblick, 126-7, 152, 154, 233, 250
Auschwitz (campo de concentração), 169, 441
Auslegung, 110
Áustria, 12
autodeterminação, 164

Bach, Johann Sebastian, 216
Bacon, Francis, 452
Baumgarten, Alexander, 76
Befindlichkeit, 85-7, 89-90, 95, 103, 118, 126, 277
behaviorismo, 341, 379
Benveniste, Émile, 355
Bestimmung, 116, 119, 164, 208, 262
Bewandtnis, 43, 53, 61, 70, 91, 93, 116, 457
Biemel, Walter, 130
Bild, 78, 296, 300, 406, 411, 420, 447
Bildgegenstand, 401
biologia, 456, 459
Blow up (filme), 418
Boécio, 34
Brentano, Franz, 23, 47

Cadernos negros (Heidegger), 138, 150
Capital, O (Marx), 439
capitalismo, 136, 173, 182, 223-4, 438-42
Carta sobre o humanismo (Heidegger), 250
cartesianismo, 38, 189
Casanova, Marco Antonio, 209, 216, 259, 265
Castilho, Fausto, 61
Categorias (Aristóteles), 397
causalidade, 44, 193, 198, 215, 222, 224, 226, 250, 437, 448
céticos antigos, 8, 442, 464
ciência, conceito de, 37, 74, 133
Ciência da lógica (Hegel), 9
ciência histórica, 159-60
ciências, 141-2, 198, 382, 452, 455, 458
cineastas, 232
Círculo de Viena, 320
cogito, 373, 425
compreender, o, 90, 109-10, 112, 118, 219
compreensibilidade, 118, 120-1, 217
comunismo, 136, 169, 439, 441
"Conceitos fundamentais da metafísica — mundo, finitude e solidão, Os" (Heidegger), 454
conceptus formalis entis, 201
conjuntações, 91-4, 97, 103, 110, 112-3, 120, 128, 176, 249
connexio, 75, 78
consciência, 30, 40-1, 49, 51-2, 105, 126, 179, 373, 425, 430; *ver também* voz da consciência
constantes lógicas, 298, 300
contravirada, 236, 240-1, 250, 252, 261, 264-5, 268, 277, 453; *ver também Kehre*; virada, a

Contribuições à filosofia (Heidegger), 209-10, 215-6, 218, 232-3, 240, 244, 254, 262, 275

Crise das ciências europeias (Husserl), 31

cristianismo, 199, 218, 246

Cristo, 27, 275

Crítica da razão pura (Kant), 41, 129

cura/cuidado, 14-5, 55, 82-3, 92, 97, 106-8, 122-3, 125, 127, 130, 168, 174-6, 185-6, 449, 454-5

Da múltipla significação do ente em Aristóteles (Brentano), 23

Darwin, Charles, 458

darwinismo, 456

Dasein, 13, 24-5, 27, 30, 36, 43-4, 54-5, 60, 62, 67, 69-71, 74, 76, 81, 83-92, 94, 96, 98, 101-2, 105, 107, 109, 116, 119-22, 125-6, 128-34, 137, 140, 142, 146-9, 151, 153, 155, 158, 160-1, 164, 170, 173, 175, 179, 185, 187, 189-90, 194-5, 197, 201-2, 204, 208-9, 211, 213-5, 219, 231-3, 237-8, 241-2, 245, 248-50, 259-60, 265, 270, 277, 325, 331, 338, 362, 427, 449, 453-5, 457, 460-1; *ver também* ser-aí

Dastur, Françoise, 26-7, 87, 185

Davidson, Donald, 8, 13

De anima (Aristóteles), 12, 21

De interpretatione (Aristóteles), 15, 32, 34, 78, 94, 248, 287

decidibilidade, 157

dedução, 40, 50, 117, 144, 305

democracia, 136, 139, 155, 172, 440

Descartes, René, 17, 35, 233, 254, 373

desvelamento, 21, 25, 29, 32, 34, 36, 40-1, 64, 66, 80, 90, 124, 143, 191, 193-4, 201, 203-4, 225, 227, 249, 257, 265, 361

determinação, formas de, 165

determinação lógica e epistemológica, 384

determinações existenciais, 13, 37, 67, 89, 94, 105-6, 122, 134, 146

determinações existenciárias, 67, 69, 85

determinatio, 76, 78, 80

Deus, 41, 83, 86, 183, 187, 199, 222, 232, 237, 266, 275, 316-8, 336, 370, 386, 394, 417, 448, 450, 452

deuses, 8, 23, 79, 124, 210, 212, 218, 220, 232, 237-8, 240, 242-3, 245, 259, 262, 269, 271, 275, 282, 448, 451, 453; *ver também* último deus

diairesis, 45, 58, 66, 74, 116

dialética, 26, 33, 99, 133, 137, 178, 180, 182, 193, 201

Dialética do conhecimento (Prado Junior), 140

Dialética negativa (Adorno), 178, 181

Diários (Wittgenstein), 288, 313, 317, 453

Dichter, 229, 256, 280-1

Dichtung, 38, 177, 272

Dilthey, Wilhelm, 9, 26, 39, 96, 149

Ding, 35, 233, 315, 344, 426, 435

Dionísio (deus grego), 275-6

direita política, 173, 223, 440

discurso, 11, 31, 34, 36, 38-9, 53, 57, 59, 63-5, 67, 71-2, 84, 92-4, 104, 107, 116, 118-21, 124, 126, 128-9, 134-5, 141-2, 146, 149, 158, 160, 170, 176, 187, 217-8, 247, 257, 261-2, 266, 272-3, 277, 284-6, 315, 327, 352, 364-5, 369, 371, 375-6, 388, 398, 405-6, 432, 435, 445, 464; *ver também* linguagem; *Rede*

Dissertação (Heidegger), 40

divino, o, 10, 23, 198, 205, 232, 237, 241-2

DNA, estrutura helicoidal do, 459

eidos, 51, 72, 108, 143, 199, 218, 227, 251, 282, 291, 395, 424, 448, 453, 461

einai, 55, 67, 185, 218

Eixo, países do, 235

ekstatikon, 128

Elegias de Duíno (Rilke), 253

empiria, 365, 368

energeia, 227, 395

Engels, Friedrich, 439

Ensaios e conferências (Heidegger), 233, 235

ente intramundano, 103-4, 111-2, 454

entidade do ente, 188, 218, 255

Entschlossenheit, 124, 126, 157; *ver também* ser-resoluto

Entwurf, 98-9, 106, 122

enunciação, 113, 115-6, 118, 193

epekeina, 54, 129, 217, 284

epochê, 30, 91, 94, 105, 120, 386, 396

Ereignis, 15, 18, 23, 124, 148, 154, 175, 187, 197, 203, 206, 211, 215, 219-22, 226, 229-33, 237, 239-41, 246-7, 250, 252, 258-61, 263, 265, 268, 270, 272, 276-7, 281-2, 284, 318, 360, 401, 429, 437, 448, 451, 453, 464

errância, 173, 191-2, 211

erros gramaticais, 184, 339, 442, 451-2, 464; *ver também* gramática

Erschlossenheit, 82, 90, 95, 124

Escola de Frankfurt, 182

escolástica, 76, 80, 201

Espírito Absoluto, 9, 83, 172, 201, 264, 284, 394

esquerda política, 173

Essência do fundamento, A (Heidegger), 454

essencialização, 43, 71-2, 138-9, 142, 144, 152, 156, 160-1, 175, 188, 190, 192, 204, 210-2, 226, 231, 234, 237, 243, 246, 250, 254, 257, 260-1, 265, 276, 280

essentia, 76, 80

Estado, o, 150, 153, 167, 169, 171-2, 174, 187, 222, 438

estados mentais, 12-3, 302, 348-9, 351-2, 358, 388, 399, 409, 413

estética, 286, 319, 447

estoicos, 8, 47, 305

estruturalismo, 70, 120

eternidade, 199

ética, 286, 319

eu transcendental, 16, 63, 82, 115, 121, 127-8, 147, 225, 259, 316, 319, 338, 346, 429, 444

eudaimonia, 218

existencialidade, 106, 122

existencialistas franceses, 91

existentia, 237

existenzialen, 67, 85; *ver também* determinações existenciais

existenziellen, 67, 85; *ver também* determinações existenciárias

experiência, a, 327

exteriorizações, 9, 16, 90, 134, 321, 324, 342-3, 350, 353-6, 358, 370, 376-83, 385, 401-3, 407, 409, 416, 419, 423, 425, 428, 430-1, 433-4, 444-5, 462

facticidade, 24, 88-90, 106, 122, 125, 185, 361

falar, o, 13, 36, 70, 258, 270, 284, 328,

339, 362, 416, 418-9, 422, 424, 429, 443; *ver também* discurso; linguagem

falsidade, 32, 57, 64, 114, 190, 292, 366, 410

Fausto (Goethe), 328

felicidade, a, 218, 319

fenomenologia, 9, 26, 28, 36, 39, 42, 52, 78, 91, 102, 131, 144, 201

Fenomenologia do espírito (Hegel), 201, 284

fetiche da mercadoria, 223-4

Fichas (Wittgenstein), 364, 380

Fichte, Johann Gottlieb, 201

Figal, Günter, 43, 243, 245

figuração linguística, 293, 295

filosofia clássica, 446

Filosofia da aritmética (Husserl), 28

filosofia da representação, 137, 244, 256, 273, 278, 281, 288, 319, 322-3

"filosofia da vida", 27, 339

filosofia grega, 8, 29, 361, 448, 464

filosofia ocidental, 35, 73, 218

filosofias transcendentais, 151

Fink, Eugen, 459

Física (Aristóteles), 128

forma/matéria, 199, 222, 250-1, 437-8, 447, 464

Frege, Gottlob, 7, 11, 28, 76, 253, 287, 290-1, 297, 306, 310, 333, 351, 365-6

Friedländer, Paul, 72, 192

Fuge, 216

Führer ver Hitler, Adolf

Gefüge, 216

Geist, 83

gêneros lógicos, 51

George, Stefan, 283

Geschehen, 149, 157

Geschischtskunde, 159-60

Gestalt, teoria da, 405

Gestell, 224, 228, 230-1, 233, 236, 242, 331

Gewesen, 130, 161

Gewesenheit, 125, 130, 161

Gewissen, 87, 123, 131, 319

Geworfenheit, 88, 106, 122, 221

Goethe, Johann Wolfgang von, 229, 328

Goldschmidt, Victor, 18

gramática, 9, 16-7, 25, 40, 46-7, 67, 72, 91, 108, 116, 140, 146, 177, 247, 287, 306, 323, 326, 335-7, 339-41, 343-5, 348-9, 351-3, 355, 357, 359, 362-3, 365, 371, 374-5, 390, 393, 396, 416, 430, 444-5, 447-8, 451-2, 459; *ver também* discurso; linguagem

Granger, Gilles-Gaston, 18

grego, idioma, 73, 206-7, 448

Haar, Michel, 265

Habermas, Jürgen, 177

Hacker, P. M. S., 411

Hades, 221

Hegel, Georg Wilhelm Friedrich, 8-9, 26, 33, 82, 99, 133, 137, 144, 167, 172, 180-1, 200-2, 236, 264, 284, 393-4, 439

Heidegger, Fritz, 138

Heráclito, 8, 139, 239, 254, 257, 266, 284, 450

Hércules (personagem mitológico), 275

hermenêutica, 42, 58, 85, 112, 116-7, 141, 261, 272, 284, 331, 335-6, 340, 442, 459-60

Hinausgesprochenheit, 119

historialidade, 138

historicidade, 9, 26, 131, 148, 162, 222, 224, 243, 331

historiologia, 158

Hitler, Adolf, 10, 138, 170, 172-3

Hölderlin, Friedrich, 139, 188, 196, 198, 214, 229, 244-5, 273-5, 278

Holzwege (Heidegger), 229, 238, 265

homem, o *ver* seres humanos

Homero, 221

homologein, 284

homonímia, 12, 23, 392, 397

Horkheimer, Max, 177

Humboldt, Wilhelm von, 249

Husserl, Edmund, 9, 18, 22-3, 25-6, 28-31, 38-42, 44, 46, 48-52, 72, 119, 179, 196, 210, 361, 454

hyparchein, 34, 59, 71, 78

hypokeimenon, 34, 125, 257

Idade Média, 35, 74

idea, 213, 218, 250-1, 254

idealismo alemão, 76, 80, 180, 290, 394

imaginação, 40, 87, 110, 129, 338, 406, 411-2, 418, 446

imperialismo, 141

In-Sein, 85, 90, 96; *ver também* ser-em

indeterminação do outro, 384-436

Inocêncio x, papa, 452

intelecto, 25, 41, 47

interpretacionalidade, 455, 460

intersubjetividade, 70, 147

Introdução à filosofia (Heidegger), 74

"intuição intelectual", 25

Investigações filosóficas (Wittgenstein), 305, 321, 325-6, 351, 359, 384, 424, 428, 434, 447-8

ipseidade, 132

James, William, 374

jogo de espelhos, 237, 253, 261, 268, 382, 424, 437, 463

jogos de linguagem, 16, 37, 39, 83, 256, 259, 321, 323-9, 332-4, 337-8, 344-5, 347-9, 351-2, 356-7, 363-4, 366, 369-71, 373, 375, 378, 381, 384-7, 389, 392, 395, 398, 406, 412-3, 415, 417, 420-7, 429, 432, 434, 438, 442, 444-5, 447-8, 451, 453, 461-4; *ver também* linguagem

judaísmo, 199

judeus, 138

juízos, 25, 40, 49, 75, 326-7, 333, 342, 368, 382, 388, 390-2, 396, 407, 426, 432, 434-5, 445, 447-8

kairós, 127

Kant, Immanuel, 7, 17, 25, 41, 44, 63, 76, 78-80, 86-7, 110, 128-9, 225, 327, 338, 346, 393, 401, 406, 412, 444, 450

Kant e o problema da metafísica (Heidegger), 129

kataphasis, 74

Kehre, 131, 135, 152, 172, 187, 193, 233, 251-2, 261; *ver também* virada, a

Kehre, Die (Heidegger), 224, 230, 235

Keynes, John Maynard, 442

Kierkegaard, Søren, 36, 87

koinonia, 53, 218

Kunde, 158, 175-6

Lask, Emil, 43-4

latim, 132, 143, 237

Lavoisier, Antoine-Laurent de, 435

Leibniz, Gottfried Wilhelm, 63, 75, 78, 114, 200

470

lêthê, 72

liberdade, 106, 148, 189-90, 463

Lições de filosofia primeira (Giannotti), 7

Lições para uma fenomenologia da consciência íntima do tempo (Husserl), 26

linguagem, 12-4, 16, 33, 37-9, 57, 67, 70-1, 84-5, 88, 92, 95, 107, 119, 121, 128, 134, 138, 141, 152, 160, 175-7, 180, 183, 198, 247-85, 321-2, 324, 326-7, 335, 437, 442, 463-4; *ver também* discurso; falar, o; jogos de linguagem

línguas naturais, 17, 274, 452, 462

"linguistic turn", 13

Locke, John, 49

Lógica — A pergunta pela verdade (Heidegger), 28

Lógica como pergunta pela essência da linguagem (Heidegger), 137, 139

lógica formal, 7, 17, 29, 57, 76, 80, 91, 125, 140, 179, 193, 200, 286, 309, 352, 382, 391, 437, 449

Lógica formal e lógica transcendental (Husserl), 46

logike episteme, 38, 139

lógos, 8, 12, 16, 22, 31, 36-7, 45, 53, 58-9, 63-4, 69, 71-2, 83, 91, 98, 113, 115-6, 118, 121, 134, 137, 139, 141, 143, 145-6, 148, 152, 176-7, 198, 206-7, 219, 240, 244, 247-9, 253-4, 257, 260, 279, 379, 398

Lotze, R. H., 28, 40, 114

Löwith, Karl, 138

lua, homem na, 435

luminosidade, 108-9, 129, 341, 461, 464

Lutero, Martinho, 10, 336

Machenschaft, 440

Malcolm, Norman, 342

manejáveis, os, 56, 59, 61, 70, 93-4, 101, 107, 110, 121, 128, 131-2; *ver também Zuhandenseiend*

maquinação, 227, 230, 331, 440

Marx, Karl, 17, 166-7, 182, 223, 439

marxismo, 181, 264

matemática, 28, 45, 51-2, 92, 140-1, 254, 289, 291, 300, 304, 308, 315, 357, 363, 365-6, 444, 452

mathesis universalis, 51-2

matizes do comportamento, 408, 416

Meditação (Heidegger), 206, 209

meditação filosófica, 216, 244, 438

Meinong, Alexius, 47

Méliès, Georges, 232

memória, 196, 204

mente-corpo, paralelismo, 425

mesmidade, 39, 62-3, 65-6, 71, 103, 105-7, 111, 252-3, 264, 282-5, 289, 381, 450

metafísica, 9, 23, 28-9, 35, 47, 63, 67, 73-4, 78, 82, 85, 129, 134, 137, 144-5, 152-3, 157, 171, 173, 184, 186-7, 189, 194, 199, 201, 204, 210-1, 215-8, 222, 224-5, 228, 233, 235, 239, 248, 250-1, 253-4, 259-60, 263, 265, 270, 272-3, 285, 287, 319, 323, 386, 393-4, 424, 440, 448, 450, 452, 454, 456, 464

Metafísica (Aristóteles), 34

metalinguagem, 330, 431

metro-padrão de platina, 395

mistério, o, 189-91

Mitsein, 69, 86, 140, 147, 161, 335, 338; *ver também* ser-com

modernidade, 173, 223, 438, 440

modus ponens, 305, 310

Moore, G. E., 16, 327, 384
moral/moralidade, 89, 109, 286, 316, 318-9, 442
morte, a, 27, 123-4, 148, 196, 202, 221
Mulhall, Stephen, 17
mundanidade, 60, 90, 94, 100, 103, 111, 121, 127, 129, 332, 454
mundo, o, 8, 24-5, 27, 41, 51, 54, 63, 70, 72, 82, 84-5, 88, 91-2, 96-7, 100-2, 104-5, 108, 110, 126, 141, 175, 232, 245, 268-9, 275, 278, 285, 288, 299, 308, 316, 318-9, 331-2, 412, 424-5, 435, 442, 449, 453, 462
Mundo como vontade e representação, O (Schopenhauer), 411-2
música, 216, 293, 409, 414, 421

nacional-socialismo *ver* nazismo
nada, o, 63, 68-9, 104, 114, 200-1, 204, 244, 265, 285, 337, 386, 395
não-essência, 148, 168, 190, 197
não-verdade, 190-2, 197
nazismo, 10, 18, 136-8, 140, 150, 157, 163, 165, 169-72, 174, 235, 440-1
negação lógica, 79-80
negatio, 74
neurociência, 357, 425
Nietzsche, Friedrich, 172, 217, 222-3, 229-30
niilismo, 172-3, 186, 216, 223-4, 230, 331
Nobre, Marcos, 182
noema, 22, 30, 42, 134, 199, 202, 205
noesis, 22, 30, 42, 134
noéton, 29
Nothing is Hidden (Malcolm), 342
nulidade, 66, 124, 127, 454

"O que quer dizer pensar?" (Heidegger), 195

objeto figurado, 400-1
objetos lógicos, 48
objetualidade, 12, 199, 205, 213, 218, 331, 426, 448
Observações filosóficas (Wittgenstein), 361
"Observações sobre os fundamentos da matemática" (Wittgenstein), 364
Ocidente, 9, 67, 131, 136, 140, 144, 153, 171, 186, 188, 205-6, 213, 215, 217, 220, 222-4, 239, 246, 319, 440, 443, 449, 463
omnitudo realitatis, 79
ontologia, 23, 37, 42, 47, 49, 52, 55-6, 91, 109, 114, 125, 136, 144, 152, 181-2, 244, 290, 357, 450
Organon (Aristóteles), 7, 48
ousia, 27, 35, 54, 58, 65, 125, 184, 186, 218, 250, 263, 398

Paestum (Itália), 221
paixões, 85, 438, 441
"Palavra, A" (Stefan Georg), 283
paradoxo de Moore, 350, 353-4, 432
paradoxos, 45, 190,-1, 291
Parmênides, 139, 205, 239, 254, 284, 450
parousia, 27, 186, 439, 460
Pascal, Blaise, 86, 367, 452
Paulo, São, 8, 27, 367
pensamento discursivo, 47
pensamento divino, 10, 47
pensamento humano, 226, 258
Pensamentos (Pascal), 367
pensar, o, 195-6, 199-200, 202, 205, 216-7, 220, 227, 235, 239, 241, 255-6, 273, 285, 287, 303, 316, 330, 362, 365, 370, 372, 392-3, 403, 416-7, 419, 438, 448-50

perfectum, 160-1

"Pergunta pela técnica, A" (Heidegger), 235

phronesis, 13, 24, 82, 127, 432

physis, 26, 57, 143, 185, 189, 215, 218, 224, 241, 250, 254, 265, 282, 330

Platão, 7, 9, 12-3, 23, 29, 45, 53-4, 60, 72, 108, 116, 126, 143, 153, 199, 222, 251, 254, 256, 422, 461, 464

platonismo, 120, 224, 391

poesia, 38, 177, 229, 266-7, 272-4, 276, 278, 283-4

poiêsis, 227, 251, 261

politeísmo, 10, 452

política, 10, 136, 138, 149-50, 170-1, 173, 438-9, 441, 464

Pollock, Friedrich, 182

"Por que poetas?" (Heidegger), 229, 253

pós-estruturalismo francês, 70

positivismo lógico, 321

povo, o, 150, 153-6, 160-2, 167-8, 170, 172, 174-5

Prado Junior, Caio, 140

Praesenz, 132

pragmatismo, 8, 120

práxis, 91, 133-4, 182, 356, 365, 436, 444

pré-socráticos, 144, 394

predicação, 39-40, 45, 48, 58, 60, 62, 65-7, 69, 75-7, 80, 104, 113-4, 182, 199, 253, 301, 322

presentidade, 185, 206, 210, 214, 237, 244

Primeira Guerra Mundial, 11, 438, 441

primeiro motor, 10, 23, 184, 241

primeiros filósofos gregos, 56, 139, 152-3, 208, 239, 251, 464

Problemas fundamentais da fenomenologia (Heidegger), 131

produção mercantil, 136, 223, 439

proposição apofântica, 39, 57, 59, 62, 67, 96, 178, 188, 193, 225, 247, 257, 283, 288, 321, 331, 438; *ver também apophansis*

Protágoras, 189

prudência, 13, 24, 127

psicologia, 26, 317, 341, 349, 357, 363, 382, 409

psicologismo, 30, 40, 43

psyché, 218

quaternidade, 231, 233-4, 237-8, 240, 242, 244, 250, 252-3, 259-62, 264-8, 270-1, 280-2, 448, 453

Que é metafísica (Heidegger), 63

"Que quer dizer pensar?, O" (Heidegger), 195

Quine, Willard van, 8

racionalidade, 177

radix, 200

ratio, 143, 254

realidade, a, 8, 42, 58, 75-6, 78-80, 87, 181, 294-6, 299, 304-6, 311-2, 314, 330, 360, 363, 434

realidade efetiva, 114, 238-9, 307-8

realitas, 76, 80, 192

Rede, 92, 94, 118-9, 126, 134, 141, 248, 257, 261, 273, 277; *ver também* discurso

reflexão filosófica, 22, 180, 209, 330, 339, 438, 450, 452

registro da história, 159-60, 176

Rei Lear (Shakespeare), 16

Reis, Róbson Ramos dos, 18, 193-4

religião, 83, 124, 317-8, 460

República (Platão), 54, 129

Retórica (Aristóteles), 85
reviravolta *ver Kehre*; virada, a
Richardson, padre, 194, 203
Riefenstahl, Leni, 154
Rilke, R. M., 229, 253
Riss, 260, 276, 280
Roma, 138, 149
Rorty, Richard, 8, 13
"Rosa é uma rosa é uma rosa, Uma" (Stein), 372
Russell, Bertrand, 11, 286-8, 291, 441

Saber Absoluto, 201-2
Sachverhalt, 42, 49
sagrado, o, 187, 212, 242-3, 246, 262, 271, 438, 441, 452
salvação, 8, 229, 236, 275, 282
Santos, Luiz Henrique Lopes dos, 18
Sartre, Jean-Paul, 18, 264
Saussure, Ferdinand de, 70, 120, 248, 251, 322
Schmitt, Carl, 172
Schopenhauer, Arthur, 290, 319, 411, 424
Schulte, Joachim, 411
seer, 153, 172, 184, 186, 188, 193-4, 203, 206, 209, 211, 214-5, 217, 219-24, 226-32, 234-6, 238-45, 250, 252, 254-7, 259-63, 265, 267, 269-72, 275, 278, 281-2, 284, 395, 448, 451; *ver também Seyn*
Segunda Guerra Mundial, 172, 174, 235, 438
Selbstheit, 132, 146
seleção natural, 458-9
sentenças, 9
sentimentos, 85-6, 332, 383
Ser e Tempo (Heidegger), 8, 13, 15, 18, 22, 26, 31, 38, 55-6, 60, 64, 71, 74, 84, 92-4, 99, 109, 121, 129, 131, 134-5, 140, 142, 144, 147-8, 151-2, 160-1, 176, 183, 185, 187, 194-5, 201-2, 208, 210-1, 219, 231-2, 237, 239, 244, 247, 249-50, 261, 264, 277, 291, 325, 332, 400, 432, 453, 455-7, 459
ser do ente, 59, 63, 85, 91, 93, 111, 132, 159, 175-6, 186, 189, 191, 205, 228, 253, 284, 393, 451
ser historial, 157, 169, 176, 185
ser metafísico, 152, 188, 226; *ver também* metafísica
ser-aí, 10-1, 13, 24, 30, 37, 41-3, 54-6, 59-60, 62-4, 67-73, 81, 85-91, 95, 97-103, 105-6, 108-10, 112, 114, 116, 118, 120, 122, 126, 129, 135, 140, 142, 148, 152, 161, 164, 167-8, 175-6, 185, 189, 194, 202, 205, 211-2, 214-5, 220, 222, 228-9, 231, 238, 240, 243, 249-50, 252, 255, 258-60, 264, 266, 277, 332, 341, 400, 427, 453, 455, 461, 464; *ver também Dasein*
ser-com, 69, 81, 147, 149, 161, 167; *ver também Mitsein*
ser-em, 85, 94, 96, 105, 110, 112, 116, 118, 147, 149, 160; *ver também In--Sein*
ser-no-mundo, 96, 104, 106, 119-20, 127, 129, 149, 454; *ver também* mundo, o
ser-resoluto, 125, 148, 155; *ver também Entschlossenheit*
seres humanos, 8, 24, 26, 54, 68-9, 86, 88, 141, 145-6, 155, 158, 161, 166-7, 174, 185, 187, 189, 204, 223, 232, 241, 276, 291, 319, 328, 397, 438, 458, 460, 464

Seyn, 153, 172, 186, 193-4, 203, 209, 221, 227, 235, 237, 244, 250, 448, 45; *ver também* seer

si-mesmo, 105, 107, 123, 126, 145-7, 151-2, 154

Sicht, 108, 461, 464

significar, ato de, 333, 398, 416

signos, 12, 15, 28, 70, 77, 84, 92, 111-2, 114, 116, 248, 251, 258, 261, 265, 297, 303, 315, 322, 341, 397, 423

silêncio, o, 118, 126, 214, 272, 416

silogismo, 7, 375-6, 432, 444

símbolos, 13, 29, 142, 251, 294, 299, 304, 310, 312, 315, 368

Sinn, 112, 208, 253, 259, 260, 277, 295, 301, 318, 324, 389, 435

sinonímia, 23, 397

sintaxe lógica, 288, 302

"Sobre a essência da verdade" (Heidegger), 188

"Sobre a essência do fundamento" (Heidegger), 210

socialismo, 136, 140, 169, 172-3, 439-40

sociedade burguesa, 167

sociedade civil, 172, 440

sociologia, 96

Sócrates, 334, 361

Sofista (Platão), 66

sofistas, 8, 397

solidão, 153, 227, 454

solipsismo, 318

sophia, 24

Sorge, 83, 97, 107-8, 123, 185; *ver também* cura/cuidado

Sosein, 69

Spiegel, Der (revista), 150, 170, 236

Sprache, 33, 70, 94-5, 118, 141, 179, 209, 254, 270-1, 277, 290, 322

"Sprache, Die" (Heidegger), 266

Sraffa, Piero, 442

Stálin, Ióssif, 441

Stein, Ernildo, 18

Stein, Gertrude, 372

Stimmungen, 85-8, 103-4, 106, 116, 119, 148, 151, 156, 208, 229, 263, 427; *ver também* tonalidades afetivas

Stumpf, Carl, 49

Suárez, Francisco, 35, 76, 80

subjectum, 34, 36, 199

substância do mundo, 298-9, 301, 307, 311, 313; *ver também* mundo, o

substâncias, 54, 67, 218, 248

sujeito-objeto, 31, 74, 81, 102, 172, 179-80, 182, 208

symplokê, 13-4, 58, 251

synthesis, 45, 58, 74, 116

tautologia, 8, 33, 141-2, 144, 179, 191, 208, 270, 272, 280, 289, 303-5, 309-11, 314-5, 372, 395

technê, 225, 227, 250

técnica moderna, 138, 144, 157, 170-1, 173, 177, 207, 223-5, 440, 463

Teeteto, 334, 361

templos gregos, 238

tempo-espaço, 203, 205, 211, 214, 221-2, 245, 250, 264, 266, 282

temporalidade, 26, 55, 68, 93, 105, 122, 125, 127-32, 148, 151, 154, 158, 160, 168, 175, 185, 199, 203, 210-1, 237, 249, 284, 454-5, 460

temporalização, 25, 27, 126, 128-30, 132, 152, 157, 160-1, 163-5, 168, 175, 201, 214, 242, 249, 440, 454

teologia, 23-4, 241, 336, 448, 450

teorema de Gödel, 140

Teoria Crítica, 177, 182

Teoria da ação comunicativa (Habermas), 177-8

terra *versus physis*, 265

Tessalonicenses, Carta de São Paulo aos, 27

tonalidades afetivas, 85-9, 97, 102-5, 116-9, 148, 151, 155, 164-7, 175, 208, 229, 449, 454

Torres, João Carlos Brum, 18

totalidade, conceito de, 307, 309, 311-4, 316-7, 322, 353, 440, 450, 452-3, 455

totalitarismos, 136

Trabalho e reflexão (Giannotti), 17

trabalho forçado, 169

Tractatus Logico-Philosophicus (Wittgenstein), 8, 11, 14-5, 39, 65, 78, 120, 286-8, 290, 292, 296-7, 299, 301, 305, 307-8, 313, 318, 323, 325, 346-7, 350, 353, 359, 361, 375, 398, 415, 442-3, 447, 453

Trakl, Georg, 266, 269, 274

transcendência, 54, 68, 81, 88, 90, 95, 129, 131-2, 173, 185, 211, 215, 244

Triunfo da vontade (filme), 154

último deus, 212, 217, 221, 232, 241-2, 245, 252, 275, 463; *ver também* deuses

União Soviética, 157, 172, 440, 442

utopia, 180, 182

Vargas, Getúlio, 441

Velázquez, Diego, 452

"ver o despertar do aspecto", conceito de, 423

ver-ao-redor, o, 101, 104, 110-1, 115-6, 133

verbos psicológicos, 16-7, 91, 338, 345, 349, 354-5, 357, 371, 378, 401, 420, 424, 426, 433

verdade, a, 21, 30-1, 33, 37, 39-41, 47-8, 58, 64, 71, 73-6, 78, 80-1, 97, 104, 114, 126, 153, 159, 186, 188-92, 197, 203, 229, 240, 292, 388, 437, 445; *ver também alêtheia*

Verfallen, 68, 100, 126

Verwindung, 144, 172, 222

vida impessoal, 68, 123, 127, 454

virada, a, 131, 135-6, 152-3, 172, 187, 193-5, 200, 210, 213-4, 219-21, 224, 232-3, 236, 240-1, 245-6, 250, 252, 261, 264-5, 268, 274-5, 277, 400, 448, 453, 457, 461; *ver também Kehre*

vivências, 29, 42, 192, 227, 242, 256, 320-83, 386, 389, 392, 399, 408, 412, 414, 416, 422, 427, 430, 443-5, 447, 455

vontade de potência, 227, 229-30, 282, 290, 319, 395

Vorhandensein, 34, 52, 66, 92, 115, 122, 133-4, 146, 158, 267

Vorstellung, 205, 337, 355, 391-2, 410-1, 444, 446-7

voz da consciência, 87, 123, 131, 136, 147-8; *ver também* consciência

Vuillemin, Jules, 18

Wahrheit, 188, 203

Weber, Max, 96

Welles, Orson, 232

Weltbild, 14, 108, 327, 384, 396, 412, 433, 462

Weltform, 412

Wesen, 56, 139, 152, 192, 195, 198, 205, 208, 211, 247, 254, 280, 336-7, 447

Wortmannigfaltigkeit, 72

Worüber, 49, 53, 65, 69

Worumwillen, 63, 65, 95

Zeichen, 61

Ziarek, Krzysztof, 262

Zuhandenseiend, 56, 59-61, 66, 92, 110, 115, 133-4, 146, 261, 267; *ver também* manejáveis, os

Zweifall, 56

ESTA OBRA FOI COMPOSTA EM MINION PELO ACQUA ESTÚDIO E IMPRESSA
PELA LIS GRÁFICA EM OFSETE SOBRE PAPEL PÓLEN SOFT DA SUZANO S.A.
PARA A EDITORA SCHWARCZ EM FEVEREIRO DE 2020

A marca FSC® é a garantia de que a madeira utilizada na fabricação do
papel deste livro provém de florestas que foram gerenciadas de maneira
ambientalmente correta, socialmente justa e economicamente viável,
além de outras fontes de origem controlada.